Aus Freude am Lesen

btb

Buch

Es gehört nun mal zu den Aufgaben einer Lokalreporterin, über alles und jedes, was in der Stadt gerade passiert, informiert zu sein. Vielleicht springt ja eine interessante Geschichte dabei heraus. Der Besuch bei den Streikenden der Textilwerke »Sargon« ist für Lisi, die eigenwillige Reporterin aus der Negev-Wüste, allerdings anfangs eher eine Routineangelegenheit. Aber als Lisi bei der Textilfabrik eintrifft, liegt das Gelände nach einem Sandsturm verlassen da, und statt auf wütende Arbeiter stößt sie auf eine Leiche. Nach ersten Recherchen glaubt Lisi zunächst, daß es bei dem Drama nur um lukrative Landkäufe und gestohlene Diamanten geht. Doch im Unterschied zu ihrem gewohnt jähzornigen Schwager, dem Polizeiinspektor Benzi Koresch, zweifelt sie bald an dieser allzu einfachen Lösung. Denn es bleibt nicht bei einer Leiche. Warum mußten drei Männer sterben? Wer versucht die russische Einwanderin Luba und ihr Baby zu ermorden, und wer attackiert Lisi mit einer Eisenstange? Kein Wunder, daß Lisi vom Jagdfieber gepackt wird; je verwirrender und undurchsichtiger eine Story, desto größer ist ihr Ehrgeiz, Licht in das Dunkel zu bringen. Auch wenn Lisi am Schluß überrascht feststellen muß, daß die Lösung viel einfacher ist als zunächst vermutet...

Autorin

Shulamit Lapid, 1934 in Tel Aviv geboren, zählt zu den erfolgreichsten Autorinnen Israels. Mit der Lokalreporterin Lisi Badichi erfand sie eine neue Kultfigur des Krimigenres, die auch das deutsche Publikum begeisterte: Shulamit Lapid wurde mit dem Deutschen Krimipreis ausgezeichnet. Daneben schrieb sie noch weitere Romane sowie Kurzgeschichten, Theaterstücke und Kinderbücher.

Shulamit Lapid bei btb

Lokalausgabe. Roman (72036) · Er begab sich in die Hand des Herrn. Roman (72205) · Der Hühnerdieb. Roman (72412) · Die Strandbar. Roman (72574) · Goldstück. Roman (72699)

Shulamit Lapid

Der tote Bräutigam
Roman

Aus dem Hebräischen von
Mirjam Pressler

btb

Die Originalausgabe erschien 1997
bei Keter Publishing House, Jerusalem

Umwelthinweis:
Alle bedruckten Materialien dieses Taschenbuches
sind chlorfrei und umweltschonend.

btb Taschenbücher erscheinen im Goldmann Verlag,
einem Unternehmen der Verlagsgruppe Random House GmbH.

1. Auflage
Genehmigte Taschenbuchausgabe Dezember 2001
Copyright © 1997 by Shulamit Lapid
Copyright © der deutschsprachigen Ausgabe 2000
by C. Bertelsmann Verlag, München, einem Unternehmen
der Verlagsgruppe Random House GmbH
Umschlaggestaltung: Design Team München
Umschlagfoto: AllOver/Hendricks
Satz: Uhl+Massopust, Aalen
TH · Herstellung: Augustin Wiesbeck
Made in Germany
ISBN 3-442-72843-6
www.btb-verlag.de

1

Der Streik bei *Sargon*, der Strickwarenfabrik, in der Batscheva Badichi, Lisis Mutter, seit fünfunddreißig Jahren arbeitete, dauerte nun schon fünf Wochen. Die Tore der Fabrik waren verriegelt, und das Bürogebäude wurde von bewaffneten Wachleuten blockiert. Nachts wurden die Rottweiler freigelassen, jedoch nicht in den Hof gebracht. Die Arbeiter sagten, für das, was das Hundefutter kostete, hätte man auch eine dritte Wachschicht bezahlen können.

Es war bereits zehn Uhr. Lisi stand an ihrem Fenster und trank Kakao, schaute der Pappschachtel nach, die auf der Straße herumrollte, und dachte an ihre Mutter. Sie versuchte zu verstehen, was so spannend daran war, Ärmel fertigzustellen, denn das war die Arbeit ihrer Mutter gewesen. Acht Stunden am Tag, manchmal auch zehn, nur Ärmel fertigstellen und das für zehneinhalb Schekel die Stunde.

Lisi wäre liebend gern zu Hause geblieben, von der Küche zum Wohnzimmer und vom Wohnzimmer in die Küche gewandert, hätte sich eine herzzerreißende Serie im Fernsehen angeschaut und dabei Kürbiskerne aus Afula geknackt. Aber sie wußte, daß sich Adolam von der *Post* bereits in der Stadt herumtrieb und sie sich keine Ruhe gönnen durfte. Seit er eine eigene Sendung beim lokalen Fernsehsender bekommen hatte, war er übereifrig, und von seinen früheren Ausflüchten und typischen Tricks war nichts mehr übrig. Beni Adolam, der Mann, der seine Faulheit zur Lebensphilosophie erhoben und hemmungslos ihre Artikel abgeschrieben hatte, hatte sich in den letzten Monaten zu einer tatsächlichen Bedrohung ihrer Existenz entwickelt.

Im Radio kam die Meldung, daß der Sandsturm, der um drei Uhr nachts begonnen hatte, in vierundzwanzig Stunden vorbei sein würde. Die Luft war braun, Bäume und Zäune schwankten hin und her. Der Sturm zerrte Abfalleimer und Fahrräder mit sich, er glich einem wilden Tier im Dschungel, das seine Beute an einen geheimen Ort bringen will, um sie ungestört zu verschlingen. Im Wetterbericht sagte der Radiosprecher, einen solchen Sturm habe es im Negev seit dreißig Jahren nicht mehr gegeben, doch er werde sich im Laufe der kommenden Nacht legen. Dann wurde von zwei Karawanen berichtet, die vom Sturm in eine Schlucht getrieben worden seien, wo sie jetzt festsaßen, und daß die Blechbaracke eines Beduinen von Lakija mit siebzig Kilometern pro Stunde Richtung Omer fliege, mit einem Esel im Schlepptau, der an einem Pfosten angebunden sei. Ein Augenzeuge erzählte, daß die Tauben aus dem Taubenschlag des Kindergartens im Simek-Bezirk vom Sandsturm verrückt geworden und in den Hundezwinger der Polizei geflogen seien, der nun wie ein Geflügelschlachthaus aussehe. Der Sand zerkratzte die Fenster, und der Wind heulte mit der Hartnäckigkeit brünstiger Hunde. Lisi lief ein Schauer über den Rücken.

Früher oder später würde sie das Haus verlassen müssen, da half gar nichts. Sie wußte, daß die überregionale *Zeit* an einer Reportage über diesen Sturm sehr interessiert wäre.

Lisi schlüpfte in ihren Regenmantel und band sich die Kapuze fest. So ein Sandsturm bewies, wie zweckmäßig die Kopfbedeckungen der Beduinenfrauen waren, die nur einen schmalen Schlitz für die Augen freiließen. Das Futter der Manteltasche war zerrissen, und als Lisi die Hand in das Loch schob, fand sie die großen runden Ohrringe, die sie von Tante Klara und Onkel Ja'akov zum Geburtstag bekommen hatte. Einen Monat war es nun schon her, daß sie die beiden in ihrem Laden am Busbahnhof besucht hatte. Sie klipste die Ohrringe an und nahm sich fest vor, bald wieder bei Tante Klara und Onkel Ja'akov vorbeizuschauen.

Auch ihr Auto war dick mit Sand bedeckt, und als Lisi die Scheibenwischer anstellte, schoben sie eine braune Schmutzschicht zur Seite. Sie schaltete die Scheinwerfer ein und fuhr mit einer Geschwindigkeit von zwanzig Stundenkilometern Richtung *Sargon*. Die Straßen waren leer, der Wind rüttelte an den Bäumen, als wären sie Grasbüschel. Alle Türen und Fenster der Stadt waren verschlossen, die Rolläden heruntergelassen. Die Straßenlaternen brannten. Man hatte das Gefühl, in einer belagerten Stadt zu sein, und nichts deutete darauf hin, daß der Sturm jemals nachlassen würde.

Als sie das Industriegebiet in nördlicher Richtung hinter sich gelassen hatte und sich in dem öden Wüstenabschnitt zwischen der Stadt und der Strickwarenfabrik befand, verschwanden die Konturen der Hügel im wirbelnden Sand, und Lisi wußte manchmal nicht, ob sie noch auf der Straße fuhr oder bereits im Sand daneben. Die brennenden Straßenlaternen, die in zwei Parallelreihen in gleichmäßigem Abstand in der Luft hingen, waren das einzige, woran sie sich halten konnten.

Die demonstrierenden Arbeiter, die seit Wochen zur Fabriklandschaft gehört hatten, waren verschwunden. Kein Auto parkte vor dem Gelände. Immer hatten ein oder zwei Streikende andere mit ihrem Auto zu Hause abgeholt, sie zur Fabrik gebracht und ihre Autos außerhalb des Fabrikzauns, vor dem großen Tor, am Straßenrand geparkt. Das war eine Bedingung der Polizei gewesen: Ihr dürft demonstrieren, aber nicht auf dem Gelände der Strickwarenfabrik. Das Gelände der Fabrik, die der Familie Tarschisch gehörte, umfaßte fast vierzig Dunam und war von einem Zaun umgeben, und das einzige Gebäude, das darauf stand, war die Strickwarenfabrik *Sargon*.

Im Hof der Fabrik flog das abgerissene Stück eines Rolladens hin und her, knallte gegen die Mauer und fiel wieder herunter. Ein Blitz erhellte plötzlich den grauen Himmel. Durch das Autofenster bemerkte Lisi einen Schatten. Das mußte das Auto der Wachleute sein, die dort Schutz gesucht hatten. Vermutlich hatten sie sich überlegt, daß es zwar ihre Aufgabe sei, den Angriff streikender Arbeiter abzuwehren, es jedoch keinen Paragraphen gebe, der von einem Kilo Sand in den Lungen sprach. Die Fenster des *Subaro* waren mit Sand bedeckt, wie alles in Be'er Scheva, und Lisi konnte nicht erkennen, welche Wachleute heute Dienst hatten.

Der Wind schlug gegen die Planen des Zelts, das die Arbeiter auf der anderen Seite der Straße als Streikbüro aufgeschlagen hatten, dem Tor genau gegenüber. Lisi stieg aus dem *Justy* und ging hinüber, mit hochgeklappter Kapuze, um Mund und Nase vor dem Sand zu schützen.

Das Zelt war leer. Batscheva Badichi, die Mutter der *Sargon*-Belegschaft, hatte zusammen mit ihren Kampfgenossen das Schlachtfeld verlassen. Wo war sie jetzt? Was tat sie? Was würde sie von nun an bis ans Ende ihrer Tage tun, diese Frau, die immer nur gearbeitet, nichts als gearbeitet hatte und die, als man ihr diese Arbeit nahm, gestreikt und demonstriert, gestreikt und demonstriert hatte, bis ihr der Sandsturm auch diese letzte Möglichkeit genommen hatte?

Eine Katze lag mit ihren vier Jungen auf einer alten Luftmatratze in dem Zelt, das während der letzten Wochen der Stützpunkt der Streikenden gewesen war. Die Katzenjungen waren fast durchscheinend, rosafarbene Hautfalten umhüllten die Körperchen, die Augen waren noch geschlossen, und ihre ganze Energie konzentrierte sich in den Mäulchen, die an den Zitzen der Mutter saugten. Die Katze sträubte das Fell, als Lisi näher trat, und stieß einen kurzen Drohlaut aus. Lisi flüsterte: »In Ordnung, in Ordnung, reg dich nicht auf«, und verließ hastig das Zelt. Sand knirschte zwischen ihren Zähnen, ihre Augen brannten, und im Mund hatte sie den Geschmack von Rauch. Wenn die Arbeiter hier wären, hätte längst irgend jemand der Katze Milch oder Wasser gegeben. Und ihr selbst hätte jemand süßen Tee aus seiner Thermosflasche angeboten.

Lisi rief ihre Mutter an, um zu fragen, ob die Arbeiter vielleicht beschlossen hatten, die Demonstration zu beenden. Nein, eine Entscheidung sei noch nicht gefallen, sagte Batscheva Badichi.

Sie selbst sei nur wegen des Wetters zu Hause geblieben. An so einem Tag gehe kein vernünftiger Mensch auf die Straße.

»Geht es dir gut, Mama?« fragte Lisi.

»Es geht mir prima, Lisi. Wo bist du?«

»Vor der Fabrik. Hier ist kein Mensch. Ich komme heute nachmittag zu dir.«

»Komm nicht, Lisi«, sagte Batscheva.

»Warum?«

»Ich möchte allein sein.«

»Wir trinken eine Tasse Kaffee«, sagte Lisi, »und dann gehe ich wieder. Ich bin um vier Uhr bei dir.«

»Ich möchte allein sein, Lisi«, entgegnete ihre Mutter. »Komm lieber nicht.«

Lisi hatte das Gefühl, als drehte sich ihr Magen um. Sie haßte diese leise, leidende Stimme, die sie zu einem kleinen Mädchen machte, das gestraft werden mußte. In ihr hatte sich im Laufe der Jahre ein ganzer Sack voller Sünden angesammelt. Da gab es zum Beispiel die Fensterscheibe der Nachbarin, die beim Spielen zerbrochen war, oder die mit Schokoladenmus bestrichenen Brotscheiben, die sie Tag für Tag in den Abfalleimer geworfen hatte, der Lippenstift der Mutter, der auf den Lippen der zehnjährigen Lisi abbrach, der Mann, der sich hinter dem Lebensmittelgeschäft entblößt hatte, der Leutnant, der ihr zwischen die Beine gefaßt hatte, als sie nachts im Jeep nach Hause gefahren waren, und den sie, aus Angst und Scham zur Salzsäule erstarrt, nicht weggestoßen hatte. So viele dumme Fehler, die zu ständigen Schuldgefühlen geführt hatten.

»Bist du böse auf mich, Mama?«

»Nein«, sagte Batscheva. »Habe ich einen Grund, Lisi?«

Neben dem Mülleimer entdeckte Lisi eine leere Plastikdose. Sie beschloß, der Katze und ihren Jungen Wasser zu bringen. Am nördlichen Ende des Geländes, auf der anderen Seite des Zauns, stand der alte Autobus von Oved Hanegbi, dem Verrückten vom *Sargon*, und daneben fand sich ein Wasserhahn. Lisi entschied sich dafür, mit dem Auto hinzufahren. Es wäre gut, wenn er sich um die Katze und ihre Jungen kümmerte, nun, da die Arbeiter das Gelände verlassen hatten. Er war nicht wirklich verrückt, sondern einfach nur jemand, der aus freien Stücken nicht in einem Haus leben wollte und es sich vor ewigen Zeiten in diesem Autobus eingerichtet hatte, Zigaretten rauchte, klassische Musik im Radio hörte und von Büchern brabbelte, die ihm im Gedächtnis geblieben waren. Er war ein großer, starker Mann, vielleicht siebzig oder achtzig Jahre alt, dessen Gesicht von tiefen Falten zerfurcht war, mit wirrem Bart und Augen, die immer zum Horizont schweiften. Wegen seines absonderlichen Aussehens hatten ihn die Arbeiter »Prophet« getauft. Alle Versuche von Wohlfahrtsbehörden und diversen Sozialarbeitern, ihn aus seinem Bus zu locken, waren gescheitert.

Vor zwei Wochen, noch auf der Höhe des Streiks, hatte jemand versucht, seinen Autobus anzuzünden. Die Nachtwache der Streikenden, die an jenem Tag aus zwei Frauen und vier Männern bestand, hatte das Feuer gelöscht. Niemand verstand, wie es dem Brandstifter gelungen war, sich dem Autobus zu nähern, ohne daß der Prophet es gemerkt hatte. Er hatte den Schlaf eines Vogels. Bestimmt hatte man ihm Zigaretten mit einem Schlafmittel untergeschoben oder so etwas. Jemand wollte ihn mit Gewalt vertreiben, das war klar, ihn vielleicht sogar umbringen und natürlich den Streikenden die Schuld in die Schuhe schieben. Was für ein Glück, daß es die Nachtwache gab, seine Strümpfe waren schon angekohlt gewesen, als man ihn herauszog.

Für die streikenden Arbeiter, die ihn schon vorher gemocht hatten, wurde der Prophet nun zum Held. Zu einem der ihren. Die Unterdrückten gegen die Unterdrücker. Der Kampf des Menschen gegen den, der ihn knechten und töten will.

Der Brand des Autobusses hatte Lisi die Möglichkeit gegeben, einen weiteren Bericht über die Strickwarenfabrik *Sargon* und die streikenden Demonstranten in der Zeitung unterzubringen. Gedalja Arieli, der Chefredakteur der überregionalen *Zeit,* hatte zwar vorher sein Veto eingelegt und gesagt, die Sache mit *Sargon* hänge einem schon zum Hals heraus, doch das Interview – wenn man ihr Zwiegespräch mit dem Propheten überhaupt so nennen konnte – war ohnehin bloß in der Lokalausgabe der *Zeit im Süden* erschienen, also nur in Be'er Scheva, und hier, in Lisis eigenem Machtbereich, hatte Arieli nicht viel zu sagen.

»Versucht jemand, Sie von hier zu vertreiben?« hatte Lisi den Propheten nach dem Brand gefragt und seine Antworten notiert, obwohl auch das Tonband mitlief. Seine Antworten konnte man allerdings nur als äußerst dürftig bezeichnen.

Lisi wiederholte die Frage: »Versucht jemand, Sie von hier zu vertreiben?«

Er schaute sie mit großen Augen an. »Wer?«

»Das möchte ich von Ihnen wissen.«

»Was?«

»Eines Tages könnte es ihnen gelingen.«

»Wem?«

Lisi mußte lächeln. Diese kurzen Antworten, die nichts preisgaben, waren seit jeher ihre eigene Waffe gewesen. Sie war die Dumme in der Klasse, die Dumme im ganzen Viertel gewesen. Die, an die man sich nie erinnerte und von der man überhaupt nicht verstand, wie sie es eigentlich geschafft hatte, nicht nur in der Schule weiterzukommen, sondern auch bei der Armee, an der Universität und schließlich bei der Zeitung – sie, mit diesem verschlafenen Blick und der zögernden Stimme, mit den großen, schwerfälligen Schritten einer Frau, die sich in keinster Weise um den Eindruck kümmerte, den sie auf andere machte, die auf einen Kampf, der ihr verloren schien, verzichtete, noch bevor sie ihn begonnen hatte.

»Ich bin die Tochter von Batscheva Badichi, die hier arbeitet«, hatte Lisi gesagt.

»Ja.«

»Versucht man, Sie von hier zu vertreiben?«

»Der Ort gehört mir.«

»Und wenn man Sie verbrennt?«

»Auch dann.«

»Haben Sie Erben?«

»Fast hätte sie hier im Hof geworfen.«
»Hä?«
»Es gibt ein Gesetz, und es gibt einen Richter.«
»Was?«

Plötzlich hatte er angefangen zu kichern und, die Hand überm Mund, Töne wie eine heisere Pumpe ausgestoßen. Und Lisi hatte den Versuch eingestellt, irgend etwas Vernünftiges aus ihm herauszubekommen.

Ausgerechnet hier, am Rande des Geländes, waren die Straßenlaternen ausgeschaltet worden. Das Auto holperte schwankend durch die Schlaglöcher den Sandweg entlang. Warum war hier keine Beleuchtung? Als hätten die Leute von der Elektrizitätsgesellschaft beschlossen, der »Verrückte« von *Sargon* sei keinerlei Anstrengung ihrerseits wert.

Lisi stieg aus dem *Justy*, hielt sich Mund und Nase zu und lief zum Autobus. Hoffentlich erinnerte er sich noch an sie, und hoffentlich war er bereit, sich um die Katze und ihre Jungen zu kümmern.

Die Tür des Autobusses war geschlossen. Das war seltsam, denn egal ob Sommer oder Winter, sie stand sonst immer offen. Lisi wischte mit dem Handrücken über das Fenster. Der Prophet lag auf der Matratze, die zwischen den Bänken auf dem Boden ausgebreitet war. Er trug seine üblichen schwarzen, fleckigen Hosen und ein blaues Arbeitshemd. An einem Seil, das zwischen zwei Fenstern gespannt war, hingen Socken, Unterhosen und Hemden. Auf der Rückbank lag ein Stapel Zeitungen, auf dem sein kleines Radio stand, neben einer Plastiktüte voller Zigarettenschachteln. Der Kopf des Propheten war von der Matratze gerutscht und lag auf dem Boden, unter der Bank.

Lisi sah sich um. Von Süden her näherte sich eine ungeheure Sandwolke, die Steine und Sträucher mit sich riß. Im Vergleich zu den Hurrikanen, die Lisi im Fernsehen gesehen hatte, mochte das vielleicht nur ein Niesen sein, aber für die Verhältnisse im Negev war es tatsächlich »ein großer, starker Wind, der die Berge zerriß und die Felsen zerbrach«, wie es im Buch der Könige heißt, woran sie sich aus ihrer Schulzeit erinnerte. Lisi beschloß, sich lieber im Autobus auf den Boden zu setzen.

Oved Hanegbi bewegte sich nicht, als sie den Bus betrat, auch nicht, als sie sich bei ihm entschuldigte, weil sie einfach eingedrungen war. Neben seinem Kopf befand sich etwas wie eine getrocknete Blutlache. Die Sandwelle hatte nun den Autobus erreicht, krachte dagegen und schüttelte ihn hin und her, als sei er ein Papierschiffchen mitten im stürmischen Ozean. Oved Hanegbi bewegte sich immer noch nicht. Lisi wagte nicht, ihn zu berühren, sie rief im *Soroka*-Krankenhaus an und bestellte einen Krankenwagen. Danach wählte sie die Nummer von Dorit, der Fotografin der *Zeit im Süden*, erhielt jedoch keine Antwort. Wenn ihr neuer Freund bei ihr schlief, stopfte Dorit ihr Handy immer in die Kiste mit dem Bettzeug. Lisi hinterließ Dorit eine Nachricht, wo sie gerade war, und forderte sie auf, sofort zu kommen. Sie wartete noch fünf Minuten, den Blick auf die Zeiger ihrer Uhr gerichtet, dann rief sie bei der Polizei an. Ihr Schwager Benzi war in seinem Büro und sagte, er sei sofort da und sie solle ja nichts anrühren. Lisi wünschte, Dorit würde vor der Polizei und dem Krankenwagen auftauchen. Insgeheim verfluchte sie den neuen Freund zusammen mit Dorit. Das hätte ihr gerade noch gefehlt, daß die *Post* ihr die Geschichte wegschnappte.

Etwa zehn Minuten später kam der Krankenwagen, und während der ganzen Zeit sprach Lisi zu Oved Hanegbi. Aus irgendeinem Grund waren ihr die Worte der jungen Schwarzen aus dem Wohnheim eingefallen, die, als eine Soldatin während eines epileptischen Anfalls erstickte, gesagt hatte: »Sprich mit ihr! Sprich! Sie ist noch hier! Bei uns! Ihr Körper ist da, ihre Seele ist da, ihr Geist ist da, sprich mit ihr, sprich mit ihr!« Als die Soldatin dann abgeholt wurde, stellte sich heraus, daß sie bereits tot war. Aber Lisi hatte es nicht bedauert, mit ihr gesprochen zu haben. Das Entsetzen gegenüber dem jungen Körper mit dem klaren Gesicht und den noch glänzenden Haaren zerrann in all dem Unsinn, den sie ununterbrochen von sich gab, auch dann noch, als man die Soldatin bereits aus dem Wohnheim abgeholt hatte.

»Möchten Sie mitkommen?« fragte der junge Arzt, der half, die Bahre in den Krankenwagen zu schieben. Oved Hanegbi war nun an Infusionen angeschlossen, sah aus wie ein verkabelter Außerirdischer.

»Nein«, antwortete Lisi. »Ich habe mein Auto draußen stehen.«

»Sind Sie in der Verfassung zu fahren?« fragte er.

Lisi nickte. »Ja. Lebt er?«

»Kaum noch. Wissen Sie, wie er heißt?«

»Oved Hanegbi«, sagte Lisi. »Wird er durchkommen?«

»Ich hoffe. Sie sind die Schwester von Georgette und Chavazelet, stimmt's?«

»Ja.«

Eine Staubwolke näherte sich auf der Straße, und ein matter Scheinwerfer flackerte durch den Vorhang aus Sand, der ihm den Weg versperrte. Dorit! Sie fing schon an zu fotografieren, noch bevor sie von ihrem Motorrad abgestiegen war.

»Ich informiere die Polizei«, sagte der Arzt zu Lisi.

»Das habe ich schon getan.«

»Fassen Sie nichts an. Wann haben Sie ihn gefunden?«

»Ungefähr vor einer Viertelstunde. Was ist mit ihm passiert?«

Der Arzt zuckte mit den Schultern. »Weiß ich nicht. Ein Schlag auf den Kopf. Ich nehme an, daß auch seine Schulter gebrochen ist.«

»Hat jemand versucht, ihn umzubringen?« fragte Lisi.

»Kann sein.«

Lisis Schwestern Georgette und Chavazelet arbeiteten als Krankenschwestern im *Soroka*, und Lisi zweifelte nicht daran, daß er ihnen erzählen würde, wie er sie neben dem sterbenden Oved Hanegbi vorgefunden hatte. Sie brauchte gar keinen Versuch zu machen, ihnen gegenüber die Situation zu dramatisieren. Sie würden jede Beschreibung eines Schocks oder eines Nervenzusammenbruchs für eine Ausgeburt ihrer Phantasie halten.

»Wo bist du gewesen?« schrie Lisi Dorit an, nachdem der Krankenwagen verschwunden war.

»Auf dem Dach. Lisi! Ich habe einen Sandwirbel fotografiert, einfach riesig, sag ich dir! Bestimmt fünfzig Meter Durchmesser! Ich weiß ja nicht, ob die Bilder was werden. Der verrückte Hells wird einen Nebel daraus machen. Aber wenn die Fotos was werden, kommen sie bestimmt in die überregionale *Zeit*. Weißt du was? Ich werde sie sogar dem *Geographical Magazine* verkaufen.«

»Komm in mein Auto«, sagte Lisi.

»Auf wen warten wir?« wollte Dorit wissen.

»Auf die Polizei. Aber mach erst noch ein paar Bilder vom Autobus.«

»Hab ich schon.«

»Auch innen«, sagte Lisi. »Unter einer Sitzbank gibt es einen Blutfleck.«

Ihre ersten Schritte bei der *Zeit im Süden* hatte Dorit mit Hilfe ihres Vaters Maurice Dahan gemacht, dem Verwaltungsdirektor der Zeitung und dem Zuständigen für Werbeeinnahmen. Seit sie als Fotografin arbeitete, hatte sie Eigenschaften entwickelt, von denen sogar ihre Eltern nichts gewußt hatten: Fleiß und Zielstrebigkeit. Anfangs war sie Lisi gefolgt wie ein Schatten, aber in den letzten Monaten kamen sie beide mit kurzen Telefonaten oder ein paar Worten aus. Zur Überraschung ihrer Eltern schaffte es Dorit, von ihrer Arbeit als Fotografin zu leben, sie mußten lediglich noch die Rechnungen für Lebensmittel, Strom und Wäscherei bezahlen. Telefonkosten und Benzin übernahm die Zeitung.

Dorit hatte im Autobus fotografiert, jetzt stieg sie zu Lisi in den *Justy*. »Ist er tot?« fragte sie.

»Hoffentlich nicht«, sagte Lisi.

»Wie bist du hierhergekommen? Und warum?«

»Ich wollte, daß er der Katze, die ich drüben im Streikzelt gefunden habe, Wasser bringt«, sagte Lisi.

Dorit heftete ihre graublauen Augen verwundert auf Lisi und brach dann in Lachen aus. Lisi stimmte in das Gelächter ein, während ihr Tränen übers Gesicht liefen.

Oved Hanebig war der älteste Obdachlose von Be'er Scheva. Alle wußten, das er sich jeden Morgen im Türkischen Bad wusch, anschließend zu Simas Kiosk ging, einen Kaffee trank und ein Brötchen mit Salat aß, seine erste Zigarette am Tag rauchte, eine Zeitung kaufte, dann langsam zu seinem Autobus nördlich der Strickwarenfabrik zurücklief, sich dort auf die Bank vor dem Bus setzte und den Radiosender mit klassischer Musik anstellte. Niemand wußte, wovon er lebte und warum er so lebte. Es hieß, er sei einmal sehr gewalttätig gewesen, ein Schläger, der für alle möglichen Gangster arbeitete. Eines Tages wurde er festgenommen und schlug dem Polizisten, der ihn einsperren wollte, alle Zähne aus. Als man ihn schließlich überwältigt hatte, versuchte er, sich an seinen Handschellen zu erhängen, ein Wunder, daß er mit dem Leben davon gekommen war. Jigal Tarschisch, der Gründer der Strickwarenfabrik und ein Verwandter von Oved Hanegbi, behauptete, er leide unter Klaustrophobie. Jedenfalls bezahlte er die Kaution und holte ihn aus dem Gefängnis. Danach half Oved Hanegbi als Rehabilitationsmaßnahme bei der Schafschur. Seinen Lebensunterhalt verdiente er allerdings dadurch, daß er Schmuggler abfing, die über die ägyptische Grenze kamen, und daß er Kamelrennen gewann. Doch das waren Gerüchte, niemand hatte es mit eigenen Augen gesehen. Was man sah, war ein Mann, der siebzig, aber auch achtzig sein konnte, die ganze Zeit nur dasaß, Musik hörte, summte und Zahlen vor sich hinsagte, der antwortete, wenn man ihn fragte, und schwieg, wenn man ihn nicht ansprach. Die Arbeiter von *Sargon* brachten ihm eine Symphathie entgegen, die aus langjähriger Nachbarschaft entsteht, respektierten ihn so wie er sie.

Benzi und sein Gefolge erschienen mit zwei Streifenwagen. Lisi fiel sofort auf, daß Ilan, Benzis Schatten, nicht mitgekommen war. Benzi und Ilan waren ihre Schwager, die Ehemänner ihrer Schwestern Georgette und Chavazelet. Wo immer Inspektor Ben-Zion Koresch auftauchte, war Wachtmeister Ilan (Sergio) Bachut dabei. Seine Abwesenheit hatte etwas zu bedeuten, dachte Lisi, sie mußte herausfinden, was.

»Komm her!« rief Benzi, als Lisi aus ihrem Auto stieg.

»Fotografiere, bevor sie das Gebiet absperren«, flüsterte Lisi Dorit zu.

Dann erzählte sie Benzi, wann und warum sie hergekommen war und weshalb und wie sie Oved Hanegbi gefunden hatte.

»Hast du irgend etwas angefaßt?« fragte er.

»Was?«

»Du hast mich verstanden.«

»Natürlich habe ich etwas angefaßt. Ich wußte ja nicht, daß in der Ecke eine Leiche liegt.«

»Er ist noch nicht tot«, sagte Benzi.

»Ich habe mit der Hand den Sand vom Fenster gewischt, weil die Bustür geschlossen war und mir einfiel, daß sie sonst immer offenstand. Und dann habe ich gesehen, daß eine riesige Sandbö daherkommt, und habe mich in den Autobus geflüchtet.«

»Bestimmt hast du uns alle Spuren durcheinandergebracht«, murrte Benzi.

»Du lieber Himmel, Mann!« sagte Lisi. »Was für Spuren willst du bei diesem ganzen Sand überhaupt finden?«

»Warum hast du nicht zuerst mich angerufen?« fragte Benzi. »Der Prophet war schon auf dem Weg ins Krankenhaus, als wir gekommen sind.«

»Und was hätte ich tun sollen?«

»Wegen Adolam!« schnauzte Benzi. »Du hast nichts anderes im Kopf als Adolam.«

»Stimmt«, gab Lisi zu. »Jemand von euch gibt ihm immer die heißen Tips.«

Benzi wandte sich ab. »Ich habe jetzt keine Zeit für deinen Blödsinn.«

Zwei Polizisten sperrten den Bereich um den Autobus weiträumig ab, während der Polizeifotograf und die Leute von der Spurensicherung noch im Bus beschäftigt waren.

»Inspektor Koresch!« rief plötzlich einer der Polizisten, der bei der Absperraktion mithalf. Er stand etwa zwanzig Meter nördlich vom Autobus.

»Schnell!« sagte Lisi zu Dorit. »Stell keine Fragen, lauf hin und fotografiere.«

Neben einem Haufen Gerümpel, in dem alte Autoteile, ausrangierte Kühlschränke ohne Türen, Kanister und zerrissene Luftmatratzen zu erkennen waren, glitzerte etwas auf dem Boden. Zwei Goldknöpfe auf einem Blazerärmel, dessen Farbe unter der Sandschicht nicht zu definieren war. Auch das Handgelenk wurde sichtbar, gelblich wie die Haut eines toten Huhns. An der Stelle, wo der Körper vergraben lag, war der Sand etwas dunkler und fester, was die Leiche einer Mumie gleichen ließ, in Tücher aus Sand gewickelt. Lisi konnte den Blick nicht von der Hand und den Knöpfen abwenden. Sie hatte das Gefühl zu ersticken und ließ den Rand der Kapuze los, die sie sich ins Gesicht gezogen hatte. Doch gleich darauf preßte sie den Stoff wieder vor Mund und Nase, als eine neue Sandwolke ankam.

»Ruf den Fotografen«, sagte Benzi zu einem der Polizisten und brüllte im gleichen Atemzug Dorit an, die ununterbrochen auf den Auslöser ihres Apparates drückte, wie ein Maschinengewehrschütze, dessen Finger am Abzug klebt: »Hör sofort auf damit!«

Sie standen da und schauten zu, wie der Vergrabene allmählich von seinen Sandbandagen befreit wurde. Ein Ärmel, an dem man noch immer die Bügelfalte erkennen konnte, wurde sichtbar, das Glas einer Uhr. Benzi hob vorsichtig mit dem Stift, den er in der Hand hielt, den Rand des Ärmels an. Die Zeiger waren um zwölf Uhr fünfundvierzig stehengeblieben. Das Armband war silbergold kariert. Möglicherweise ein wohlhabender Mann, dem die Wahl eines Uhrenarmbandes einige Überlegungen wert gewesen war. Ebenso die Blazerknöpfe. Und er hatte ein Hemd ausgesucht, das farblich zum Blazer paßte. Bestimmt hatte er auch nachgeschaut, ob das Hemd ordentlich gebügelt war, als er es aus dem Schrank nahm.

»Die Tiere verstecken sich vor dem Sandsturm«, sagte der Fotograf.

»Was?« fragte Benzi.

»Sonst hätten sie ihn bestimmt gefunden.«

»Wer?«

»Schakale. Geier. Wenn jemand seine Spuren verwischen wollte, muß ihm dieser Sandsturm wie ein Geschenk des Himmels vorgekommen sein.«

»Im Gegenteil«, sagte Benzi. »Man hat ihn hier vergraben, weil man dachte, er würde nie gefunden werden. Der Sturm hat die Sache versaut.« Plötzlich blickte er Lisi und Dorit an und brüllte: »Seid ihr immer noch da? Ich will kein Wort davon lesen!«

»Natürlich nicht«, sagte Lisi. »Und morgen entdecke ich dann eine Reportage in der *Post*.«

»Was habe ich mit Adolam zu tun? Bin ich ihm was schuldig? Was bedeutet dieser Adolam für mich? Kein Wort, Lisi, hast du mich verstanden?«

»Bis nach Omer hat man dich gehört«, sagte Lisi. »In Aschkelon hat man dich auch gehört. Ich habe dich nicht gehört. Komm, Dorit.«

»Lisi! Lisi!« rief Benzi drohend.

Als sie das Auto erreicht hatten, fragte Lisi: »Dorit, soll ich den Fotoapparat mitnehmen?«

Dorit nickte. »Ja, dieser Sand macht ihn kaputt.«

»Wir treffen uns nachher in der Redaktion«, sagte Lisi.

Dorit legte den Fotoapparat in Lisis *Justy*, stieg auf ihr Motorrad und bahnte sich vorsichtig einen Weg durch die wirbelnde Wüste.

Wohin wird dieser ganze Sand nur geblasen, sann Lisi, wo landet all diese Erde, die jetzt von einem Ort zum anderen getragen wird?

2

Lisi wählte die Nummer der Polizei und ließ es klingeln. Tante Malka, die Protokollschreiberin, nahm ab und antwortete auf Lisis Frage mit großem Nachdruck: »Nein, nein, Wachtmeister Ilan Bachur befindet sich zur Zeit im *Blauen Pelikan*.«

»Danke«, sagte Lisi, schaltete das Handy auf Stand-by und blinkte mit den Scheinwerfern Dorit zu, die auf der anderen Straßenseite anhielt.

»Wir fragen zum *Blauen Pelikan*«, sagte sie.

»Was ist passiert?« fragte Dorit.

»Weiß ich nicht«, antwortete Lisi.

Seit Adolam zum Medienstar aufgestiegen war, war Tante Malka seine Verbündete und informierte Lisi nur noch in Fällen, die Adolam bereits bekannt waren. Eines bedingte das andere. Die Strahlen des lokalen Fernsehsenders verliehen auch der Polizei Glanz, und immer gab es jemanden, der sich die Mühe machte, Adolam zu benachrichtigen. Man wußte, dafür würde man auf dem Bildschirm erscheinen und ein paar unsterbliche Worte wie »Die Untersuchung ist im vollen Gang« oder »In diesem Stadium kann ich leider keine Details verraten« sagen dürfen, während der Ausdruck gleichgültiger Verachtung im Gesicht besagte, daß die Medien ihre Nase aber auch wirklich in alles stecken mußten.

Ein Polizist, den Lisi nicht kannte, versperrte den Eingang zum *Blauen Pelikan*. Die Zauberworte »Lisi Badichi« und »*Zeit im Süden*« machten keinerlei Eindruck auf den Mann. Seine Augenlider waren rot, die Wimpern voller Sand. Er sah aus wie einer dieser Beduinenjungen mit einem Augenleiden. Lisi wischte mit der Hand etwas Sand von der Fensterscheibe des *Blauen Pelikans* und spähte in das Lokal hinein. Sie konnte Katinko erkennen, den Besitzer, Jako, den Möbelhändler, Dajav Faktori vom städtischen Gartenbauamt und Boris, der am Busbahnhof Akkordeon spielte. Katinkos neue Bedienung saß mit einer Tischdecke über den Schultern auf einem Stuhl. Neben ihr stand Ilan in mitleidsvoller Haltung. Die leibliche Mutter hätte kaum besorgter und hingebungsvoller aussehen können. Der Polizeifotograf blitzte ab und zu, und Schoschi vom Erkennungsdienst bewegte sich hinter dem Tresen. Neben einem Polizisten stand Adolam, hinter ihm ein Kameramann und ein Tontechniker.

Lisi klopfte ans Fenster. Ilan hob den Kopf und machte eine Bewegung, mit der er vielleicht eine Fliege hätte verscheuchen können, und blickte sie vorwurfsvoll fragend an. Sie deutete mit dem Finger auf Adolam, und ihr Blick sagte: Wenn du beschlossen hast, Medien zuzulassen, mußt du mich gefälligst auch reinlassen, Süßer.

Ilan ging zur Tür. »Komm schon rein.«

»Danke«, sagte Lisi. »Komm, Dorit.«

»Wer hat dich benachrichtigt?« fragte Ilan. »Malka?«

»Derselbe, der Adolam benachrichtigt hat. Was ist hier los?«

Ilan hob die Schultern. »Der Sandsturm macht die Leute ganz verrückt.«

Der Boden war mit schlammigen Pfützen übersät, und der Sand, der beim Öffnen der Tür hereindrang, gesellte sich zu dem auf den Fliesen. In einer der Pfützen lag ein Schuh mit Plateausohle. Der zweite war noch am Fuß von Sigi, der Kellnerin.

Lisi setzte sich neben Katinko, den Notizblock auf den Knien, das Tonbandgerät auf dem Tisch.

»Dieser Sand, der durch alle Ritzen dringt, verstopft den Leuten das Hirn«, sagte Katinko. Er habe eigentlich überhaupt nicht aufmachen wollen. Wer ging schon bei so einem Wetter aus dem Haus? Er bedauere es jedenfalls sehr, nicht zu Hause geblieben zu sein. Die Gäste hätten angefangen, über jeden Dreck zu streiten, und auf einmal sei Dajav Faktori so wütend geworden, daß er seinen Revolver gezogen und die Flaschen auf dem Tresen zerschossen habe. »Wir bekommen hier noch Sitten wie im Wilden Westen.«

»Über was wurde gesprochen?« wollte Lisi wissen.

Katinko zuckte mit den Schultern. »Was weiß ich? Ich habe nicht zugehört.«

»Nur so ungefähr.«

Also so ungefähr. Luson, der Taxifahrer, sagte, wenn der Sturm erst vorüber wäre, würde im Libanon der Krieg anfangen, der General der südlichen Streitkräfte sei in der Nacht zu Baba Sali gefahren, um von ihm den Segen zum Krieg erteilt zu bekommen. Sein Nachbar, ein Bruder vom Fahrer des Generals, habe ihm das selbst erzählt.

Sigi habe ihn, Katinko, gebeten, Boris, den russischen Akkordeonspieler, ins Lokal zu lassen. Nun, er habe ihr den Gefallen getan und ihn hereingebeten, natürlich mit dem Akkordeon, sollte er es etwa draußen lassen, und gesagt, er solle etwas auf Kosten des Hauses trinken, auf Kosten des Sandsturms, denn so etwas habe er dort in Rußland bestimmt nie gesehen, aber er solle ja nicht spielen, alle seien gereizt, und sein Kalinka, Kalinka hätte ihnen gerade noch gefehlt. Übrigens, man sagte von Boris, daß er tagsüber vor dem Einkaufszentrum spiele und nachts auf die beiden Mädchen aufpasse, die für ihn beim zentralen Busbahnhof arbeiteten.

Sigi, die neue Kellnerin, sagte, die Musik von Boris verursache ihr ein schwarzes Loch im Bauch, so eine Art hohlen Kanal mit glitzerndem Licht darin, wie in den Höhlen der Chassidenrabbis. Und Katinko warnte Boris, er solle es ja nicht wagen, sich dem Mädchen zu nähern.

»Er versteht kein Wort von dem, was du sagst«, sagte Luson.

»Doch, doch«, antwortete Katinko. »Er versteht mich schon.«

Und Jako fügte feixend hinzu: »Wenn er es nicht versteht, werden wir es ihm erklären.«

»Was du nicht sagst!« schimpfte Dajav Faktori, der Leiter des städtischen Amtes für Gartenbau und Landschaftspflege von Be'er Scheva. Um zehn, spätestens um elf, hatte er immer seinen täglichen Bewässerungsauftrag erledigt und kam auf einen kurzen Kaffee in den *Blauen Pelikan*, bevor er sich an seine weiteren »Aufgaben« machte. Die Metropole, die in den letzten fünf Jahren hier herangewachsen war, hätte zu einem New York der Wüste werden können, wenn Dajav Faktori weniger Zeit im *Blauen Pelikan* und mit der Lokalpolitik vergeudet hätte.

Alle im *Blauen Pelikan* schwiegen und waren einfach wütend auf Katinko, der Boris hereingeholt hatte. Es war zwar richtig, daß das Lokal ihm gehörte und er daher einladen konnte, wen er wollte, aber alles wurde registriert. Und nichts blieb ungestraft. Es gab viele Cafés in der Stadt, sehr viele.

Jako, der Möbelhändler, war gerade von einer Reise zum Spielkasino von Taba zurückgekehrt, noch umhüllt vom Duft der großen weiten Welt. Mit dem Hochmut eines Menschen, der etwas gesehen hatte, was die anderen Leute in Be'er Scheva nie im Leben zu sehen kriegen würden, sagte er zu Luson, Baba Sali, selig das Andenken dieses Gerechten, sei bereits vor zehn Jahren gestorben und habe daher dem General keinen Segen mehr erteilen können. Seinem Tonfall war anzuhören, daß er der menschlichen Ignoranz bereits überdrüssig war.

Sigi, die direkt aus Netivot nach Be'er Scheva in den *Blauen Pelikan* gekommen war, sagte, als spreche sie aus großer Lebenserfahrung, daß Baba Baruch, der Erbe von Baba Sali, über die gleichen Fähigkeiten und inneren Kräfte verfüge wie sein seliger Vater, und ihre Mutter sage immer, alles hänge nur vom Glauben ab.

Jako fand das erheiternd. Einfach zum Lachen. Mit all den Instrumenten, die der Luftwaffe heutzutage zur Verfügung standen, mit den Computern, die alles beobachten und ohne Hilfe navigieren konnten, da sollte der General ausgerechnet den Segen von einem Baba Baruch brauchen? Und außerdem, was hatte das mit dem Libanon zu tun? Was war mit dem Sinai? Der Libanon gehörte schließlich zum nördlichen Befehlsbereich der Armee, dort hatten sie ihre eigenen Wunderrabbis und Kabbalisten. Sie sollten doch nur an den Berg Mejron denken, an Amuka, an Ma'arat Elijahu. Dort würden sie keinen Baba Baruch brauchen.

Sigi war gekränkt. Sie deutete mit ihrem grünlackierten Fingernagel auf Jako und verkündete, zu Baba Baruch kämen Leute aus der ganzen Welt, nicht nur aus Kiriat Schmona und Tiberias, Orte, die ja bekanntlich im Norden lagen, sondern auch aus Frankreich, Marokko und Kanada. Man müsse sich schon Monate im voraus anmelden. In fünf Minuten könne einem der Baba sagen, ob es ein Erdbeben oder eine Überschwemmung geben würde. Was für eine Krankheit man habe und ob es nötig sei oder nicht, der Tante eine Niere herauszunehmen. Auf dem Grab eines welchen Gerechten man Kerzen für die Geburt eines Sohnes oder einen verwundeten Soldaten anzünden solle. In welchem Blumentopf man eine Verwünschung begrub und was für ein Medaillon half, damit die Geschäfte gutgingen.

»Genau!« Jako wieherte vor Lachen. »Das ist es, Geschäfte. Alle Babas, das ganze heilige Wasser und die Amulette, alles Geschäfte. Wenn du bezahlst, bekommst du einen Segen, und deine Schulden werden gelöscht. Bezahlst du jedoch nicht, verlierst du dein Geschäft, dein Haus, deine Frau und auch deine Geliebte.«

Luson, der sich schon vorher über Jako geärgert hatte, weil er ihm in der Sache mit dem Krieg im Libanon widersprochen hatte, hieb nun mit der Hand auf den Tisch und brüllte Jako an, er solle Sigi gefälligst nicht anschreien. Dajavs Tasse mit dem Milchkaffee fiel um, und als er aufsprang, um seine Hose zu retten, kippten mindestens zwei Drittel der Flaschen und Gläser auf dem Tisch ebenfalls um.

Einer nutzte offenbar den Tumult aus, um Sigi in den Hintern zu kneifen, und dann ging es los. Niemand im *Blauen Pelikan* wußte, daß Sigi, so klein sie auch war, in Netivot als »Kreisch-Sigi« bekannt war.

Später sagten alle, es sei nur wegen Sigi passiert, die mindestens zwanzig Minuten lang nicht aufhörte zu schreien. Es war nicht einfach das Geschrei einer hysterischen Frau oder eines brüllenden Tieres, sondern Sigi verfügte über ein eingeübtes Repertoire an Kreischtönen, das sie in den Jahren, die sie in Netivot verbrachte, zu einer lokalen Berühmtheit gemacht hatte. Eine Flut von Klagen und Beschuldigungen kam aus ihrem Mund. Sie hatte die gewaltige Stimme und den langen Atem von Generationen von Frauen, die sich an alles erinnern: an sämtliche Beleidigungen und Hoffnungen längst verstorbener Frauen, ihrer Töchter, Enkelinnen und Urenkelinnen, die noch lebten und denen das Herz vor Erinnerungen zersprang. Dieses ganze kollektive Gedächtnis konzentrierte sich jetzt in Sigis Kraft zu schreien, auch nach etlichen Ohrfeigen weiterzuschreien, sogar nach einem ganzen Eimer Wasser, den Katinko über sie kippte. Und dann ritt Dajav Faktori der Teufel, er zog seinen Revolver und schoß auf die Flaschen auf dem Tresen.

Katinko stürzte sich auf ihn, nahm ihm den Revolver ab und rief die Polizei. Das hätte ihm gerade noch gefehlt, daß jemand in seinem Café erschossen würde. Die Leute wurden einfach verrückt von diesem verdammten Sand.

Adolam hatte seine Reportage beendet, doch ausgerechnet jetzt, da Lisi gekommen war, zögerte er zu gehen. Sie fragte sich, wer ihm Bescheid gesagt hatte. Tante Malka? Ilan? Der Fotograf? Der Arzt? Schoschi? Sie beschloß, sich neben Ilan zu setzen. Ilan besaß ein angenehmes Temperament und gute Manieren, und er scheute sich auch nicht, seine Zuneigung zu Lisi offen zu zeigen, trotz ihres Berufs und obwohl sie seine Schwägerin war.

Das Wasser tropfte aus Sigis Ohren und Haaren auf die Decke, die über ihren Schultern hing.

»Aber warum hast du so geschrien, Schätzchen?« fragte Ilan Sigi.

Sigi erklärte ihm, die Tante ihrer Mutter sei mit dem Bruder von Ifargan verheiratet gewesen, einem Verwandten von Abuchazira, den man Baba Sali nannte. Schon lange fühle sie, daß sie über besondere Kräfte verfüge. Sie habe Netivot verlassen, weil sie Angst hatte vor der Zauberkraft, den Stimmen und den Vorausahnungen. Und hier habe sie nun endgültig entdeckt, daß sie fliehen könne, wohin sie wolle, die besonderen Kräfte von Ifargan und von Abuchazira jedoch in ihrem Blut flössen und sie bis nach Be'er Scheva verfolgten. Sie habe geschrien, weil sie das Unglück gespürt habe, das in den Raum eingedrungen war, sie habe es tatsächlich gesehen, einen grünen Nebel in der Gestalt eines Menschen. Durchs Fenster habe sie plötzlich einen Blitz am Himmel erblickt, obwohl der Himmel doch gerade so braun wie die Erde sei, und sie habe die Augen von Eulen auf sich gerichtet gefühlt, genau wie früher schon einmal, diese gelben, gelben Augen von Eulen. Sie habe das Amulett in ihrer Tasche gerieben, aber es habe nichts geholfen. Aus Angst und dem Drang zu warnen, deshalb. Hätte Jako Baba Sali nicht lächerlich gemacht, hätte sie vielleicht nicht geschrien und Dajav Faktori vielleicht nicht geschossen.

»Ist jemand verletzt worden?« fragte Lisi.

»Nein«, antwortete Ilan. »Gott sei Dank nicht. Stör mich nicht, Lisi.« Er wandte sich wieder an Sigi: »Und die Schüsse haben angefangen, während du geschrien hast?«

»Ja, kurz nachdem ich angefangen hatte, glaube ich. Ich weiß es nicht genau. Luson war wütend und schlug mit der Hand auf den Tisch, und alles ist umgekippt. Kaffee, Wasser, Arrak. Alle sind aufgesprungen und...« Plötzlich wurde ihr blasses Gesicht rot.

»Was?« fragte Ilan und errötete vor lauter Mitgefühl ebenfalls. »Sag es, Mädchen, sag's.«

»Jemand hat mich gezwickt.«

Lisi biß sich auf die Lippen. Wenn jedes Zwicken gleich zu einer Schießerei führen würde, wäre längst wieder ein Weltkrieg ausgebrochen.

»Und in dem Moment hast du angefangen zu schreien?« fragte Ilan.

Sigi nickte.

»Wer hat dich gezwickt?«

»Weiß ich nicht«, sagte Sigi.

»Ich möchte nur verstehen, wie alles nacheinander abgelaufen ist«, sagte Ilan. »Jako hat Baba Baruch beleidigt, Luson hat mit der Hand auf den Tisch geschlagen, die Getränke sind umgekippt, Dajav Faktori fing an zu schießen. War es so?«

»Ja. Er hat plötzlich seinen Revolver gezogen und geschossen. Ich habe geglaubt, er bringt uns alle um. Ein Glück, daß Katinko aufgesprungen ist und ihm die Hand auf den Tisch geschlagen hat.«

»Aber was hat Jako denn gesagt?« fragte Lisi.

»Lisi!« schrie der gutmütige Ilan, der hübsche Ilan, der nette Ehemann ihrer Schwester Chavazelet.

»Entschuldige, Süßer«, sagte Lisi.

Der barmherzige Samariter in Uniform beugte sich wieder zu Sigi. »Wie viele Schüsse hat er abgegeben?«

»Zwei, glaube ich.« Unvermittelt fing Sigi an zu weinen.

»Schoschi«, rief Ilan zu der Polizistin hinüber, die hinter dem Tresen stand. »Könntest du einen Tee für das Mädchen machen?«

»Ich mache ihr einen«, bot Lisi an.

»Danke«, sagte Ilan. »Und tu viel Zucker rein. Das wird sie beruhigen.«

»Willst du auch welchen?«

»Lieber Kaffee.«

»Dieser Sand«, sagte Schoschi. »Dajav Faktori könnte Katinko jetzt Blumen auf dem Fußboden pflanzen.« Sie hielt eine Plastiktüte in der Hand, in der sich der Revolver befand, die Ursache des ganzen Aufruhrs.

Lisi nickte zustimmend. »Möchtest du Kaffee oder Tee?« fragte sie.

»Ich möchte eine Dusche«, sagte Schoschi. »Eine Dusche, die mir den ganzen Sand vom Körper spült. Und ein sauberes Bett. Oben auf einem Schweizer Berg.«

»Habt ihr die Patronenhülsen gefunden?«

»Ja«, sagte Schoschi.

»Zwei?«

»Ja.«

»Ist der Revolver zugelassen?« fragte Lisi weiter.

Schoschi nickte.

»Was für ein Modell?«

»Ein Colt, Kaliber 45«, antwortete Schoschi.« »Und jetzt hör auf zu fragen, Ilan schaut schon herüber.«

Als Lisi den Tee für Sigi und den Kaffee für Ilan brachte, war sie dankbar für ihre großen, breiten Füße, die einen gewissen Schutz davor boten, auf dem Sand auszurutschen.

»Wo wohnst du, Sigi?« fragte Ilan gerade.

»Ich habe ein Bett im Wohnheim Beit Jaziv. Ich teile das Zimmer mit zwei anderen Mädchen.«

»Sehr gut«, sagte Ilan. »Ich möchte nicht, daß du allein bleibst. Und jetzt trink deinen Tee, Kleines. Hast du viel Zucker hineingetan, Lisi?«

»Ja.«

Ilan blickte sie an. »Auf Wiedersehen, Lisi.«

»Ich wollte dir noch etwas sagen«, protestierte Lisi.

»Auf Wiedersehen, Lisi.«

Wenn er von der Leiche bei der Fabrik erfuhr, würde ihm das noch leid tun. Die Techniker von Beni Adolam brachten ihre Ausrüstung hinaus zum Auto.

Adolam wandte sich an Lisi und fragte: »Bleibst du noch hier?«

»Was?«

»Bist du mit dem Auto gekommen?«

»Ja«, sagte Lisi.

»Was hat sie erzählt?«

»Wer?« fragte Lisi.

»Die Kellnerin.«

»Ach so.« Lisi zuckte mit den Schultern. »Nichts. Sie steht unter Schock, glaube ich.«

»Aber du hast doch mit ihr gesprochen«, wandte Adolam ein.

»Ich habe nicht mit ihr gesprochen«, meinte Lisi. »Was hat dir der Polizist gesagt?«

»Was?« fragte Adolam, Lisis Ton imitierend. Dann fing er an zu lachen.

Er kannte Lisi lange genug, um zu wissen, daß ihr dummer Gesichtsausdruck sozusagen Teil ihrer beruflichen Ausrüstung war. Ihr »Ha?« und ihr »Was?« und ihr »Süßer« führten ihn schon längst nicht mehr in die Irre. Sie sah alles, und sie hörte alles. Sie beackerte jeden Zentimeter des Feldes und verzichtete, falls notwendig, auf Schlaf und Essen. Hinter dem phlegmatischen Ausdruck ihres Gesichts verbarg sich eine professionelle Journalistin, und ihr Ehrgeiz glich der Sturheit eines Bauern, der Furche um Furche den Elementen ein Stück Boden abtrotzt. Es hatte eine Zeit gegeben, da war er in diesen trägen Klotz verliebt gewesen. In die großen Ohrringe, die meist feuchten, kurzgeschnittenen Haare, den fettigen Lippenstift, die großen Füße. Er war verliebt gewesen in das, was sich hinter dieser Tarnung verbarg, in die Tatsache, daß sie etwas verbergen mußte, und wollte ergründen, was sie antrieb und aus welchem Stoff ihre Masken gemacht waren. Er hatte versucht, mit Hilfe von etwas zu ihr durchzudringen, was sie nie hatte und nie haben würde: Jugend.

Einmal war sie mit ihm ausgegangen, in den *Club Smilanski*, und hatte dort getanzt wie ein täppischer Bär mit einem eisernen Ring um den Hals. Auch daß sie etwa zehn Zentimeter größer war als er, hatte ihn nicht gestört. Und einmal, als sie gemeinsam in einer Aufführung von *Evita* saßen, war es ihm vorgekommen, als bewegten sich ihre Lippen, doch was an seine Ohren drang, hatte sich eher angehört wie das Schaben einer Feile. Er wußte, daß sie Verehrer hatte, wenige zwar, aber es gab sie. Irgendwo unter ihren Lumpen verbarg sich eine Frau, die genießen konnte. Nur wußte er eben nicht, wie man zu dieser Frau durchdrang, und das ließ ihm keine Ruhe.

»Fährst du zur Pressekonferenz vom Minister für Bauwirtschaft und Wohnungsbau?«

»Ha?«

»Die Pressekonferenz im Rathaus. Wegen des Projekts ›Free Production‹. Hast du keine Einladung bekommen?«

»Ach so, doch.« Wegen der Ereignisse beim *Sargon* hatte sie die Pressekonferenz ganz vergessen. Adolam blickte sie mißtrauisch an. Der geplante High-Tech-Park »Free Production« war die größte finanzielle Revolution in Be'er Scheva, seit Stef Wertheimer einen Industriepark eingerichtet hatte. Es war die Verkörperung eines Traums vom Nahen Osten. Unternehmer aus der ganzen Welt sollten hier High-Tech-Betriebe einrichten, und natürlich auch Einheimische, befreit von allen möglichen und unmöglichen Steuern, mit denen sie im übrigen Teil des Landes belastet waren. Das Areal, das dafür ausgewählt war, bestand aus zweitausendfünfhundert Dunam Wüste nördlich der Stadt und schloß das Gebiet der Strickwarenfabrik ein. Das war einer der Gründe, weshalb die Tarschischs, die Besitzer, beschlossen hatten, die Strickwarenfabrik abzubauen und nach Jordanien zu verlegen, um das Gelände dem mit der Erschließung betrauten Projektmanager zu verkaufen, der ein »sauberes Areal« verlangt hatte. Der Grundstücksverkauf und eine Verflechtung mit der »Free Production« war für die Tarschischs eine einmalige Gelegenheit, aus Sand Gold zu machen.

Lisi dachte an ihre Mutter, ein Opfer der »Free Production«, die seit fünf Wochen demonstrierte und nicht aufgeben konnte, obwohl sie von vornherein wußte, daß sie am Schluß verlieren würde. Der Kampf ihrer Mutter war vielleicht nicht gerechtfertigt, wohl aber war es ihr Gefühl, betrogen zu werden. Ihr ganzes Leben lang hatte sie irgend etwas angesteuert, doch als sie nun das Ende des Weges erreichte, erwartete sie nichts mehr.

Eine Sandbö erhob sich über dem Hügel im Süden, ein rötlichgrauer Ball, der mit ungeheurer Geschwindigkeit näher rückte und alles mitriß, was ihm im Weg stand. Dorit und Beni Adolams Fotograf fingen wie verrückt an zu knipsen. Lisi stieg schnell ins Auto, schloß fest die Tür und zog sich die Kapuze über den Kopf. Sie war in Be'er Scheva geboren, und Negev war die Landschaft ihrer Kindheit. Sie hatte gesehen, wie trockene Wadis zu reißenden Flüssen wurden, wie Straßen wegschmolzen wie Butter, und sie kannte den Unterschied zwischen Ostwind und Südwind ganz genau. Aber noch nie hatte sie eine solche Naturgewalt erlebt. Schaut her, was ich tun kann, wenn ich will, verkündete der himmlische Blasebalg. Die Erde wird sich wieder beruhigen, der Sand wird sich senken, der Himmel blau werden, der Tau fallen, und ein angenehmer Wind wird aufkommen – aber ihr werdet mich nicht vergessen. Nie. Ihr werdet euch an das Knallen und Peitschen, das Donnern und Blitzen erinnern, das keinen Regen brachte, an die Erde, die ihrer Haut entblättert wurde. Lisi dachte an die »besonderen Kräfte«, die in Sigi erwacht waren, an die Schüsse im *Blauen Pelikan* und an den Mann, der neben *Sargon* umgebracht worden war. Der braune Himmel, der Blitz, die Sandböen, wohin wurde der ganze Sand nur getragen? Und was richtete diese grauenhaft elektrisierte Luft bei den Menschen an?

Als sie in der Redaktion angekommen war, rief Lisi im *Soroka* an, um sich nach dem Zustand Oved Hanegbis zu erkundigen.

»Er ist im Operationssaal«, sagte Racheli, die Schwester in der Aufnahme. »Ich habe gehört, daß du ihn gefunden hast.«

»War er bei Bewußtsein?« fragte Lisi.

»Nein«, sagte Racheli.

»Was hat er?«

»Schädelbruch und Bruch eines Schulterknochens.«

»Wie stehen die Aussichten?« fragte Lisi. »Wird er durchkommen?«

»Es wird ein paar Tage dauern, bis man das sagen kann«, antwortete Racheli. »Sie saugen ihm Blut aus dem Kopf ab.«

»Wie kann man seinen Zustand beschreiben?« fragte Lisi. »In der Zeitung, meine ich.«

»Kritisch, aber stabil«, sagte Racheli. »Aber das hast du nicht von mir, Lisi!«

»Weiß man schon, wer der Tote ist, den man neben dem Bus gefunden hat?«

»Keine Ahnung«, sagte Racheli. »Was für ein Toter?«

»Weiß ich nicht, ein Toter eben. Bestimmt hat man ihn in die Pathologie gebracht. Sind bei euch Opfer des Sandsturms eingeliefert worden?«

»Drei rumänische Arbeiter wurden leicht verletzt, als die Baracke, in der sie schliefen, über ihnen zusammengekracht ist.

Eine alte Frau hat einen Schlaganfall bekommen, aber sie lebt. Ein Baum ist in ein Fenster gefallen, und die Glassplitter haben einen zweijährigen Jungen getroffen, dessen Bett unter dem Fenster stand. Wie durch ein Wunder ist ihm nichts passiert. Nur ein paar Kratzer und kleine Schnittwunden, aber die Mutter ist hysterisch. Ein Bote wurde samt Moped auf zwei Betende geschleudert, und alle drei stürzten in eine Grube. Sie sind mit ein paar gebrochenen Knochen davongekommen. Dann noch zwei Asthmaanfälle, eine Studentin und eine Äthiopierin. Das ist alles.«

»Haben sie bei euch den Notstand ausgerufen?«

»Nein, aber man hat ihn angekündigt.«

»Was ist der Unterschied?« fragte Lisi.

»Nun ja, niemand hört zu telefonieren auf.«

»Danke, Racheli«, sagte Lisi. Sie beschloß, noch eine Stunde zu warten, bevor sie Benzi anrief, um ihn zu fragen, was mit der Leiche sei, die sie neben dem Autobus des Propheten gefunden hatten. Sie setzte sich hin und schrieb einen Bericht über den Sandsturm für die überregionale Ausgabe der *Zeit* und jagte ihn auch gleich los, zusammen mit einem Foto des Sandballs, das Dorit inzwischen entwickelt hatte. Für die *Zeit im Süden* schrieb sie zwei Artikel, einmal achthundert Wörter über den Sturm, dann sechshundert über den Vorfall im *Blauen Pelikan*.

»Vom *Blauen Pelikan* habe ich Kontaktabzüge von allen Cowboys und Sheriffs«, sagte Dorit zu Lisi. »Und von *Sargon* habe ich welche vom Propheten auf dem Weg zum Krankenwagen, samt allen Infusionen, außerdem von dieser Hand, Gott hab sie selig, die aus dem Sand ragt. Einen Haufen Fotos.«

»Ich möchte nicht, daß Adolam auf einem der Fotos vom *Blauen Pelikan* zu sehen ist«, sagte Lisi.

Dorit grinste. »Bist du wahnsinnig? Natürlich nicht!«

Lisi beschloß, die Worte ihrer Mutter zu ignorieren und zu ihr zu fahren, um zu sehen, wie es ihr ging. Rachelis Bericht von der Lage hatte sie doch beunruhigt.

3

Die Rolläden an Batschevas Wohnung waren heruntergelassen, genau wie die anderen im ganzen Haus. Der Eingang zum Gebäude war voll Sand, Blätter und dürrer Zweige. Vergilbte Zeitungsseiten lagen herum, spröde geworden in nur einem Tag, und an den Wänden hingen Plastiktüten festgeklebt wie Fledermäuse. Ein Teil der Briefkästen stand offen, und sogar dort hatte sich der Sand eingenistet.

Niemand reagierte, als sie an der Tür klingelte, und Lisi fragte sich, wohin ihre Mutter bei einem solchen Sturm wohl gegangen sein konnte. Das Guckloch in der Tür war jedoch hell, und wenn die Rolläden heruntergelassen waren, mußte Licht in der Wohnung brennen. Lisi klopfte heftig an die Tür. Batscheva Badichi war nicht geizig, doch eine Verschwenderin war sie auch nicht. Das Licht anzulassen, wenn man das Haus verließ, wäre für sie nie in Frage gekommen. Aus der Wohnung drang ein seltsames Geräusch, fast wie ein Blöken, das sofort wieder verstummte.

»Mama!« schrie Lisi und fuhr fort, gegen die Tür zu schlagen. »Mama! Mama!«

Schließlich öffnete sich die Tür, und Batscheva Badichi stand im Eingang. »Was schreist du so?« fragte sie.

»Warum hast du mir nicht aufgemacht?«

»Ich habe dir gesagt, daß ich nicht will, daß du kommst.«

»Mama!« rief Lisi empört.

»Wenn du zu mir sagen würdest, ich soll nicht kommen, würde ich das auch nicht tun.«

»Was ist denn los?« fragte Lisi.

»Nichts.«

Lisi blickte ihre Mutter erstaunt an. Sie sah tatsächlich so aus, als sei sie willens, ihrer eigenen Tochter den Eintritt in die Wohnung zu verweigern. Wieder drang dieses seltsame Geräusch aus der Wohnung.

»Was ist das?« fragte Lisi. »Eine Katze?«

Batscheva preßte die Lippen zusammen, doch unwillkürlich trat ein Lächeln in ihre Augen.

»Ich will's sehen«, verlangte Lisi.

Batscheva kannte diese Stimme und diesen Blick. Lisi würde nicht mehr lockerlassen, wartend auf der Treppe sitzen bleiben, bis sie hineinkäme. Batscheva ging in die Wohnung zurück, und Lisi folgte ihr auf den Fersen.

Auf dem Boden war eine Decke ausgebreitet, darauf saß ein Baby. Die Kleine hielt eine Brotkante in den Händen, ihr Gesicht und die Decke waren mit Krümeln übersät. Im Sessel saß eine junge, blondhaarige Frau.

»Darf ich bekannt machen«, sagte Batscheva zu ihrer Tochter. »Das sind Luba und ihre Tochter Alona. Und das ist meine Tochter Lisi. Willst du was trinken, Lisi? Tee? Wasser?«

»Tee bitte«, sagte Lisi. »Ich habe mindestens ein Kilo Sand verschluckt.«

Ihre Mutter machte eine abfällige Handbewegung. »Wer verläßt bei diesem Wetter auch das Haus!«

Als ihre Mutter in die Küche gegangen war, wandte sich Lisi an die junge Mutter. »Wie alt ist die Kleine?« fragte sie.

»Sieben Monate«, antwortete Luba.

»Sind Sie eine Nachbarin meiner Mutter?« wollte Lisi wissen.

Die Russin lachte, als habe Lisi einen besonders gelungenen Witz gemacht. Sie war etwa fünfundzwanzig Jahre alt und sehr schön mit ihren kurzgeschorenen, fast punkartigen Haaren, ihren grauen Augen und der glatten Haut. An ihren Ohren baumelten lange, goldene Ohrringe, und am Handgelenk trug sie drei Goldreifen.

Alle Einwohner von Be'er Scheva hatten in den letzten Jahren ein paar Worte Russisch gelernt: Bitte, danke, Arbeit, was, warum, weiß nicht, ja, nein, Geld.

»Wie lange sind Sie schon in Israel?« fragte Lisi.

Es war ihre Mutter, die antwortete. »Zwei Jahre«, sagte sie. »Sie hat gerade mal ein halbes Jahr bei *Sargon* gearbeitet, als sie mit allen anderen entlassen wurde. Jetzt habe ich eine Arbeit für sie im Friseursalon von Michele und Dona gefunden. Als Haarwäscherin.«

»Wo arbeitet ihr Mann?« fragte Lisi.

»Sie will wissen, wo dein Mann arbeitet«, sagte Batscheva zu Luba. Sie sprach laut und deutlich und artikulierte jeden Buchstaben.

Wieder lachte Luba. Lisa wunderte sich, was an dieser Frage so lächerlich war.

»Ist das Kind in einer Krippe?« fragte sie.

»Lisi, du stellst zu viele Fragen«, sagte ihre Mutter.

»Warum?«

»Darum.«

Lisi schaute ihre Mutter an. »Ich verstehe wirklich nicht, was dich so ärgert.«

»Du ärgerst mich«, sagte Batscheva Badichi. »Wenn ich zu dir sage, du sollst nicht kommen, dann solltest du es bleiben lassen. Ich führe mein eigenes Leben. Daß man mich entlassen hat, bedeutet noch lange nicht, daß ich nichts mehr mit meinem Leben anzufangen weiß. Ich bin eine erwachsene Frau, und ich war immer selbständig. Nie habe ich von euch irgendwelche Hilfe verlangt. Stimmt's? Ich respektiere euch, und ich verlange, daß ihr mich auch respektiert.«

»Waren Chavazelet und Georgette schon hier?«

»Nein«, sagte Batscheva. »Und ich will auch nicht, daß sie kommen. Und du sollst ihnen nicht sagen, daß du hier jemanden getroffen hast.«

»Warum?« fragte Lisi erstaunt. »Warum ist das so ein Geheimnis?«

Das Baby fing an zu weinen, die Frau hob es hoch, nahm es auf die Knie und schaukelte es. Ihre goldenen Armreifen klirrten. Lisi fragte sich, ob sie überhaupt etwas von dem verstand, was gesprochen wurde.

»Kann sie Hebräisch?« fragte sie.

Ihre Mutter nickte. »Sie kann Hebräisch. Sie kann ›Faden‹ sagen und ›Knopflöcher‹ und ›Schicht‹ und ›Kontrollstempel‹, und jetzt hat sie auch noch ›Entlassung‹ und ›Ablöse‹ gelernt.«

»Wie arbeitet sie im Friseursalon?« fragte Lisi.

»Um Haare zu waschen, muß man nicht Hebräisch können«, antwortete ihre Mutter.

Lisi blickte ihre Mutter scharf an. »Paßt du auf die Kleine auf, wenn sie im Friseursalon ist?«

»Ja.«

»Bezahlt sie dich dafür?« fragte Lisi.

»Es ist meine Zeit«, sagte Batscheva schnell. »Bis eine Regelung gefunden ist. Ich will kein Wort dazu hören. Und wehe, du erzählst deinen Schwestern oder deinen Schwagern davon! Ich kann sie nicht auch noch brauchen. Von dem Trinkgeld, das Luba bekommt, muß sie das Essen für die Kleine bezahlen, Windeln, Medikamente und den Autobus. Ich bin froh, daß ich ihr helfen kann.«

»Wo war die Kleine bisher?« fragte Lisi.

»In der Kinderkrippe von *Sargon*.«

»Und wie unterhaltet ihr euch?«

In Batschevas Stimme lag verhaltener Stolz, als sie sagte: »Sie hat ein Notizbuch, in das schreibt sie die hebräischen Wörter. Ich gebe ihr Unterricht, und von den Kunden im Friseursalon lernt sie auch etwas.«

Lisi nickte. »Und was macht ihr Mann?«

»Ich glaube, er ist nach Rußland zurückgegangen«, sagte ihre Mutter.

»Was heißt das, du glaubst es?«

»Ich habe sie nicht danach gefragt. Sie hat mich auch nicht gefragt, wo mein Mann ist.«

»Bestimmt wundert sie sich, warum du sie nicht danach gefragt hast«, meinte Lisi.

Ihre Mutter wurde ernst. »Sie ist nicht die erste Frau, die ein Kind allein großzieht, Lisette. Als ich mit drei kleinen Mädchen allein zurückgeblieben bin, gab es immer Leute, die mir halfen. Jetzt bin ich dran.«

Lisi ließ nicht locker. »Hat sie keine Familie?«

»Ich habe sie nicht gefragt.«

»Warum bringt sie das Kind nicht in eine städtische Krippe oder in die Kleinkindbetreuung vom Frauenhilfswerk?«

»Das kann sie nicht.«

»Warum nicht?« rief Lisi. »Die Betreuung ist umsonst, wenn jemand kein Geld hat.«

»Siehst du?« fuhr ihre Mutter auf. »Siehst du jetzt, warum ich nicht wollte, daß du kommst? Du mit deiner Fragerei!«

Die Kleine patschte ihrer Mutter mit den Händchen ins Gesicht, zwickte sie mit den Fingerchen in die Wange, hielt sie fest und lachte. Ihre Augen waren blau, die Haartolle auf ihrem Kopf schwarz. Luba riß den Mund auf und tat, als wolle sie in die kleine Hand beißen.

»Wo wohnt sie eigentlich?« fragte Lisi.

»Lisette!«

Lisi wandte sich an die Russin. »Wo wohnen Sie, Luba?«

»Neben der Präsidentenallee. Zweieinhalb Zimmer, renoviert. Sehr schön.«

»Sehr schön«, bestätigte Batscheva.

»Auch Alona sehr schön«, sagte die Russin und stupste zärtlich mit dem Kopf gegen den Bauch des Kindes. Die Kleine lachte.

Lisi empfand Mitleid mit der jungen Frau und dem Kind. Sie empfand auch Mitleid mit ihrer Mutter, die einer anderen, der es noch schlechter ging als ihr selbst, einen Platz in ihrem Leben eingeräumt hatte, Mitleid und eine Art Bewunderung, weil es ihr gelungen war, etwas daraus zu machen, daß man sie zum alten Eisen geworfen hatte.

Die Schließung der Strickwarenfabrik hatte den Haß gegen die Russen offen zutage treten lassen. Statt in ihnen Verbündete und Brüder in der Not zu sehen, wurden sie nun zu Eindringlingen, die den alteingesessenen Arbeitern das letzte Stück Brot wegnehmen wollten. In den ersten Monaten hatte die Jewish Agency einen Teil des Lohns für die Neueinwanderer bezahlt, und die Besitzer der Fabrik hatten sich diese günstige Gelegenheit nicht entgehen lassen. Für das halbe Geld hatten sie hochmotivierte Arbeitskräfte bekommen, für die »Rabota« das wichtigste im Leben war. Arbeit bedeutete Essen, ein Dach über dem Kopf und ein Buch. Die Russen gingen zu Fuß in die Fabrik, um das Geld für den Autobus zu sparen, und sie brachten belegte Brote und Wasser von zu Hause mit, um nicht in der Kantine essen zu müssen. Sie interessierten sich dafür, wie die Maschinen, an die sie gestellt waren, funktionierten, und konnten bald kleinere Reparaturen selbst ausführen. Wenn die Jewish Agency aufhörte, bei ihrem Lohn mitzuzahlen, wurden sie entlassen und statt dessen neue Russen eingestellt. Die Tarschischs hatten es auch geschafft, daß zwei lästige Unruhestifter entlassen und dafür zwei dankbare Russen in den Betriebsrat gewählt wurden. Als die Nachricht von der Schließung der Fabrik bekannt wurde, stand den Arbeitern von *Sargon* nur ein Betriebsrat zur Verfügung, dem die Zähne gezogen worden waren.

Batscheva ging in die Küche, kam mit einer Plastikschüssel voller bunter Wäscheklammern zurück und stellte sie auf den Boden. Dann nahm sie Luba das Kind ab und setzte es wieder auf die Decke, neben die Wäscheklammern. Eine verschwommene Erinnerung tauchte in Lisi auf: sie selbst als kleines Kind mit Wäscheklammern. Nur waren ihre Klammern aus Holz gewesen, und sie hatten in einer Blechdose gelegen.

»Früher hatten wir mal eine Klammerndose aus Blech«, sagte sie zu ihrer Mutter. »Und auf dem Deckel war ein Bild, ein Schotte mit einem Schottenrock.«

»Die Dose habe ich immer noch. Jetzt hebe ich Knöpfe und Nähzeug darin auf.« Batscheva lächelte. »Wieso ist dir das jetzt eingefallen?«

Lisi antwortete nicht. Sie fragte statt dessen: »Willst du, daß ich mit der Leiterin der Kindertagesstätte rede?«

»Nein!« rief ihre Mutter. »Siehst du? Du mußt dich immer einmischen!«

»Ich möchte doch nur helfen«, sagte Lisi gekränkt.

Ihre Mutter machte ein abweisendes Gesicht. »Wir brauchen deine Hilfe nicht. Wir kommen auch so zurecht.«

Lisi stand auf. In diesem »wir« lag etwas Provozierendes. Die Feindschaft des Proletariats gegen das Bürgertum. Ein Geruchsrest von Demonstrationen, von verbrannten Autoreifen. Wer nie auf der anderen Seite der Barrikaden gestanden hatte, würde es nie verstehen.

Die Kleine krabbelte rückwärts, und dann stand sie mit einem Mal aufrecht da, ein glückliches Lächeln im Gesicht. Batscheva war mit einem Satz bei ihr, die Hände nach dem kleinen Körper ausgestreckt, bereit, sie aufzufangen, wenn sie hinfallen würde. Die Kleine setzte sich wieder und krabbelte zu Batscheva, wobei sie gurrende Töne ausstieß. Batscheva und die Russin lachten laut. Vielleicht ist die Idee, daß sie sich um das Kind kümmert, gar nicht so schlecht, dachte Lisi. Sie wäre allerdings noch zufriedener gewesen, wenn ihre Mutter für ihre Arbeit bezahlt werden würde. Aber es lag auch etwas Tröstliches in einer Welt, in der die Armen den noch Ärmeren halfen.

»Bye-bye, Alona«, sagte Lisi und winkte dem Kind zu. »Byebye, bye-bye.«

Die Russin hob die Hand ihrer Tochter und winkte damit, wobei sie Lisi mit einer Babystimme nachmachte. »Bye-bye, byebye...«

Lisi wandte sich an ihre Mutter. »Man hat neben dem Autobus vom Propheten eine Leiche gefunden«, sagte sie. »Und jemand hat den Propheten fast umgebracht. Er ist im *Soroka*.«

»Um Gottes willen!« rief Batscheva entsetzt. »Wann war das?«

»Heute nacht. Ich bin am Morgen zu *Sargon* gefahren, um zu sehen, was mit den Streiks ist, und habe ihn bewußtlos im Bus gefunden.«

»O Gott, Lisette! Warum hast du mir das nicht gleich gesagt?«

»Jetzt habe ich es dir gesagt.«

»Aber wie?« rief Batscheva. »Wie ist das passiert?«

Lisi zuckte mit den Schultern. »Keine Ahnung. Vielleicht hatten sie Streit.«

»Der Prophet würde keiner Fliege etwas zuleide tun«, sagte Batscheva entschieden. »Und wenn er aufwacht und sich in einem Krankenhauszimmer eingeschlossen findet, wird er sterben.«

»Er wird sterben, wenn er nicht im Krankenhaus ist«, erklärte Lisi.

»Man hat ihn früher einmal eingesperrt, und da hat er versucht, sich aufzuhängen«, sagte Batscheva. »Warum lebt er denn in diesem Autobus? Weil er geschlossene Räume nicht ertragen kann, deshalb. Im Sechstagekrieg ist er festgenommen worden, wegen einer Auseinandersetzung mit einem Offizier, und da hat er versucht, sich aufzuhängen. Sag Georgette und Chavazelet, daß sie gut auf ihn aufpassen müssen. Nein, ich werde selbst mit ihnen sprechen. Dieser Mann ist ein Heiliger.«

»Ein Heiliger?«

»Ja, ein Heiliger«, bestätigte Batscheva. »Er könnte in der größten Villa in Omer oder sonstwo leben. Er war zu uns Arbeitern immer wie ein Bruder. Und er wäre bereit gewesen, sein Leben für uns zu geben.«

»Und von was hätte er die größte Villa kaufen sollen?« fragte Lisi.

»Der Boden, auf dem er sitzt, ist Millionen wert«, antwortete Batscheva.

»Was für ein Boden?« wollte Lisi wissen.

»Der Boden, auf dem der Autobus steht. Und auch neben dem Tor, am Eingang zur Fabrik, gehören ihm ungefähr vier Dunam.«

»Ihm persönlich?« fragte Lisi erstaunt.

»Natürlich ihm persönlich. Die Tarschischs müssen diesem Gauner von Projektmanager ein sauberes Gelände liefern, in einem Stück, sonst macht er die Erschließung dort nicht. Deshalb sind sie bereit, dem Propheten eine Unmenge Geld zu bezahlen, viel mehr, als sein Grundstück wert ist, nur damit er weggeht. Nicht aus Gutherzigkeit, nein, Gott behüte. Aber der Prophet will das Geld nicht nehmen. Und warum will er es nicht nehmen? Weißt du das?«

»Wegen der Arbeiter von *Sargon*«, sagte Lisi.

»Genau!« sagte Batscheva feierlich. »Er hatte ihnen sein Leben gewidmet.«

»Er ist noch nicht tot, Mama.«

Batscheva Badichi schnalzte vorwurfsvoll mit der Zunge: »Gott möge sich seiner erbarmen, sprich nicht so, Lisette.«

»Was genau hat der Autobus vom Propheten mit dem Verkauf des *Sargon*-Geländes zu tun?« fragte Lisi.

»Deshalb haben sie doch die Fabrik geschlossen, Lisette. Um das Gelände diesem Gauner zu verkaufen. In Jordanien haben sie Arbeiter gefunden, die fast nichts kosten, und auf dem Boden von *Sargon* werden sie Millionen mit internationalen Geschäften machen, ohne auch nur einen Groschen auszugeben. Außerdem bekommen sie Darlehen von der Regierung und von diesen Banken, die Millionären helfen, aus Sand Gold zu machen und ihre Arbeiter zum alten Eisen zu werfen.«

»Aber was hat der Prophet mit der ganzen Sache zu tun?« fragte Lisi.

»Das habe ich dir doch schon gesagt«, antwortete ihre Mutter. »Was ist daran so schwer zu verstehen? Er ist nicht bereit, seinen Grund und Boden zu verkaufen. Und der Gauner von Projektmanager kauft nicht, wenn er kein sauberes Grundstück bekommt.«

»Er könnte doch das *Sargon*-Gelände ohne das Stück des Propheten kaufen.«

»Das *Sargon*-Gelände ist nur ein Bruchteil von dem, was er kaufen will«, entgegnete Batscheva. »Und in diesem ganzen Areal liegen, wie zwei Wunden, die beiden Grundstücke vom Propheten. Aus Sicht der Familie Tarschisch können diese beiden Grundstücke ihre gesamten Pläne durchkreuzen.«

»Wer hat dir das erzählt?«

»Das wissen alle.«

»Aber wenn alle das wissen«, rief Lisi, »warum habe ich dann nie was davon gehört?«

Ihre Mutter zuckte mit der Schulter. »Du hast dich nicht dafür interessiert, darum.«

»Wer hat dir das erzählt?« fragte Lisi noch einmal. »Der Prophet?«

»Nein, natürlich nicht. Er würde so etwas nie sagen. Sein Mund ist versiegelt und verschlossen.«

Lisi ließ nicht locker. »Also, wer war es?«

»Daß der Boden ihm gehört, weiß ich schon lange. Warte, gleich fällt's mir ein. Ich glaube, Klara und Ja'akov haben es mir erzählt.«

»Klara und Ja'akov?« fragte Lisi erstaunt. »Was haben die mit dem Propheten zu tun?«

»Was weiß denn ich«, antwortete ihre Mutter.

»Klara und Ja'akov also«, sagte Lisi nachdenklich. »Sie haben vielleicht etwas davon gehört und aus einer Mücke einen Elefanten gemacht. Wie groß ist sein Grundstück?«

»Weiß ich nicht. Ein paar Dunam, nehme ich an.«

»Wieviel Dunam?« fragte Lisi. »Und auf dem Gelände vom *Sargon*?«

»Ja«, sagte Batscheva. »Da, wo sein Bus steht, und bei der Fabrik.«

»Das glaube ich nicht«, sagte Lisi.

Ihre Mutter verzog das Gesicht. »Dann glaubst du es eben nicht.«

»Die Leute quatschen immer zuviel«, sagte Lisi.

»Ich bin nicht die Leute«, widersprach ihre Mutter, »und ich quatsche auch nicht zuviel. Daß ich keine Universität besucht habe, macht mich nicht zu einer dummen Frau, die Klatsch und Tratsch weitergibt. Geh und finde es selbst heraus. Was mußt du dir den Blödsinn anhören, den dir deine alte Mutter erzählt?«

»Mama!«

»Es gibt ein Grundbuchamt, es gibt eine Stadtverwaltung. Schau doch selbst nach.«

Lisi blickte ihre Mutter an. »Aber er lebt wie ein Zigeuner.«

»Das tut er aus freien Stücken«, sagte Batscheva wütend. »Was willst du von ihm?«

»Warum bist du böse auf mich?« fragte Lisi.

»Seit ich entlassen worden bin«, sagte Batscheva Badichi, »redet ihr, du und deine Schwestern, mit mir, als wäre ich eine Idiotin.«

Tränen traten in Lisis Augen. »Das ist nicht wahr!« rief sie.

Sie wandte sich zur Wohnungstür, und in ihrem Rücken erteilte ihre Mutter die letzten Anweisungen: »Erkundige dich im *Soroka*, wie es ihm geht. Und sag mir Bescheid, wenn er etwas braucht. Und wenn Benzi über ihn herfallen will, dann sag mir das auf der Stelle.«

Lisi drehte sich um. »In Ordnung, Mama. Übrigens, auch Faktori ist heute festgenommen worden. Er war im *Blauen Pelikan*, als es zu einem Tumult kam. Er hat die Flaschen auf dem Tresen zerschossen.«

»Dajav Faktori?« fragte ihre Mutter. »Der Mann von Nava Tarschisch?«

»Ja.«

»Er ist ein Gärtner!«

»Na und?« fragte Lisi erstaunt.

Ihre Mutter antwortete nicht, sie wollte nur wissen, ob jemand verletzt worden sei.

Lisi schüttelte den Kopf.

»Hat man ihn ins Gefängnis gebracht?« fragte Batscheva weiter.

»Keine Ahnung«, sagte Lisi. »Ilan und ein anderer Polizist haben dort die Zeugen verhört. Aber ich nehme mal an, daß man ihn für ein paar Stunden festhalten wird. Immerhin hat er in einem öffentlichen Gebäude randaliert. Dieser Sandsturm macht die Leute komplett verrückt.«

»Man wird ihn nicht festhalten, Lisette«, erklärte Batscheva.

»Nava wird mit einem Haufen Rechtsanwälte auf dem Polizeirevier erscheinen und dafür sorgen, daß keine Anklage erhoben wird.«

Lisi widersprach. »Es gibt mindestens fünf Zeugen. Und seinen Revolver haben sie auch. Außerdem leugnet er nicht, daß er geschossen hat.«

»Verlaß dich auf mich«, sagte ihre Mutter. »Ich kenne sie besser als du, diese Tarschischs. Wollen wir wetten, daß er noch nicht mal für eine Minute gefangengehalten wird?«

Lisi schüttelte den Kopf. »Nein.«

Sie drehte sich zur Tür. Schon wieder waren sie auf einem Minenfeld gelandet. Lisi beschloß zu gehen, bevor sie anfangen würden, darüber zu streiten, wie weit die Macht der Familie Tarschisch reichte. Wie macht sie das bloß? überlegte Lisi bitter. Wie schafft sie es, jedes Wort, das ich sage, in eine entsicherte Handgranate zu verwandeln? Und warum tut sie das? Lisi hatte das Gefühl, diese Wohnung noch nie ohne Bauchschmerzen verlassen zu haben, vor lauter Schuldgefühlen und Wut.

Dann spürte sie die Hand ihrer Mutter auf ihrer Schulter, drehte sich jedoch nicht um. Diese leichte Berührung bedeutete die weiße Fahne auf dem Schlachtfeld. »Du hast versprochen, daß du deinen Schwestern nichts von der Kleinen erzählst«, sagte ihre Mutter.

Lisi gab auf. »In Ordnung, Mama. Auf Wiedersehen, Luba.«

»Bye-bye. Auf Wiedersehen.«

»Ich möchte keinerlei Einmischung«, betonte Batscheva Badichi.

»In Ordnung, ja.«

Lisi warf noch einen Blick zurück, bevor sie ging. Die alte Arbeiterin und die junge Russin sehen aus wie zwei Schauspielerinnen in einem alten Spionagefilm, dachte sie. Die junge Spionin, die hinter der feindlichen Linie abgesprungen ist, und die alte, gutmütige Bäuerin, die sie in ihrem Haus versteckt.

4

Die Papiere, die man bei der Leiche gefunden hatte, waren gestohlen. Der Personalausweis und die Kreditkarte waren auf einen gewissen Jehuda Kornfeld aus Ramat Gan ausgestellt. Der Mann hatte bereits vor anderthalb Jahren den Diebstahl einer Tasche gemeldet, in der sich seine Papiere, sein Revolver und ein Säckchen Diamanten im Wert von etwa vierzigtausend Dollar befunden hatten. Die Tasche selbst war bis zu diesem Tag nicht gefunden worden. Bei dem Toten hatte man auch die Unterlagen für einen Mietwagen von *Hertz* gefunden, ebenfalls auf den Namen Jehuda Kornfeld. Die Kaution war in bar hinterlegt worden. Der Mietwagen wurde im Parkhaus des neuen Einkaufszentrums entdeckt, die Fingerabdrücke, die man am Auto fand, waren mit denen des Toten identisch. Die Spezialisten vom Erkennungsdienst behaupteten, die Fingerabdrücke seien nicht ganz klar zu erkennen, entweder habe sich der Tote einmal die Fingerkuppen verbrannt, oder er sei in Kontakt mit irgendeiner Säure geraten. Die restaurierten Abdrücke wurden zur Zentralkartei nach Jerusalem und zu Interpol geschickt, jedoch ohne Ergebnis.

Unter der Leiche, mit ihr zusammen vergraben, hatte man auch den Revolver gefunden, mit dem der Mann erschossen worden war. Auf dem Griff befanden sich die Fingerabdrücke von Oved Hanegbi. Die Unterwäsche des Toten stammte aus einheimischer Produktion, Hemd und Jackett waren relativ neu, ebenso die Schuhe. Die Uhr war eine teure *Rolex*, um zwölf Uhr fünfundvierzig stehen geblieben. Wegen der neuen Kleidung tauften Benzi und Ilan den Unbekannten in den Kühlräumen des *Soroka* den »Bräutigam«.

Benzi haßte den Bräutigam. Ein Unbekannter mit jungfräulichen Fingerabdrücken und geklauten Papieren, das hatte ihm gerade noch gefehlt. Was nützten alle Computer und die ganze Vernetzung, wenn er am Schluß nicht mehr wußte, als daß der Mann nördlich des *Sargon*-Geländes, zehn Meter von Oved Hanegbis Autobus, vergraben worden war, und zwar in der Nacht von Montag auf Dienstag. Dafür brauchte er keine Computer. »Wenn du heutzutage einen Hüttenkäse kaufst«, maulte er, »dann erscheinen auf dem Computer all deine persönlichen Details, einschließlich deiner Militärnummer, die genauen Summen, die du da und dort gespendet hast, die Überziehungsgebühren für Bücher, die du nicht rechtzeitig zur Bücherei zurückgebracht hast, und was du diesem Typ für die Reparatur deines Wasserhahns bezahlen mußtest. Aber wenn jemand krepiert, wird der Computer auf einmal ganz diskret.«

Lisi saß an Benzis Schreibtisch und suchte einen Platz für ihre langen Beine.

»Hatte der Bräutigam eigentlich Geld in der Tasche?« fragte sie.

»Du meinst, ob man ihn ausgeraubt hat«, sagte Benzi. »Nein, er wurde nicht ausgeraubt.«

»Gibt es irgendwelche Anzeichen für einen Kampf? Gebrochene Knochen, Blutergüsse?«

»Nein. Er wurde aus kurzer Entfernung in den Kopf und in den Rücken geschossen. Der Revolver ist zusammen mit ihm vergraben worden, und auf dem Revolver befinden sich die Fingerabdrücke von Oved Hanegbi.«

»Wem gehörte der Revolver?« fragte Lisi.

»Zugelassen war er auf den Namen Jehuda Kornfeld.«

»Darf ich dich zitieren?«

»Darfst du. Aber ohne den Namen Jehuda Kornfeld zu erwähnen.«

Lisi nickte. »Und wann wurde er erschossen?«
»Vermutlich zwischen zehn und zwölf Uhr nachts.«
»Also bevor der Sturm anfing«, sagte Lisi.
Benzi nickte. »Vermutlich.«
Lisi hob den Kopf. »Wie ist der Zustand von Oved Hanegbi?«
»Er ist noch immer ohne Bewußtsein«, sagte Benzi. »Man saugt ihm Blut unter der Schädeldecke ab.«
»Was meinst du?« fragte Lisi. »Wollte ihn jemand umbringen?«
»Ja. Der Unbekannte hat ihn geschlagen, hat vielleicht versucht, auf ihn zu schießen, und Oved Hanegbi nahm ihm die Waffe aus der Hand und erschoß ihn.«
»Ach, hör doch auf«, sagte Lisi gekränkt.
Benzi fuhr auf: »Wieso soll ich aufhören?«
»Der Prophet würde nie jemanden erschießen. Das weißt du genausogut wie ich.«
»Die Tatsachen sprechen für sich.«
»Waren auch die Fingerabdrücke des Unbekannten auf der Waffe?« fragte Lisi.
»Nein«, antwortete Benzi. »Auf der Waffe fanden sich nur die Fingerabdrücke von Oved Hanegbi.«
»Und habt ihr Handschuhe gefunden, die dem Unbekannten gehörten?«
Benzi schüttelte den Kopf.
»Wenn der Revolver dem Unbekannten gehört hat«, sagte Lisi, »wie kann es dann sein, daß keine Fingerabdrücke von ihm drauf sind?«
»Der Revolver hat nicht dem Unbekannten gehört. Den Revolver hat jemand vor anderthalb Jahren einem Mann namens Jehuda Kornfeld gestohlen, einem Diamantenhändler aus Ramat Gan.«
»Und der Revolver von Jehuda Kornfeld aus Ramat Gan ist Oved Hanegbi in die Hände gefallen«, sagte Lisi. »Ebenjenem Oved Hanegbi, der sein ganzes Leben lang friedlich in seinem Autobus sitzt und mit niemandem spricht.«

»Ich habe keine Ahnung, wer das Opfer ist«, sagte Benzi. »Wenn wir das wissen, wird sich auch die Verbindung zwischen den beiden herausstellen.«

Lisi hob den Blick. »Mit was wurde Oved Hanegbi niedergeschlagen?«

»Mit einem stumpfen Gegenstand. Das kann fast alles sein. Eine Stange. Ein Beil. Ein Hammer. Ein Schlagring.«

»Sehen die Wunden aus, als würden sie von Schlagringen herrühren?« wollte Lisi wissen.

»Die Wunden am Kopf und an der Schulter sind etwas abgerundet«, erklärte Benzi, »wie Klammern. Die Abstände zwischen den Wunden sind ziemlich gleich. Er hat ungefähr zehn Schläge abbekommen, bevor er zusammenbrach. Wer das getan hat, muß überzeugt gewesen sein, er hätte ihn umgebracht. Auch das ist nicht zum Zitieren, Lisi.«

»Es ist unlogisch«, meinte Lisi.

»Was?«

»Wenn Oved Hanegbi zusammengeschlagen wurde und das Bewußtsein verlor, kann er den Bräutigam nicht erschossen haben. Und wenn er ihn erschossen hat, kann der Bräutigam Oved nicht zusammengeschlagen haben. Und wenn wir mal annehmen, der Bräutigam habe zehnmal auf Oved eingeschlagen und dem sei es trotz der Schläge gelungen, den Revolver an sich zu bringen und den Bräutigam zu erschießen, und er sei erst danach zusammengebrochen und ohnmächtig geworden – wann hätte er dann ein Loch gebuddelt und den Bräutigam verscharrt?«

Benzi schaute sie an. »Oved Hanegbi hätte ihn vergraben können, dann in den Autobus zurückkehren und dort zusammenbrechen.«

»Ich habe das ganze Blut im Autobus gesehen«, widersprach Lisi. »Habt ihr Blutspuren von Oved an dem unbekannten Toten gefunden?«

»Nein«, sagte Benzi.

»Er lag in einer Blutlache«, sagte Lisi. »Am Toten hätten

irgendwelche Spuren sein müssen. Hatte Oved Hanegbi denn Brandspuren an den Fingern?«

»Nein.«

»Du schiebst Oved Hanegbi etwas in die Schuhe, was er nicht getan hat.«

»Nein«, sagte Benzi. »Ich schiebe niemandem etwas in die Schuhe.«

»Benzi!« rief Lisi. »Du kennst ihn doch! Diese ganze Geschichte paßt einfach nicht zu ihm.«

»Passen?« Jetzt fing Benzi zu schreien an. »Passen? Wenn ich auf irgendeine Logik in den Fällen warten würde, die ich untersuchen muß, würde ich nie eine Lösung finden. Seit wann ist Mord logisch? Natürlich ist es unlogisch! Tatsache ist, ich habe einen Ermordeten, und auf der Tatwaffe befinden sich die Fingerabdrücke von Oved Hanegbi, der sozusagen neben ihm zusammengebrochen ist.«

»Und die andere Tatsache ist, daß man Oved zusammengeschlagen hat, bis er bewußtlos war, und es ist noch nicht sicher, ob er mit dem Leben davonkommt. Und eine weitere Tatsache ist, daß du nicht mal weißt, mit was für einem Gegenstand er niedergeschlagen wurde. Wenn die beiden miteinander gekämpft haben und Oved Hanegbi dem anderen die Waffe aus der Hand genommen hat, hättet ihr auch die Stange oder das Beil oder was auch immer finden müssen.«

Benzi hob die Schultern. »Wenn Oved Hanegbi zu sich kommt, werden wir eine Antwort auf alle deine Fragen erhalten.«

»Was für ein Kaliber hatte die Kugel?«

»Neun Millimeter«, sagte Benzi.

»Und ist er von weitem oder aus der Nähe erschossen worden?«

»Aus der Nähe.«

»Aus welcher Entfernung?«

»Einen Meter, zwei. Aber alles, was ich jetzt gesagt habe, ist nicht zum Zitieren.«

»Benzi!« rief Lisi.

»Es reicht«, fuhr er sie an. »Ich habe zu tun. Du wirst nichts veröffentlichen, was ich nicht zur Veröffentlichung freigegeben habe, verstanden?«

Nun hatte Benzi schon seine berühmten Dezibel erreicht. Natürlich ist das nicht zum Zitieren, dachte Lisi verbittert. Daß er es mir zu verdanken hat, daß er Leiter der Einsatzgruppe »Bräutigam« geworden ist, verpflichtet ihn doch schließlich zu rein gar nichts, oder?

»Vielleicht hat jemand dem Unbekannten die gestohlenen Papiere zugesteckt, und er hat überhaupt nichts mit ihnen zu tun«, vermutete sie.

»Vielleicht«, sagte Benzi.

»Es würde sich eventuell lohnen, etwas über den Mann herauszubekommen, der bestohlen worden ist. Es könnte jemand aus dem Umfeld des Bestohlenen gewesen sein, ein Nachbar oder ein Verwandter, der ihm die Papiere und die Waffe geklaut hat.«

»Danke für den Hinweis«, schnauzte Benzi.

»Benzi, Süßer«, beharrte Lisi. »Leute verschwinden nicht einfach von der Bildfläche. Dieser Unbekannte hat eine Frau, Kinder, Eltern, Geschwister, Nachbarn, Arbeitskollegen, einen Hausarzt, einen Friseur, eine Geliebte. In irgendeinem Büro oder in einem Geschäft steht in diesem Moment ein Tisch, an den sich mindestens zwei Tage niemand mehr gesetzt hat. Es gibt ein Telefon, das klingelt und klingelt, ohne daß jemand abnimmt. Einen Hund, der in einer verschlossenen Wohnung jault.«

Benzi schenkte Lisi einen jener väterlichen Blicke, die jedem erfahrenen Gesetzesübertreter die Haare zu Berge stehen ließen.

Trotzdem fragte Lisi: »Habt ihr im Computer gesucht?«

»Nach was?«

»Was weiß ich«, murmelte Lisi. »Du bist der Polizist.« Gut, das hätte sie nicht zu sagen brauchen. Sie versuchte, den Schlag abzumildern, indem sie möglichst naiv weiterfragte: »Werdet ihr sein Foto im Fernsehen bringen?«

Benzis Stimme war drohend. »Lisi?«

»Ha?«

»Verzieh dich!«

»Wieso denn, Süßer? Was, bitte, habe ich gesagt?«

»Ich habe zu tun, Lisi. Wenn wir etwas herausgefunden haben, lasse ich es dich wissen.«

Lisi gab nicht auf. »Ich soll dir von Mama ausrichten, daß du es mit ihr zu tun bekommst, wenn du es wagst, dem Propheten etwas anzutun.«

»Raus!«

Lisi kannte diese plötzlich ruhige Stimme. Sie wußte, wenn sie noch ein Wort sagte, würde Benzi so laut schreien, daß die Wände explodierten. Seine Stimme, die bereits unter normalen Umständen den Verbrechern die Eingeweide aus dem Leib reißen konnte, bekam noch mehr Volumen durch das winzige Büro, in dem er saß. Es gab ein Gerücht, das von Benzis Kollegen mit Vergnügen verbreitet wurde. Elischa Karnapol, der Leiter der Polizeistation, hörte einmal, wie Benzi sich mit einem bekannten Gesetzesübertreter »unterhielt«. Daraufhin, so hieß es, habe er, Karnapol, auf der Stelle seine Krankenversicherung erhöht.

Als sie am Hinausgehen war, kurz bevor sie die Tür hinter sich zuzog, hörte sie ihn brüllen: »Lisi!«

Sie drehte den Kopf. »Ha?«

»Ich will keine Nachforschungen im Untergrund, verstanden?«

Lisi zog sachte die Tür hinter sich zu.

Draußen am Schreibtisch saß Tante Malka, die Schwester Batscheva Badichis. »Lisi«, fragte sie, »was suchst du hier um diese Uhrzeit?«

Auf der Bank döste ein unrasierter junger Mann, die langen Beine in engen Jeans, die schwarzen mexikanischen Cowboystiefel schlammverkrustet. Lisi fragte sich, was er wohl war, ein Delinquent oder ein Undercoveragent.

»Ich wollte Einzelheiten über den Toten von *Sargon* erfahren und darüber, wer Oved Hanegbi zusammengeschlagen hat«, sagte Lisi. »Benzi war sehr nett, wie immer.«

»Es ist doch schön von ihm, daß er überhaupt mit dir geredet hat«, meinte Tante Malka.

»Ich habe beide gefunden, den Toten und Oved«, widersprach Lisi.

Tante Malka nickte. »Ja, das habe ich gehört.«

»Und?« fragte Lisi. »Steht es mir dann nicht zu, daß man mir wenigstens ein paar Informationen gibt?«

»Nein.«

»Hast du mit Mama gesprochen?« erkundigte sich Lisi.

»Noch nicht.«

»Hast du sie nicht angerufen?«

Tante Malka kam von dem Podest herunter, auf dem ihr Schreibtisch stand, und begleitete Lisi zur Tür. »Nein«, sagte sie, »ich werde sie morgen oder übermorgen anrufen, wenn sie sich ein bißchen beruhigt hat. Es ist ihr gutes Recht, allein zu sein, wenn sie das will.«

Tante Malka trat mit ihr hinaus, hielt die Hand vor Augen, um sich vor dem Sand, der durch die Luft flog, zu schützen, wie sonst vor grellen Sonnenstrahlen. »Komm, setzen wir uns in dein Auto«, sagte sie.

»Kannst du so einfach rausgehen?«

»Für einen Moment schon«, sagte Tante Malka. Und als sie im Auto saßen, fuhr sie mit ernster Stimme fort: »Rede mit niemandem darüber, daß Benzi dir etwas erzählt. Man könnte dich hören.«

»Mit wem habe ich darüber gesprochen? Doch nur mit dir!«

»Er hat Ärger«, sagte Tante Malka.

»Was ist passiert?«

»Man hat ihm einen Privatdetektiv aufgehalst, der an der Untersuchung der Mordfälle beteiligt werden soll.«

»Wieso denn das?« fragte Lisi verblüfft.

»Irgendeine Versicherungsgesellschaft untersucht schon seit über einem Jahr den Diebstahl an diesem Kornfeld, dessen Papiere bei der Leiche gefunden worden sind. Es gab eine Zusammenarbeit zwischen der Versicherungsgesellschaft und der Polizei von Ramat Gan. Frag mich nicht, warum und wie, ich weiß es nämlich nicht, aber sie haben diesen Detektiv geschickt, damit er mit Benzi zusammenarbeitet. Du kennst Benzi ja. Sogar wenn nur jemand neben ihm niest, brennen bei ihm die Sicherungen durch.«

»Was soll das heißen, sie haben diesen Detektiv geschickt? Was für ein Recht haben sie, sich in eine polizeiliche Untersuchung einzumischen?«

Es stellte sich heraus, daß der Bezirkspolizeipräsident dem Leiter der Polizeidienststelle, Elischa Karnapol, »empfohlen« hatte, »innerhalb vernünftiger Grenzen« mit der Rechtsanwältin der Versicherungsgesellschaft zusammenzuarbeiten, die für die Aufklärung des Diamantendiebstahls an Jehuda Kornfeld verantwortlich war. Diese Rechtsanwältin nun hatte einen Privatdetektiv namens Roni Melzer geschickt, der den Untersuchungsbeamten der Polizei von Be'er Scheva helfen sollte, das Rätsel zu lösen, das die Genies in Tel Aviv nicht geknackt hatten. Es gebe keinen Interessenkonflikt, hatte der Bezirkspolizeipräsident gesagt, und er würde ein gutes Arbeitsklima und freundschaftliche Hilfe sehr begrüßen, denn der ungelöste Fall des Diamantendiebstahls könne vielleicht dazu dienen, den Mörder des Unbekannten von *Sargon* zu identifizieren oder umgekehrt. Elischa Karnapol hatte seine Leute zusammengerufen, einschließlich Inspektor Ben-Zion Koresch, der an der Spitze des Untersuchungsteams stand, und ihnen die »Empfehlung« des Bezirkspolizeipräsidenten vorgetragen. Als Karnapol den Raum verlassen hatte, hatte Benzi zu Ilan gesagt: »In mein Zimmer kommt er nicht!« Das hatte jemand aufgeschnappt und Benzi bei Karnapol verpetzt.

»Warst du dabei?« fragte Lisi.

Tante Malka schüttelte den Kopf. »Nein, Ilan hat es mir erzählt. Und weißt du was? Ich gebe Benzi recht! Wenn es darum geht, herauszufinden, welche Sardine in welchem Café in Be'er Scheva vielleicht stinkt, dann ist er gut genug. Aber wenn ein Fall auftaucht, zu dessen Lösung man mehr als zweihundertfünfzig Gramm Gehirn braucht, bringt man zur Verstärkung einen Spieler aufs Feld, der in der Nationalmannschaft versagt hat. Widerlich!«

»Weißt du etwas über diesen Melzer?« fragte Lisi.

»Du hast ihn gesehen«, antwortete Malka.

»Wo?«

»Er lümmelt auf der Bank am Eingang«, sagte Tante Malka.

»Ich habe eher gedacht, das wäre ein Verhafteter«, sagte Lisi erstaunt. »Kennt ihn irgend jemand?«

»Ilan ist zu Hause und telefoniert herum, um etwas zu erfahren. Aber ich muß jetzt wieder hinein. Ich wollte dir nur klarmachen, daß Benzi in einer schwierigen Situation steckt. Also hüte dein großes Mundwerk und mach es nicht noch komplizierter für ihn.«

»Ich habe noch nie was kompliziert«, widersprach Lisi. »Er kümmert sich um seine Arbeit und ich mich um meine.«

»Lisi, fahr heim und geh schlafen«, sagte Malka. Sie stieg aus dem Auto, zog sich die Jacke über den Kopf und kehrte mit schnellen Schritten in die Polizeistation zurück.

Lisi fuhr zur Redaktion und fügte ihrem Bericht für die überregionale *Zeit* noch die Einzelheiten hinzu, die Benzi zur Veröffentlichung freigegeben hatte. Dann nahm sie einen neuen gelben Block, schrieb auf das erste Blatt das Datum und darunter als Überschrift: »Der Bräutigam und der Prophet«. Dann notierte sie alle Einzelheiten, an die sie sich noch erinnerte, einschließlich der Dinge, die Benzi gesagt und als »nicht zum Zitieren« bezeichnet hatte. Hinten im Block schrieb sie alles auf, was sie noch vom Tumult im *Blauen Pelikan* wußte.

Im Telefonbuch fand sie die Nummer von Dajav Faktori. Eine Frau antwortete. Nava Faktori, die Ehefrau des Revolverhelden vom *Blauen Pelikan*, war die Tochter von Jigal Tarschisch, dem Gründer der Strickwarenfabrik *Sargon*. Sie und ihre beiden Brüder hatten die Fabrik und den dazugehörigen Grund geerbt, als ihr Vater beschlossen hatte, sich aus dem Geschäft zurückzuziehen und Be'er Scheva zu verlassen.

Als Nava Faktori hörte, daß die Anruferin Lisi Badichi von der *Zeit im Süden* war, verlor ihre Stimme auch das letzte bißchen Wärme. In den Augen der Tarschischs war Lisi Badichi ein widerwärtiges Insekt. Wochenlang hatte sie über die Schließung von *Sargon* berichtet und hatte sie, die zu den angesehensten Bürgern der Stadt gehörten, beschuldigt, ihretwegen nehme die Zahl der Witwen und Waisen zu. Dajav Faktori sei zu Hause, ja, sagte Nava, aber er könne nicht zum Telefon kommen. Ja, er fühle sich gut. Nein, man habe ihn nicht festgenommen. Man habe ihn verhört und freigelassen. Ja, den Revolver habe man einbehalten. Ja, es sei Anklage gegen ihn erhoben worden.

Lisi sprach einfach weiter. Aus Erfahrung wußte sie, daß ihre Art zu reden, die sich anhörte wie langsames Wiederkäuen, auf ihre Gesprächspartner manchmal so einschläfernd wirkte, daß sie etwas sagten, was sie eigentlich verschweigen wollten. »Man sagt, der Sandsturm heute hätte die Leute von Be'er Scheva ganz verrückt gemacht. Meinen Sie, daß das auch der Grund dafür gewesen sein kann, daß er plötzlich so unkontrolliert herumgeschossen hat?«

»Da müssen Sie ihn schon selber fragen«, sagte die Frau. »Aber nicht jetzt.«

»Was sagt er denn dazu?«

»Er schämt sich, und es tut ihm leid«, erklärte Nava Faktori. »Das dürfen Sie ruhig in Ihrer Zeitung schreiben.«

»Kann ich Sie etwas über *Sargon* fragen?«

»Was wollen Sie wissen?«

»Laut Regierungsbeschluß gehört das *Sargon*-Gelände zum Projekt ›Free Production‹. Wissen Sie, wann die Grundstücke freigestellt werden? Wer ist dieser Projektmanager, der die Grundstücke kauft? Und weiß man schon, wer die geplanten High-Tech-Betriebe errichten wird?«

»Unser Gelände muß man nicht freistellen. Es ist privater Grundbesitz, und wir können ihn verkaufen, ohne jemanden zu fragen.«

»Und? Haben Sie schon mit dem Verkauf begonnen?« fragte Lisi.

»Wir haben uns noch nicht endgültig entschieden. Das ist nicht zur Veröffentlichung.«

»Wann wollen Sie das Fabrikgebäude abreißen lassen?«

»Bald«, sagte Nava Faktori.

Lisi ließ nicht locker. »Werden Sie die Maschinen nach Jordanien verlegen?«

»Das ist noch nicht sicher«, sagte die Frau. »Auch das dürfen Sie nicht veröffentlichen.«

»Sagen Sie, sind die Fabrik und der Grundbesitz auch auf Ihren Namen eingetragen?«

»Wen interessiert das?« sagte die Frau mißtrauisch.

»Nun, es ist ein Riesenprojekt«, fuhr Lisi fort. »Eine Millioneninvestition. Das *Sargon*-Gebäude ist der einzige Ort, an dem es Infrastruktur gibt. Wasser, Strom, Telefon. Bestimmt will man das Projekt von diesem Punkt aus beginnen. Das klingt doch logisch, oder?«

Nava Faktoris Stimme klang abweisend. »Ich habe mit den Plänen der Regierung nichts zu tun.«

»Ach ja«, sagte Lisi. »Aber die Pläne umfassen doch auch Ihr Gelände.«

»Ihr Gelände! Ihr Gelände! Wir sind keine siamesischen Zwillinge!«

»Sind Sie etwa gegen die Auflösung und das Teilen?«

»Jeder von uns wird allein entscheiden müssen, was er mit seinem Grundbesitz anfangen will«, sagte Nava Faktori. »Ich glaube, es ist mein gutes Recht, selbst zu bestimmen, was ich will. Ohne daß man mich mit meinen Brüdern oder mit den Plänen der Regierung in einen Topf wirft. Das ist ebenfalls nicht zum Zitieren, Gnädigste, und jetzt auf Wiedersehen!« Sie hörte sich sehr wütend an.

»Einen Moment!« rief Lisi. »Sind Sie persönlich dagegen, daß das Grundstück verkauft wird?«

»Ich habe Ihnen gesagt, daß ich darüber nicht sprechen möchte.«

»Besitzen Sie noch irgendwo sonst Grundstücke?« fragte Lisi.

»Na und?« sagte die Frau aufgebracht. »Was wollen Sie? Unsere Steuererklärungen?«

»Haben Sie von der Leiche gehört, die man bei *Sargon* gefunden hat?« fragte Lisi.

»Ja.«

»Wer hat Ihnen davon erzählt?«

»Es kam im Radio«, antwortete Nava Faktori. »Und daß man Onkel Oved zusammengeschlagen hat. Was ist mit ihm? Wie geht es ihm?«

»Onkel Oved?« fragte Lisi.

Am anderen Ende der Leitung herrschte Schweigen. Eine Gletscherspalte tat sich unter den Füßen auf. »Ist er Ihr Onkel?« fragte sie.

»Nein«, antwortete die Frau schnell.

»Sie haben gerade ›Onkel Oved‹ gesagt.«

»So nennen wir ihn.«

»Warum?« bohrte Lisi. »Wieso ist er Ihr Onkel?«

Wieder war es still. Fast konnte Lisi die Schweißperlen hören, die über Navas Stirn laufen mußten. Schließlich kam, nach einem tiefen Seufzer: »Er ist der Stiefbruder meines Vaters. Adoptiert. Ohne Blutsverwandtschaft. Schreiben Sie das aber nicht. Es geht niemanden etwas an, wer der Stiefbruder meines Vaters ist.«

»Eine tolle Geschichte!« rief Lisi. »Der eine Bruder Millionär, der andere ein Mann ohne Heimat und Besitz, der in einem Autobus lebt.«

»Er ist kein Heimatloser ohne Besitz«, sagte die Frau scharf. »Das reicht. Rufen Sie bitte nicht mehr an. Auf Wiedersehen.«

Und Nava Faktori hatte den Hörer auf die Gabel geknallt.

Inzwischen war es schon zehn Uhr abends. Lisi war müde und hungrig. Der Sturm trieb immer noch Sand gegen die Fenster, ignorierte die Wettervorhersage, die eine leichte Besserung für den Abend versprochen hatte. Lisi wußte, daß ihr Kühlschrank zu Hause leer war und sie mit ziemlicher Sicherheit in der ganzen Stadt keinen offenen Kiosk mehr finden würde. In Schibolets Schublade fand sie eine angebrochene Packung Salzstangen, die schon blaß und mürbe geworden waren. Zu Hause würde sie sich ein warmes Bad einlaufen lassen, überlegte Lisi, mit viel Schaum, und danach würde sie mit einer großen Tasse heißem Kakao ins Bett gehen. Sie versuchte, nicht an den Kopf des Propheten zu denken, der unter der Bank des Autobusses in seinem eigenen Blut gelegen hatte, auch nicht an das bleiche Handgelenk und die glitzernde Uhr unter dem Ärmel des sandbedeckten Blazers mit den Goldknöpfen.

5

Der Morgen zog hell und klar in Be'er Scheva herauf, als sei der Sandsturm nichts anderes als ein heftiger Regen gewesen, der die ganze Stadt saubergewaschen hatte. Die Sandhügel, die sich an den Randsteinen der Gehwege und vor den Terrassen aufhäuften, waren der einzige Beweis dafür, daß am Tag zuvor ein Sturm gewütet hatte.

Lisi stand an ihrem Küchenfenster, trank ihren üblichen Kakao und betrachtete zwei kleine graubraune Vögel, die in einer Schlammpfütze unter einem Wasserhahn im Nachbarhof herumhüpften und gabelähnliche Spuren auf den Asphalt zeichneten. Die Vögel erinnerten sie an Sigi, die kleine Kellnerin vom *Blauen Pelikan*, und sie beschloß, sich später zu erkundigen, wie es ihr ging.

Lisi hoffte, daß das Foto von dem Sandwirbel, das Dorit aus dem vierzehnten Stock geschossen hatte, zusammen mit ihrem Artikel in der überregionalen *Zeit* erscheinen würde. Manchmal bekam sie einen Bonus, wenn es ihr gelang, mit einer Lokalreportage bis in die Nachrichtenseiten vorzudringen. Sie liebte diese Zuckerstückchen, die ihr ab und zu aus dem Redaktionshimmel von Tel Aviv in den Schoß geworfen wurden. Meist kaufte sie von dem Bonusgeld Geschenke für ihre Nichten. Ihre Schwestern, die den ganzen Tag im *Soroka* auf den Beinen waren, und ihre Schwäger, die bei der Polizei Blut schwitzten, ermunterten die Töchter immer wieder, ihrer lieben Tante Lisi zu erzählen, was alle anderen Kinder hatten, nur sie nicht, weil ihre Mama und ihr Papa sich das nicht leisten konnten.

Sowohl die Töchter von Chavazelet als auch die von Georgette hatten schon einen Computer zu Hause, den Tante Lisi auf Raten gekauft hatte, zum Vorzugspreis, zu dem ihr Dahan in der *Office-Farm* verholfen hatte. Dahans Beziehungen hatten Lisi eine Reportage über eine Naturheilerin gekostet, die von Akupressur auf Tai-Chi umgestiegen war, und ein Interview mit der Mutter des Rabbiners Fisch, die die koscheren Pessachinstruktionen vorbereitete, die der Rabbiner als Teil seiner Werbekampagne an potentielle Wähler schickte. Lisi wußte genau, daß diese Gefälligkeiten »unter der Hand« waren, und erkundigte sich nicht bei Dahan, was die Naturheilerin bei ihm kuriert hatte oder welches Geschäft er mit der Mutter von Rabbiner Fisch gemacht hatte. Was sie nicht wußte, konnte sie nicht beunruhigen.

In der Krankenhausaufnahme erfuhr Lisi, daß Oved Hanegbi in der Neurologie war, und in der Neurologie sagte man ihr, er sei auf der Intensivstation. Am Schluß fand sie ihn dann in der Orthopädie I, wurde jedoch nicht hineingelassen. Ein Polizist in Uniform saß auf einem Stuhl vor der Tür.

»Wie geht es ihm?« fragte Lisi den Polizisten. »Ich bin die Schwägerin von Benzi und Ilan, Lisi Badichi, von der *Zeit im Süden*.«

»Er hat einen Schädelbruch und eine gebrochene Schulter«, sagte der Polizist. »Und er hat für ein paar Sekunden die Augen aufgemacht. Die Ärzte halten das für ein gutes Zeichen.«

»Und warum sitzen Sie hier?« wollte Lisi wissen.

Der Polizist zuckte die Schultern. »Man hat mir gesagt, daß ich hier sitzen soll, also sitze ich hier.«

»Kann ich ihn sehen?« fragte Lisi. »Nur einen kurzen Blick.«

Er schüttelte den Kopf. »Nein.«

»Aber ich war doch diejenige, die ihn gefunden hat«, wandte Lisi ein.

»Trotzdem nicht«, sagte der Polizist ungerührt.

Lisi war noch nicht zufrieden. »Dürfen Familienmitglieder zu ihm?«

Der Polizist blickte sie erstaunt an. »Mir hat man nichts von Familie gesagt. Hat er eine?«

Lisi schaute die Tür an. »Wenn er durchkommt, wird er dann verhaftet?«

»Keine Ahnung«, sagte der Polizist.

»Liegt noch jemand bei ihm im Zimmer?«

»Nein, er ist allein.«

Lisi beschloß, eine ihrer beiden Schwestern zu suchen, um Genaueres über den Zustand von Oved Hanegbi zu erfahren. Als sie sich zur Treppe wandte, bemerkte sie im Augenwinkel die abgewetzten Cowboystiefel, die sie am Tag zuvor im Polizeigebäude gesehen hatte. Der Stiefelbesitzer, noch immer unrasiert, lag lang ausgestreckt auf der Bank unter dem Schild »Rauchen verboten« und schlief. Der Detektiv der Versicherungsgesellschaft verfügte zweifellos über höchst originelle Untersuchungsmethoden.

Lisi fand Georgette in der Wöchnerinnenabteilung und bat sie, herauszufinden, wie es um Oved Hanegbi stand, und Benzi oder Ilan nichts von ihrer Bitte zu erzählen. Georgette hängte sich ein Stethoskop um den Hals, klemmte ein Krankenblatt unter den Arm, steckte ein Fieberthermometer in ihre Kitteltasche und sagte, sie sei gleich wieder zurück.

So war es auch. »Er kommt vermutlich durch«, sagte sie, als sie wieder in die Wöchnerinnenabteilung zurückkam. »Er hatte Blutergüsse im Kopf, man hat sie entfernt. Seine Schulter kann man nicht eingipsen, also hat man ihm vorübergehend einen Streckverband angelegt. Er hat heute die Augen aufgemacht, was ein gutes Zeichen ist.«

»Wie lange wird es dauern, bis er wieder voll bei Bewußtsein ist?« fragte Lisi.

»Das kann zwei Tage dauern«, meinte Georgette, »aber auch eine Woche. Ich werde dir Bescheid geben, Lisi, wenn es soweit ist.«

Lisi lächelte. »Danke, Georgette.«

Georgette lächelte. »Mama hat gesagt, ich soll schauen, wie es ihm geht, und ich hatte es vergessen. Also muß ich mich auch bei dir bedanken. Sie hätte mich umgebracht, wenn ich mich nicht erkundigt hätte.«

Lisi schlurfte mit ihren großen Füßen zum Parkplatz, ihre Ohrringe klirrten bei jedem Schritt. Jemand folgte ihr, holte sie ein, verlangsamte seine Schritte und ging neben ihr her. Zuerst sah sie die schmutzigen mexikanischen Stiefel, dann hob sie den Blick. Der Mann hatte ein längliches Gesicht mit hoher, blasser Stirn, Haare wie ein räudiges Kamelfell, ein stark vorspringendes Kinn und die grünen Augen einer Eidechse.

»Wer ist die Familie von Oved Hanegbi?« fragte er.

Lisi schloß halb die Augen. »Ha?«

»Sie haben zu dem Polizisten etwas von Familienbesuch gesagt.«

»Na und?« fragte Lisi.

Er blieb hartnäckig. »Also, wer ist diese Familie?«

Lisi wich aus. »Warum?«

»Hat er Familie?«

»Wer?« fragte Lisi.

Der junge Mann begann zu lachen, ein überraschendes Lachen. Laut und rollend. Sie hatten den *Justy* erreicht, und Lisi steckte den Schlüssel in die Autotür.

»Roni Melzer«, sagte der Mann. »Ich habe mich noch gar nicht vorgestellt. Sie sind die Verwandte von Malka und Benzi und Ilan. Ist die Krankenschwester, die sich nach dem Befinden von Oved Hanegbi erkundigt hat, auch eine Verwandte von Ihnen?«

»Eine Schwester.«

»Ja, eine Schwester«, sagte er.

»Eine Schwester.«

»Eine Schwester von Ihnen?«

»Ja.«

Wieder fing Roni Melzer zu lachen an. Er findet mich komisch, dachte Lisi. Er findet mich echt zum Lachen.

»Wer sind Sie?« fragte sie.

»Roni Melzer. Privatdetektiv. Der Tote vom *Sargon*-Gelände hatte Papiere von einem gewissen Jehuda Kornfeld bei sich. Wir untersuchen einen Diamantendiebstahl, begangen an einem gewissen Jehuda Kornfeld.«

Lisi schaute ihn an. »Wer ist das, wir?«

Er lächelte. »Die *Agentur C.U.*, ein Detektivbüro. Die Versicherungsgesellschaft hat den Fall einer Rechtsanwältin übergeben, Cheni Regev, und sie hat mich an das Detektivbüro ›ausgeliehen‹.«

»Sind Sie Rechtsanwalt oder Detektiv?« fragte Lisi neugierig.

»Rechtsanwalt in der Kanzlei von Cheni Regev, die von der Versicherungsgesellschaft im Fall Kornfeld eingeschaltet wurde, überstellt an die *Agentur C.U.* für die Dauer der Untersuchung. Kann ich Sie zu einer Tasse Tee einladen?«

»Nein.«

»Am Nachmittag?«

»Nein.«

»Am Abend?«

»Nein.«

Er gab nicht auf. »Ich erzähle Ihnen auch alles über den Diebstahl an Kornfeld. Sie dürfen es zitieren.«

»Und was soll ich Ihnen als Gegenleistung erzählen?« fragte Lisi.

»Sie haben Oved Hanegbi gefunden«, sagte Roni Melzer. »Ich habe selbst gehört, wie Sie das gestern zu Ihrer Tante Malka gesagt haben. Und ich möchte wissen, wer seine Verwandten sind.«

»Haben Sie Telefon?«

»Mobil. Ich wohne im *Ne'ot Hamidbar*.«

Lisi warf ihm einen erstaunten Blick zu. »Und warum schlafen Sie dann auf Bänken?«

»Ich warte darauf, daß das *Hilton* endlich fertig gebaut wird. Nun, wann treffen wir uns also?«

»Wir treffen uns nicht«, sagte Lisi.

Er notierte seine Telefonnummer auf einen Zettel und schob ihn gerade noch ins Autofenster, bevor sie es ganz hochgekurbelt hatte. Er verkörperte so in etwa alles, was sie verabscheute. Ein verwöhnter Schnösel aus dem Norden, der den Lässigen spielte und mit abgetretenen Stiefeln herumlief, um die Herzen der Eingeborenen zu gewinnen.

Lisi fuhr zum Wohnheim Beit Jaziv, in der Hoffnung, daß Sigi noch nicht zur Arbeit in den *Blauen Pelikan* gegangen sei. Als Soldatin hatte sie einmal hier geschlafen, als sie nachts zu spät nach Be'er Scheva zurückgekommen war. Sie erinnerte sich noch an ein dunkles Treppenhaus, staubige Fensterscheiben und den lauten Lärm irgendeiner Folkloregruppe.

Das Haus machte inzwischen einen gepflegten Eindruck. Liebevolle Hände hatten keine Mühe gescheut, den alten Fußboden so zu scheuern, daß die gelbschwarzen Fliesen sichtbar geworden waren. An den Fenstern hingen bunte Vorhänge, und jemand hatte bereits den Sand von den Möbelstücken entfernt. Im Eingang stand eine große Schwarze in einem langen roten Baumwollrock, ein grünes Band in ihren drahtigen grauen Locken. Sie zeigte Lisi, wo Sigi wohnte, ermahnte sie, nicht alle Mädchen im Zimmer aufzuwecken, und entblößte beim Lachen weiße, weit auseinanderstehende Zähne. Ihr Akzent war amerikanisch, und Lisi nahm an, daß sie zu der Sekte *Schwarze Hebräer* gehörte.

Im Zimmer standen fünf Betten, neben jedem ein Nachttisch und eine Kommode. Zwei Betten waren leer. Außer Sigi befand sich noch eine Soldatin im Raum, die, ihre große Handtasche unter den Arm geklemmt, in Uniform schlief. In einem anderen Bett lag ein zierliches Mädchen. Die langen Haare flossen über ihre Wange und Schulter, und auf ihren Augenlidern konnte man noch Reste von blauem Lidschatten entdecken. Sigi war schon angezogen. Sie saß auf ihrem Bett, mit gebeugtem Rücken, und starrte vor sich hin ins Leere.

»Guten Morgen, Sigi«, sagte Lisi. »Erinnerst du dich an mich? Wir haben uns gestern im *Blauen Pelikan* getroffen, nach der Schießerei. Lisi Badichi, von der *Zeit im Süden*, die Schwägerin von Wachtmeister Ilan. Ich wollte nur sehen, wie es dir geht.«

»Was für eine Überraschung«, sagte Sigi. »Mir geht es gut, Gott sei Dank.«

»Das ist also dein Zimmer?«

»Ja, das ist alles.«

»Deine Mitbewohnerinnen wechseln wohl sehr häufig«, sagte Lisi.

»Zwei von uns sind relativ fest hier, zwei wechseln ziemlich oft«, erklärte Sigi. »Die Soldatinnen wechseln. Das dort ist Esthi, eines der Mädchen von Boris.« Sigi machte eine Bewegung zu dem langhaarigen Mädchen hinüber, das fast noch wie ein Kind aussah.

»Wie alt ist sie?« fragte Lisi.

Sigi zuckte mit den Schultern. »Achtzehn, neunzehn oder so«, sagte sie. »Sie kommt immer erst gegen Morgen nach Hause und schläft dann wie ein Stein fast bis zum Abend. Boris sorgt wirklich für sie. Er kümmert sich darum, daß sie was ißt, daß sie sich regelmäßig wäscht und daß sie an die frische Luft kommt.«

»Was für ein guter Mensch«, sagte Lisi.

»Sie machen diese Arbeit nicht seinetwegen«, sagte Sigi. »Wenn er es nicht wäre, wäre es ein anderer Kerl, ein noch schlimmerer.«

Lisi schaute das Mädchen an. »Mag sein. Wann fängst du mit der Arbeit an?«

»Katinko hat mir heute freigegeben, nach dem ganzen Theater gestern, aber ich glaube, ich gehe trotzdem hin. Was soll ich hier anfangen? Wenn einem Piloten etwas passiert ist, setzt man ihn schließlich auch sofort wieder ins Flugzeug, stimmt's?«

Lisi nickte. »Hundertprozentig. Wollen wir einen Kaffee zusammen trinken?«

»Warum nicht«, sagte Sigi.

Sie fuhren zu einem Café. Nachdem Lisi dem Mädchen gesagt hatte, sie sei eingeladen, bestellten sie sich zwei Frühstücke mit frischen Brötchen, Eiern, Käse, Salat, Marmelade, Orangensaft und Kaffee.

»Ich weiß gar nicht mehr, wann ich das letzte Mal so gefrühstückt habe«, sagte Lisi.

Sigi lachte. »Ich auch nicht.«

»In Zukunft komme ich jeden Tag her.«

Sigi nickte. »Ich auch.«

Sie lächelten sich an. Zwei junge Frauen, die das Leben nicht gerade verwöhnt hatte, ergriffen die Gelegenheit und verwöhnten sich selbst. Sigi sagte, sie sehne sich nach dem Essen ihrer Mutter, nach dem festlichen Tisch am Schabbatabend, dem Segen, den frommen Liedern. Im Vergleich zu den anderen Familien in Netivot seien sie nicht besonders fromm gewesen, erzählte sie, obwohl sie einen koscheren Haushalt führten und am Schabbat und den Feiertagen in die Synagoge gingen. Aber ihre großen Brüder seien am Schabbat Auto gefahren, und sie hätten auch Licht angemacht. Sie selbst sei, soweit sie sich erinnern könne, immer rebellisch gewesen. Sie habe mit ihren Eltern und ihren großen Brüdern viele Streitereien gehabt wegen ihrer Kleidung, wegen ihres Freundeskreises und ganz allgemein wegen ihres Benehmens. Aber so wild sie auch lebe, sie achte auf die Moral, egal, was die anderen auch über sie sagten. Katinko würde alle Kunden warnen, sie sollten es ja nicht wagen, sie anzufassen, denn er kannte bereits den Blick, mit dem sie jeden anschaute, der die Hand nach ihr ausstreckte.

»Deswegen hast du gestern so geschrien, als dich jemand gezwickt hat«, sagte Lisi und fing mit der Zunge die Marmelade auf, die von ihrem Brötchen tropfte.

»Ja. Ich könnte die Mutter von dem Kerl umbringen, der mir das angetan hat.«

»Weißt du denn nicht, wer es war?« fragte Lisi.

Sigi schüttelte den Kopf. »Nein. Alle sind aufgesprungen und haben geschrien, und dieser verrückte Dajav fing an zu schießen, ich habe gedacht, ich sterbe.«

»Aber warum hat er angefangen zu schießen?« wollte Lisi wissen.

»Was weiß ich!« Sigi trank einen Schluck Kaffee. »Alle haben sich absolut verrückt verhalten. Am Himmel war ein Blitz, und ich sah im Sandsturm die Umrisse von Eulen. Alle haben geschrien und ihre Stühle umgeworfen.«

»Über was habt ihr gesprochen?« fragte Lisi weiter.

»Über Baba Baruch.«
»Was?«
»Jako vom Möbelgeschäft hat Baba Baruch beschimpft. Wenn jemand nicht glauben will, soll er es von mir aus bleibenlassen, aber er kann doch wenigstens anständig reden, oder? Vielleicht ist ja jemand im Raum, der gläubig ist. Alle reden sie bei uns über Toleranz, aber jeder sucht sich selber aus, gegen wen er tolerant sein will oder nicht. Meiner Meinung nach ist das keine Toleranz. Habe ich recht oder nicht?«

Lisi nickte. »Du hast recht, hundertprozentig. Was hat Jako gesagt?«

»Echt, Lisi, es ist eine Gotteslästerung, das zu wiederholen.«
»Über Baba Baruch?«
»Ja.«
»Was hat er gesagt?«

»Geschäft, hat er gesagt, alles wäre nur Geschäft. Die Segnungen und die Amulette und das heilige Wasser. Kannst du dir das vorstellen? Alles Geld. Wenn du bezahlst, hat er gesagt, dann bekommst du einen Segen vom Baba. Wenn du nichts bezahlst, verlierst du dein Geschäft, dein Haus und deine Frau und deine Geliebte. Wortwörtlich.«

»Wow!«

»Ich habe ihnen gesagt, daß ich aus Netivot stamme, aus der Familie Ifargan, die mit den Abuchaziras verwandt ist, daß ich also den Baba nicht nur so kenne, ich bin mit ihm verwandt. Ich habe nicht erzählt, daß ich die besonderen Kräfte der Familie auch habe, weil ich nicht damit angeben will.«

Lisi schaute das Mädchen an. »Du hast kein Geschäft und kein Haus und keine Frau und keine Geliebte, warum sollte er das zu dir sagen?«

»Er hat es nur ganz allgemein gesagt«, erklärte Sigi. »Er hat nicht mich persönlich damit gemeint. Er hat mich beim Sprechen auch nicht angeschaut. Er hat Dajav zugezwinkert, als wäre das ein Geheimnis zwischen ihnen. Katinko sagt, seit er diese Reise ins Ausland gemacht hat, würde Jako sich benehmen, als wäre

Be'er Scheva zu klein für ihn, aber er schämt sich nicht, im Café Schulden zu machen. Er läßt mir einen Schekel Trinkgeld da und verschwindet, ohne zu bezahlen. Für mich ist so was ein dreckiger Geizhals. Wenn er Tausende fürs Wetten ausgibt, kann er doch auch drei Schekel für seinen Kaffee bezahlen.«

»Hundertprozentig«, sagte Lisi. »Auf wen hat Dajav geschossen?«

»Auf niemanden. He, auf was für Gedanken du kommst! Nein, da sei Gott vor. Er hat auf Flaschen geschossen. Um die Gemüter zu beruhigen.«

Lisi lachte. »Du hast fast einen Herzschlag bekommen vor lauter Beruhigung.«

Sigi mußte auch lachen. Nach dem Frühstück bot Lisi dem Mädchen an, sie mit dem Auto zum *Blauen Pelikan* zu fahren. Unterwegs erzählte Sigi, wie man bei ihr zu Hause in Netivot Freitag abends den Schabbat einweihte, wie sie alle sangen. Ihr Vater spiele Gitarre, sagte sie, und ihre Schwester Jafit auf der elektrischen Orgel. Und ihr kleiner Bruder Ofer schlage bereits seit seinem siebten Jahr die Trommel beim Jugendsportverein. Sie hätten wirklich ein Orchester zu Hause.

»Warst du am Schabbat zu Hause?« fragte Lisi.

Sigi schüttelte den Kopf. »Nein.«

»Du bist in Be'er Scheva geblieben?«

»Ja.«

»Und am Schabbat davor?« fragte Lisi.

»Auch.«

Lisi zögerte. »Hast du Streit mit deinen Eltern?«

Sigi verzog den Mund. »Sie mögen nicht, daß ich mir die Nägel grün oder schwarz lackiere und mir die Haare töne. So aufgemacht würde ich aussehen wie eine Hure, sagen meine großen Brüder. Und ich bin nicht bereit, mich beleidigen zu lassen. Meine Seele ist rein, das ist doch die Hauptsache. Habe ich recht oder nicht?«

Lisi warf dem Mädchen von der Seite einen Blick zu. »Aber du hast Sehnsucht nach zu Hause.«

Sigi fing an zu weinen.

»Dann mach doch für den Schabbat den Lack ab und töne deine getönten Haare«, schlug Lisi vor. »Dann kannst du ruhig nach Hause fahren. Und am Sonntag, wenn du nach Be'er Scheva zurückkommst, kannst du dir die Nägel lackieren, soviel du willst.«

»Vielleicht mache ich das wirklich«, sagte Sigi schniefend.

Als sie beim *Blauen Pelikan* ankamen, stieg Lisi ebenfalls aus dem Wagen, bückte sich einen halben Meter und küßte das Mädchen auf die Wange.

»Danke für das Frühstück, und danke, daß du mich hergefahren hast«, sagte Sigi.

»Nichts zu danken«, wehrte Lisi ab und fühlte sich auf einmal wie eine Hundertjährige.

Als Sigi von Jako und Dajavs Schüssen erzählt hatte, war Lisi ein Gedanke durch den Kopf geschossen und wieder verschwunden. Jetzt versuchte sie sich zu erinnern, was für ein Gedanke das gewesen war. Dajav Faktori war eine bekannte Figur in der Kommunalpolitik, einer von diesen Typen, die bei Gesprächen über Politik rote Flecken im Gesicht bekommen und die alle vier Jahre aufblühen. Vor den Wahlen versuchte er, Stimmen zu mobilisieren, bei den städtischen Angestellten und bei den Arbeitern der Strickwarenfabrik *Sargon*, zu der er über seine Frau Zugang hatte. Er stand dem Minister für Bauwirtschaft und Wohnungsbau nahe. Wenn er gewollt hätte, hätte er leicht eine Verbindung zwischen dem Minister, dem die Planung des Projekts »Free Production« unterstand, und der Familie Tarschisch knüpfen können, die sich daran beteiligen wollte. Eine Hand wäscht die andere, seine Arbeiter unterstützten seinen Minister, der wiederum seine Familie unterstützte.

Aber wenn dem so war, warum hatte sie dann einen gewissen Widerstand in der Stimme seiner Frau Nava wahrgenommen, der Besitzerin eines Drittels von *Sargon*? Wenn Nava in dieser Angelegenheit zögerte, warum arbeitete ihr Mann dann einem Minister in die Hände, der unbedingt seine Vision von einem High-

Tech-Park »Free Production« verwirklichen wollte, und das ausgerechnet auf dem Gelände von *Sargon*? Wenn Dajav Faktori sich für das Projekt »Free Production« einsetzte, arbeitete er gegen seine Frau. Setzte er sich gegen das Projekt ein, arbeitete er gegen seinen Minister und gegen die Familie Tarschisch. Diese Geschichte hatte irgendwo einen Haken. Aber wo?

6

Lisi beschloß, zu *Sargon* zu fahren und sich noch einmal den Bus und die Stelle anzuschauen, wo die Leiche gefunden worden war, vielleicht würde ihr nachträglich etwas einfallen, was sie nicht genau registriert hatte. Gestern, als sie zu *Sargon* gefahren war, hatten die Straßenlaternen gebrannt. Außer denen, die in unmittelbarer Nähe des Autobusses standen. War das ein Zufall? Benzi hatte gesagt, der Mord sei zwischen zehn und zwölf Uhr nachts verübt worden. Wer die Leiche vergraben hatte, mußte aus dem Norden gekommen sein, von der Straße nach Hebron, Omer oder Lakija. Oder er war aus südlicher Richtung gekommen, durch das Industriegebiet. Hatten da die Laternen gebrannt? Oder hatte derjenige, der den Bräutigam getötet und den Propheten fast erschlagen hatte, zuerst an den Laternen herummanipuliert und von vornherein dafür gesorgt, daß der Platz im Dunkeln lag?

Der Sandsturm hatte um vier Uhr morgens angefangen. Da war der Bräutigam bereits vergraben. Hätte der Sturm bereits angefangen, als der Mörder sein Opfer vergrub, hätte er es mit Steinen zugedeckt oder das Loch tiefer gemacht. Ohne den Sturm hätte man nie erfahren, daß da jemand vergraben war. Es sei denn, jemand hätte es darauf angelegt, Oved Hanegbi den Mord anzuhängen. Doch dann hätte es gereicht, die Leiche einfach dort abzuladen, ohne sie zu vergraben. Wenn der Tote entdeckt werden und der Verdacht auf Oved Hanegbi fallen sollte, dann war die Absicht wohl gewesen, daß man den Bräutigam erst in ein paar Tagen oder Wochen fand. Die Grube war ziemlich flach, und hier in der Gegend trieben sich nachts nicht nur Schakale herum, es gab auch Hyänen und Geier. Hier zogen Beduinen mit ihren Schafen, Ziegen und Kamelen vorbei. Ja, dachte Lisi, das war eindeutig ein Grab, das entdeckt werden sollte, aber nicht zu dem Zeitpunkt, an dem es tatsächlich gefunden wurde.

Lisi parkte ihren *Justy* vor dem Fabriktor und stellte fest, daß das Auto der Wachleute nicht mehr im Hof stand. Die Besitzer von *Sargon* waren offenbar der Meinung, daß die demonstrierenden Arbeiter nicht mehr zum Gelände zurückkommen würden. Vor den Büros stand ein Lieferwagen, der auf beiden Seiten in Großbuchstaben die Aufschrift *Sargon* trug. Lisi sah, daß er mit Möbelstücken und Kisten beladen war.

Lisi ging hinüber zum Streikzelt, um nachzusehen, wie es der Katze und ihren Jungen ging. Ohne diese Katze wäre Oved Hanegbi jetzt tot. Man hätte seine Leiche nach ein oder zwei Wochen gefunden, hätte eine Verbindung zwischen ihm und dem unbekannten Toten hergestellt, hätte sich eine logische Geschichte ausgedacht und die Akte geschlossen.

Vom Zelteingang aus sah Lisi den Rücken eines Mannes, der sich neben der Matratze zu Boden beugte und vorsichtig eine Schale mit Milch hinstellte. Sie konnte sein beruhigendes »Pst, pst, pst« hören. Nur noch drei Junge drängten sich am Bauch ihrer Mutter. Lisi fragte sich, was Katzen mit den Jungen machten, die starben. Die Katze beobachtete den Mann mit weit offenen Augen, hochgezogenen Lefzen und gesträubtem Fell. Die drei Kleinen purzelten um sie herum und suchten, blind, wie sie waren, nach den Zitzen, die sie ihnen aus den Mäulchen gezogen hatte. Als sich der Mann aufrichtete und umdrehte, um das Zelt zu verlassen, entdeckte er Lisi, die ihn aufmerksam betrachtete.

»Keine Spur von Dankbarkeit«, sagte er.

Lisi nickte. »Nein, es gibt keine Gerechtigkeit auf der Welt.«

»Wer sind Sie?« fragte er.

Lisi stellte sich vor. »Lisi Badichi, von der *Zeit im Süden*. Die Arbeiter waren Ihnen dankbar, und was hat es ihnen genützt?«

»Suchen Sie etwas?« erkundigte er sich.

»Ich wollte nur nachschauen, was mit der Katze ist.«

»Eine Gerechte also.«

»Um Gottes willen, nein. Sie sind der Gerechte.«

Der Mann musterte sie mit gerunzelten Augenbrauen. »Kennen wir uns von irgendwoher?« fragte er vorsichtig.

»Nun, ich weiß, wer Sie sind«, sagte Lisi. »Sie sind Avischaj Tarschisch. Aber Sie kennen mich nicht. Meine Mutter hat fünfunddreißig Jahre lang hier gearbeitet. Sie hat noch vor meiner Geburt hier angefangen. Jetzt sitzt sie zu Hause und versorgt, ohne Bezahlung wohlgemerkt, das Baby einer Neueinwanderin, die ebenfalls hier gearbeitet hat und auf die Straße gesetzt wurde.«

»Sie ist nicht auf die Straße gesetzt worden, sie hat eine Entschädigung bekommen. Und Ihre Mutter bekommt eine Pension, für die unsere Familie die ganzen Jahre, die sie hier arbeitete, einbezahlt hat.«

»Wie edelmütig von Ihnen, wirklich«, sagte Lisi.

Er wandte sich zum Gehen. »Und jetzt entschuldigen Sie mich, bitte.«

»Räumen Sie die Fabrik aus?« fragte Lisi.

Er machte eine abwehrende Handbewegung. »Ich habe jetzt keine Zeit.«

»Wollen Sie umziehen?« fragte Lisi hartnäckig weiter. »Wohin?«

Er ging auf den Büroflügel zu, ohne ihr eine Antwort zu geben.

»He!« rief sie ihm nach. »He! Warten Sie doch!« Da er nicht reagierte, lief sie ihm hinterher.

Als er nur noch wenige Meter vor dem Gebäude war, drehte er sich um, seine blauen Augen glühten vor Zorn. »Sie gehen zu weit!« rief er. »Sie haben nicht das Recht, sich hier aufzuhalten.«

»Das weiß ich«, gab Lisi zu. »Ich möchte mit jemandem von der Familie sprechen. Wenn Oved Hanegbi sich erholt hat, wird man ihn verhaften. Und wenn man ihn in einen geschlossenen Raum sperrt, wird er sich aufhängen. Sie sind mit ihm verwandt. Ich habe gedacht, Sie könnten ihm vielleicht helfen, damit er nicht eingesperrt wird.«

»Wer hat Ihnen gesagt, wir seien mit ihm verwandt?« fuhr er sie an.

»Sind Sie das nicht?« fragte Lisi leichthin.

Er zuckte mit den Schultern. »Nicht wirklich.«

Lisi starrte ihn neugierig an. »Was heißt das, ›nicht wirklich‹?«

»Das heißt, daß Sie Ihre Nase in Dinge stecken, die Sie nichts angehen«, sagte er mit wütendem Gesicht.

Lisi kümmerte sich nicht um seine Worte. »Sie könnten einen Rechtsanwalt nehmen, der dafür sorgt, daß man ihn nicht einsperrt. Er wird sowieso nicht fliehen.«

»Er wird keinerlei Hilfe von uns annehmen«, sagte der Mann etwas ruhiger.

»Versuchen Sie es wenigstens.«

Wieder verzog der Mann das Gesicht. »Wir haben nichts zu versuchen.«

Lisi schaute ihm in die Augen. »Soll er doch zum Teufel gehen, nicht wahr?«

»Ich habe keine Zeit«, sagte er schroff, drehte sich um und ging auf die Tür zu.

Lisi folgte ihm. »Wer kann mir etwas über ihn erzählen?«

»Wieso interessieren Sie sich für ihn?«

»Ich mag ihn gern«, sagte Lisi. »Er tut keiner Seele etwas zuleide. Nie im Leben würde er auf jemanden schießen. Die Polizei hat nichts gegen ihn in der Hand. Schließlich kann er nichts dafür, daß man neben seinem Autobus eine Leiche vergraben hat, oder?«

»Es ist Ihnen gelungen, mich zu überzeugen«, sagte der Mann spöttisch.

»Jemand muß ihm helfen«, drängte Lisi. »Wenn er zur Familie gehört, müssen Sie es einfach tun.«

»Wir sind nicht verwandt«, sagte er und lächelte plötzlich. »Alles, was ich wollte, war, der Katze ein bißchen Milch zu bringen. Und dabei kann ich Katzen nicht ausstehen.«

Sein Lächeln war überraschend lausbubenhaft und herausfordernd. Er zeigte seine weißen Zähne, in seinen Wangen kamen

Grübchen zum Vorschein, und seine blauen Augen funkelten. Ein nervöser Schauer durchzuckte Lisi entlang der Wirbelsäule, ein beunruhigendes Gefühl. Dieser Kerl besaß einen Charme, der für fünf weitere Männer gereicht hätte.

»Gut, gut«, sagte er. »Genug jetzt. Was halten Sie von einem Waffenstillstand? Es gibt schließlich schon genug Krieg auf der Welt, wir müssen nicht noch einen anzetteln. Also, ich weiß nicht viel über ihn, aber ich werde versuchen, mich zu erinnern. Kommen Sie, gehen wir zum Autobus. Dort wird uns niemand stören. Ich habe sowieso keine Lust, zuzuschauen, wie die Fabrik zerlegt wird.«

Als sie am Zelt vorbeikamen, hörten sie plötzlich ein jammerndes Fiepen aus dem Inneren. »Frauen«, sagte Avischaj Tarschisch. »Nähert man sich ihnen, kratzen sie. Entfernt man sich, fangen sie an zu jammern.«

Lisi überlegte. Sie konnte sich nicht erinnern, ob er verheiratet war oder nicht. »Sind die Laternen hier nachts an?« fragte sie und deutete auf die Reihe Straßenlaternen, an denen sie vorbeigingen.

»Ich nehme es doch an«, antwortete er. »Wozu sind sie sonst da?«

»Was weiß ich«, sagte Lisi.

Der Autobus und das dahinterliegende Gelände waren mit gelben Bändern abgesperrt. Jemand hatte mit schwarzem Filzstift »Betreten polizeilich verboten« auf einen Zettel geschrieben und ihn an ein Band gehängt. Der Autobus sah verlassen und armselig aus ohne den Propheten. Eine verbeulte, zerkratzte Blechkiste, die vor vielen Jahren einmal hellblau gewesen sein mußte. Lisi war froh, daß der Eintritt verboten war.

»Ich war nicht mehr hier, seit ich ein Kind war«, sagte der Mann. »Wenn ich aus der Schule ausgerissen bin, habe ich mich immer bei ihm versteckt. Der Autobus kam mir damals so groß vor, und ich habe davon geträumt, später auch einmal in einem zu leben.«

Lisi blickte ihn erstaunt an. »Warum?«

Er zuckte mit den Schultern. »Weiß ich nicht. Von uns drei Geschwistern war ich der einzige, der sich in seine Nähe getraut hat. Ich war frech. Ich habe Fragen gestellt. Ich glaube, er mochte mich. Vielleicht habe ich ihn an seine eigene Kindheit erinnert.«

»Nennen Sie ihn auch Onkel Oved?« fragte Lisi.

Er blickte sie an. »Wer denn noch?«

»Ihre Geschwister. Aber er ist kein richtiger Onkel von Ihnen, nicht wahr?«

»Onkel Oved«, wiederholte er. »Eine Familie ist schon etwas Verrücktes.«

»Hundertprozentig«, sagte Lisi.

Lisi stieg über das gelbe Band und ging zur Hinterseite des Autobusses. Nach ein paar Metern blieb sie stehen. »Hier hat man die Leiche gefunden«, sagte sie.

Sie starrten beide in den Sand, in der unsinnigen Hoffnung, wie es schien, er würde sich bewegen, wieder die Form des toten Mannes annehmen und ihnen etwas verraten.

»Weiß man schon, wer der Mann war?« fragte Avischaj Tarschisch.

Lisi schüttelte den Kopf. »Nein, die Papiere, die man bei ihm gefunden hat, waren gestohlen.«

»Von wem waren sie?«

»Von einem gewissen Jehuda Kornfeld, einem Diamantenhändler aus Ramat Gan. Ihm wurde vor ungefähr anderthalb Jahren eine Tasche mit seinen Papieren und Diamanten gestohlen.«

»Vor anderthalb Jahren!« rief er erstaunt.

»Die Fingerabdrücke des Ermordeten sind noch nicht identifiziert worden«, sagte Lisi. »Auf dem Revolver, mit dem er erschossen wurde, fanden sich nur die Fingerabdrücke von Oved Hanegbi.«

Er schaute sie an. »Oved Hanegbi hat niemanden umgebracht«, erklärte er in überzeugtem Ton.

Lisi nickte. »Das glaube ich auch.«

»Aber...« fuhr er fort und stockte.

»Was?«

»Der Tote muß doch jemandem abgehen. Was weiß ich, einer Frau, Eltern.«

»Ja«, sagte Lisi. »Sobald jemand eine Vermißtenanzeige aufgibt, wird man ihn identifizieren können.«

»Vielleicht hat Onkel Oved etwas gesehen, was er nicht hätte sehen sollen«, sagte Avischaj.

Lisi blickte ihn neugierig an. »Was zum Beispiel?«

»Beduinen, die Rauschgift nach Ägypten schmuggeln oder Autos in den Sinai.«

»Die Beduinen kennen ihn«, protestierte Lisi. »Sie wissen, daß er nie etwas sagen würde, selbst wenn er etwas gesehen oder gehört hätte. Alle wissen das.«

Avischaj widersprach. »Der Mann, der ihn umzubringen versuchte, wußte das nicht. Die Diebe in Polen verbrennen Katzen.«

Lisi riß die Augen auf. »Was?«

»Und dann, wenn sie losziehen, streuen sie die Asche der Katzen auf die Augen der Leute, die sie bestehlen wollen, und das blendet sie.«

Lisi lachte. »Ich muß Sie unbedingt mit meinem Onkel und meiner Tante bekannt machen. Sie würden diese Geschichte lieben.«

»Wer sind sie?«

»Tante Klara und Onkel Ja'akov. Sie haben einen Geschenkartikelladen am Busbahnhof, den *Mikado*.«

»Sie machen Witze!« rief er erstaunt.

»Was?«

»Das sind Ihr Onkel und Ihre Tante?«

»Kennen Sie sie etwa?« fragte Lisi.

»Wer kennt sie nicht?« antwortete Avischaj.

Lisi wußte, was er dachte. Der Transvestit und der Zwerg. So wurden sie hinter ihrem Rücken von allen genannt. Und jetzt versucht er herauszubekommen, wie sie Onkel und Tante von wem auch immer sein können, dachte sie. Es tat ihr schon leid, daß sie überhaupt etwas gesagt hatte.

Avischaj räusperte sich. »Haben Sie ihn gesehen?«

»Wen?«

»Den Toten.«

Lisi nickte.

»Und wie hat er ausgesehen?« fragte er.

»Mit Sand bedeckt.«

Avischaj lächelte. Seine Augen waren nun fast nachtblau. Sie verstand nicht, was er daran lustig fand, und nahm sich vor, alles zu tun, um ihn nicht zum Lachen zu bringen. Ihre sonst so kräftigen Beine fühlten sich ganz und gar nicht vertrauenswürdig an, wenn dieses bezaubernde Lächeln in seinem Gesicht aufleuchtete.

Er bohrte weiter. »War er jung? Alt? Ein Landstreicher oder was?«

»Er trug einen Blazer mit Goldknöpfen. Und eine teure Uhr. Das ist alles, was ich gesehen habe.«

»Wie haben Sie ihn gefunden?«

»Ich wollte den Propheten bitten, der Katze Wasser zu bringen«, sagte Lisi. »Und ich fand ihn im Autobus in einem Blutbad. Als dann die Polizei kam, hat sie die Grube und den Toten gefunden.«

Sie setzten sich auf eine Steinbank an der Straße, gegenüber der Tür des Autobusses.

»Er hat immer Musik im Radio gehört«, sagte Lisi. »Er hat Zigaretten geraucht, im Kopf irgendwelche Berechnungen angestellt und Zahlen vor sich hingemurmelt. Er hat nie jemandem etwas Böses getan.«

»Er ist noch nicht tot«, sagte Avischaj.

»Was?«

»Sie halten eine Grabrede.«

Lisi schaute ihn erschrocken an. »Nein, um Gottes willen, das nicht. Wie ist er mit Ihnen verwandt?«

Avischaj hob abwehrend die Hand. »Er ist nicht mit uns verwandt.«

»Sie haben ihn Onkel Oved genannt«, widersprach Lisi. »Und Ihre Schwester Nava ebenfalls.«

»Warum interessieren Sie sich eigentlich so für ihn?« fragte er.

»Weiß ich nicht.« Lisi zuckte mit den Schultern. »Vielleicht, weil er so mutig ist. Wir anderen leben alle so, wie man es von uns erwartet.«

»Und das nennen Sie Mut?« Seine Stimme klang erstaunt. »Meiner Meinung nach ist es Feigheit.«

Lisi schüttelte den Kopf. »Er hat sich ausgesucht, wie er leben möchte.«

Avischaj schaute hinüber zum Autobus. »Er hat sich ausgesucht, ein Opfer zu sein.«

Lisi betrachtete ihn von der Seite. »Sind Sie böse auf ihn?«

»Nein«, antwortete er. »Ich bin nicht böse. Warum sollte ich auch böse sein?«

»Keine Ahnung.«

Er erhob die Stimme. »Bestimmt denken Sie wie alle anderen auch, daß unsere Familie schuld ist. Aber jeder hat die Wahl, sein Schicksal selbst zu bestimmen.«

Lisi schaute ihn nicht an, als sie sagte: »So wie die Arbeiter die Wahl haben?«

»Nein«, sagte er heftig. »Nicht wie die Arbeiter. Die hatten tatsächlich keine Wahl.«

Er war zornig. Sie überlegte sich, daß sie auf diese Art nichts aus ihm herausbekommen würde. Sie zog das Tonbandgerät aus ihrer Tasche und stellte es zwischen ihn und sich auf die Bank. Dann holte sie auch noch ihren Block und einen Stift.

»Was soll das Tonband?« fragte er.

Lisi sagte: »Ich möchte nicht, daß Sie hinterher sagen, Sie hätten das und das nicht gesagt oder ich hätte Sie falsch verstanden.«

»Ich habe nichts zu erzählen«, sagte er schroff.

»Ich schreibe meine Reportage, ohne Ihren Namen zu erwähnen«, versprach Lisi. »Ich werde sagen, der Name des Informanten sei Redaktionsgeheimnis. Wovor haben Sie Angst?«

»Vor meinem Vater«, sagte er.

Lisi schaute ihn an. »Warum sprechen Sie dann überhaupt mit mir?«

Er senkte den Kopf. »Ich mag meinen verrückten Onkel. Es ist sehr aristokratisch, ein schwarzes Schaf in der Familie zu haben, glauben Sie nicht auch?«

»Wenn er nicht der leibliche Onkel ist«, meinte Lisi, »dann ist es wohl aristokratisch.«

»Das stimmt. Sie sind nicht so dumm, wie Sie aussehen, Lisi Badichi.«

»Diesen klugen Spruch habe ich schon öfter gehört«, sagte Lisi gleichgültig. »Also, wie ist er mit Ihnen verwandt oder nicht verwandt? Welche Beziehung besteht zwischen der Familie Tarschisch und Oved Hanegbi?«

»Das ist eine lange Geschichte«, sagte Avischaj Tarschisch. »Und ich muß bald zurück zur Fabrik und meinem Bruder helfen. Und meiner Schwester, die überhaupt nicht aufhört zu maulen.«

»Will sie nicht, daß die Fabrik abgebaut wird?« fragte Lisi schnell.

»Sie will es schon«, antwortete er. »Aber sie findet es traurig.«

Er sah nicht aus wie jemand, der unbedingt zu seiner Arbeit zurückwollte. Er wirkte eher, als sei er froh, ihr entkommen zu sein und nun gemütlich auf einer Steinbank vor einem alten Autobus zu sitzen.

Avischaj Tarschisch sprach über seinen Onkel, als kramte er Erinnerungen von einem vor vielen Jahren nach Australien ausgewanderten Verwandten heraus, nicht wie über jemanden, der nur drei Minuten zu Fuß vom eigenen Arbeitsplatz entfernt lebte.

Als Kind hatte er viel Zeit mit Oved Hanegbi verbracht, obwohl es seinen Eltern, Jigal und Ruthi Tarschisch, nicht recht gewesen war. Der Autobus war verbotenes Terrain, und Oved war ein freiwilliger Gefangener, der das Gewissen der Tarschischs belastete. Damals waren sie die angesehenste Familie in Be'er Scheva, und die Tatsache, daß ein Verwandter wie ein Landstreicher in einem Autobus hauste, war ein Schandfleck auf ihrem guten Namen. Da konnte man noch soviel erzählen, daß er das aus freien Stücken tue und über Einkünfte verfüge, die ihm auf unabsehbare Zeit ein Leben in Glück und Überfluß erlauben würden. Er besaß sieben Dunam Grund vom *Sargon*-Gelände, vier neben dem östlichen Zaun der Fabrik und drei neben dem nördlichen. Zwei drückende Hühneraugen im Familienbesitz. Oved Hanegbi war, aus der Sicht der Tarschischs, ein Dorn in ihrer Ferse, ein vollkommen legaler Dorn, den keine Macht der Welt von seinem Platz bewegen konnte, solange er das nicht wollte. Und er wollte nicht.

Manchmal nahm er jemanden bei sich auf, für einen Tag, eine Woche, einen Monat. Ein Junge, der von zu Hause weggelaufen war, ein geflohener Soldat, ein Beduine. Vielleicht hatten sie versucht, etwas von ihm zu lernen, aus seinem Gemurmel, seiner Zurückgezogenheit, dem in die Ferne gerichteten Blick. Vielleicht hatte es sie gereizt, das Innere eines Menschen zu verstehen, der keinerlei Gesellschaft brauchte und mit sich selbst zufrieden war. Doch dann war der betreffende Gast plötzlich verschwunden, ohne daß jemand wußte, aus welchen Gründen er gekommen und weshalb er wieder gegangen war. Und Oved war allein, wie zuvor.

Oved Hanegbi und Jigal Tarschisch waren beide in Migdal geboren, einem Dorf am See Genezareth, als Söhne zweier befreundeter Familien, die 1912 zusammen aus Amerika eingewandert waren. Von ihren gesamten Ersparnissen hatten sie dreihundert Dunam Boden gekauft, die bis heute der Familie gehörten.

Sie stellten einen französischen Agronomen an und pflanzten auf ihrem Boden die ersten Bananen nach zweitausend Jahren. Der Agronom verliebte sich in die Stimme von Schejne, Oveds Mutter, und Schejne verliebte sich in die langen Finger des Agronomen, und eines Nachts flohen beide in den Libanon. Zurück blieben Avrum Baylis, ihr Mann, und ihr kleiner Sohn Oved, damals drei Jahre alt. Tova Tarschisch zog Oved zusammen mit ihrem Sohn Jigal groß. Sie war überzeugt, daß seine Mutter wiederkommen würde, eines Tages würde sie auftauchen, ihre warme Stimme würde auf dem Hof erklingen, es würde ein paar Tränen geben, ein bißchen Streit und am Schluß die große Versöhnung. Aber dann kam der Erste Weltkrieg, und die Verbindung riß ab. Ein paar Monate nach Kriegsbeginn traf noch eine Karte aus Kairo ein und Anfang 1917 eine aus Damaskus, das war alles. Oveds Mutter und der Agronom waren wie vom Erdboden verschluckt.

Im zweiten Kriegsjahr wurde Avrum, Oveds Vater, von der türkischen Armee zur Zwangsarbeit rekrutiert. Verwundet und halb verhungert kam er gegen Ende des Krieges nach Migdal zurück, wo er bald darauf starb. Vor seinem Tod hatte er noch ein Testament geschrieben, in dem er seinen guten Freunden Jizchak und Tova Tarschisch seinen gesamten Besitz vermachte, alles in allem einhundertfünfzig Dunam, und ihnen seinen einzigen Sohn Oved Ben Avraham Baylis zu treuen Händen übergab. Oved war ein ungebändigter Junge, aus dem später ein wilder alter Mann wurde. Jahrelang schlief er auf einer Matratze auf der Terrasse in Migdal, und dorthin kehrte er auch zurück, nachdem er, zusammen mit Jigal Tarschisch, beim Palmach gewesen war. Auch als die Familie Tarschisch nach Haifa umzog und Jigal Ruthi heiratete, blieb Oved in Migdal.

Die Blütezeit der Familie Tarschisch begann unter dem englischen Mandat. Die Tatsache, daß Englisch ihre Muttersprache war, erleichterte es ihnen, Beziehungen zu knüpfen. Anfangs verkauften die Tarschischs der britischen Armee ihre landwirtschaftlichen Erzeugnisse, dann handelten sie auch mit den Produkten anderer. Sie hatten Vertretungen in Damaskus, Bagdad und Berlin, und die Familie zog in eine prachtvolle Villa auf dem Carmel, in der die Kinder der Tarschischs ihre Sommerferien verbrachten. Den Grundbesitz in Migdal übergaben sie der Verwaltung einer ortsansässigen Familie.

Im Unabhängigkeitskrieg, im Herbst 1948, kamen Oved und Jigal mit ihrer Einheit in den Negev und beteiligten sich dann an der Eroberung Be'er Schevas. Oved gehörte zu der Art Männer, die damals zur Legende wurden. Die Frauen fühlten sich zu ihm hingezogen, die Männer erzählten Geschichten von seinen Heldentaten.

Bei der Staatsgründung war Jigal bereits verheiratet und Vater.

Als Pinchas Safir, der neue Handels- und Industrieminister, ihm vorschlug, im Negev zu investieren und eine Textilfabrik zu errichten, ließ er sich die Gelegenheit nicht entgehen. Das Gelände des *Sargon* wurde ihm fast umsonst angeboten, Hauptsache, er nahm es. Das tat er, warum auch nicht? Die Import-Export-Geschäfte seiner Eltern waren zusammengebrochen, nachdem die Briten das Land verlassen hatten, und er hatte keine Lust, nach Migdal zu ziehen und das Land zu bestellen, im Winter die Regenwolken zu beobachten und im Sommer mit dem Landwirtschaftsverband über den Verkauf der Früchte zu verhandeln. Er wollte lieber etwas Neues anfangen, an einem neuen Ort.

Nachdem er also beschlossen hatte, sich im Negev niederzulassen und dort seine Zukunft aufzubauen, schlug er seinem Bruder vor mitzukommen. Zu seiner großen Überraschung stimmte Oved zu. Oved änderte seinen Namen Baylis in Hanegbi, als eine Art Schlußstrich unter die Vergangenheit. Das Geld zum Kauf des Geländes erhielten die beiden als Darlehen von Tova und Jizchak. Die Transaktion erwies sich in jeder Hinsicht als vorteilhaft. Fast vierzig Dunam, ein Pachtvertrag von neunundvierzig Jahren, mit der Verpflichtung, eine Textilfabrik zu errichten, die nach den ersten fünf Jahren fünfhundert Arbeiter beschäftigen sollte. Als Gegenleistung verzichtete die Regierung auf fast alle anfallenden Steuern. Die Vermessungsingenieure legten die Grenzen dessen fest, was von da an *Sargon*-Gelände genannt wurde, und bestimmten den Standort des Fabrikgebäudes. Oved wählte sich vier Dunam im Osten des Geländes und drei im Norden aus, neben dem Wasseranschluß. Er arbeitete bei der Stadtverwaltung als Traktorist, und als er Tova und Jizchak Tarschisch seine Schulden zurückbezahlt hatte, stellte er einen alten Autobus und eine Steinbank auf sein Grundstück mit dem Wasserhahn und ließ sich da nieder.

»Ich weiß nicht, wer klüger war«, sagte Avischaj Tarschisch. »Mein Vater, der sein Leben lang wie ein Ochse geschuftet hat, oder Oved. Das eine ist eine Lebensform wie das andere auch. Und jede Form hat ihre entsprechende Strafe.«

»Was?« fragte Lisi.

»Nach den Geschichten meiner Großeltern war das Leben in Migdal das wahre Paradies. Alles, was danach geschah, war die Vertreibung.«

»Ach so.«

»Mich mochte er«, erzählte Avischaj weiter. »Als ich ein Kind war, war ich der einzige, der ihn besuchte und bei ihm spielte. Ich war vielleicht acht oder neun, als mein Vater Oved einmal aufsuchte, zusammen mit mir. Mein Vater saß auf dieser Bank hier und versuchte, Oved zu überreden, in eine menschenwürdige Wohnung zu ziehen. Seine seltsame Lebensweise würde ihm doch nur schaden. Ich erinnere mich noch genau an das Gespräch.

›Mir geht es gut hier‹, sagte Oved.

Mein Vater widersprach. ›Du hast keine Familie, du hast kein Haus. Was soll daran gut sein?‹

Und Oved sagte: ›Habe ich je was von dir verlangt?‹

›Das möchte ich ja gerade, daß du etwas willst‹, sagte mein Vater.

Oved blieb stur. ›Nein, mir geht es gut hier.‹«

Avischaj blickte Lisi an. »Das war's«, sagte er. »Hiermit habe ich Ihnen die Lebensgeschichte von Oved Hanegbi erzählt.«

»Ist Ihr Vater noch immer der Besitzer der Fabrik?« fragte Lisi.

»Nein, die Aktien wurden auf uns übertragen, zu je einem Drittel. Aber mein Vater hat sich die Goldene Aktie zurückbehalten, die mit dem Vetorecht, und manchmal mischt er sich noch ein.«

»Und wer leitet die Fabrik?« wollte Lisi wissen.

»Wir drei. Eldad ist verantwortlich für Planung und Entwicklung, ich für die Produktion und Nava für Vertrieb und Verkauf.«

Lisi fragte: »Verstehen Sie sich gut miteinander?«

»Ja«, antwortete er. »Die Zuständigkeiten sind klar geregelt.«

»Und Ihre jeweiligen Ehepartner sind nicht in die Firma eingetreten?« fragte Lisi.

»Nein«, sagte er.

»Wollten sie nicht?«

»Unser Vater wollte das nicht«, erklärte er. »Eigentlich stand dieses Problem nur einmal zur Diskussion, als Nava ihren Dajavi-Schatz in die Firma bringen wollte. So nennt sie ihn nämlich, Dajavi. Dajavi sagt, Dajavi meint, Dajavi denkt... Als mein Vater erklärte, daß Ehepaare nicht in den Familienbetrieb aufgenommen würden, hat Nava gekündigt. Zwei Monate später war sie allerdings wieder da.«

»Wann war das?« fragte Lisi neugierig.

Er lachte. »Das ist lange her. Mindestens zehn Jahre. Sie hat schnell gemerkt, daß sie ohne die Einnahmen aus *Sargon* ihrem Dajavi-Schatz nicht den Lebensstil bieten konnte, den er gewohnt war.«

Lisi blickte ihn an. »Ist Ihr Vater damit einverstanden, daß Sie die Fabrik abbauen und nach Jordanien bringen?«

»Er ist Pragmatiker.«

»Mir kam er eher wie ein Idealist vor.«

Avischaj hob die Schultern. »Kennen Sie ihn denn persönlich?«

Lisi nickte. »Ich habe einmal ein Interview gemacht. Darin sagte er, wenn Arbeiter an alten Maschinen schwitzten, wäre das ein Zeichen dafür, daß ihre Zeit vorbei sei. Sein Ideal seien gut ausgebildete Angestellte, die in klimatisierten Räumen an ihren Terminals sitzen. Er sprach darüber, daß *Sargon* Teil der Vision sei, die Schimon Perez vom Nahen Osten entwickelt habe, und daß Be'er Scheva irgendwann einmal das Singapur des Nahen Ostens sein werde.«

»Ja«, sagte Avischaj, »diesen Spruch kenne ich.«

»Ein schöner Spruch«, sagte Lisi. »Wenigstens dann, wenn die eigene Mutter nicht zu denjenigen gehört, die an den Maschinen schwitzen. Er sprach auch von dem jüdischen Geist, der die Entwicklung vorantreibe, die Arbeit könne von billigen marokkanischen Kräften gemacht werden. Als ich ihn fragte, was mit unseren eigenen Arbeitern passieren sollte, antwortete er wörtlich: ›Wir werden die Brücke überqueren, wenn wir sie erreicht haben.‹«

»Das war die Antwort des Ministers für Bauwirtschaft und Wohnungsbau, als wir ihm genau die gleiche Frage stellten«, sagte Avischaj.

Lisi verzog das Gesicht. »Na gut, also sind alle zufrieden. Und wo werden die klimatisierten Räume des neuen Singapur sein?«

»Wir haben vorläufig ein Gebäude in Emek Sara gemietet.«

»Gibt es schon einen Käufer für das *Sargon*-Gelände?« fragte Lisi.

»Einen potentiellen Käufer«, antwortete Avischaj ausweichend.

»Was heißt das?«

»Wir führen Verhandlungen mit dem Projektmanager, der das gesamte Gelände kaufen will.«

Lisi warf einen Blick auf den Autobus. »Können Sie eigentlich das Gelände ohne die Zustimmung Oveds verkaufen?« fragte sie.

Er folgte ihrem Blick. »Ja, das wird ein Problem sein.«

Lisi machte eine heftige Kopfbewegung, so daß ihre Ohrringe klirrten. »Man hat ihn schon zweimal fertigmachen wollen«, sagte sie. »Einmal hat man ihm den Bus angezündet, und jetzt, das zweite Mal, schlägt man ihn zusammen und vergräbt eine Leiche hinter seinem Bus.«

»Wir möchten uns an dem Projekt ›Free Production‹ beteiligen. Man bekommt Zuschüsse, staatliche Garantien und Darlehen und wird von fast allen Steuern befreit. Wir werden alles tun, damit Oved Hanegbi hier weggeht. Der Projektmanager bietet uns das Vierfache dessen, was der Boden nach offizieller staatlicher Schätzung wert ist, weil auf unserem Gelände bereits die Infrastruktur vorhanden ist. Aber er hat der zuständigen Ausschreibungsbehörde angekündigt, er sei nur interessiert, wenn das ganze Areal auf einmal und vollständig in seinen Besitz übergehe, ohne irgendwelche Versprechungen für die Zukunft. Wenn sich jemand einbilde, er werde das Gelände kaufen, wenn auch nur noch ein Fitzelchen mit fremden Rechten belastet sei, dann irre er sich. Er möchte die Planung und Erschließung des ganzen Gebiets auf dem Papier schon fertig haben, noch vor Beginn des Projekts.«

»Das Gelände gehört Ihrer Familie«, sagte Lisi. »Sie können es jederzeit an irgendwelche potentiellen Interessenten verkaufen. Wozu brauchen Sie dann diesen Projektmanager?«

»Ja, natürlich können wir das alles selbst machen«, sagte Avischaj spöttisch. »Wir können selbst durch die Hölle gehen, die hier im Land alle Bodenspekulanten zu ertragen haben. Sie haben ja keine Ahnung, wovon Sie sprechen. Zustimmungen des Finanzministeriums, der Bezirksbehörde, vom Ministerium für Handel und Industrie, von der Armee, von der Stadtverwaltung, von den Banken, von den örtlichen Komitees, von den verschiedenen Ausschüssen. Sie wissen gar nicht, was es in diesem Land bedeutet, wenn man Grundbesitz verkaufen will.«

Lisi wiegte den Kopf hin und her. »Wenn dieser Projektmanager Ihnen die ganze Tortur erspart, könnte er ja auch schauen, daß er auf seine eigenen Kosten kommt, was den Verkaufspreis betrifft.«

»Nun ja«, sagte Avischaj Tarschisch, »da gibt es erstens ein Minimum, das der staatliche Schätzer festgelegt hat und das er nicht unterschreiten kann. Und außerdem habe ich Ihnen ja schon gesagt, daß er uns das Vierfache bietet, weil *Sargon* bereits an die Infrastruktur angeschlossen ist.«

Lisi hob den Kopf. »Um welche Summen geht es eigentlich?«

Er hob abwehrend die Hand. »Das werde ich Ihnen nicht sagen.«

Lisi drängte nicht, sie fragte: »Und was ist, wenn Oved Hanegbi sich tatsächlich weigert, seinen Anteil zu verkaufen?«

Avischaj fuhr in die Höhe. »Wir werden ihn deshalb nicht umbringen, soviel ist sicher.«

»Wer ist wir?« wollte Lisi wissen. »Die Familie Tarschisch?«

»Ja«, antwortete er.

Lisi blickte ihn an. »Sind Sie sich da ganz sicher?«

Seine blauen Augen verengten sich, er sah sie nicht an. Sein Blick war auf den Autobus gerichtet.

»Werden Sie versuchen, ihm einen Rechtsanwalt zu besorgen?« fragte Lisi.

Er drehte ihr seinen Kopf zu. »Er wird keine Hilfe von mir annehmen.«

»Aber Sie haben selbst gesagt, daß er Sie mochte«, widersprach Lisi.

»Das war früher, als ich ein Kind war«, sagte er. »Ich habe seit Jahren kein Wort mehr mit ihm gesprochen.«

Lisi zog erstaunt die Augenbrauen hoch. »Sie sind hier Produktionsdirektor und reden nie mit ihm?«

»Ich sehe ihn nie.«

»Was können Sie schon verlieren, wenn Sie es versuchen«, drängte Lisi.

Er wich ihrem Blick aus. »Ich muß zurück. Eldad und Nava werden Hackfleisch aus mir machen.«

Lisi lächelte.

»Warum lachen Sie jetzt?« fragte er.

Lisi zuckte mit den Schultern. »Ach, nichts.«

»Ich habe genau gesehen, daß irgend etwas Sie zum Lachen gebracht hat.«

Lisi schaute ihn an. »Ach, es ist nur diese Angst vor älteren Geschwistern. Mir geht es ähnlich.«

»Was machen Ihre Geschwister?« fragte er.

»Schwestern.«

»Ihre Schwestern also, was machen sie?«

»Eben Schwestern.« Sie lachte. »Das ist ihr Beruf. Sie sind Krankenschwestern im *Soroka*.«

»Jetzt haben Sie zum ersten Mal gelacht«, stellte er fest. In seinen blauen Augen lag kein Lächeln. Er betrachtete sie konzentriert forschend, die Augen weit geöffnet, und sie sah, daß die blaue Iris von einem dunkelblauen Kranz umgeben war. Verwirrt blickte sie zur Seite und fragte schnell: »Dajav Faktori wollte also bei *Sargon* arbeiten?«

»Das glaube ich nicht. Es war Nava, die ihren Dajavi neben sich haben wollte. Eine alte Geschichte. Längst vorbei. Viele Familienbetriebe sind schon kaputtgegangen, weil ein Ehepartner eingetreten ist. Unser Vater war nicht bereit, dieses Risiko einzugehen.«

Lisi hatte sich im Griff. »Was wollen Sie denn herstellen, wenn aus dem High-Tech-Park ›Free Production‹ etwas werden sollte?«

Er machte eine unbestimmte Handbewegung. »Das steht noch nicht fest. Ich würde gern in die Baubranche einsteigen, das ist es, was ich gelernt habe, Bauingenieur. Unser Vater ist bereit, in jedes Geschäft zu investieren, das etwas mit Grundstücken oder ähnlichem zu tun hat. Und Eldad will sein Wissen und seine Erfahrung in der Textilherstellung dazu benutzen, irgendeine High-Tech-Industrie in dieser Richtung zu gründen, eine Art Neuauflage von *Sargon*.«

»Was heißt das, High-Tech-Industrie?«

»Eine Industrie, die auf Computern basiert. Das ist ja das Prinzip ›Free Production‹.«

»Und wird Ihr Vater auch Partner bei Ihrem Bruder werden?«

Avischaj nickte. »Aller Wahrscheinlichkeit nach wird er auch in Eldads Betrieb investieren.«

»Und Nava?« fragte Lisi.

»Sie ist Fachfrau für Vertrieb, und vermutlich wird sie auch so etwas machen. Dafür braucht es jedenfalls kein großes Startkapital.«

Lisi schaute ihn neugierig an. »Macht es ihr denn nichts aus, daß Ihr Vater in die Unternehmungen seiner Söhne investiert, aber nicht in ihre?«

»Sie braucht ihn nicht«, sagte Avischaj. »Wir schon. Nava ist die Gescheiteste von uns, der weibliche Einstein der Familie. Sie kann aus Sand Gold machen. Wir wollten damals nicht bei *Sargon* einsteigen, sie wollte es immer. Sie ist mit einem Gefühl für Geschäfte geboren. Eldad und ich haben schon Tausende von Dollars für ungelegte Eier ausgegeben. Sie hat es geschafft, bis heute keinen Groschen aus der eigenen Tasche zu bezahlen.«

Für einen Moment herrschte Schweigen, dann fragte Lisi: »Wieviel ist der Boden von Oved Hanegbi wert?«

»Ich weiß von jemandem, der bereit ist, ihm zwei Millionen Dollar zu bezahlen.«

»Dollar?« fragte Lisi erstaunt.

»Ja, Dollar.«

Lisi schaute ihn an. »Warum ist dann Ihre Schwester Nava gegen den Plan?«

»Wer sagt, daß sie dagegen ist?«

Lisi verzog den Mund. »Sie haben selbst gesagt, daß sie mault.«

»Sie mault, weil es ihr leid tut, die Fabrik zu zerlegen«, sagte er. »Aber sie ist nicht dagegen. Sie kann gar nicht dagegen sein. Ihr gehört nur ein Drittel der Aktien, und das entscheidende Prozent hat mein Vater behalten. Er hat beschlossen zu verkaufen, also verkaufen wir.«

Lisi hatte ihm aufmerksam zugehört. Jetzt fragte sie: »Kann Ihre Schwester den Verkauf verzögern?«

»Grundsätzlich ja«, antwortete er. »Aber warum sollte sie das tun?«

Lisi lächelte. »Aus sentimentalen Gefühlen.«

Avischaj schaute sie erstaunt an. »In unserer Familie gibt es keine sentimentalen Gefühle«, sagte er. »Bei uns gibt es nur Gewinn- und Verlustrechnungen.«

»Ja«, sagte Lisi, »das ist mir aufgefallen.«

Avischaj nickte. »Ich bin der Sentimentalste der Familie«, sagte er. »Deshalb sitze ich auch hier und rede mit Ihnen, statt mich um das Zerlegen der Fabrik zu kümmern. Aber jetzt muß ich gehen.«

Sein Finger streifte über ihren Handrücken, und plötzlich wollte Lisi dringend weg, und so weit wie möglich. Sie stand auf, wischte sich energisch den Sand vom Hosenboden und blickte nach oben. An der Laterne neben der Straße fehlte die Birne. Derjenige, der den Unbekannten hier vergraben hatte, hatte an alles gedacht.

»Möchten Sie eine Tasse Kaffee trinken?« fragte er plötzlich.

»Was?«

»Kaffee«, wiederholte er. »Dieses schwarze Getränk, das man aus gerösteten und gemahlenen Bohnen herstellt.«

»Sind Sie verheiratet?« fragte Lisi direkt.

Er lachte. »Ob ich verheiratet bin? Natürlich bin ich verheiratet. Wie könnte so ein toller Kerl wie ich nicht verheiratet sein? Aber was hat das damit zu tun?«

Lisi schob das Tonbandgerät, den Block und den Stift in ihre große Tasche. Das hatte gerade noch gefehlt, er war verheiratet. Mit seinen dunkelblauen Augen, die fast schwarz wurden, wenn er lachte, mit diesen weißen Zähnen und den Grübchen. Genau das, was der Arzt ihr verschrieben hatte, um sich von dem verdammten Musiker vom letzten Jahr zu erholen.

Neben ihrem *Justy* parkte ein großes, rotes Motorrad. Der Kerl mit den Cowboystiefeln.

»Was hat er gesagt?« fragte er.

Lisi öffnete die Wagentür, ohne ihn einer Antwort zu würdigen. Was für ein Held! Ließ sie schwitzen und wollte sich dann den Nektar holen, den sie mühsam herausgesaugt hatte.

Roni Melzer hielt die Tür fest.

»Nehmen Sie die Hand weg«, sagte Lisi.

»Ich schlage Ihnen eine Zusammenarbeit vor«, sagte er.

»Hände weg.«

Er ließ nicht los. »Ich habe etwas zu bieten. Geben Sie mir doch ein bißchen Kredit.«

»Einen Kredit bekommen Sie bei der Bank«, fauchte Lisi.

»Probieren Sie es doch mal«, bat er.

Lisi zog mit aller Kraft an der Autotür, ohne Rücksicht auf die Hand, die daran festhielt. Am Eingang des Fabrikgebäudes standen die drei Tarschischs wie drei Vögel auf einem Ast und beoabchteten sie.

Roni legte die Hände auf den Rand des halboffenen Fensters. Er hatte die Tarschischs auch bemerkt und begann zu schreien.

»Was stellst du mir denn immer nach? Wo ich auch hingehe, du bist da! Es reicht! Was willst du von mir? Schulde ich dir etwas?«

Lisi versuchte, das Fenster hochzukurbeln, doch er drückte mit beiden Händen dagegen. Seine Knöchel waren weiß vor Anstrengung, sein Gesicht rot vom Schreien.

»Ich werde mich beschweren!« schrie er. »Hör auf, mich zu

verfolgen, oder du kannst was erleben, daß dich deine Mutter nicht mehr erkennt, du lästige Zecke! Wenn du mich nicht in Ruhe läßt, werde ich dir ein solches Feuer unterm Hintern machen, daß man nur noch die Zündspur von dir sieht. Es reicht! Laß mich in Frieden!«

Lisi gelang es endlich, den Motor anzulassen. Ihr Gesicht brannte vor Scham und Schreck. Sie schloß das Fenster, machte das Radio an und fuhr langsam auf die Sandstraße. Im Spiegel sah sie den Verrückten auf sein Motorrad steigen, immer noch schreiend und mit den Händen fuchtelnd. Und sie sah auch die Tarschischs, die wie festgenagelt dastanden und ihn beobachteten. Erst als sie die Straße erreicht hatte und bemerkte, daß er ihr nicht hinterherfuhr, fing sie an zu lachen.

7

Nachdem der Sturm aufgehört hatte, erwachte die Stadt zu sprudelndem Leben. Während des Sturms hatten sich die Leute in ihren Häusern hinter heruntergelassenen Rolläden verkrochen, jetzt strömten sie auf die Straße und beeilten sich, die versäumte Zeit nachzuholen. Soldaten, Kibbuzniks und Studenten füllten den Busbahnhof und schüttelten immer wieder den Sand ab, den die Autobusse ständig aufwirbelten. Die Kioskbesitzer ließen ihre eisernen Rolläden fast bis auf die Theken herunter und schützten ihre Waffeln, Erdnüsse und Süßigkeiten mit Plastikplanen vor dem Sand.

Aus dem *Mikado*, dem Laden von Tante Klara und Onkel Ja'akov, drang fröhliche Musik. Das paßt zu ihnen, dachte Lisi. Was half, wenn eine Katastrophe passierte? Klar, Gilbert and Sullivan. Eine große Freude? Gilbert and Sullivan. Wenn man aus dem *Mikado* keine Opernmusik mehr hören würde, wäre das der Tag des Weltuntergangs. Höchstwahrscheinlich hatte in den letzten beiden Tagen kein Kunde ihren Laden betreten. Wer brauchte während eines Sandsturms schon Kassetten und Sonnenbrillen, Schirme und Sonnenschutzmittel? Die beiden kamen Tag für Tag in ihren Laden, Sommer wie Winter, wie ein Bauer morgens auf seinen Acker geht oder eine Mutter aufsteht, um ihr Kind zu stillen. Dieser Laden war ihr fester Platz in der Welt. Die Aufgabe, die ihnen das Schicksal zugedacht hatte. Und wer waren sie, daß sie sich gegen das Schicksal auflehnen konnten? Es lag etwas Schwermütiges in ihrer Beständigkeit, ihrer Pflichterfüllung.

Die Gesichter von Klara und Ja'akov leuchteten auf, als sie Lisi sahen, und ihr zu Ehren sangen sie zusammen mit dem Chor das Lied des Henkers, natürlich aus der Oper »Mikado«, ihrer alten Liebe. Die Katze Schnaps, die auf Klaras Schoß saß, erschrak bei dem Lärm und floh unter zornigem Gemaunze aufs Fensterbrett.

»Lisi«, rief Klara. Ihre blaugrünen Pfauenaugen strahlten. »Ich habe gewußt, daß du heute kommst. Stimmt's, daß ich das gesagt habe, Ja'akov?«

»Ja«, sagte Ja'akov. Er wußte, daß seine Klara über Kräfte verfügte, die andere Menschen nicht hatten, und ihre Vorhersagen überraschten ihn nicht, sondern vertieften nur seine Wertschätzung ihr gegenüber.

»Seid ihr wieder auf den ›Mikado‹ zurückgekommen?« fragte Lisi.

»Wir haben den ›Mikado‹ nie verlassen«, sagte Klara. Daß jemand überhaupt den Verdacht äußern konnte, sie wären dem »Mikado« untreu geworden! »Niemand kann den ›Mikado‹ verlassen. Wer ihn kennt, kann ihn nie vergessen, stimmt's, Ja'akov?«

»Ja'akov nickte. »Stimmt.«

»In dieser Oper finden sich die großen Fragen des Lebens«, fuhr Klara fort. »Und auch die großen Antworten. Sie brauchen einen Henker, denn ohne Henker würde ihre Stadt wieder zu einem Dorf. Sie wollen keinen Henker, aber sie wollen auch nicht wieder zu einem Dorf werden. Also was tun sie? Sie übertragen den Job des Henkers diesem Schneider, den wir eigentlich nicht besonders mögen, Ja'akov und ich. Nun haben sie also einen Henker, aber da brauchen sie doch auch jemanden, der gehenkt werden soll, nicht wahr? Dafür hat man ihn schließlich zum Henker gemacht. Eine Köchin ist zum Kochen da und ein Esel dazu, die Schalen von Wassermelonen zu fressen. So ist das. Das ist das Problem.«

Klara und Ja'akov versanken in tiefe Gedanken. Die Gestalten des »Mikado« beschäftigten sie bereits seit dreißig Jahren.

Plötzlich kam Ja'akov in die Gegenwart zurück. »Willst du eine

Tasse Kaffee, Lisi?« fragte er. »Wir haben auch Brennesseltee. Der absorbiert den ganzen Sand, den wir eingeatmet haben, und öffnet die Adern und Venen. Unser Freund aus Al-Asasma, der für uns die Wurzeln für die Amulette gegen den bösen Blick sammelt, hat uns ein Säckchen Brennesseln gebracht, die seine Mutter extra für uns gepflückt hat.«

»Ich hätte gern Kaffee«, sagte Lisi.

Ja'akov zündete den Kocher an, stellte die Karaffe mit Wasser und Kaffee gefüllt darauf und plazierte drei kleine Tassen auf das Kupfertablett. Lisi und Klara schauten ihm zu. Es lag etwas Feierliches in allem, was er sagte oder tat. Vielleicht ergab sich das aus der Differenz zwischen seiner geringen Körpergröße von einem Meter fünfzig und der großen Achtung, die er Menschen und Dingen entgegenbrachte.

»Was gibt es Neues, Lisi?« fragte Tante Klara.

Lisi war ihre Verbindung zu den Ereignissen der großen, weiten Welt. Der Bote, der den versiegelten Brief des Königs überbrachte. Sie liebten und achteten sie und waren die einzigen Menschen in Be'er Scheva, die davon überzeugt waren, daß sie, neben all ihren anderen Vorzügen, auch sehr schön war. Daß ihre Größe schön war, daß ihre Breite schön war, daß ihre verschlafenen Mandelaugen und ihr üppiger, rot angemalter Mund schön waren. Und sogar ihre kräftigen Beine und großen Füße. Jedesmal, wenn Lisi den Laden betrat, hielt Klara eine Kleinigkeit für sie bereit, ein Fläschchen mit Dattelpflaumenöl für die Haut, eine Senfpackung für die Haare, Schminke von Beduinen. Ein Hauch geheimnisvoller Weiblichkeit umgab diese Geschenke, der Duft nach seidentapezierten Schlafzimmern und exotischen Parfüms.

»Der Sand hat die Leute komplett verrückt gemacht«, sagte Lisi.

»Die Erde rächt sich«, sagte Ja'akov.

»Was?« fragte Lisi.

»All die neuen Straßen, die sie gebaut haben«, erklärte Klara. »Was denken die Menschen denn? Daß es dafür keine Strafe gibt?«

»Was?«

»Wir haben darüber gesprochen, Ja'akov und ich«, sagte Klara.

»Und der Mensch ist nicht wichtiger als die Natur«, fügte Ja'akov hinzu. Er sah besorgt aus.

»Erzähle Lisi von Isidor, Ja'akov. Damit sie versteht, was du sagst.«

Ja'akov schüttelte den Kopf. »Erzähle du es ihr.«

»An der Oper in Alexandria gab es einen Sänger«, fing Klara an. »Ein Baß namens Isidor Algari, ein Ägypter, der aus einer italienischen Familie stammte. Die Familie besaß eine Glasfabrik. Wir machten Proben für die ›Zauberflöte‹, in der es um Teufel und Geister geht. Wir hatten eine Sopranistin aus Deutschland, von der man sagte, sie könne mit ihrer Stimme Fensterscheiben zum Zerspringen bringen. Isidor zitterte vor Angst. Jeden Tag vor den Proben mit dieser Deutschen zündete er Weihrauch an und betete zu Gott, er möge das Glas schützen. Er behauptete, Glas sei das reinste Material in der Natur, denn es sei aus Feuer, Luft, Wasser und Sand gemacht. Glas wolle nichts anderes, als für immer klar zu bleiben, damit sei es zufrieden und würde darauf verzichten, das Licht zu schlucken. Er war fest davon überzeugt, daß jemand, der Glas mit Absicht zerbrach, vom Schicksal bestraft und in den Urzustand des Glases zurückversetzt würde, in Sand. Wir baten die Sopranistin, keine Fensterscheiben zerspringen zu lassen. Wir hätten einen Freund, der sich vor einer solchen Herausforderung des Schicksals fürchte. Sie versprach, sich Mühe zu geben. Eines Tages jedoch konnte sie sich nicht mehr beherrschen. Du mußt wissen, der Stolz deutscher Sängerinnen ist größer als alles auf der Welt. Sie mußte also unbedingt ihr Können zeigen, und tatsächlich zersprangen die Fensterscheiben.«

Klara schwieg und senkte die Augen. Ihre Schultern bebten, und sie streichelte Schnaps, der wieder auf ihren Schoß zurückgekehrt war. Lisi wartete auf den Schluß der Geschichte. So hatte sie als kleines Kind gewartet, und so wartete sie auch heute noch, als erwachsene Frau, die schon zuviel gesehen hatte und der nur wenige Illusionen und Träume geblieben waren. Nach über zehn

Jahren bei der Zeitung wußte sie, daß jeder Mensch »eine Story« hatte, die das Wesentliche seiner Existenz ausmachte, die Essenz seines Daseins. Jemand hatte zum Beispiel eine trockene Pflanze im Blumentopf, und das war seine Story. Ein anderer freundete sich mit Kopfjägern in den Anden an, und das war seine Story.

Klara richtete sich auf und seufzte tief. »Vielleicht erzählst du weiter, Ja'akov.«

»Nein, nein«, wehrte Ja'akov ab.

Klara fuhr fort: »Es war schrecklich laut, die Glasscherben flogen den Leuten um die Ohren, und alle schrien. Als wir uns wieder ein bißchen beruhigt hatten, war die Sängerin verschwunden. Da, wo sie gestanden hatte, war nur noch ein Häufchen Sand übrig.«

»Ihr habt es gesehen?« fragte Lisi. »Ihr habt das Sandhäufchen selbst gesehen?«

»Ja, man hat es uns gezeigt.«

»Die Erde ist heilig«, sagte Onkel Ja'akov. »Du kannst Pferde, Antilopen und Zebras sehen, wenn sie aus einer Quelle trinken, sie werden nie an der Erde rühren. Sie wissen, wenn sie die Erde am Rand abtreten, wird nichts mehr da sein, was das Wasser für sie hält. Die Erde ist das Haus von Sand und Wasser, so wie der Himmel das Haus für Sonne und Mond ist. Kein Mensch würde es wagen, der Sonne und dem Mond ihr Heim wegzunehmen, aber alle tun es, beim Sand und dem Wasser. Deshalb werden wir auch damit bestraft: Aus Erde bist du, und zu Erde wirst du zurückkehren.«

»Ich habe noch nie gehört, daß Glas Schicksal bedeutet«, sagte Lisi.

»Aber Lisi«, sagte Klara, »das wissen doch alle.«

»Warum zerbricht man ein Glas unter dem Hochzeitsbaldachin?« fragte Ja'akov.

»Das tut man doch, damit man Glück hat«, antwortete Lisi erstaunt.

»Lisi!« rief Klara. »Zerbrochenes Glas ist das Zeichen für Unglück!«

»Was ist mit Isidor passiert?« fragte Lisi, leicht ermattet von der Diskussion über die geheimen Kräfte, die dem Glas innewohnten.

»Er verließ die Oper und ging zurück in die Fabrik seiner Familie. Feuer, Luft, Wasser und Erde, das ist das Schicksal, das von den Sternen bestimmt wird, hat er gesagt. Er wollte sich nicht gegen das Schicksal stellen.«

Es wurde still, alle drei versanken in ihren Gedanken. Bestimmt gab es da eine Moral der Geschichte, aber sie blieb Lisi verschlossen. Vielleicht war ihr Beruf schuld daran, daß sie sich über Isidors Schicksal oder über die Probleme der Figuren des »Mikado« nicht mehr aufregen konnte.

Plötzlich fiel ihr wieder der Grund ihres Besuchs ein. »Man hat eine Leiche neben dem Autobus des Propheten gefunden«, fing sie an. »Ein Mann, ungefähr vierzig, der durch einen Kopfschuß getötet wurde. Niemand weiß, wer er ist. Und im Autobus lag der Prophet, halb totgeschlagen. Er liegt im Krankenhaus, noch immer ohne Bewußtsein, und wird von einem Polizisten bewacht. Auf dem Revolver, mit dem der Unbekannte erschossen wurde, hat die Polizei die Fingerabdrücke des Propheten gefunden.«

»Und Ben-Zion erlaubt das?« fragte Tante Klara erschrocken.

»Was?«

»Daß man aus dem Propheten einen Verdächtigen macht?«

»Benzi leitet die Untersuchung«, widersprach Lisi. »Aber er entscheidet nicht, ob jemand verdächtigt wird oder nicht.«

Klara schaute Ja'akov an. »Wir werden ihm Blumen bringen, Ja'akov.«

Lisi hob die Hand. »Man läßt niemanden zu ihm ins Zimmer.«

»Dann geben wir die Blumen eben dem Polizisten. Auch ein Polizist mit einem Herz aus Stein wird bereit sein, einem kranken alten Mann Blumen ins Zimmer zu bringen. Ich möchte gern, daß er, wenn er die Augen aufmacht, als erstes Blumen sieht.«

Lisi lächelte. »Dann glaubt er vielleicht, er sei schon im Paradies.«

»Rede nicht so, Lisi!« fuhr Klara sie an. »Dieser Mann hat ein reines Herz.«

»Ich habe gehört, ihm würde ein Teil des *Sargon*-Geländes gehören.«

Klara nickte. »Ja, das stimmt.«

»Ihr habt das gewußt?« fragte Lisi erstaunt.

Wieder nickte Klara. »Selbstverständlich.«

»Und warum lebt er dann wie ein armer Schlucker?«

»Weil er das so will«, sagte Klara.

»Was?«

»Nichts.«

»Du meinst, er will nichts?« fragte Lisi.

»Ja, Lisi«, sagte Klara und streichelte Schnaps. »Die Fakire in Indien erreichten diesen Zustand erst nach vierzig Jahren auf Nägeln.«

»Was für einen Zustand meinst du?« fragte Lisi.

»Nichts zu wollen.«

Lisi schaute Klara an. »Was bringt ihm das?«

»Nichts zu wollen ist der höchste Zustand für die Fakire.«

»Die Ochsen pflügen, aber die Erde schweigt«, erklärte Ja'akov und legte seine Hand über die Augen, als fürchte er, mit seinen Blicken mehr zu verraten, als ihm recht wäre.

»Wer hat euch erzählt, daß ihm ein Teil des *Sargon*-Geländes gehört?« fragte Lisi. »Er selbst?«

Klara schüttelte den Kopf. »Nein, Kinerti, sein Freund.«

»Wer ist das, Kinerti?« fragte Lisi erstaunt.

»Sein Jugendfreund«, sagte Klara. »Wo war das nur, Ja'akov? Irgendwo in der Nähe von Tiberias.«

»In Migdal«, sagte Ja'akov.

»Stimmt.« Klara nickte. »Er kam gleich nach der Eroberung nach Be'er Scheva. Sie waren zu dritt, drei Freunde, noch aus der Kindheit. Sie kämpften gemeinsam im Unabhängigkeitskrieg, und am Schluß blieben sie hier. Du hast ihn gekannt, Lisi. Er war der Leiter vom Zentrum für Kultur, Jugend und Sport. Der erste, der hier Pferderennen eingeführt hat.«

»Wer?« fragte Lisi.

»Kinerti.«

Eine vage Erinnerung stieg in Lisi auf. »Was hat er über den Grundbesitz des Propheten erzählt?« fragte sie.

»Ich erinnere mich nicht genau«, sagte Klara. »Weißt du es noch, Ja'akov?«

»Er hat gesagt, daß er zwei Grundstücke auf dem *Sargon*-Gelände besitzt, die das Fabrikgebäude von zwei Seiten einschließen, wie Fesseln.«

»Arbeitet Kinerti noch im Kulturzentrum?«

Klara schüttelte den Kopf. »Nein, er ist vor einiger Zeit gestorben, in einem Altersheim in Netanja. Ich habe zu Ja'akov gesagt, siehst du, Ja'akov, wenn er sein Haus verläßt, wird er sterben. Und so war es auch. Stimmt's, Ja'akov?«

»Stimmt«, bestätigte Ja'akov. »Aber man hat ihn wenigstens hier begraben, in Be'er Scheva, das er so sehr geliebt hat.«

»Hat er eine Familie hinterlassen?« fragte Lisi. »Eine Frau? Kinder?«

»Seine Frau, selig sei ihr Andenken, ist schon vor langer Zeit gestorben, und der Sohn lebt seit vielen Jahren in Deutschland. Alle möglichen dunklen Geschäfte. Er hatte keinen Erfolg hier, und er wird auch dort keinen Erfolg haben, das sage ich dir.«

»Ein Kind, das nicht in einem richtigen Zuhause aufwächst«, sagte Ja'akov, »nimmt sich ein Beispiel an den Bäumen und den Steinen.«

»Aber er ist kein Kind mehr«, widersprach Klara.

»Kinder«, sagte Ja'akov. »Wie man sie gießt, so wachsen sie.«

»Kinerti war kein schlechter Vater«, sagte Klara.

»Aber auch kein guter«, meinte Ja'akov. »Man wirft einen Jungen nicht aus dem Haus.«

»Er hat ihn nicht aus dem Haus geworfen!« rief Klara. »Warum redest du so, Ja'akov? Die ganzen Jahre hat sein Vater ihm geholfen, wenn er mal wieder etwas Dummes angestellt hat.«

»Weil er ein schlechtes Gewissen hatte«, sagte Ja'akov. »Deshalb, Klara.«

»Phantasien nachzuhängen ist keine Sünde, Ja'akov«, widersprach Klara. »Wir haben auch Phantasien.«

»Wir sind Künstler«, sagte Ja'akov auf seine feierliche Art. »Das ist ein Unterschied. Er hat immer wieder sein Geld bei zweifelhaften Geschäften verloren, und am Schluß hat er seinen kranken Vater ins Altersheim abgeschoben und seine Wohnung verkauft.«

»Wie alt ist er?« fragte Lisi.

»Der Sohn? Jung.« Klara blickte Ja'akov fragend an. »Vierzig? Fünfundvierzig?«

»Ungefähr«, bestätigte Ja'akov. »Wir haben ihn bei Kinertis Beerdigung gesehen. Er ist extra aus Deutschland gekommen. Mit irgendeiner polnischen Schickse. Sein Vater ist gestorben, und er hat ihr bei dieser Gelegenheit einen Ausflug ins Heilige Land geboten. Kinertis Schwester hat sich so geschämt, daß sie ihn nicht anschauen konnte. Wir haben zur Beerdigung einen Strauß chinesischer Immortellen mitgenommen. Die haben wir in den Felsen um das Negev-Denkmal gepflückt.«

»Wie heißt Kinertis Sohn?«

Klara und Ja'akov blickten einander an. »Das wissen wir nicht«, sagte Ja'akov.

»Und wo lebt diese Schwester?« fragte Lisi weiter.

»Noch in Migdal, glaube ich«, sagte Klara.

Ja'akov nickte. »Ja, in Migdal. Dort sind sie aufgewachsen, die drei Musketiere. Kinerti, der Prophet und Jigal Tarschisch. Frag sie doch, seine Schwester. Bestimmt weiß sie, wie der Sohn heißt.«

»Und sie? Heißt sie noch Kinerti?«

»Sie ist verheiratet«, sagte Klara. »Ihre Familie war auch bei der Beerdigung. Nein, bestimmt heißt sie nicht mehr Kinerti. Aber warum interessierst du dich eigentlich so sehr für sie, Lisi?«

»Die Polizei hat noch nichts über den erschossenen Mann herausgefunden. Alles, was man weiß, ist, daß man ihn nicht weit vom Autobus des Propheten gefunden hat. Wenn sie keine andere Spur finden, werden sie dem Propheten den Mord anhängen.«

Klara widersprach. »Man wird ihm doch nichts anhängen, was er nicht getan hat, Lisi.«

»Mama sagt, er wäre ein Heiliger«, sagte Lisi.

»Niemand ist heilig«, fuhr Klara auf. »Sogar Gilbert nicht, und du weißt, was Gilbert für uns bedeutet. Er hat sich älteren Frauen gegenüber nicht schön verhalten, stimmt's, Ja'akov?«

Ja'akov nickte. »Ja. Was sagt Ben-Zion?«

»Er versucht, mich loszuwerden«, sagte Lisi. »Wie er es immer tut.«

»Rede mit Kinertis Schwester«, rief Klara. »Vielleicht weiß sie etwas, was dem Propheten helfen kann. Du mußt ihn retten, Lisi.«

Lisi nickte. »Ja, natürlich. Ist während des Sturms eigentlich jemand in den Laden gekommen?«

»Drei Soldaten. Sie haben Taucherbrillen gekauft.«

Lisi riß die Augen auf. »Was?«

»Sie sind ja so klug, die jungen Leute heute. Kauften Taucherbrillen, die die Augen hermetisch abschließen. Sie haben so nett ausgesehen, die Luftwaffenmützen an den Schultern und die Taucherbrillen im Gesicht! Als sie wieder gingen, habe ich ihnen noch nachgerufen: ›Alle Achtung den Soldaten!‹ Stimmt's Ja'akov?«

»Stimmt.«

Aller Wahrscheinlichkeit nach waren sie vor dem Sturm in den Laden geflohen, überlegte Lisi. Bestimmt haben sie gedacht, sie könnten sich, bis ihr Autobus kommt, ein wenig auf Kosten des Transvestiten und des Zwerges amüsieren. Und erst als sie die Taucherbrillen gesehen haben, sind sie auf die Idee gekommen, welche aufzusetzen.

»Möchtest du noch einen Kaffee, Lisi?« fragte Ja'akov.

Lisi schüttelte den Kopf. »Nein, danke. Ich muß in die Redaktion, und ich möchte mit Ilan sprechen. Am Abend gibt es eine Ausstellungseröffnung im alten Türkischen Bahnhof. Wollt ihr kommen?«

»Wir können nicht«, sagte Klara. »Aber vielen Dank, Lisi. Du kannst uns ja erzählen, wie es war.«

»Ich werde die einzige Besucherin sein. Die ganze Stadt ist damit beschäftigt, den Sand aus allen Löchern zu holen.«

»Die Künstler werden kommen«, sagte Klara. »Künstler erwachen nach so einem Sturm erst richtig zum Leben. Künstler lieben es, am Rand eines Abgrunds zu stehen, wenn ihnen der Wind in den Rücken fährt. Du wirst sehen, daß sie kommen.«

»Ein bißchen Sand hat noch keinen Menschen umgebracht«, sagte Ja'akov.

»Die Sopranistin an der Oper von Alexandria hat er umgebracht«, sagte Lisi.

»Das Schicksal hat sie umgebracht«, sagte Ja'akov. »Sie erhielt ihre Strafe, weil sie das Schicksal herausgefordert hat.«

Und die beiden wunderten sich darüber, wie wenig Lisi doch von ihrer Geschichte verstanden hatte.

8

Lisi rief Ilan an und lud ihn zum Mittagessen beim Bulgaren ein. Ilan sagte, er sei nicht bereit, dreißig Schekel für eine einzige Auberginenschale zu bezahlen. Wie jeder Rumäne, der etwas auf sich hielt, war für ihn eine Mahlzeit ohne Fleisch kein richtiges Essen. Nach einer kurzen Diskussion einigten sie sich auf einen Kiosk mit Schnellgerichten gegenüber der Polizeistation. Jeder auf eigene Rechnung. Im Raum gab es drei Tische mit zerkratzten Plastikplatten, auf denen schwarze, abgestoßene Bakaltaschenbecher standen. Es war der einzige Ort in Be'er Scheva, wo es Obstsprudel gab, den Bierersatz für Polizisten. Das Essen wurde auf zwei Primuskochern bereitet, die hinter der Theke mit den Salaten auf dem Boden standen.

Ilan bestellte sich Schwarma in einem Fladenbrot, Lisi zog Gemüsefrikadellen vor. Ein großer Teller mit Pommes und zwei Metallschüsseln, eine mit Techina, einer würzigen Paste aus gemahlenem Sesam, und die andere mit arabischem Gemüsesalat, vervollständigten das kulinarische Festessen.

»Das hätte mir gerade noch gefehlt, daß Benzi uns zusammen erwischt«, sagte Ilan.

Lisi grinste. »Was ist denn, Süßer, erlaubt er dir nicht, mit mir zu sprechen?«

Ilan ließ sich nicht täuschen. »Du willst mich doch nur über den Doppelmord aushorchen.«

»Doppelmord?« rief Lisi erschrocken. »Du lieber Himmel, ist Oved Hanegbi gestorben?«

»Nein, nein«, wehrte Ilan ab. »Da sei Gott vor. Aber wenn er stirbt, ist es ein Doppelmord.«

»Wenn seine Fingerabdrücke auf dem Revolver sind und ein Polizist ihn im Krankenhaus bewacht, wie sollte es sich dann um einen Doppelmord handeln?« fragte Lisi. »Oder glaubt ihr etwa, daß er erst den Unbekannten umgebracht und sich anschließend selbst totgeschlagen hat?«

»Natürlich nicht«, sagte Ilan.

Lisi tauchte ein Stück Fladenbrot in die Techina. »Meint ihr, jemand hat seine Fingerabdrücke auf den Revolver plaziert?« fragte sie kauend.

Ilan nahm ein Stück saure Gurke aus dem Salat. »Wir ziehen das in Betracht.«

»Oved Hanegbi ist eine Art Stiefbruder von Jigal Tarschisch«, erzählte Lisi. »Die Eltern von Jigal haben Oved angenommen, als er Waise wurde. Die beiden sind zusammen aufgewachsen, in Migdal.« Sie beschloß, Ilan kein Wort über Kinerti zu sagen. Sie wollte nicht, daß die Polizei vor ihr zu seiner Schwester kam. »Oved Hanegbi besitzt Grundstücke auf dem *Sargon*-Gelände, die Hunderttausende von Dollars wert sind. Und die Tarschischs sind dabei, die Fabrik zu zerlegen, weil sie bei dem Projekt ›Free Production‹ mitmischen wollen. Der Projektmanager ist nicht bereit, das Gelände zu kaufen, wenn Oved nicht gleichzeitig seine Grundstücke mitverkauft. Das will Oved aber nicht.«

»Die Tarschischs sind nicht die einzigen, die an dem Projekt interessiert sind«, meinte Ilan. »Dutzende von Firmen und Unternehmern haben sich vormerken lassen.«

Lisi schaute zu, wie er in sein Schwarmabrot biß. »Habt ihr eine Liste von ihnen?«

Er nickte.

»Wozu?« fragte Lisi.

Ilan verschluckte sich fast, so voll war sein Mund. »Was?«

»Wozu habt ihr eine Liste angefordert? Denkt ihr, daß es eine Verbindung zwischen dem Mord und dem Projekt ›Free Production‹ gibt?«

Jetzt war sein Mund wieder leer. »Wir denken gar nichts. Wir sammeln nur Informationen.«

»Die Grundstücke als Mordmotiv? Vielleicht seid ihr da auf etwas Richtiges gestoßen. Politische Interessen und wirtschaftliche Interessen fallen bei diesem Projekt zusammen. Viel Geld, viel Macht, viel Druck. Wer ist eigentlich dieser Projektmanager?«

Ilan kaute eifrig. Dann sagte er: »Der Projektmanager mußte alle staatlichen Kontrollen, alle Finanzausschüsse, alle möglichen Schätzungen und Beurteilungen durchlaufen, der ist sauber.«

»Das kann stimmen oder nicht«, sagte Lisi. »Ich glaube, daß du recht hast, Süßer. Alles beginnt und endet mit diesen Grundstücken.«

»Das habe ich nicht gesagt, Lisi, mein Schatz«, protestierte Ilan. »Es ist das Ende eines Fadens, mehr nicht. Aber es gibt noch andere Fäden.«

»Zum Beispiel?« fragte Lisi.

Er zuckte mit den Schultern. »Ach, alle möglichen.«

Lisi schluckte ihre Gemüsefrikadelle hinunter. »An der Mordstelle gibt es zwei Straßenlaternen, bei denen die Birnen entfernt wurden. Die Leiche ist nicht zufällig da vergraben worden, der Mörder hat diese Stelle ausgesucht und im voraus dafür gesorgt, daß es dort dunkel war, als er den Mord beging und die Leiche verbuddelte. Vielleicht hat Oved ja gesehen, wie der Mörder die Birnen aus den Laternen geschraubt hat. Vielleicht hat der Mörder deshalb versucht, ihn umzubringen.«

»Paßt nicht«, sagte Ilan. »Es gab keine Spuren eines Kampfes und keine Schleifspuren. Oved hat die Schläge im Autobus bekommen.«

»Und der Unbekannte?«

»Der wurde an einer anderen Stelle ermordet und dann auf dem *Sargon*-Gelände verbuddelt«, erklärte Ilan.

Lisi schaute ihn an. »Woher wißt ihr das?«

»Im Labor hat man an seiner Kleidung Partikel von Erde gefunden, die nicht vom *Sargon*-Gelände stammt.«

»Und weiß man, woher?« fragte Lisi neugierig.

Ilan schüttelte den Kopf. »Noch nicht.«

»Vielleicht hat Oved gesehen, wie der Mörder die Leiche vergraben hat«, sagte Lisi nachdenklich.

»Vielleicht«, sagte Ilan. »Auch im Autobus sind Partikel dieser Erde gefunden worden, und im Labor hat man in der Erde und im Blut Spuren von irgendwelchen Chemikalien gefunden, die man zur Schädlingsbekämpfung benutzt.«

Lisi zog die Augenbrauen hoch. »Wozu sollte er ein Mittel zur Schädlingsbekämpfung in einem offenen Autobus gebraucht haben?«

»Keine Ahnung«, meinte Ilan. »Vielleicht haben sich diese Erdreste an seinen Schuhen festgesetzt, als er in der Stadt war. Auf jeden Fall waren sie auch an dem unbekannten Toten.«

»Vielleicht war es der Unbekannte, der die Spuren bei Oved hinterlassen hat«, überlegte Lisi laut. »Um was für ein Mittel handelt es sich?«

»Eines, das man in Gärten gegen Blattläuse und Ameisen einsetzt.«

Lisi griff nach der zweiten Frikadelle. »Kann man herausfinden, von wo es stammt?«

»Eigentlich nicht«, sagte Ilan kauend. Ein Stück Schwarma rutschte aus seinem Fladenbrot, er fing es mit der Hand auf und warf es in seinen Mund. »Hier bei uns wird das Zeug fast in jedem Garten verwendet, für Blumenbeete, für Pflanzkübel, für den Rasen.«

»Vielleicht stammen die Erdreste ja auch von Beduinen und ihren Ziegen«, meinte Lisi. »Aus Lakija oder aus Tel Omer.«

Ilan widersprach: »Die Beduinen benutzen solche Insektenvertilgungsmittel nicht. Und wenn Ziegen zufällig Pflanzen fressen würden, die mit dem Zeug behandelt waren, würden sie krank werden. Wir haben Versuche in dieser Richtung gemacht. Und überhaupt handelt es sich um eine so geringe Menge, daß man sie nur unter dem Mikroskop festgestellt hat. Der Mörder hat die Leiche ungefähr drei Stunden vor Einsetzen des Sandsturms vergraben. Hätte er es erst getan, nachdem der Sturm schon angefangen hatte, hätte man auch diese Erdspuren nicht gefunden.«

»Sag mal, Süßer, hat man im Radio etwas über den Fund der Leiche gebracht?«

»Was?« fragte er verblüfft.

»Es gab doch eine Nachricht im Radio, nachdem man den Unbekannten und Oved Hanegbi gefunden hat, nicht wahr?« sagte Lisi.

Ilan schüttelte den Kopf. »Davon weiß ich nichts, Schätzchen. Mit solchen Dingen beschäftigt sich der Polizeisprecher.«

»Bist du bereit, das für mich nachzuprüfen?« fragte Lisi.

Ilan blickte sie erstaunt an. »Warum?«

»Weil ich dich darum bitte.«

Er lächelte. »Ach so.«

»Ilan, Süßer, bitte. Was macht dir das schon aus«, drängte Lisi.

»Ich möchte wissen, warum du mich darum bittest«, sagte er.

»In der Nacht nach dem Tumult im *Blauen Pelikan* habe ich bei Dajav Faktori angerufen«, erklärte Lisi. »Seine Frau war am Apparat und hat mir nicht erlaubt, mit ihm zu sprechen. Ich sagte ihr, daß man eine Leiche auf dem *Sargon*-Gelände gefunden hatte, außerdem den halbtoten Propheten, und sie sagte, das wisse sie. Ich fragte sie, wer es ihr erzählt habe, und sie sagte, sie habe es im Radio gehört.«

»Sie kann es auch von ihren Brüdern gehört haben«, meinte Ilan. »Was spielt das für eine Rolle? Wir haben ihnen mitgeteilt, daß wir eine Leiche auf ihrem Fabrikgelände gefunden haben.«

»Wer hat mit ihnen gesprochen?« wollte Lisi wissen.

Ilan nahm eine zweite Gurke. »Ich erinnere mich nicht. Irgend jemand. Karnapol hat gesagt, man müsse es ihnen mitteilen, und dann hat es jemand getan.«

»Warum sollte sie dann sagen, sie habe es im Radio gehört?« Sie wischte sich mit der Hand den Mund ab. Die Frikadellen schmeckten wirklich sehr gut.

Ilan hob die Schulter. »Vielleicht hat man es ja auch im Radio gemeldet.«

»Darum bitte ich dich ja, Süßer, daß du herausbekommst, ob und wann die Meldung im Radio kam«, sagte Lisi. »Wenn sie es von ihren Brüdern erfahren hätte, hätte sie gesagt, sie wisse es von ihren Brüdern. Aber sie sagte, sie habe es im Radio gehört, und ich glaube nicht, daß an dem Tag schon die Meldung im Radio kam.«

»Warum sollte sie es denn sonst gesagt haben?« fragte Ilan erstaunt.

Lisi zuckte mit den Schultern. »Das weiß ich nicht. Und noch etwas. Ich glaube, daß der Vater Tarschisch und die Söhne Tarschisch das Gelände verkaufen wollen, Nava Faktori aber nicht.«

»Hat das was mit dem Mord zu tun?« fragte Ilan.

»Wir haben doch gesagt, der Grundbesitz ist das Ende des Fadens«, erklärte Lisi.

»Haben wir nicht gesagt«, widersprach Ilan. »Warum sagst du, daß sie nicht verkaufen will?«

»So habe ich ihre Worte verstanden. ›Nicht zur Veröffentlichung‹ natürlich.«

Ilan war noch immer nicht überzeugt. »Warum sollte sie dir so etwas erzählen?«

»Sie ist nervös geworden, und es ist ihr so rausgerutscht«, sagte Lisi.

Er lachte. »Sie ist keine, die nervös wird.«

Lisi blickte ihn neugierig an. »Kennst du sie?«

»Nicht richtig. Ich kenne sie noch aus den Tagen, als sie bei Marathonläufen mitgemacht hat. Das war damals, als wir auch noch gelaufen sind. Sie war berechnend. Sie hat ihre Kräfte genau nach der Kilometerzahl der Rennstrecke bemessen. Sie ist am Anfang nicht zu schnell gelaufen, sie ist in der Mitte nicht zu schnell gelaufen, und im Finish hat sie geschnitten.« Ilan lächelte und klopfte sich auf seinen kleinen Bauch. »Wir hätten mit dem Laufen weitermachen sollen. Aber wer hat schon die Kraft für so etwas? Ich komme nach Hause und schlafe vor dem Fernseher ein.«

»Du rennst genug«, sagte Lisi. »Du brauchst nicht auch noch Marathon.«

»Erinnerst du dich an die Beduinin aus Tarabin, die man umbringen wollte und die dann von einer Frau gerettet wurde?«

»Das war in der Nähe von Omer, ich habe darüber geschrieben. Ich erinnere mich nicht, daß der Name Nava Faktori gefallen wäre. War sie das?«

»Ja. Sie hatte damals einen Hund. Sie sah, wie die zwei Beduinen das Mädchen über das Feld zerrten. Daraufhin rannte sie die zwei Kilometer bis zu einem Militärlager und sagte Bescheid.«

»Bestimmt hat sie dafür gesorgt, daß ihr Name nicht genannt wurde. Das paßt zu ihr.« Plötzlich fiel Lisi das Theater ein, das Roni Melzer vor den Augen der drei Tarschischs veranstaltet hatte. Sie schaute Ilan an. »Weißt du etwas über diesen Detektiv von der Versicherungsgesellschaft?«

»Was?« fragte er erstaunt.

»Du hast gesagt, du erkundigst dich nach ihm.«

Seine Augen wurden noch größer. »Zu wem habe ich das gesagt?«

»Zu mir«, antwortete Lisi.

»Zu dir? Wann soll das denn gewesen sein?«

»Ilan, Schätzchen«, sagte Lisi, um ihn von ihrer Bemerkung abzulenken. »Sei doch nicht so.« Niemand durfte etwas davon erfahren, daß Tante Malka mit ihr gesprochen hatte.

Der türkische Kaffee, den Ilan bestellt hatte, erschien in kleinen dickwandigen Glastassen, die noch aus den harten Zeiten der Not nach der Staatsgründung stammen mußten. Ilan betrachtete die Täßchen und bestellte noch einen Schokoladenkuchen mit zwei Löffelchen. Sein Gesicht bekam die rosige Farbe, die es immer annahm, wenn er satt und zufrieden war. Ilan war zweifellos der netteste Mann in ihrer Familie. Er war frei von Bösartigkeit und Bitterkeit, auch Neid und Mißgunst waren ihm fremd. Nach all diesen Jahren bei der Polizei und in der Familie Badichi war diese Gutmütigkeit wirklich das einzige, was seltsam an ihm war. Lisi brauchte nur ein bißchen zu betteln und zu flehen, und schon erzählte er ihr alles, was er über diesen Detektiv der Versicherungsgesellschaft wußte, der ihnen vom Bezirkspolizeipräsidenten aufs Auge gedrückt worden war.

Roni Melzer war der Sohn von Doktor Asa Melzer von *Melzer et Melzer*, dem Mann, der bei den letzten Wahlen als möglicher Justizminister im Gespräch war. Das »et Melzer« bezog sich auf die beiden älteren Schwestern Ronis. Zu der Kanzlei gehörte noch etwa ein halbes Dutzend Angestellte, die sich im Glanz ihres Herrn sonnten, der auf nationaler und internationaler Ebene offizieller und nichtoffizieller Berater von Regierungsoberhäuptern, Bankern und Managern war und bei allen staatlichen und gesellschaftlichen Ereignissen auftauchte. Er war ein großer Mann mit hängenden Schultern, einem großen, weichen Bauch und einem leichten Lächeln. Er gehörte zu den Typen, die nicht rauchten und nicht tranken, und niemand wußte etwas von einer Geliebten, weder in der Vergangenheit noch in der Gegenwart. Das Persönlichste, was man je aus seinem Mund gehört hatte, war, daß er einmal bei einer Festlichkeit erklärte, bei all den kulinarischen Genüssen der ganzen Welt liebe er doch am meisten eine gute Hühnersuppe. Nie sagte er etwas, an das man sich später erinnern würde. Seine Stärke und sein Einfluß rührten von dem Namen her, den er sich selbst gemacht hatte, nämlich dem eines Mannes mit Stärke und Einfluß.

Die beiden älteren Schwestern Ronis waren Junggesellinnen, zwei harte Frauen von dreißig und zweiunddreißig, die für die Verträge im in- und ausländischen Touristikgewerbe zuständig waren und sich ihr Leben lang vor dem spätgeborenen Sohn fürchteten, der zu einem Meter achtzig heranwuchs und drohte, das Zuckerbäckerhäuschen zu verschlingen, das der Vater aufgebaut hatte.

Ab dem Tag seiner Geburt war klar, daß Roni Jura studieren und die Kanzlei des Vaters erben würde. Während seiner Gymnasialzeit wurde er zum Computerfreak und klickte sich nachts in die bestgehüteten Geheimnisse des Landes ein, knackte sogar die Systeme des *Mossad* und der staatlichen Sicherheitsbehörde und stöberte darin mit der Erregung eines Einbrechers, der fremde Schubladen untersucht, während die Hausbesitzer schlafen.

In der Armee landete er natürlich in der Computereinheit des Nachrichtendienstes, sehr zum Leidwesen von Vater Melzer, der seine Beziehungen eingesetzt hatte, um seinem teuren Söhnchen einen interessanten Job in der juristischen Abteilung der Armee zu verschaffen. Aber keine Argumente halfen, weder der Hinweis auf die juristischen Erfahrungen noch auf die zukunftsträchtigen Beziehungen, die er knüpfen könnte, der Junge setzte seinen Kopf durch und blieb bei den Computern. Nach dem Militärdienst tat er seinem Vater den Gefallen und begann ein Jurastudium, das er auch abschloß.

Sein Volontariat machte Roni bei Cheni Regev, einer Rechtsanwältin, die sich auf Strafrecht spezialisiert hatte und von all ihren Berufskollegen verabscheut wurde, vor allem wegen ihres großen Mundwerks. Sie war bereit, jeden zu verteidigen, auch Leute, die von den anderen nicht einmal mit der Beißzange angefaßt wurden. Du kannst nicht mit Hunden schlafen und ohne Flöhe aufstehen, sagte Vater Melzer zu seinem Sohn, was natürlich stimmte. Cheni Regev, ein Stinkstiefel in den Augen ihrer Kollegen, betrat Gefängniszellen und schrie ihre Mandanten an, Mörder und Vergewaltiger, Diebe, Einbrecher und Huren, und in ihrer Kanzlei schrie sie ihre Assistenten an, sie schrie Untersuchungsbeamte und Staatsanwälte an, wenn sie sie in der Kantine traf, sie schrie ihren verflossenen Ehemann an, ihre Tochter und ihre Mutter. Der einzige Mensch, den sie nicht anschrie, war ihre Hausgehilfin. Jeder Mensch könne ersetzt werden, hatte sie oft genug behauptet, nur eine gute Haushaltshilfe nicht.

Roni Melzer war fasziniert. Er entdeckte die andere Seite der Medaille des Rechtswesens. Cheni Regev spuckte Roni Melzer, dem Sohn des großen Melzer, ihre Verachtung vor die Füße und verkündete ihm voller Verantwortungsbewußtsein, daß es bei Prozessen nicht um die Errettung der Gerechten und die Bestrafung der Bösen gehe, und wenn er das glaube, dann solle er schleunigst aus ihrer Kanzlei verschwinden. Oder, die andere

Möglichkeit, ein Jahr in dem Detektivbüro arbeiten, das sie zusätzlich zu ihrer Anwaltskanzlei unterhielt. Sie hatte nämlich keine Lust mehr gehabt, Privatdetektive dafür zu bezahlen, daß sie ihr nutzloses Zeug verkauften. Sie wollte die Kontrolle über die Leute haben, die sie bezahlte. Roni brauchte nicht lange nachzudenken. Die Kanzlei seines Vaters war ihm sicher, und die Bezeichnung »Privatdetektiv« klang romantisch und abenteuerlich und übte eine gewisse Faszination auf ihn aus. So kam es, daß er in der Zeit, in der seine Altersgenossen alles mögliche anstellten, sich in den Dschungeln von Kolumbien verirrten, in Goa Drogenillusionen erlagen oder beschlossen, zwar in Israel zu bleiben, sich aber eine *Harley Davidson* zu kaufen, die sie früher oder später umbringen würde, zum Privatdetektiv wurde. Er kaufte sich eine alte italienische Maschine, eine rote *Ducati 916*, den *Ferrari* unter den Motorrädern, erwarb einen Waffenschein und ging zu Schießübungen, nahm Unterricht in Ballistik und Elektronik, in Fotografie und Graphologie. Von dem Detektiv, der das Büro leitete, lernte er, wie man Nachforschungen anstellte und wie man abhörte, was das Typische an Fingerabdrücken, Fußspuren und Stimmen war, was relevant war und was nicht, und wie man langsam sprach und sich anhörte wie ein Sheriff in einem Wildwestfilm. Kurz, er amüsierte sich königlich!

Der erste Auftrag, den ihm Cheni Regev erteilte, war, herauszufinden, wohin die Diamanten von Jehuda Kornfeld verschwunden waren, und er stürzte sich auf das Problem mit der Begeisterung eines Boxers, der zum ersten Mal in den Ring steigt. Seither war mehr als ein Jahr vergangen, und es war ihm nicht gelungen, auch nur das Ende eines Fadens zu erhaschen. Seine Begeisterung für den neuen Beruf hatte nachgelassen, doch Cheni Regev hatte ihm gedroht, sie würde ihn nicht eher in der Anwaltskanzlei arbeiten lassen, als daß er ein Ergebnis im Fall der Diamanten vorweisen konnte. Von der Versicherungsgesellschaft, die wissen wollte, wohin die Diamanten verschwunden waren und ob es sich überhaupt um einen Diebstahl gehandelt hatte, bekam Cheni Regev »Prozente«. Daß diese Prozente für das Gehalt des genialen *Melzer-et-Melzer*-Sohnes draufgingen, machte ihn nicht gerade zum Liebling der Chefin. Jeder Scheck, den er monatlich bekam, erhöhte die Lautstärke ihrer Beschimpfungen, die einer Marktschreierin alle Ehre gemacht hätten.

Nach monatelangem Herumtappen im dunkeln, was die verschwundenen Diamanten betraf, war das der erste Lichtstreif am Horizont, als man Jehuda Kornfelds Papiere bei dem Mordopfer auf dem *Sargon*-Gelände fand. Roni Melzer fuhr mit seiner roten *Ducati 916* nach Be'er Scheva, nachdem sich Cheni Regev mit dem Landespolizeipräsidenten unterhalten hatte, der mit dem Bezirkspolizeipräsidenten gesprochen hatte, der wiederum mit Karnapol, und Karnapol schließlich mit Benzi.

Alle wußten, daß Roni Melzer ein Kuckucksei war, das ihnen der Landespolizeipräsident ins Nest gelegt hatte, und kein Polizist von Be'er Scheva war erfreut über den Gedanken, daß sie, die »Provinzler«, die Hilfe eines Mannes brauchen sollten, der bisher bei seinem Auftrag in der Metropole versagt hatte. Be'er Scheva war kein Provinznest von Idioten, auch nicht die Teufelsinsel, wo man Verbannte hinschickte. Be'er Scheva besaß hundertsiebzigtausend Einwohner, eine Universität, ein Theater, ein festes Orchester, eine Fußballmannschaft in der A-Liga, achtzehn Schachgroßmeister, zweitausendfünfhundert hochmotivierte Polizisten, ein aufkeimendes organisiertes Verbrechen, an dem völkerverbindend Einwanderer und Beduinen beteiligt waren und das sich mit dem Schmuggeln gestohlener Autos in die autonomen Gebiete beschäftigte, und einen Bezirkspolizeipräsidenten, von dem man sagte, er werde der nächste Landespolizeipräsident. Tief drinnen in ihren müden Herzen mochten alle Polizisten der Dienststelle Ben-Zion Koresch und wünschten ihm alles Gute, weil er den Mut besaß, dem Sohn eines Freundes des Landespolizeipräsidenten das Leben sauer zu machen. Benzi wußte, daß er die Drecksarbeit für seine Freunde machte, aber diesmal war ihm das egal. Sein Büro war klein, zwei auf zwei Meter, und das letzte, was er brauchen konnte, war ein Schlagsahnecowboy, der ihm zwischen den Füßen herumlief.

9

Lisi schrieb einen Bericht von fünfhundert Wörtern über das Projekt »Free Production« und schickte ihn an die überregionale *Zeit*. Sie hatte den Namen Avischaj Tarschisch nicht genannt, sondern nur von einer gut informierten Quelle gesprochen. Für die *Zeit im Süden* schrieb sie einen Bericht von achthundert Wörtern und erwähnte darin nebenbei auch, daß die Strickwarenfabrik abgebaut werde, Gerüchten nach sollte sie nach Jordanien umziehen.

Das Telefon läutete, und sie hegte keinerlei Zweifel, wer der Anrufer war. Der Apparat klingelte einfach anders, wenn Gedalja Arieli sie sprechen wollte. Er kam sofort zur Sache, denn seine Zeit war ihm ebenso kostbar wie seine Gesundheit.

»Der Artikel über das Projekt ›Free Production‹?«

»Was?«

»Schicken Sie gefälligst keinen Artikel über Wirtschaft an die Nachrichtenredaktion. Schicken Sie ihn an die Allgemeinredaktion. Juval Malul arbeitet seit Monaten am Thema ›Free Production‹, er weiß, was schon veröffentlicht wurde und was nicht.«

Er knallte wie üblich den Hörer auf, ohne sich zu verabschieden. Sie verachtete Juval Malul, der sich hinter Arielis Rücken versteckte. Dieser Wirtschaftskriecher wagte es nicht, selbst zu protestieren, sondern spannte den Big Boss ein, die Drecksarbeit für ihn zu machen. Als sie das Gespräch mit Arieli überdachte – wenn man sein Gebell überhaupt Gespräch nennen konnte –, wurde ihr klar, daß er nicht gesagt hatte, ihr Artikel werde nicht veröffentlicht. Leicht möglich, daß er genau in diesem Moment auch Malul anblaffte, weil wichtige Wirtschaftsnachrichten aus der Provinz kamen, während sich die Zeitung einen eigenen Wirtschaftsredakteur mit guten Beziehungen zum Wirtschaftsministerium leistete. Sie beschloß, in ein paar Tagen einen weiteren Bericht über das Projekt »Free Production« zu schicken, weil sie Informationen zu diesem Thema nur erwarten konnte, wenn sie darüber schrieb. Und Juval Malul und Arieli konnten ihr den Buckel hinunterrutschen. Gemeinsam.

Sie fragte sich, wann der Tag käme, an dem sie endlich mit Ruhe und Gelassenheit gesegnet würde. Sie befand sich noch immer im Zustand dieser Katze im Zelt bei *Sargon*, das Fell gesträubt vor Angst und Wut, mit angespannten Muskeln und gefletschten Zähnen, sprungbereit und willens, jeden zu beißen, der ihr gefährlich werden könnte. Dabei hatte sie noch nicht mal Junge, die sie verteidigen mußte.

Der nächste Anruf kam von jemandem, der fragte, ob sie Automatik oder Gangschaltung wollte. Diesmal war sie es, die den Hörer aufknallte. Dahan saß in seinem Zimmer und lächelte beim Telefonieren verzückt in den Apparat. Als er auflegte, den Kopf hob und sie glücklich anstrahlte, fiel sie wütend über ihn her.

»Jemand hat mich gefragt, ob ich Automatik will oder eine Gangschaltung.«

»Oh, das war Victor Ben Sira! Ein ehrlicher Mann, Lisi. Er hat diesen Laden für Eisenwaren, Glas und Farben hinter der Pizzeria *Sahar*. Du kannst dich mit geschlossenen Augen auf ihn verlassen.«

»Ich habe dir doch gesagt, daß ich kein neues Auto will«, fauchte sie ihn an.

Dahans Stimme klang beruhigend. »Es kostet dich nichts, dir mal eins anzuschauen, Schätzchen. Es wird dir bestimmt nicht leid tun.«

»Ich habe kein Geld für ein neues Auto«, sagte Lisi böse.

»Wer redet denn von einem neuen?« fragte Dahan.
»Dahan!« fuhr Lisi auf. »Laß mich in Frieden!«
Er nickte. »Gut, dann gehe ich mal hin.«
»Ich will mein Auto nicht wechseln.«
»Dein Auto ist acht Jahre alt«, sagte Dahan beschwörend. »Du fährst zu allen möglichen Käffern im ganzen Land. Eines Nachts wirst du irgendwo hängenbleiben, und dann wird es dir leid tun. Victor arrangiert die Ratenzahlungen. Du wirst es überhaupt nicht merken.«
»Dahan!« rief Lisi.
»Gehst du zum *Luzerne*?«
»Was?« fragte Lisi.
»Du hast es mir versprochen«, sagte er.
»Was habe ich dir versprochen?«
»Schätzchen, die Eröffnung um zwölf. Das neue Restaurant. Da, wo die Reifen- und Reparaturwerkstatt von Avrascha und Siko war. Sie haben wirklich enorm investiert dort. Haben handgemalte Fliesen aus Italien besorgt, alle Möbel rot lackiert, und die Vorhänge, die Tischdecken und die Servietten stammen aus der Kollektion Laura Ashley.«
»Okay«, sagte Lisi. »Ich gehe ja. Wem gehört das Lokal?«
»Avrascha und Siko, das habe ich doch gesagt.«

Lisi schwindelte bei dem Versuch, sich den Umschwung im Schicksal der beiden neuen Wirte vorzustellen. Gestern noch hatten sie Reifen montiert und den Luftdruck kontrolliert, und heute waren sie Fachleute für Delikatessen.

Die Rubrik »Essen« in der *Zeit im Süden* schwoll von Woche zu Woche an, man führte das Volk zu den Futterkrippen. Was in der Rubrik mit einem bescheidenen Rezept begonnen hatte, wurde zu »Lust auf mehr«. Drei Seiten wurden mit Rezepten für alle möglichen Spezialitäten gefüllt, von Berichten über Restaurants, kulinarischen Ausflügen und Erkenntnissen über die Produktion und die Vermarktung von Lebensmitteln. Lisi berichtete über das Thema Ernährung, wie sie über Kunst und Sport berichtete, sie sammelte Informationen, ohne so zu tun, als sei sie

Fachfrau. Sie widmete sich Humus und Techina mit der gleichen Gelassenheit wie Calamaris an Tomaten-Nuß-Sauce. Fast keiner, der ihr Material zur Verfügung stellte, wurde enttäuscht. Eine Freundin ihrer Schwester, die in ihrem Haus eine Firma für marokkanisches Gebäck eröffnet hatte, bekam eine ganze Seite mit Fotos. Auch eine Gesundheitsfarm, die von der Schwägerin des Druckereibesitzers im ersten Stock eröffnet worden war, erhielt einen freundlichen Artikel, inklusive Anleitung, wie man Flachssamen einweichte und wilden Reis fachgerecht kochte.

Lisi rief Benzi an und teilte ihm mit, daß sie zur einer Restauranteröffnung gehe und vorhabe, ihn auf dem Rückweg zu einem Gespräch zu besuchen. Sie wollte Informationen »zum Zitieren« über alles, was das kriminaltechnische Labor über das herausgefunden hatte, was Ilan »den Doppelmord« genannt hatte. Ilan mochte sie und wollte ihr helfen, aber er würde nie etwas hinter Benzis Rücken tun. Sie hörte, wie Benzi laut die Luft einsog, und legte schnell den Hörer auf, bevor er zu brüllen anfing. Sie hatte trotz allem etwas von Arieli gelernt. Das Handy in ihrer Tasche begann zu klingeln, noch bevor sie ihr Auto erreicht hatte. Sie beschloß, nicht zu antworten.

Griechische Säulen schmückten den Eingang dessen, was einmal die Werkstatt von Avrascha und Siko gewesen war. Vom Hoftor bis zur Tür des Restaurants erstreckte sich ein bunter Teppich aus Fliesen, die förmlich zu schreien schienen: Schaut her! Wir kommen aus Italien! Aus Italien! Die Hauswände waren mit einem hellblauen Mosaik verziert, das in der Sonne leuchtete. Der Hof war überdacht, und in den großen Kübeln wuchsen Zypressen und Tamarisken. Und es stimmte, was Maurice Dahan versprochen hatte: Auf den Tischen im Hof lagen Laura-Ashley-Tischdecken. Avrascha und Siko hatten es offensichtlich auf genau jene Gäste abgesehen, die bisher, um elegant auszugehen, mindestens fünfzig Kilometer weit fahren mußten.

Sie konnte sich lebhaft vorstellen, wie es in einem Jahr hier aussehen würde: die Bäume vertrocknet und die Kübel zu

Aschenbechern umfunktioniert, herausgefallene Mosaiksteine, bei denen sich niemand die Mühe machen würde, sie zu ersetzen. Während des langen, heißen Sommers würde niemand im Patio sitzen, und im nächsten Jahr würden keine Laura-Ashley-Decken mehr auf den Tischen liegen. Es war von vornherein klar, daß Avrascha und Siko in einem, spätestens in zwei Jahren wieder bei ihren Reifen gelandet sein würden.

Ungefähr dreißig Personen drängten sich an der Getränkebar. Einige kannte Lisi von anderen Eröffnungen, der harte Kern von Leuten, die man bei jedem gesellschaftlichen Ereignis traf und die, wenn sie nicht da waren, einem das dumpfe Gefühl gaben, etwas verpaßt zu haben, als würde sich das Leben woanders abspielen.

Die neuen Wirte und ihre Familien benahmen sich so aufgeregt, als handle es sich mindestens um die Bar-Mizva ihres einzigen Sohnes. Verwandte und Nachbarn waren mit Blumensträußen gekommen, und Lisi wartete fast darauf, daß sie den Gastgebern einen Umschlag mit einem Geldgeschenk in die Hände drückten. Avrascha und Siko trugen weiße Hemden, rote Hosenträger und rote Fliegen, offenbar ein privater Scherz. Michele und Dona vom gleichnamigen Frisiersalon plauderten mit der Journalistin einer französischen Zeitung, alle hielten Weingläser in den Händen.

»Kommst du heute abend?« fragte jemand. Es war Riki Avtalion, die Veranstalterin der Ausstellung im alten Türkischen Bahnhof. Sie trug Jeans und T-Shirt, war fast kahl geschoren, klein, mager und so handlich wie ein Reißnagel.

»Klar, selbstverständlich«, sagte Lisi.

»Alle glauben, der Sandsturm hat uns die Ausstellung versaut«, erklärte Riki. »Aber das war das Konzept, auf das wir gesetzt haben: die beschissene Realität. Sich zur Realität verhalten wie zu einer Impfkampagne. Dazu gehört doch auch der Sand, oder?«

»Aha«, sagte Lisi.

»Die Leute glauben, daß das gesellschaftliche und politische Bewußtsein nur ein neuer Spleen ist, aber bedeuten der Chabad, die großen Thoralehrer und Kabbalisten nicht auch politische Manipulation? Der ganze Raum, in dem wir existieren, ist politischer Raum. Also kann man sich dem Sandsturm gegenüber nicht so verhalten, als wäre er etwas Undefinierbares.«

»Hundertprozentig«, sagte Lisi.

»Bei elektronischer Musik sind sie alle bereit, sich einen runterzuholen«, fuhr Riki fort. »Aber bei konkreten Ausstellungen haben sie Ladehemmung. Ich komme überhaupt eigentlich vom Sound.«

Lisi beschloß, nicht zu dieser Ausstellung zu gehen. Keine Macht der Welt konnte sie dazu zwingen.

»Du hast in Amerika studiert, nicht wahr?« fragte sie, um das Thema zu wechseln.

Riki nickte. »Ja, Film. Meine Vorstellungswelt stammt eigentlich vom Kino her.«

»Ist es teuer, in Amerika zu studieren?«

»Willst du in Amerika studieren?« fragte Riki erstaunt.

»Weiß noch nicht, vielleicht.«

»Sehr teuer«, sagte Riki. »Und das Leben auch.«

»Hast du ein Stipendium bekommen?« fragte Lisi weiter.

Riki zuckte mit den Schultern. »Ich bin zurechtgekommen«, sagte sie und bewegte sich auf die Tür des Restaurants zu. Sie hatte das Interesse an Lisi verloren. Fragen zum Privatleben waren nicht Teil ihres Repertoires.

»Ihr Vater hatte eine Nähstube, aus der sie später eine Galerie gemacht hat«, sagte Dorit, die plötzlich neben Lisi auftauchte, mit erhobener Kamera vor ihrem einen Auge. »Sie hat mit Dajav Faktori gebumst, bevor sie nach New York ging.«

»Was?« fragte Lisi erstaunt. »Sie ist doch schrecklich jung.«

»Überhaupt nicht«, erklärte Dorit. »Sie ist mindestens dreißig.«

»Woher weißt du das alles?« fragte Lisi.

»Von meinem Vater.«

Lisi überlegte, daß Dahan, der sein Leben lang Affären suchte und auch fand, ein wenig Diskretion nicht schaden würde.

Dorit wußte noch mehr. »Die Familie von Faktoris Frau hat für Riki das Studium und den Lebensunterhalt in Amerika bezahlt.«

»Kein schlechtes Geschäft«, meinte Lisi.

»Navas Vater hätte Dajav Faktori am liebsten zum Teufel gejagt, aber das wollte Nava nicht. Sie liebt ihn! Also hat ihr Vater Dajav ein Papier unterschreiben lassen, daß er ohne einen Groschen auf die Straße gesetzt würde, wenn er es wagen sollte, noch einmal eine andere Frau anzuschauen. Und Nava würde ihren Anteil am Erbe verlieren, wenn sie ihrem Mann noch einmal verzeihen würde. Aber Dreck bleibt Dreck. Er ist nur vorsichtiger geworden.«

Lisi nickte. »Mach Fotos von den Besitzern, vom Büfett und von den Gästen«, sagte sie. »Und achte darauf, daß man die Dekoration sieht. Ein oder zwei Totalaufnahmen, dann kleinere Grüppchen.«

»In Ordnung«, sagte Dorit und machte sich auf den Weg zu den Besitzern.

Hinter dem Kopf des Managers der zionistischen Jugendorganisation von Be'er Scheva entdeckte Lisi Roni Melzer. Das Genie aus Tel Aviv lehnte an der Bar, ein Weinglas in der Hand, und schob ein Häppchen nach dem anderen in den Mund, wie andere vielleicht Erdnüsse. Seine Kiefer, die sich ständig auf und ab bewegten, erinnerten an Grabschaufeln, sein Blick wanderte träge durch den Hof und blieb ab und zu an etwas hängen. Das ist die Haltung seines Vaters, dachte Lisi. Des Mannes, der zu Hause Hühnersuppe liebt und zu einem Haifisch wird, wenn er im Gerichtssaal steht. Roni war einen Kopf größer als der Manager. Er trug ein zerknittertes khakifarbenes Jackett, aller Wahrscheinlichkeit nach der letzte Schrei aus Mailand. Er hatte einen dünnen, glattrosa Hals und blonde, zu einem Pferdeschwanz gebundene Haare. Wie ein Halbwüchsiger, der einen Mann spielt. Sie sah nicht wie ein heranwachsendes Mädchen aus. Sie sah aus wie ein großes Schaf mit dick rot bemalten Lippen, das Gras fressen würde, gäbe man es ihr.

Roni bemerkte ihren Blick und hob winkend die Hand, und sie drehte ihm den Rücken zu.

»Was sagst du dazu, schön, nicht wahr?« fragte Michele vom Friseursalon und hielt Lisi ein Glas Wein hin. Seine Haare wirkten wie angerostete Stahlwolle. Als Werbung für seinen Beruf war er eine Niete.

»Ja, schön«, sagte Lisi.

»Und sie haben alles selbst geplant, von Anfang bis zum Ende«, sprach Michele weiter. »Kannst du dir das vorstellen?«

»Wer?« fragte Lisi. »Avrascha und Siko?«

»Ja. Sie sind aus ihren Schrauben ausgestiegen wie bunte Vögel.«

»Du bist ein Dichter«, sagte Lisi.

Michele senkte den Kopf. »Ich schreibe Gedichte«, gab er zu. »Aber ich lese sie nur im familiären Kreis vor.«

»Du bist auch ein großer Wohltäter, wie ich gehört habe«, sagte Lisi.

»Lisette! Machst du dich lustig über mich?«

Es gab eigentlich nur einen Menschen auf der Welt, der sie Lisette nannte, und das war ihre Mutter. Er hielt ihr ein Glas Wein hin und wurde plötzlich ihr Bruder.

»Nein, nein«, erwiderte Lisi. »Ich habe von meiner Mutter erfahren, daß ihr Luba aufgenommen habt, die Russin, die bei *Sargon* entlassen wurde.«

»Ja, ja, das war eine gute Tat.« Ein beseelter Ausdruck flog über sein Gesicht. »Das Leben dieser Frau ist wirklich eine Geschichte.«

»Und noch dazu mit einem kleinen Mädchen.«

Dona trat zu ihnen. »Über wen unterhaltet ihr euch?« fragte sie. Mit ihr kam Roni Melzer.

»Über Luba«, sagte Michele zu seiner Frau. »Hast du die Interieurs gesehen? Die wunderbaren Dekorationen?«

Er ist so stolz auf dieses Restaurant, als wäre es sein eigenes, dachte Lisi und wandte sich an Dona. »Ich habe zu Michele gesagt, daß es ein gutes Werk von euch war, Luba aufzunehmen.«

»Deine Mutter tut auch ein gutes Werk«, sagte Dona. »Luba könnte nicht arbeiten, wenn deine Mutter nicht wäre. Luba kann die Kleine nicht in die Krippe bringen, sie kann sie nicht in der Krankenkasse anmelden, sie hat keine Rentenversicherung, und Arbeitslosenunterstützung bekommt sie auch nicht.«

»Wie lange kann sie das noch durchhalten?« fragte Lisi nachdenklich.

»Und die ganze Zeit muß sie Angst haben, jemand könnte herausfinden, daß sie keine Papiere hat«, sprach Dona weiter. »Dann würde sie ausgewiesen. Sie glaubt, daß ihr Mann wiederkommt, aber ich habe zu Michele gesagt, wenn er so ein Schwein war, daß er mit den Papieren seiner Frau und seiner Tochter abgehauen ist, dann kommt er nicht zurück.«

Lisi hob die Augenbrauen. »Wozu hat er die Papiere seiner Frau und seiner Tochter überhaupt gebraucht?«

»Damit sie hierbleiben!« rief Dona. »Er wollte sicher sein, daß seine Frau und das Kind nicht nachkommen können.«

»Hat man sie denn nicht registriert, als sie am Flughafen angekommen sind?« fragte Lisi.

Dona hob die Schultern und ließ sie wieder fallen. »Sie traut sich nicht nachzufragen. Ich habe es ihr auch gesagt. Bestimmt ist sie im Innenministerium registriert. Es passiert ja, daß Leute ihren Ausweis verlieren. Sie soll zur Polizei gehen und sagen, daß ihr der Ausweis gestohlen worden ist, habe ich gesagt. Dann würde sie eine Bestätigung von der Polizei bekommen und könnte sich einen neuen Ausweis ausstellen lassen. Aber sie traut sich nicht. Sie hat Angst, daß man sie aus Israel abschiebt.«

»Sie hat die Kleine immer für ein paar Stunden zu Hause eingeschlossen und ist zur Arbeit gegangen«, sagte Michele. »Ich bekomme Bauchweh, wenn ich mir das nur vorstelle. Was für ein Glück, daß deine Mutter es gemerkt hat und eingesprungen ist.«

»Nun, sie hat wenigstens eine Wohnung«, meinte Lisi, der Lubas »sehr schön« einfiel.

»Sie hat eine wunderbare Art«, sagte Michele. »Immer optimistisch, immer fröhlich. Ich mache mir keine Sorgen um sie, so eine hübsche junge Frau. Sie wird ihren Platz unter der Sonne finden.«

»Es ist jedenfalls schön, daß ihr helft«, sagte Lisi und dachte daran, daß ihre Mutter, wenn sie mit Lubas Tochter spazierenging, wenigstens viel, viel Sonne abbekommen würde.

»Man tut, was man kann«, antwortete Dona bescheiden.

Roni Melzer schob sich näher zu Lisi. »Benzi schickt mich zu dir«, sagte er. »Er will auf keinen Fall, daß du zu ihm kommst.«

Lisi gab ihm keine Antwort.

»Sollen wir heute abend hierher essen gehen?« fragte er, dann drehte er sich zu Dona um. »Ich war gestern abend bei *Herzl*. Bohnen mit Reis war die größte Delikatesse, die ich finden konnte.«

Michele lachte. »Sie hätten zu der neuen Italienerin gehen sollen.«

Und Dona wandte sich an Lisi: »Ein Freund von dir?« wollte sie wissen.

»Ich weiß nicht, wer das ist«, sagte Lisi abweisend.

»Was weißt du nicht?« Roni riß sein großes Maul auf und verkündete lauthals, Lisi klebe an ihm und verfolge ihn überallhin. Wo er auch auftauche, sei sie da. Er würde sie einfach nicht mehr loswerden, und er überlege, ob er sie nicht anzeigen solle. Dabei bezeichnete er sie mit bildhaften Namen aus der Tier- und Pflanzenwelt. Er mauserte sich sozusagen zur Unterhaltungseinlage der Eröffnung des Restaurants *Luzerne*.

Avrascha und Siko tauchten neben ihnen auf. Hinter ihrem Rücken, durch einen Zaun, waren noch aufgestapelte Autoreifen zu erkennen.

»Was ist los?« fragte Avrascha.

»Keine Ahnung«, sagte Michele. »Er hat plötzlich angefangen, Lisi anzuplärren.«

»Wer ist das, Lisi?« fragte Avrascha.

»Weiß nicht«, sagte Lisi. »Ich kenne ihn nicht.«

Avrascha drehte sich ruhig zu Roni um, legte ihm seine große Hand auf die Schulter und erkundigte sich, mit wem er eigentlich gekommen sei.

»Sie hat mich eingeladen!« rief Roni und deutete auf Lisi.
Lisi schüttelte den Kopf. Sie brachte kein Wort heraus. Der ganze Hof schaute ihnen zu.
»Hör mal, Süßer« sagte Avrascha. »Du gehst jetzt ganz ruhig weg. Das ist eine private Fete. Komm wieder, wenn wir offiziell eröffnen, dann behandeln wir dich so höflich, wie du es verdienst. Okay?«
Avrascha und Siko brachten Roni zum Tor, dann kamen sie zurück, lächelnd, als wäre nichts passiert.
Avrascha schlug mit einem Löffel an sein Weinglas, und die Leute, die ihre Gespräche wieder aufgenommen hatten, verstummten und blickten ihn erwartungsvoll an. Avrascha hielt Siko den Löffel hin, der nahm ihn und sprach hinein, als wäre er ein Mikrofon.
Lisi starrte auf das blaue Mosaik an der Wand und wartete, daß ihr Gesicht aufhören würde zu brennen. Sie beherrschte sich und wischte sich nicht die Schweißtropfen ab, die ihr über Stirn und Hals liefen. Sie dachte, daß Roni Melzers Methode, seine Anonymität als Detektiv zu wahren und nicht aufzufallen, zumindest äußerst originell genannt werden konnte.

10

Lisi rief Dahan an und teilte ihm mit, sie habe das ganze Material beieinander, es befinde sich schon in der Druckerei, bei Prosper Parpar. Wenn er noch irgendwelche Anzeigen hätte, sollte er sie direkt hinbringen.

»Lisi«, fragte er, »hast du auch was über das neue Restaurant von Avrascha und Siko drin?«

»Ja«, antwortete sie. »Einen Artikel und Fotos, die Dorit gemacht hat, mit Bildlegenden.«

»Wenn du mich fragst, wird das *Luzerne* das beste Restaurant in der Stadt«, erklärte er.

»Dazu gehört nicht besonders viel.«

»Bist du in der Redaktion?« fragte er.

»Nein«, antwortete Lisi, »ich bin außerhalb der Stadt.«

»Wo fährst du hin?«

»Ich habe was zu erledigen«, antwortete Lisi kurz angebunden.

Manchmal packte sie die Lust, einfach ins Auto zu steigen, die Stadt zu verlassen und lange Straßen entlangzufahren, irgendeinem fernen Ziel entgegen. Sie stellte sich dann vor, daß hinter der Tankstelle, hinter jenem Hügel mit den schwarzen Ziegen, hinter den Reihen verstaubter Eukalyptusbäume Wunderdinge auf sie warteten, Berge und Buchten, Brücken und Flüsse, so breit wie Seen, auf denen große Lastkähne fuhren. Wenn sie Glück hatte, würde es regnen. Sie liebte es, bei Regen im Auto zu sitzen, sicher wie in einer Höhle, und Musik aus dem Radio zu hören, während die Scheibenwischer sich von einer Seite zur anderen bewegten und knarrend ihren eigenen Takt schlugen. Sie war noch nie im Ausland gewesen. In ihrer Erlebniswelt war der Sandsturm von vorgestern das gewesen, was den »Naturgewalten« am nächsten kam. Erdbeben, Überschwemmungen, Hurrikane und Taifune, Gletscher und Lawinen kannte sie nur aus dem Fernsehen. Das Leben am Rande der Wüste hatte ihr die Sehnsucht nach Grün und Wasser eingepflanzt. Als sie beschloß, nach Migdal zu fahren, dem Heimatort von Jigal Tarschisch, Oved Hanegbi und Kinerti, dem früheren Leiter des Zentrums für Kultur, Jugend und Sport, hoffte sie, um so mehr Grün und Wasser zu sehen, je weiter sie nach Norden kommen würde.

»Dein *Justy* ist für solche Fahrten nicht geeignet«, kam Dahans Stimme aus dem Telefon. »Hast du mit Victor Ben Sira gesprochen?«

»Nein«, antwortete Lisi. »Ich habe nicht mit ihm gesprochen, und ich werde auch nicht mit ihm sprechen. Ich will keine Gefälligkeiten von allen möglichen Mackern.«

»Keine Gefälligkeiten?« Dahans Stimme wurde lauter. »Was heißt da Gefälligkeiten? Das ist Geschäft! Er verkauft, du kaufst. Er hat genau das, was du brauchst. Einen *Subaru*, zwei Jahre alt, aus erster Hand, Motor in einem Superzustand, nur dreißigtausend Kilometer, mit allen Schikanen, mit Klimaanlage und Radio. Du solltest schnell zugreifen, bevor es ein anderer tut.«

Lisi schwieg, dann sagte sie: »Ich werde darüber nachdenken.«

»Wenn du zu lange nachdenkst, hast du am Ende keinen Grund mehr dazu.«

Das ist wohl genau das, was man eine Story aus dem richtigen Leben nennt, dachte Lisi und legte das Handy auf den Beifahrersitz.

Es war schon zwei Uhr nachmittags, als Lisi bei der Gemeindeverwaltung von Migdal ankam. Im Gebäude war es vollkommen still. Sie klopfte an die Tür, auf der mit großen Buchstaben GEMEINDEVORSTEHER stand, und darunter der Name: Nechamja Chaviv. Jemand, der offensichtlich nichts in diesem Zimmer zu suchen hatte, machte ihr erschrocken die Tür auf.

»Ich suche Nechamja Chaviv«, sagte Lisi zu der etwa vierzigjährigen Frau, die hastig einige Papiere, die sie in der Hand hielt, in einen grünen Ordner schob und den Ordner in ein Metallschränkchen legte.

»Er ist nicht da«, sagte die Frau.

Lisi ließ sich nicht so leicht abwimmeln. »Wo kann ich ihn finden?«

»Weiß ich nicht«, sagte die Frau, die immer noch erschrocken aussah. »Er ist weggefahren.«

»Sind Sie seine Sekretärin?« erkundigte sich Lisi.

Die Frau schüttelte den Kopf. »Seine Sekretärin ist erst nach vier wieder da. Wer sind Sie?«

Lisi setzte ein enttäuschtes Gesicht auf. »Ich bin Lisi Badichi«, sagte sie. »Reporterin von der *Zeit im Süden*. Arbeitet man hier nicht um diese Uhrzeit? Das ganze Haus scheint leer zu sein.«

»Nechamja ist zu einem Bezirkstreffen der Gemeindevorsteher gefahren«, erklärte die Frau.

»Und wer kann mir helfen?« erkundigte sich Lisi.

Die Frau zögerte. »Es kommt darauf an, um was es sich handelt...«

»Ich schreibe für meine Zeitung einen Artikel über die Gründer von Migdal, die sich nach dem Unabhängigkeitskrieg in Be'er Scheva niedergelassen haben«, erklärte Lisi. »Vielleicht kennen Sie die Namen: Tarschisch, Kinerti, Hanegbi...«

Die Frau starrte Lisi an. »Und?«

»Ich wollte mit dem Gemeindevorsteher sprechen, ein Interview mit ihm machen.«

»Ich bin seine Frau, Zila Chaviv«, stellte sich die Frau vor. »Ich bin hier geboren. Nechamja kommt aus Mizpe. Wollen Sie vielleicht unser Archiv sehen?«

Lisi lächelte die Frau an. »Wann wird er denn zurückkommen?«

Sie zuckte ratlos mit den Schultern. »Wenn ich das wüßte. Sie treffen sich mit irgendeinem Unternehmer aus Tunis. Stellen Sie sich das vor! Er will hier in Migdal ein Hotel bauen. Nechamja fährt mit diesem Tunesier von einem Beamten zum anderen, von einem Minister zum nächsten und hält ihn dabei an der Hand, damit er ja nicht erschrickt und davonläuft, wenn er entdeckt, was für eine Bürokratie dahintersteckt.«

Lisi stellte ihre große Tasche ab. »Schade«, sagte sie, »daß ich ihn nicht treffen kann.«

»Wie heißen die Leute, über die Sie schreiben?« fragte die Frau neugierig.

»Tarschisch, Kinerti und Hanegbi. Alle drei sind hier geboren, und alle drei haben hier Grundbesitz. Sie haben nicht verkauft, obwohl der Boden hier viel wert ist, weil sie noch immer sentimentale Gefühle gegenüber Migdal hegen.«

Die Frau reagierte nicht auf diese Worte. »Haben Sie das neue Bauprojekt auf dem Berg gesehen?« fragte sie.

Lisi schüttelte den Kopf. »Ich hatte vor, nach meinem Gespräch mit dem Gemeindeverwalter hinzufahren.«

»Hundertzwanzig Wohneinheiten entstehen dort. Die Hälfte der Wohnungen ist schon verkauft.«

Lisi schaute sich suchend um. »Gibt es eine Liste, welche Grundstücke von Migdal wem gehören?«

»Müßte es wohl«, sagte die Frau. »Ich nehme es wenigstens an.«

»Arbeiten Sie in der Gemeindeverwaltung?« fragte Lisi.

Zila Chaviv lächelte verlegen. »Aber ohne Gehalt. Ich versuche, Nechamja zu helfen. Er ist so oft weg, und alles mögliche wird hier verschleppt. Ich arbeite nicht offiziell hier. Sie könnten es Volontariat nennen. Aber bitte erwähnen Sie das nicht in Ihrem Artikel.« Sie machte eine hilflose Bewegung. »Sie wissen ja, wie das ist.«

»Wieso nicht?« widersprach Lisi. »Das ist doch lobenswert, wenn die Frau des Gemeindevorstehers ihren Mann bei der Arbeit unterstützt.«

Die Frau protestierte. »Nein, nein, bitte nicht. Nicht jeder sieht das so wie Sie.«

Lisi lehnte sich an die Wand. »Könnten Sie mir vielleicht eine Aufstellung der Grundstücke zeigen?«

Die Frau wurde immer verlegener. »Das ist bestimmt im Computer. Ich weiß nicht, wie man da sucht.«

»Ich wollte etwas darüber schreiben«, sagte Lisi betont gleichgültig, »wieviel Liebe sie ihrem Geburtsort noch immer entgegenbringen. Schade. Immer hat man Pech. Wenn man schon mal was Lobendes schreiben will...« Sie machte eine Pause, dann fügte sie hinzu. »Ich glaube nicht, daß ich noch einmal herkommen kann.«

»Mein Mann wird Ihnen das ganze Material zufaxen«, sagte die Frau eifrig.

Lisi schüttelte den Kopf. Sie schaute die Frau nicht an. »So arbeite ich nicht, das ist nicht professionell. Und nicht verantwortungsbewußt. Ich muß alles, was ich schreibe, mit eigenen Augen sehen und mit eigenen Ohren hören.«

Lisi griff nach ihrer Tasche und hängte sie sich wieder über die Schulter. Innerlich betete sie, die Sekretärin von Nechamja Chaviv möge ja nicht zu früh auftauchen. Sie unterdrückte ein Lächeln bei dem Gedanken, daß Zila Chaviv wohl ähnliche Gebete ausstieß.

»Man könnte in den Akten nachschauen«, sagte die treusorgende Gattin. »Unter was, glauben Sie, könnte man so etwas finden?«

»Grund- und Bodenbesitz?« schlug Lisi vor. »Grundbucheintragungen? Kataster?«

Die Frau stieß einen Seufzer aus. »Iris wird mich umbringen!«

»Wer ist das, die Sekretärin Ihres Mannes?« fragte Lisi.

Die Frau nickte.

»Warum? Sie ersparen ihr doch nur Arbeit.«

»Das stimmt«, sagte die Frau erleichtert. »Aber trotzdem ist es ihr Arbeitsbereich.«

Am Schluß fanden sie die Liste der Grundbesitzer unter »Gerichtliche Bodenverbriefungen«. Der Ordner stand in dem Metallschrank mit dem Schild »Erziehung und Kultur«. Iris, die Sekretärin, mußte ihre Ablage nach einer ganz eigentümlichen Logik organisieren.

Lisi nahm ihr Notizbuch und schrieb die Liste ab. Jigal Tarschischs Grundbesitz, alles in allem dreihundert Dunam, war vor fünf Jahren in den Besitz seiner Kinder Eldad, Avischaj und Nava übergegangen. Jeder hatte hundert Dunam bekommen. Vor anderthalb Jahren hatte die Filiale der Nationalbank in Tiberias den Grundbesitz Jehuda Kornfelds in Migdal beliehen.

Im Flur waren Schritte zu hören. Zila Chaviv klappte hastig den Ordner zu und stellte ihn zurück.

»Sagen Sie ihr ja nicht, daß ich Ihnen die Akten gezeigt habe«, flüsterte sie Lisi zu.

Lisi nickte beruhigend.

Eine hübsche, etwas müde aussehende Frau von ungefähr dreißig betrat den Raum und machte ein überraschtes Gesicht, als sie Lisi und Zila Chaviv entdeckte. Mit mißtrauischem Blick begrüßte sie Zila.

»Iris«, sagte diese eifrig, »das ist eine Reporterin von der *Zeit*. Sie ist gekommen, um Nechamja zu interviewen. Ich habe gedacht, wir würden ihn vielleicht hier finden. Weißt du, wo er ist?«

»Bei einer Konferenz der Kibbuzbewegung. Und dann bringt er den tunesischen Unternehmer zu diesen Drusen. Er wird erst spät zurückkommen.« Sie wandte sich an Lisi. »Haben Sie vorher angerufen?«

»Sie hat mit mir gesprochen«, beeilte sich Zila Chaviv zu erklären. »Sie hat geglaubt, ich könnte ihr helfen, ihn zu finden.«

Lisi hörte zu und überlegte insgeheim, was Zila Chaviv wohl im Büro ihres Mannes gesucht hatte.

»Wie heißen Sie, sagten Sie?« fragte Iris.

»Lisi Badichi. Von der *Zeit im Süden*.«

Iris machte ein abweisendes Gesicht. »Der Norden gehört Schneller.«

»Was?« fragte Lisi erstaunt.

»Ihr Reporter im Norden. Gidi Schneller.«

»Nein, nein«, sagte Lisi. »Ich schreibe über Be'er Scheva, nicht über den Norden. Über Männer, die in Migdal geboren sind und im Unabhängigkeitskrieg in Be'er Scheva gekämpft haben und dann dort geblieben sind.« Sie lächelte. »Ich bereite einen Bericht über den fünfzigsten Jahrestag der Eroberung von Be'er Scheva vor.« Das hätte ihr gerade noch gefehlt, daß sich Schneller bei der Zentrale in Tel Aviv darüber beschwerte, sie sei in seinen Bereich eingedrungen. »Ich würde gern die Familie von Kinerti treffen«, sagte sie schnell. »Das ist einer von den dreien, die von Migdal nach Be'er Scheva gekommen sind. Könnten Sie herausfinden, wo sie wohnen?«

Iris schüttelte den Kopf. »Ich kann mich an keinen Kinerti erinnern.«

»Bestimmt ist der Name irgendwo eingetragen«, drängte Lisi.

»Versuchen Sie es doch mal in den Häusern am Hang, an der Straße, die zum See Genezareth hinunterführt. Fahren Sie in Richtung der Bananenplantagen, dort wohnen die Alteingesessenen. Wenn Sie sie nicht finden, kommen Sie hierher zurück. Ich werde inzwischen ein bißchen suchen.«

Lisi verabschiedete sich von den beiden Frauen, stieg ins Auto und fuhr langsam in Richtung See. Wenn die Frau des Gemeindevorstehers nach Hause gegangen war, würde die treue Iris bestimmt nichts Besseres zu tun haben, als gleich Gidi Schneller anzurufen, unseren Reporter im Norden, um ihm von dieser neugierigen Schnüfflerin zu erzählen.

Erst als sie das Haus der Gemeindeverwaltung nicht mehr im Rückspiegel sah, lächelte sie. Wie leicht es gewesen war, die Bombe zu finden, die jetzt in ihrer Tasche verborgen war. Wer mochte sonst noch etwas davon wissen, daß Nava ihren Grundbesitz an Jehuda Kornfeld verkauft hatte? Und wußte Nava, daß es die Papiere ihres Käufers waren, die man bei dem unbekannten Mordopfer gefunden hatte? Und warum wurden von allen Grundstücken der Tarschischs in Migdal nur die von Nava verkauft? Was war mit Grundstücken an anderen Orten? Avischaj hatte doch gesagt, die Tarschischs besäßen an allen möglichen Orten Grund und Boden.

Lisi hatte das Gebiet erreicht, das die Sekretärin ihr beschrieben hatte. In einer Haustür stand eine Frau, ein Schottencape über den Schultern. Lisi stieg aus dem Auto, ging zu der Frau und fragte höflich: »Entschuldigen Sie, sind Sie von hier?«

Die Frau nickte. »Wen suchen Sie denn?«

»Die Familie Kinerti.«

Die Frau starrte Lisi eine Weile überrascht an, doch dann überwand sie ihr Erstaunen und kam auf den Boden der Tatsachen zurück. »Die Kinertis wohnen nicht mehr hier«, sagte sie. »Aber Rachel Norberg ist eine geborene Kinerti. Sie wohnt noch immer in dem Haus, das ihre Eltern dort unten am Hang gebaut haben.«

Die Frau, die sich nebenbei als Schoschi vorstellte, stieg zu Lisi ins Auto und dirigierte sie bis zum Haus von Rachel Norberg. Lisi tue ihr tatsächlich einen Gefallen, denn sie habe ohnehin vorgehabt, zur Schule zu gehen, und die Schule sei genau zwei Minuten von Rachel Norbergs Haus entfernt, erklärte sie.

»Wie alt ist Rachel?« fragte Lisi.

»Fünfundachtzig oder so. Ungefähr so alt wie meine Mutter. Ich war mit ihrer Tochter Tuta in derselben Klasse. Ziemlich viele von uns sind hiergeblieben, das muß man sagen. Aber Tuta ist weggegangen, nach Tiberias gezogen. Von wo sind Sie?«

»Aus Be'er Scheva.«

»Be'er Scheva?« Die Frau klang so verblüfft, als habe Lisi gesagt, sie sei aus Uganda. »Rachels Bruder lebte in Be'er Scheva, Lejser Kinerti. Haben Sie ihn gekannt?«

Lisi schüttelte den Kopf.

»Er ist vor ein paar Monaten gestorben«, erzählte Schoschi. »Meine Mutter sagt immer, er war der hübscheste Junge im ganzen Galil. Als ich ihn zum ersten Mal gesehen habe, hatte er schon eine Glatze und hat immer eine Mütze getragen, damit man es nicht sah. Auch Rachel ist eine sehr schöne Frau gewesen, mit Zöpfen bis zur Hüfte. Sie werden es kaum glauben, wenn Sie sie sehen. Sie hatten letzte Woche einen Sandsturm, nicht wahr?«

Lisi nickte.

Die Frau plauderte unbefangen weiter. »Wir hatten auch einen. Er hat bei euch angefangen und bei uns aufgehört. Aber unserer war natürlich nicht so heftig. Montags hat er bei euch angefangen, nicht wahr?«

»Ja«, sagte Lisi. »In der Nacht.«

»Bei uns hat er am Freitag abend angefangen und am Sonntag mittag aufgehört. Die Gänse von Polani sind in die Wäscherei des Internats geflohen. Man hat sie erst Sonntag gefunden, als die Schule wieder anfing.«

Schoschi begleitete Lisi zu einem eisernen Hoftor, öffnete es und ging ins Haus, ohne an die Tür zu klopfen. Sie schrie nur laut: »Rachel?«

Lisi ging ihr hinterher. Sie fanden Rachel im Sessel im Wohnzimmer. Ihr blasses Gesicht war mit großen Sommersprossen übersät, ihre weißen, glatten Haare, schulterlang, an den Schläfen mit gelben Kämmen zurückgesteckt. Eine Brille hing an einer Schnur um den Hals. In den Händen hielt sie ein Strickzeug, das nach Kinderpullover aussah. Lisi konnte sich nicht erinnern, wann sie das letzte Mal jemanden stricken gesehen hatte. Es war tatsächlich schwer zu glauben, daß diese Frau einmal eine Schönheit gewesen sein sollte.

Schoschi stellte Lisi als ein »Mädchen aus Be'er Scheva« vor, entschuldigte sich, daß sie schnell zur Schule müsse, und verschwand.

Jetzt, als sie der alten Frau gegenüberstand, wußte Lisi mit einem Mal nicht mehr, was sie ihr sagen sollte. Sie wußte ja selbst nicht so genau, weshalb sie überhaupt hergekommen war. Was hatte sie zu finden gehofft? Eine Antwort? Worauf? Im Raum war das Knistern des Feuers zu hören, das aus einem alten Ofen kam. Auf dem schwarzen Klavier standen Fotos in silbernen Rahmen, das Sofa und die Sessel waren mit bestickten Samtkissen dekoriert.

Lisi stellte sich vor. »Ich heiße Lisi Badichi und bin Reporterin von der *Zeit im Süden*, in Be'er Scheva. Und Sie sind die Schwester von Lejser Kinerti selig, der in Be'er Scheva gewohnt hat?«

»Ja«, sagte die Frau.

»Und sie kennen auch Jigal Tarschisch und Oved Hanegbi?«

»Ja.«

»Ich versuche, ihm zu helfen«, sagte Lisi.

»Wem?«

»Oved. Bei uns heißt er ›der Prophet‹. Wegen seines Aussehens und seiner Art zu leben.«

Lisi, im Stehen, erzählte von dem unbekannten Toten und dem Versuch, Oved Hanegbi einen Mord in die Schuhe zu schieben. Sie sagte auch, daß Oveds Fingerabdrücke an der Mordwaffe gefunden worden seien. »Ich bin sicher, daß er nichts mit der Leiche zu tun hat«, schloß sie. »Aber man hat nicht die kleinste Spur gefunden. Vielleicht wissen Sie etwas, was ihm helfen könnte.«

»Setzen Sie sich«, sagte Rachel Norberg. »Wollen Sie Kaffee oder Tee?«

Lisi setzte sich. »Kaffee, bitte.« Sie holte ihr Notizbuch aus der Tasche, dann stellte sie den Kassettenrecorder auf den Tisch. Eine Deklaration ihrer Absichten.

Beim Kaffeetrinken erzählte sie der alten Frau von den Beziehungen zwischen den *Sargon*-Arbeitern und Oved Hanegbi, von ihrer Mutter, die fünfunddreißig Jahre in der Strickwarenfabrik der Tarschischs gearbeitet hatte, bis sie Knall auf Fall entlassen wurde. Nicht einmal die Katze und ihre Jungen ließ sie aus, um eine intime Atmosphäre herzustellen, die die alte Bäuerin vielleicht gesprächiger werden ließe. Am Schluß fragte sie: »Haben Sie Kinder?«

»Ich habe eine Tochter«, sagte die alte Frau. »Sie lebt in Tiberias. Mein Sohn ist im Sinai gefallen. Mein Mann war zum Glück damals schon nicht mehr am Leben. Die Frau meines Sohnes hat wieder geheiratet und lebt in Jivne'el. Die Beziehung zwischen uns ist gut. Ich habe fünf Enkel, drei von der Tochter und zwei von der Schwiegertochter. Sie benehmen sich, als wäre ich ihre richtige Großmutter, und ich benehme mich zu ihnen wie zu den Kindern meiner Tochter.«

Die Frau schwieg. Lisi wartete ein wenig, dann fragte sie: »Sie sind hier in Migdal geboren?«

Die Frau nickte.

»Macht es Ihnen etwas aus, wenn ich mir notiere, was Sie sagen?«

Die Frau starrte zum Fenster. »Ich sage nichts.«

»Wann haben Sie Oved das letzte Mal gesehen?« fragte Lisi.

»Am fünfzehnten Dezember.«

Lisi blickte verwundert von ihrem Notizbuch hoch. »Wieso wissen Sie das Datum noch so genau?«

Die Frau schaute noch immer zum Fenster. »An diesem Tag ist mein Bruder beerdigt worden.«

»Oved Hanegbi war bei der Beerdigung?« fragte Lisi verblüfft.

Die Frau schüttelte den Kopf. »Nein, er ist nicht zur Beerdigung gekommen, ich war bei ihm, im Autobus.«

Lisi senkte den Stift. »Haben Sie eine Erklärung, warum er in einem Autobus lebt?«

»Ja«, sagte die Frau einfach.

Lisi betrachtete sie erstaunt. Rachel Norberg war der einzige Mensch, den sie kannte, der sagte, er wisse, weshalb der Prophet so lebte. Sie wartete auf eine Erklärung, die jedoch ausblieb. Das Schweigen der Frau wurde allmählich bedrückend.

»Gibt es noch jemanden, der mir etwas über Oved Hanegbi erzählen könnte?« fragte sie.

Die Frau wandte Lisi schließlich ihren Blick zu. »Jigal Tarschisch. Er ist sein Bruder. Warum sprechen Sie nicht mit ihm?«

Lisi hob die Schultern. »Soweit ich verstanden habe, haben die beiden schon seit vielen Jahren keine Beziehung mehr zueinander.«

»Sie sind zusammen aufgewachsen«, sagte die Frau. »Im selben Haus, mit denselben Eltern.«

»Sie waren aber nicht Oveds richtige Eltern«, widerprach Lisi. »Oveds Eltern sind gestorben.«

»Haben Sie versucht, mit Jigal zu sprechen?«

Lisi schüttelte den Kopf. »Nein. Ich schreibe schon seit Monaten über die Schließung der Strickwarenfabrik und die Entlassung der Arbeiter. Ich glaube nicht, daß er bereit ist, mit mir zu reden. Glauben Sie, daß Jigal Tarschisch versuchen könnte, Oved Hanegbi irgend etwas anzuhängen?«

»Nein«, sagte die Frau. »Jigal Tarschisch liebt Geld und versteht es, Geld zu machen, aber er ist ein anständiger Mensch. Es gibt Dinge, die er nie tun würde. Er würde Oved nie wirklich schaden.«

Wieder wurde es still, bis Lisi das Schweigen brach. »Die drei waren ein Trio. Oved, Jigal und Ihr Bruder?«

Die Frau schaute Lisi an. »Vier. Ich gehörte auch zur Gruppe.«

»Sind Sie gleich alt?«

Die Frau senkte den Kopf. »Ich bin zwei Jahre älter als Lejser, aber trotzdem war ich immer Teil der Gruppe. Anfangs, weil ich auf meinen kleinen Bruder aufpassen mußte, später aus Gewohnheit. Wir standen uns damals sehr, sehr nah.« Ihre Stimme wurde immer leiser.

»Er fehlt Ihnen«, sagte Lisi.

»Ich leide darunter, daß er vor mir gestorben ist. Ich leide darunter, daß mein Sohn vor mir gegangen ist. Aber was hilft das?« Ein Lächeln glitt über ihre Lippen. »Lejser ist als Frühgeburt auf die Welt gekommen. Sie haben ihn in einen Blechkanister gelegt, von dem mein Vater eine Seite herausgesägt hat, und einen Petroleumkocher darunter gestellt. Als Brutkasten! Ich hatte keine Puppen, mein kleiner Bruder war meine Puppe. Im Sommer haben wir auf dem Dach geschlafen. Wir haben nasse Bettücher auf dem Boden ausgebreitet und uns mit Moskitonetzen zugedeckt. Das war unsere Klimaanlage. Damals haben alle Kinder gearbeitet, sie haben ihren Eltern geholfen. Man hatte keine Wahl. Wir sind zusammen zur Quelle von Migdal gegangen und haben Wasser geholt. Wir haben auf die Küken aufgepaßt, die unsere Eltern in der Küche aufgezogen haben. Wir haben Holz für den Waschkessel gesägt. Wir haben gearbeitet.«

Lisi zögerte. »War es eine glückliche Kindheit?«

»Glücklich?« wiederholte die Frau. »Ich weiß es nicht. Vielleicht ja. Heute kommt es mir so vor. Es war ein hartes Leben. Wir haben Menschen sterben sehen, an Typhus, an Malaria. Junge Menschen. Voller Begeisterung waren sie ins Land gekommen, und ein paar Tage oder Wochen später hat man sie beerdigt. Manchmal wußte man sogar noch nicht mal ihren Namen. Die Natur war unser Freund und unser Feind. Mücken waren unsere Feinde, Taranteln, Schlangen. Der Tritt eines Pferdes konnte den Tod bedeuten, der Biß eines Schakals, der Stich eines Insekts. Und ein wolkenloser Himmel war ebenfalls ein Feind.«

Wieder wartete Lisi eine Weile, bevor sie ihre nächste Frage stellte: »Der Vater von Oved ist im Ersten Weltkrieg gestorben, nicht wahr?«

»Ja.«

»Können Sie irgend etwas über ihn erzählen?«

Die Frau blickte an Lisi vorbei. »Ich glaube nicht, daß das irgend etwas damit zu tun hat.«

»Vielleicht doch«, drängte Lisi.

Die Frau reagierte scharf. »Glauben Sie, er ist deshalb zusammengeschlagen worden, weil sein Vater im Ersten Weltkrieg umgekommen ist?«

»Nein, natürlich nicht«, sagte Lisi beruhigend. »Aber seine seltsame Lebensweise kann doch etwas damit zu tun haben, nicht wahr?«

Rachel zog ein Kissen mit arabischer Stickerei hinter ihrem Rücken hervor und drückte es fest an sich. Schweigend blickte sie lange aus dem Fenster, auf den Hof hinaus.

»Ich habe ihn geliebt«, flüsterte sie so leise, daß Lisi sie kaum verstehen konnte.

»Was?«

»Und ich habe ihn kaputtgemacht.«

»Was?«

»Ich habe sein Leben zerstört. Ich möchte ein bißchen nachdenken, entschuldigen Sie mich. Ich gehe ein bißchen hinaus, dann komme ich wieder.«

»Soll ich weggehen«, fragte Lisi und erhob sich.

»Nein, nein«, drängte die alte Frau. »Bleiben Sie sitzen. Ich muß mich nur ein bißchen bewegen. Wollen Sie noch eine Tasse Kaffee?«

»Ich bediene mich selbst«, sagte Lisi.

Lisi goß sich aus dem Finjan, der auf einem Kupferstövchen auf dem Tisch stand, Kaffee nach. Als die alte Frau das Zimmer verlassen hatte, erhob sie sich und betrachtete die Fotos auf dem Klavier. Ein paar alte Porträtaufnahmen waren darunter, aller Wahrscheinlichkeit nach von ihren Eltern und Großeltern. Und Farbfotos von den Kindern der Familie. Auf einem Bild war Rachel als junge Frau zu erkennen, zusammen mit ihrem Mann. Zwei Zöpfe, die über die volle Brust hingen, riesige Augen, ein Gesicht, das den Stolz einer Frau ausstrahlte, die wußte, daß sie schön war. Auch ihr Mann sah gut aus in seinem bestickten Russenhemd. Außerdem gab es noch Gruppenaufnahmen von Hochzeiten, von Bar-Mizva-Feiern. Lisi betrachtete die Bilder und versuchte herauszufinden, wer Lejser Kinerti war. Dann fiel ihr Blick auf das Foto eines Soldaten in der Uniform eines Militärpolizisten, darunter der Name des jungen Mannes: Eitan. Ein weiteres Bild zeigte zwei Jungen, stehend, hinter zwei Mädchen. Die vier Kinder konnten allerdings auch Jungen sein, das war schwer zu sagen. Vermutlich Rachels Enkelkinder.

Aus der Küche drang eine Stimme an ihr Ohr. Rachel telefonierte mit jemandem. Dann kam sie zurück ins Zimmer, strich sich die Haare zurück und steckte sie wieder mit den Kämmen fest.

»Ich wollte, daß meine Tochter kommt«, erklärte sie. »Aber sie ist nicht zu Hause. Ich wollte, daß sie es auch hört. Lejser und ich wußten es. Jetzt bin nur noch ich übriggeblieben. Ich wollte, daß Tuta es auch hört. Ich habe noch nie mit ihr darüber gesprochen.«

»Über was?«

Rachel machte eine vage Bewegung mit der Hand. »Über die Vergangenheit.«

»Sind Sie einverstanden, wenn ich den Recorder einschalte?« fragte Lisi.

Rachel zögerte, doch dann fällte sie offenbar eine Entscheidung. »Das Sprechen ist schwierig für mich«, sagte sie leise.

»Und noch dazu vor einem fremden Menschen. Ich werde in meinem Tempo reden. Haben Sie Zeit?«

»Ja«, sagte Lisi.

»Und nach meinem Tod werden Sie dieses Tonband Jigal geben, ja?«

»Sie sterben doch nicht!« rief Lisi. »Bis hundertzwanzig!«

Rachel lächelte, und ihre Sommersprossen versanken in den Runzeln. »Gut, also dann nach den hundertzwanzig.«

Lisi legte den Block auf ihren Schoß und stellte den Recorder an.

»Unsere Eltern waren halbe Beduinen und halbe Kosaken«, fing Rachel Norberg an. »Phantasten, ausgehungert und fiebrig, wörtlich und bildlich. Sie litten an Malaria. Sie wollten das erneuern, was sie die ›Kleingruppe‹ nannten, die intime Gruppe. Wissen Sie, was das bedeutet?«

Lisi nickte. »Ich glaube, ja.«

»Nun, alles in allem waren sie einfach sehr jung, siebzehn, achtzehn. In diesem Alter begeistert man sich für vertrauliche Gespräche und für Gesang und träumt davon, die Welt zu verbessern. Sie zogen von einem Ort zum anderen, allein und in Gruppen, auf der Suche nach Arbeit. Sie arbeiteten schwer und waren nicht glücklich, die Sehnsucht trieb sie weiter. Trumpeldor gehörte zu dieser Gruppe, Gordon, Zvi Schatz, Rivka Jezker. Haben Sie Geschichte studiert?«

»Ja«, sagte Lisi. »Geschichte des Landes Israel. Trumpeldor und Gordon kenne ich, die anderen nicht.«

»Die ›anderen‹, wie Sie sie nennen, waren die großen Romantiker, jene, denen die Sehnsucht die Seele aus dem Leib riß, sei es aus Liebe oder aus Enttäuschung. Wir sind mit den Geschichten über sie aufgewachsen, wir haben nachts von ihnen geträumt. Schatz ist zusammen mit Brenner umgekommen, neunzehnhunderteinundzwanzig.«

»Aha«, sagte Lisi.

»Meine Mutter war eine praktische Frau«, erzählte Rachel. »Sie hat die Realität nicht verklärt. Sie hat immer gesagt: Wir waren krank, wir waren hungrig, wir waren einsam, und es ging uns nicht gut.«

»Hat sie die Eltern von Jigal und Oved gekannt?«

Rachel nickte. »Ja. Die Eltern von Jigal habe ich auch noch gekannt. Wir waren verwandt. Wir Kinder haben zusammen gearbeitet. Beim Steinesammeln, beim Unkrautrupfen, beim Säen, beim Melken. Wir bewässerten die Felder aus Fässern, die wir mit Eseln anschleppten. Wir standen auf, arbeiteten drei Stunden, gingen in die Schule und arbeiteten anschließend, bis es dunkel wurde.«

»Sie sprechen jetzt auch von Oved?« fragte Lisi.

»Ja, natürlich. Er war ein ganz Verrückter. Seit ich mich erinnern kann, war er schon verrückt. Als kleiner Junge war er sehr wild, ein Raufbold und Schläger. Tova, Jigals Mutter, sang ihm Lieder vor, wenn er aß, denn das war das einzige, was ihn ein bißchen beruhigte. Seine eigene Mutter hatte eine wunderbare Stimme, und er hat die Musikalität von ihr geerbt.«

Lisi nickte zustimmend. »Bis heute hört er den ganzen Tag Musik.«

»Als er älter wurde«, fuhr Rachel fort, »wurde er zu einem ruhigen Verrückten. Er krümmte sich auf einer Matratze in der Melone.«

»In der Melone?«

Rachel lächelte. »So haben wir die Hütte seiner Eltern genannt. Sie steht noch heute, in der Plantage. Oved ist immer hingelaufen. Aber viel schlimmer als seine Verrücktheiten war, daß er mit niemandem gesprochen hat.« Ihre Stimme wurde immer leiser.

Lisi wartete eine Weile, dann fragte sie: »Was ist passiert? Warum hat er sich verändert?«

»Sie sollen wissen, wie alles anfing. Die Eltern von Jigal und Oved haben innerhalb eines Jahres ihr ganzes Geld verloren. Die beiden Väter verließen Migdal und wurden Wanderarbeiter. Schejne und Tova, ihre Mütter, machten eine Arbeiterküche auf. Meine Mutter hat gesagt, die jungen Russen, die die Stufen zum Berg hinauf bauten, wären von den beiden Frauen angezogen worden wie die Bienen vom Nektar. Und die Frauen waren jung, hübsch und allein, und sie hatten Mitleid mit den jungen Männern.«

Rachel seufzte, dann sprach sie weiter: »Anderthalb Jahre später kamen die beiden Väter wieder, nachdem sie an allen möglichen Orten gearbeitet hatten. Sie brachten Pflanzenschößlinge mit und einen französischen Agronomen. Sie pflanzten die ersten Bananen und die ersten Dattelpalmen im Jordantal. Schejne, Oveds Mutter, verliebte sich in den Agronomen und brannte mit ihm durch, nach Zur, dort leitete er irgendein Landgut. Nach Ausbruch des Ersten Weltkriegs riß die Verbindung mit ihr ab. Für Oved wäre es besser gewesen, wenn sie gestorben wäre. So wußte er nie, ob sie tot war oder lebte, ob er noch eine Mutter hatte oder nicht. Furchtbar, einem Kind so etwas anzutun.«

Rachel Norberg schwieg. Als sie weitersprach, klang ihre Stimme müde. »Gegen Ende des Krieges griffen die Türken Avrum, Oveds Vater, auf und verschleppten ihn nach Suchra, zur Zwangsarbeit. Nach dem Krieg schaffte er es noch, heimzukommen. Krank, verwundet, ausgehungert. Innerhalb von ein paar Tagen ist er gestorben.«

Rachel fuhr sich mit der Hand über das Gesicht, doch sie weinte nicht. »Oved blieb bei den Tarschischs. Er war vier. Er schlug und trat nach jedem, der sich ihm näherte, egal ob Mensch oder Tier. Ich war damals ein kleines Mädchen, vielleicht sechs Jahre alt, aber ich verstand ihn. Ich fühlte mit ihm. Er war voll Sehnsucht und Wut, er war verwirrt, er fühlte sich schuldig. Er verstand nicht, warum sein Vater gestorben war und warum seine Mutter ihn verlassen hatte. In den letzten Monaten des Krieges waren noch ein paar Briefe eingetroffen, danach nichts mehr. Er wartete weiter auf sie. Ich glaube, er wartet bis heute auf sie.«

»Wollten seine Adoptiveltern nicht, daß er seinen Namen ändert?« fragte Lisi. »Es ist doch seltsam, wenn zwei Jungen im selben Haus aufwachsen, mit denselben Eltern, und zwei verschiedene Nachnamen haben.«

Rachel schaute sie an. »Sie haben gesagt, Avrum und Schejne hätten es verdient, daß jemand ihren Namen weiterträgt.«

Lisi hob zweifelnd die Brauen. »Es könnte doch sein, daß ihn das durcheinandergebracht hat.«

Rachel nickte. »Kann sein.«

»Sind Jigal und Oved eigentlich gleich alt?« fragte Lisi.

»Ja, mehr oder weniger. Der Unterschied ist höchstens ein Jahr, denke ich.«

Lisi senkte den Blick. »Besitzt Oved noch Land in Migdal?«

Rachel runzelte die Brauen. »Warum fragen Sie das?«

»Ich weiß, daß die Tarschischs hier noch Land besitzen«, sagte Lisi. »Haben Jigals Eltern auch Land an Oved überschrieben?«

Rachels Gesicht wurde abweisend. »Ich bin eine alte Frau.«

»Wie?«

»Ich habe Lejser gebeten, er soll Oved dazu überreden, daß er nach Migdal zurückkommt. Die Hütte von seinen Eltern steht noch immer. Als Jigals Kinder klein waren, haben sie hier immer die großen Ferien verbracht, dann habe ich ihnen die Hütte aufgeschlossen. ›Die Melone von Robinson Crusoe‹ haben sie sie genannt. Auf jeden Fall ist sie besser als ein Autobus. Ich weiß, daß ich reden muß, aber es fällt mir schwer.«

»Ich verstehe das nicht ganz«, murmelte Lisi.

»Nein, Sie können das auch nicht verstehen.« Rachel legte das Kissen auf das Sofa, stand auf, ging in die Küche und von dort in den Hof hinaus. Die Fliegenschutztür schlug leicht gegen den Türrahmen. Lisi benutzte die Pause, um das Band zu wechseln. Durch das vordere Fenster sah sie nackte Weinstöcke und einen Zitronenbaum, und weiter unten, in einiger Entfernung, eine Bananenpflanzung. Sie überlegte, ob das wohl die Bananen waren, die der französische Agronom gepflanzt hatte, bevor er mit Oveds Mutter durchbrannte. Das Klappen der Tür kündete Rachels Rückkehr an. Die alte Frau setzte sich hin, griff wieder nach dem Kissen und umarmte es. Sie wirkte wie ein Mensch, dem eine schwere Aufgabe auferlegt wurde und der fest entschlossen ist, sie auszuführen.

»Die Eltern von Jigal und Oved waren aus Amerika gekommen«, sagte sie. »Hier hat man sie ›die Amerikaner‹ genannt. Es gab einige von ihnen in Poria, in Scharona und in Migdal. Die Amerikaner waren schon verheiratet, als sie ins Land kamen, und sie hatten sich mit einer landwirtschaftlichen Ausbildung vorbereitet und brachten Geld mit.«

»Sie sollen viel Land gekauft haben, habe ich gehört«, sagte Lisi.

»Ja, sie haben mit dem Geld dreihundert Dunam gekauft, hundertfünfzig Dunam für jede Familie. Bevor Avrum, Oveds Vater, starb, hat er noch ein Testament geschrieben. Er hat seinen guten Freunden Jizchak und Tova Tarschisch seinen Grundbesitz überschrieben. Meine Eltern haben gesagt, das wäre der Preis dafür gewesen, daß sie seinem Sohn ein Zuhause geben. Und sie haben ihm ein Zuhause gegeben. Sie haben ihn aufgezogen, als wäre er ihr eigenes Kind, trotz all der Schwierigkeiten, die er machte. Er war ein schöner Junge. Herzzerreißend schön. Es war unmöglich, ihn nicht zu lieben. Jigal und Lejser haben ihn geliebt, ich habe ihn geliebt, obwohl ich älter war als er. Man sagt immer, Kinder wüßten nicht, was das ist, jemanden begehren, aber das stimmt nicht. Sie wissen es ganz genau. Und das Begehren kann so stark und brennend sein wie bei Erwachsenen. Nun ja, es war damals eine andere Zeit. Alle waren ziemlich puritanisch und auch gehemmter. Ich habe jedenfalls dauernd eine Gelegenheit gesucht, mit ihm allein zu sein, ohne die anderen Jungen, ich zog mit ihm zum See, zu den Quellen, ich war ein ziemlich kokettes Mädchen, denke ich. Herausfordern und dann davonlaufen. Ich habe ihn sicher ganz schön verwirrt.«

Sie hielt inne, ein kleines Lächeln flog über ihr Gesicht. »Wir hatten unten am See einen kleinen Dschungel aus Tamarisken und Akazien«, fuhr sie fort. »Manchmal sind wir zum See hinuntergegangen zum Fischen, und wenn es uns gelang, einen Fisch zu erwischen, gingen wir danach zum Dschungel, machten ein kleines Lagerfeuer und brieten ihn. Dabei hofften wir inständig, daß die anderen Kinder nichts merkten, sonst hätten sie etwas von unserer Beute abhaben wollen.«

Das Lächeln verschwand vom Gesicht der alten Frau, sie wurde wieder ernst. »Eines Tages, nachdem wir den Fisch verspeist und das Lagerfeuer ausgemacht hatten, legten wir uns auf den Rücken und schauten durch die Äste hinauf zum Himmel. Zwei Moskauer, so nannten wir damals die russischen Einwanderer, hatten ihre Wäsche im See gewaschen und saßen nicht weit vom Ufer und unterhielten sich miteinander. Als ich merkte, daß sie über Oved sprachen, war es schon zu spät. ›Das ist doch kein Wunder, daß der Junge so ein Wilder ist‹, sagte einer. ›Jeder Junge würde durchdrehen, wenn man ihm alles wegnimmt, was ihm gehört, nicht nur die Eltern, auch das Erbe. So etwas gibt es einfach nicht, daß ein Vater, wenn er auf dem Totenbett liegt, seinem einzigen Sohn das Erbe vorenthält und ihn ohne einen Groschen zurückläßt, oder? Oved war doch Avrums Augapfel! Wenn er sich keine Kugel in den Kopf gejagt hat, nachdem dieses Miststück von Frau mit dem Franzosen durchgegangen ist, dann doch nur wegen seinem Jungen. Blut hat er gespuckt für seinen Sohn. Tova und Jizchak sollen bloß keine Märchen erzählen. Das war doch kein gültiges Testament! Der Mann war nicht mehr bei Sinnen. Die Beraubung eines hilflosen Waisen war das! Erpressung!‹«

Rachel verstummte, Lisi schwieg und wartete. »Wir blieben einfach auf der Erde liegen, auch als die beiden Moskauer gegangen waren«, fuhr Rachel fort. »Es wurde Abend, ich weinte und streichelte und küßte ihn. Mein erstes Streicheln und Küssen. Ich war vierzehn und er etwa zwölf. Er hat nicht geweint.«

Lisi wagte kaum, die alte Frau anzuschauen. Sie saß da, den Blick in die Ferne gerichtet. »Ich habe ihn gefragt, ob er mit Tova und Jizchak reden werde, und er sagte: ›Nein‹. Und dann bat er mich, alles zu vergessen, was wir gehört hatten. ›Wieso vergessen?‹ sagte ich. ›Er gehört doch dir, der Boden gehört dir.‹ Er widersprach: ›Nein, mein Vater hat ein Testament gemacht, und mein Vater hat gewußt, was er tat.‹ Ich verstand ihn nicht. ›Aber du hast doch gehört, was sie gesagt haben!‹ rief ich. ›Jizchak und Tova haben deinen Boden gestohlen!‹ Aber er blieb stur. ›Mein

Vater wollte, daß Tova und Jizchak seine Erben sind. Damit ich ein Zuhause habe.‹ Ich mußte ihm schwören, nie jemandem ein Wort von dem zu sagen, was wir gehört hatten. Ich sollte die Sache einfach vergessen. Tova und Jizchak waren alles, was er auf der Welt hatte, und er wollte sie nicht auch noch verlieren. Aber ich war verliebt, und mein Gerechtigkeitsgefühl ließ mir keine Ruhe. Und jedesmal, wenn wir uns trafen, nur wir zwei, verlangte ich von ihm, etwas zu unternehmen, um den Diebstahl rückgängig zu machen. Wir flohen nachts in den Dschungel, verrückt vor Liebe, und ich stachelte ihn auf, sich zu rächen, ich redete ihm ein, er müsse sich an den einzigen Menschen rächen, die ihm geblieben waren. Heute weiß ich, daß ich ihn damit kaputtgemacht habe. Ich habe ihn dazu gebracht, diejenigen zu hassen, die er liebte. Auch mich hat er am Schluß gehaßt. Der Boden ist zum Symbol von allem geworden, was hätte gut sein können und kaputtging. Wegen des Bodens war sein Vater weggegangen. Wegen des Bodens hatte ihn seine Mutter verlassen, wegen des Bodens hatte er keine Familie, wegen des Bodens verlor er seine Adoptivfamilie und zuletzt auch mich. Die einzigen Menschen, die gut zu ihm waren, waren auch die einzigen Menschen, die schlecht zu ihm waren. Diese Verletzungen, die man ihm auf dem *Sargon*-Gelände zugefügt hat, sind nur eine kleine Schaufel Erde auf sein Grab. Als Jigal Migdal verließ, ging auch Oved. Als Jigal sich in Be'er Scheva niederließ, tat Oved das auch. Und er wartet. Sitzt da und wartet. Er weiß selbst nicht, worauf. Auf seine Mutter, auf Trost, auf Rache. Auf eine Erklärung. Seit seinem dritten Lebensjahr wartet er auf eine Erklärung.«

Die alte Frau drückte einen Moment lang das Gesicht ins Kissen, dann fuhr sie fort: »Als Tova, Jigals Mutter, starb, ging er nicht zu ihrer Beerdigung. Es stellte sich heraus, daß sie Oved in ihrem Testament Geld hinterlassen hatte. Ungefähr dreißigtausend Schekel. Nach den sieben Trauertagen war Jizchak ein paar Tage bei Jigal und Ruthi in Be'er Scheva. Er besuchte Oved in seinem Autobus und nahm Lejser mit. Vielleicht hatte er Angst, allein zu gehen. Er gab Oved das Geld, das Tova ihm hinterlassen hatte, und versuchte ihn zu überreden, in eine normale Wohnung in der Stadt zu ziehen. Oved weigerte sich. ›Es gibt ein Gesetz, und es gibt einen Richter‹, sagter er zu Jizchak und deutete hinauf zum Himmel. Lejser hat mir erzählt, Jizchak wäre kreideweiß geworden, und sein Erschrecken hätte Oved offenbar Spaß gemacht. ›Hast du vielleicht geglaubt, ich wüßte es nicht?‹ fragte er Jizchak. Mein Bruder verstand nicht, worum es ging. Ich habe es ihm erzählt. Nach über sechzig Jahren brach ich das Versprechen, das ich Oved gegeben hatte, und erzählte Lejser, was wir im Dschungel gehört hatten, als wir Kinder waren.«

Rachel schwieg. Sie war sehr müde. Lisi goß etwas kalten Kaffee aus dem Finjan in ihre Tasse. »Hier, trinken Sie.«

Rachel nahm die Tasse mit zittriger Hand und führte sie zum Mund. Auch ihr Kopf zitterte. Vielleicht sollte sie sich lieber hinlegen, dachte Lisi, vielleicht sollte ich ihr das vorschlagen. Doch sie tat es nicht.

»Wo ist seine Hütte?« fragte sie vorsichtig.

Rachel erwachte aus einem Traum. »Seine Hütte? In der Plantage. Sie können sie vom Fenster aus sehen.«

Lisi stand auf, ging zum Fenster und schaute zu den Bananenpflanzungen hinüber.

»Dort haben sie gewohnt, die beiden Familien«, sagte Rachel, »bevor sie ihre Häuser gebaut haben. Ein Zimmer, ein Klo und ein Lehmherd im Hof. Später wurde es Oveds Hütte. Bis heute nennen wir sie so, Oveds Hütte. Unsere Kinder haben manchmal mit ihren Freunden dort geschlafen. Vor Pessach mache ich immer sauber, aus Gewohnheit. Er war schon vierzig Jahre nicht mehr hier.«

»Was ist in der Hütte?« erkundigte sich Lisi.

Rachel hob die Schultern. »Eine Matratze, eine Kommode. Geruch nach Verlassenheit.«

Lisi zögerte, dann fragte sie: »Könnte ich sie mir vielleicht mal ansehen?«

»Es gibt nicht viel zu sehen«, meinte Rachel. »Wie heißen Sie?«
»Lisi.«

»Hören Sie, Lisi«, sagte Rachel. »Oved Hanegbi hat niemanden umgebracht, er bringt höchstens sich selbst um.«
Lisi nickte. »Ich weiß.«
Rachels Stimme wurde zu einem Flüstern. »Wenn ihm, Gott behüte, etwas passiert, werden Sie es mir sagen?«
»Ja«, versprach Lisi. »Wollen Sie ihn nicht besuchen?«
»Nein«, sagte die alte Frau.

Lisi machte es sich auf dem Sitz bequem und stellte das Radio an. Sie hatte drei Stunden Autofahrt vor sich. Aus dem Radio erklangen hebräische Lieder aus den Gründerjahren des Staates, und sie fragte sich, ob es wieder irgendwo einen Anschlag gegeben hatte.

Als sie Haifa gerade hinter sich gelassen hatte, klingelte ihr Handy. Es war Gedalja Arieli, der Mann mit dem Charme und der Liebenswürdigkeit einer vertrockneten Zitrone. Er bellte: »Badichi!« Lisi hatte das Gefühl, er sei jedesmal dem Ersticken nahe, wenn er gezwungen war, sie anzurufen.
»Wo sind Sie?« fragte er.
»Auf dem Weg nach Hause.«
»Wo?«
»In der Nähe von Haifa.«
»Machen Sie einen Ausflug?«
»Einen Artikel über fünfzig Jahre Be'er Scheva.«
»Deswegen sind Sie in den Galil gefahren?«
Lisi hielt das Handy etwas vom Ohr weg. »Ja, ich habe Leute interviewt.«
»Eroberer von Be'er Scheva, die sich im Galil niedergelassen haben?« Seine Stimme paßte einfach nicht zu den Liedern aus dem Radio.
»Leute, die den Galil verlassen haben und heute in Be'er Scheva wohnen«, sagte Lisi.
»Wir haben einen Reporter im Norden!« bellte er.
»Er wird aber nicht für mich den Artikel über Be'er Scheva schreiben«, widersprach Lisi.

Wut erstickte seine Stimme. »Ich habe die Schnauze voll davon, mir ständig Beschwerden anzuhören.« Und plötzlich brüllte er: »Sigalit!«, vermutlich eine der Sekretärinnen. »Wo ist der Bericht von der Militärpolizei?« Dann, keinen Ton leiser, wandte er sich wieder an Lisi: »Möchten Sie etwa, daß Gidi Schneller nach Be'er Scheva kommt und dort Leute interviewt, ohne Ihnen einen Pieps zu sagen? Was für ein Gesicht würden Sie machen, wenn Sie hören würden, daß ein Reporter der *Zeit* in Be'er Scheva Nachforschungen anstellt, ohne daß Sie davon wissen? Das ist nicht kollegial!« Mit diesen Worten wurde der Hörer wieder einmal aufgeknallt.

Kollegial! Ausgerechnet Arieli mußte das sagen. Der hatte doch keine Ahnung, was das Wort bedeutete. Lisi kochte. Der Regen, der inzwischen eingesetzt hatte, wurde heftiger, was sie als beruhigend empfand. Sie kroch hinter einem großen Lastwagen her, und immer wieder streifte Scheinwerferlicht die schmutzigen Fenster ihres *Justy*. Im Radio sangen sie: »Er kannte ihren Namen nicht…« Lisi sang mit und versuchte, auf keinen Fall an Arieli zu denken. Und plötzlich trat ein breites Lächeln in ihr Gesicht. Sie wußte, wer der Bräutigam war, der unbekannte Tote. Oder sie glaubte es wenigstens zu wissen. Dank Arieli!

Als sie die Vororte von Tel Aviv verlassen hatte, rief sie Ilan an. »Wie geht es dem Propheten?« fragte sie.

Ilans Stimme war die Erleichterung anzuhören. »Er ist zu sich gekommen. Süße, Gott sei Dank. Er ist bei Bewußtsein. Aber man kann noch nicht mit ihm reden.«

»Habt ihr es versucht?«

»Ja, ein bißchen. Zwei Minuten. Mehr erlauben die Ärzte nicht.«

»Ich würde nur eine Minute brauchen, Ilan, Süßer«, sagte Lisi.

»Da wirst du noch ein paar Tage warten müssen.«

Lisi wechselte das Thema. »Hast du das mit dem Radio nachgeprüft, Schätzchen?«

»Von was für einem Radio redest du?«

»Du weißt genau, was für ein Radio! Um so viele Gefälligkeiten habe ich dich nicht gebeten. Du hast versprochen, herauszufinden, ob die Nachricht vom Mord und vom Anschlag auf den Propheten noch am selben Tag im Radio durchgegeben worden ist.«

»Ich habe dir doch gesagt, daß das die Sache des Radiosprechers ist«, wehrte Ilan ab.

»Gerade deshalb habe ich dich doch gebeten, du sollst nachfragen«, sagte Lisi vorwurfsvoll.

»Du kannst dich doch selbst beim Radio erkundigen«, sagte Ilan.

»Danke für den Tip«, sagte Lisi patzig. »Warte nur, dich werd' ich noch einmal in irgendwas einweihen!«

»Lisi«, flehte Ilan, »ich habe noch andere Sachen zu erledigen außer deinem Radio.«

»Aber das ist wichtig«, drängte Lisi.

»Alles ist wichtig. Benzi sitzt mir im Nacken. Lisi, Schätzchen, ist was passiert?«

»Was?«

»Fang nicht an mit deinem ewigen ›Was, was‹«, sagte Ilan. »Wo bist du?«

»Kläre für mich die Sache mit dem Radio, sonst nichts«, sagte Lisi und unterbrach die Verbindung. Dann rief sie in der Redaktion an. Aber niemand hob ab. Wenn die Zeitung soweit fertig war, verschwanden sowohl Schibolet als auch Dorit. Schibolet plante wieder eine Reise, diesmal nach Südamerika, mit ihrem neuen Freund, dem Bademeister vom Schwimmbad des Country-Clubs. Lisi war immer wieder erstaunt, wie leicht Schibolet und Dorit mit Beziehungen umgingen. Erst die große Liebe, die große Begeisterung, dann die Gewohnheit – und ein neuer Freund. Eine Beziehungstechnik, die sie nicht verstand. Vielleicht hatte es mit Hormonen zu tun.

Sie rief in der Druckerei an. Prosper arbeitete noch. »Prosper, Süßer, tu mir einen Gefallen«, bat Lisi. »In der Redaktion ist kein Mensch, und ich bin noch auf der Straße von Tel Aviv nach Be'er Scheva. Hast du nicht irgendwo ein altes Telefonbuch?«

»Was brauchst du?« fragte Prosper.

»Eine Adresse«, sagte Lisi. »Such mir die Adresse von Lejser beziehungsweise Elieser Kinerti.«

»In Be'er Scheva?«

»Ja.«

»Einen Moment.«

Lisi mußte nicht lange warten, kurz darauf kam Prosper wieder ans Telefon. »Katurastraße 6, Wohnung 3«, sagte er. »Irgendwo im Sechsten Bezirk.«

»Danke, Süßer«, sagte Lisi. »Ist die Zeitung fertig?«

»Ja. Wir haben eine ganze Seite Anzeigen und Stellenangebote bekommen, ich mußte alles neu zusammenstellen.«

»Wo ist Dahan?« fragte Lisi.

»Wo Dahan ist?« rief Prosper Parpar. »Ich soll wissen, wo Dahan ist? Der füttert wahrscheinlich irgendwo ein armes Waisenmädchen!«

»Nur die Ruhe«, sagte Lisi, »auf Wiedersehen.«

11

Lisi fuhr die Präsidentenallee entlang und bog in die erste Seitenstraße nach links ab, das war die Katura, eine kleine Straße mit dichten hohen Wohnblöcken aus den späten fünfziger Jahren, alle mit kleinen Vorgärten und großen Hinterhöfen. Auf dem Briefkasten der Wohnung 3 im Haus Nummer 6 stand der Name »Katschak«.

Lisi klopfte an eine andere Tür im ersten Stock. Ein alter Mann öffnete einen Spalt, ließ jedoch die Sicherheitskette eingehängt.

»Ich suche Kinerti«, sagte Lisi. »Man hat mir gesagt, daß er hier wohnt, aber ich finde ihn nicht.«

Aus der Wohnung kam die Stimme einer Frau. »Wer ist es, Jehoschua?«

»Jemand sucht Kinerti!« rief der Alte nach hinten gewandt.

»Mach ja nicht auf!« schrie die Frau.

»Ich mache nicht auf«, versicherte ihr der Mann lautstark, und zu Lisi sagte er: »Kinerti ist gestorben, schon vor ein paar Wochen.«

»Oh, das ist aber schade!« rief Lisi. »Ich wollte ihm etwas für seinen Sohn ausrichten. Das tut mir wirklich leid, das habe ich nicht gewußt. Wohnt sein Sohn jetzt in der Wohnung?«

»Er hat die Wohnung verkauft, noch bevor sein Vater gestorben ist«, sagte der Alte verächtlich. »Jetzt wohnen Russen darin.«

»Meinen Sie, die wissen die Adresse von dem Sohn?« fragte Lisi.

Er schüttelte den Kopf. »Das glaube ich nicht. Es ist eine Frau mit einem kleinen Kind, eine Neueinwanderin.« Der Alte drehte den Kopf und rief sehr laut in die Wohnung: »Rochele, weißt du vielleicht, wo man Kinertis Sohn finden kann?«

»Er ist in Deutschland«, erwiderte die Frau mit viel zu lauter Stimme, vermutlich war sie schwerhörig. »Mach ja die Tür nicht auf, Jehoschua.«

»Ich mache nicht auf!« brüllte der Alte wütend zurück, dann wandte er sich wieder Lisi zu. »Er hat seinen Vater in ein Altersheim in Netanja abgeschoben, hat die Wohnung an diese Russin verkauft und ist nach Deutschland zurückgefahren.« Er schüttelte den Kopf und fügte mißbilligend hinzu: »Ein Wunder, daß er überhaupt zur Beerdigung hergekommen ist.«

»Wer könnte denn wissen, wo ich ihn finden kann?« fragte Lisi.

»Keine Ahnung«, sagte der Alte. »Er hat bei seiner Mutter gewohnt, in Deutschland, nehme ich an. Sie ist vor ein paar Jahren gestorben, die Mutter.«

»Der Kinerti, den ich suche, ich meine den Sohn, der war bei der Militärpolizei«, sagte Lisi.

Der Alte hob die Hand. »Ach, das war noch vor der Sintflut.«

»Erinnern Sie sich daran, daß er bei der Militärpolizei war?« fragte Lisi schnell.

Der Alte war gesprächig. »Er war nicht lange dort. Man hat ihn zur Militärpolizei einberufen, und kurz darauf ist er verschwunden. Ich glaube, er ist desertiert. Sind Sie Gerichtsvollzieherin?«

Lisi schüttelte den Kopf. »Nein, ich bin eine Freundin von Bekannten von ihm. Sie haben mich gebeten, ihm etwas auszurichten.«

Er grinste. »Wenn ich nur so viele Zähne im Mund hätte wie viele Male ihn der Gerichtsvollzieher gesucht hat. Er hat seinen Vater umgebracht.«

»Je-ho-schu-a!« schrie die Frau.

»Entschuldigen Sie.« Jehoschua schloß mit heftiger Bewegung die Tür, gleich darauf war sein Gebrüll zu hören: »Ich komme! Ich komme!«

Lisi notierte sich, daß sie unbedingt einmal einen Artikel über alte Leute schreiben mußte, die Angst davor hatten, ihre Wohnungstür zu öffnen, wenn jemand klingelte. Die Überschrift würde »Alter unter Verschluß« oder »Belagerungszustand Alter« lauten.

Sie fragte sich, wie Luba zur Wohnung Eitan Kinertis gekommen war, denn dieser Eitan auf dem Foto mußte der Sohn Lejser Kinertis gewesen sein. Sie wollte unbedingt mit der Russin sprechen, bevor ihre Schwäger Benzi und Ilan das taten. Sie würden sehr freundlich zu der Frau sein, wenn sie ihnen Informationen lieferte, und würden sie wie eine Aussätzige behandeln, sollte sie versuchen, ihnen Informationen vorzuenthalten.

Lisi fuhr zum Supermarkt in der Präsidentenallee. Am Regal mit Babynahrung wählte sie ein paar Gläschen aus, auf denen »ab sechs Monaten« stand, und kaufte dann sicherheitshalber noch eine Packung *Pampers*.

Batscheva öffnete sofort nach dem ersten Klingeln. Sie trug Alona auf dem Arm, und als sie Lisi sah, sagte sie: »Ach, du bist's.«

»Was hast du denn geglaubt, wer es ist?« fragte Lisi und trat ein.

»Luba«, sagte ihre Mutter. »Sie muß gleich da sein. Was hast du da mitgebracht?«

»Ein bißchen was für die Kleine«, antwortete Lisi. Sie ging in die Küche und packte die Sachen aus der Tüte. Batscheva lachte und sagte: »Lisette, Lisette.« Dann erklärte sie Alona in Babykauderwelsch: »Tante Lisette. Tante Lisette. Schau, was Tante Lisette Alona mitgebracht hat.«

»Dir wird der Rücken weh tun, wenn du sie den ganzen Tag herumschleppst«, bemerkte Lisi.

»Er tut mir schon weh«, gab ihre Mutter zu. »Hier, nimm sie ein bißchen, wir gehen ins Wohnzimmer.«

Ihre Nichten waren schon groß, zehn und zwölf Jahre alt, und der kleine Körper, der sich mit einer solchen Natürlichkeit an sie schmiegte, die Arme, die sich zärtlich um ihren Hals schlangen, das weiche Gesicht, das sich an ihre Wange drückte, rührten Lisi.

»Ich habe nicht gewußt, was ich kaufen soll«, erklärte sie ihrer

Mutter verlegen. »Also habe ich Gläser genommen, auf denen ›ab sechs Monaten‹ steht.«

»Sehr gut, ganz wunderbar«, lobte Batscheva. «Ich habe Suppe für sie gekocht, wie ich es für euch und die Mädchen immer gemacht habe, aber die Kleine will keine Suppe. Sie ist an Gläser gewöhnt. Und weißt du, was sie besonders gern mag?« Sie lächelte das Kind an, und ihre Stimme bekam wieder den zwitschernden Ton: »Was ißt Alona gern? Was ißt sie gern? *Bamba! Bamba!*«

»Das hätte gerade noch gefehlt, daß du anfängst, für sie zu kochen«, sagte Lisi.

»Lisette!«

Lisi reagierte nicht auf den vorwurfsvollen Ton in der Stimme ihrer Mutter. «Ist sie am Schabbat zu Hause bei ihrer Mama?«

Batscheva ließ sich in einen Sessel sinken. »Selbstverständlich. Und montags auch, Luba arbeitet montags nicht. Da ist der Friseursalon nur den halben Tag geöffnet, deshalb haben sie ihr freigegeben, damit sie mit ihrem Kind zusammensein und alles mögliche erledigen kann. Sie kriegt auch abends immer eine Stunde eher frei. Um sechs, obwohl sie erst um sieben zumachen. Sie sind wirklich in Ordnung, Dona und Michele.«

Lisi setzte sich ebenfalls, die Kleine noch immer auf dem Arm. »Bringst du ihr das Kind eigentlich abends nach Hause?«

Ihre Mutter schüttelte den Kopf. »Nein, Lisette, ich bringe sie ihr nicht, sie kommt und holt sie. Sie badet sie zu Hause, sie gibt ihr abends die letzte Flasche vor dem Einschlafen und morgens die erste nach dem Aufwachen. Meinst du, es ist leicht, das Baby jeden Morgen mit dem Autobus herzubringen, mit zweimal Umsteigen, und den ganzen Weg abends wieder zurück?«

»Warst du schon mal bei ihr zu Hause?« fragte Lisi beiläufig.

Batscheva nickte. »Ja. Die Wohnung ist in Ordnung. Es gibt einen Kühlschrank, eine Klimaanlage und einen Gasherd. Sie hat sogar einen Fernseher.«

»Und was ist mit der Hypothek?« fragte Lisi. »Bezahlt sie die von dem, was sie im Friseursalon verdient?«

»Nein«, sagte Batscheva. »Die Wohnung gehört ihr ganz. Ihr Mann hat sie gekauft.«

Lisi blickte ihre Mutter an. »Es ist die ehemalige Wohnung von Lejser Kinerti. Hast du Lejser Kinerti gekannt? Er war der Leiter vom Zentrum für Kultur, Jugend und Sport.«

»Zentrum für Kultur, Jugend und Sport!« rief Batscheva. »Wer hat denn Zeit für so etwas? Wie hätte ich ihn kennen sollen? Woher weißt du eigentlich, wem ihre Wohnung früher gehört hat?«

Lisi zuckte mit den Schultern. »Ich habe es von irgend jemandem gehört.«

»Lisette«, sagte ihre Mutter. »Du brütest doch etwas aus. Ich kenne dich. Wieso bist du plötzlich daran interessiert, von wem ihr Mann die Wohnung gekauft hat?«

»Ich brüte gar nichts aus«, wehrte Lisi ab. »Wieso regst du dich schon wieder auf? Ich habe dich doch nur was gefragt.«

»Du solltest dich freuen, daß sie überhaupt eine Wohnung hat«, bemerkte ihre Mutter. Der strafende Ton in ihrer Stimme war nicht zu überhören.

»Ich freue mich ja!« rief Lisi. »Sonst würde sie auch noch bei dir wohnen.«

Batscheva bedachte ihre Tochter mit einem ernsten Blick. »Der Unterschied zwischen dir und mir ist«, erklärte sie, »daß ich einmal in der Situation war, in der sich Luba jetzt befindet. Neu ins Land gekommen, ohne Sprachkenntnisse, ohne Familie, ohne Beruf, ohne Freunde, aber mit kleinen Kindern. Alles wird zu einem schwierigen Unternehmen. In welchen Bus man einsteigt, wie man den Herd anmacht, wie man auf hebräisch ›Mehl‹ oder ›Hustensaft‹ sagt. Das ist keine spannende Geschichte für die Zeitung. Da geht es einfach nur um einen Menschen, der versucht, sein Leben zu meistern. Alona ist ein liebes Kind.« Sie beugte sich vor, tippte abwechselnd mit zwei Fingern auf den Bauch des Kindes und sagte: »Wer ist lieb? Sag, wer ist lieb?« Die Kleine strahlte und streckte die Arme aus. Batscheva nahm sie auf den Schoß.

»Wann ist ihr Mann abgehauen?« fragte Lisi.

Ihre Mutter blickte sie erstaunt an. »Woher weißt du das?«

»Von Dona und Michele«, sagte Lisi. »Sie haben mir erzählt, daß er abgehauen ist und ihre Papiere mitgenommen hat. Deshalb könne sie keine Unterstützung bekommen.«

Batschevas Gesicht bekam einen abweisenden Ausdruck. »Das ist wirklich nicht schön, daß sie hinter ihrem Rücken tratschen.«

»Sie haben gedacht, ich wüßte das«, sagte Lisi, »weil Alona bei dir ist und weil du Luba hilfst. Hat er seine Tochter überhaupt noch gesehen?«

»Nein, er ist noch vor der Geburt verschwunden.«

»Ist die Kleine auf seinen Namen eingetragen?« fragte Lisi.

Ihre Mutter hob erstaunt den Kopf. »Was meinst du mit eingetragen?«

»In der Geburtsurkunde«, sagte Lisi. »Steht sein Name in der Geburtsurkunde?«

»Ja, natürlich. Ich nehme es jedenfalls an. Sie hat den gleichen Familiennamen wie Luba. Katschak.«

»Ist die Wohnung auch auf den Namen des Kindes eingetragen?«

Batscheva schüttelte irritiert den Kopf. »Was? Keine Ahnung, Lisette. Ich nehme es nicht an. Sie war noch nicht geboren, als er die Wohnung gekauft hat. Was für Fragen du stellst. Tut es dir etwa leid, daß sie nicht auf der Straße sitzt und bettelt?« Der letzte Satz klang bereits ziemlich aufgebracht.

»Nein, natürlich nicht«, erwiderte Lisi beschwichtigend. »Warum sollte ich das denn wollen?« Sie beherrschte sich und sagte ihrer Mutter nicht, daß ihr nur eine Sache leid tat, nämlich daß sie nicht wußte, wie die Wohnung von Eitan Kinerti, dem toten »Bräutigam«, in Lubas Hände geraten war. Früher oder später würde sie diese Information mit ihren Schwägern teilen müssen. Und dann würde ihre Mutter noch wütender auf sie werden, als sie es jetzt war.

12

Als sie zu Benzi sagte, ihrer Meinung nach sei der unbekannte Tote der Sohn von Lejser Kinerti und daß sie sein Foto bei Rachel Norberg, Lejsers Schwester, gesehen hatte, die in Migdal wohne, ließ er auf der Stelle einen Haufen Befehle los und jagte sie aus seinem Büro.

Roni lag wieder auf der Bank im Eingangsbereich, gegenüber von Tante Malkas Podest. Einer seiner Stiefel war zu Boden gefallen, das Gesicht hatte er sich mit einer Zeitung zugedeckt. Lisi riß die Zeitung weg, und er schlug die Augen auf.

»Ich hab' was für dich«, sagte sie. »Komm, essen wir was im Kiosk.«

Er richtete sich auf. »Du willst mich wohl vergiften.«

»Ich kenne ein gutes Lokal in Aschkelon«, sagte Lisi. »Das *Escopia*. Der Besitzer ist selbst Koch, das Restaurant gibt es schon seit vielen Jahren.«

Roni Melzer ächzte und rieb sich die Augen. »Das ist endlich mal ein vernünftiges Wort. Seit den Happen im *Luzerne* habe ich den Geschmack von verbrannten Haaren im Mund.«

»Aber ich steige nicht auf dein Motorrad«, verkündete Lisi kategorisch.

»Und ich fahre nicht mit deinem Schrottauto.«

»Dann fährst du mir eben hinterher.«

Er griff nach seinem Stiefel. »Na gut, ich glaube, ich fahre doch mit deinem Schrottauto.«

»Ich erwarte dich in einer Stunde«, sagte Lisi.

»Nava Faktori besaß Grund und Boden in Migdal«, sagte Lisi zu Roni. »Das Land wurde vor anderthalb Jahren verkauft, an einen gewissen Jehuda Kornfeld, und vor einem halben Jahr ging es in die Hände der Nationalbankfiliale in Tiberias über, die eine Hypothek dafür ausgestellt hatte. Übrigens, auch Eldad und Avischaj besitzen Grund in Migdal.«

Dann lieferte Lisi ihm einen ausführlichen Bericht von ihrem Besuch bei Rachel Norberg samt Intermezzo im Büro der Gemeindeverwaltung und was sie dabei über Oved Hanegbi erfahren hatte.

»Auf dem Klavier in Rachel Norbergs Zimmer standen Familienfotos. Eines davon zeigte einen jungen Militärpolizisten. Er kam mir bekannt vor, aber ich wollte nicht nach ihm fragen. Sie sagte, ihr Sohn sei im Sinaifeldzug gefallen, und ich fürchtete, es könnte er gewesen sein. Als ich dann im Auto saß, auf der Rückfahrt, rief mich mein Chefredakteur aus Tel Aviv an, und mitten im Gespräch brüllte er, man solle ihm irgendein Papier bringen, das mit der Militärpolizei zu tun hatte. Plötzlich dachte ich, wenn dieser junge Mann auf dem Foto bei der Militärpolizei war, kann es wohl kaum derselbe sein, der im Sinaifeldzug gefallen ist. Und dann fiel mir ein, warum mir sein Gesicht so bekannt vorgekommen ist. Zwanzig Jahre jünger, in die Kamera lächelnd, trotzdem dasselbe Gesicht. Ich zählte also zwei und zwei zusammen und kam zu dem Schluß, daß es der Sohn von Lejser Kinerti, Rachel Norbergs Bruder, sein müßte. Ich ging zu Benzi und sagte es ihm. Er freute sich sehr und hat mich rausgeworfen.«

»Und deshalb hast du beschlossen, mit mir zu reden«, stellte Roni Melzer fest.

Lisi schaute an ihm vorbei zur Tür. »Ich weiß, daß du dich für Jehuda Kornfeld interessierst.«

Sie konnte sein unverschämtes Grinsen aus den Augenwinkeln sehen. »Du hast also beschlossen, nett zu mir zu sein«, feixte er.

»Sagen wir mal so«, sagte Lisi und blickte ihn direkt an. »Ich biete dir das Ende eines Fadens. Fang an zu arbeiten. Und gib mir Prozente.«

»Von was?« fragte er.

»Von dem, was du herausfindest. Teile mit mir, so wie ich mit dir teile.«

»Was gibst du mir?« Er hob den Kopf und betrachtete sie mit einem verschmitzten Lächeln.

Sie saßen im *Escopia*, dem französischen Restaurant in Aschkelon. Silbermann, der Besitzer, hielt sich, wie es seine Art war, diskret in einiger Entfernung auf. Außer dem wirklich hervorragenden Essen, das er ihnen nun servierte, war das einer der vielen Vorteile des Lokals. An zwei anderen Tischen saßen Gäste, offenbar Touristen, die sich auf englisch unterhielten.

Lisi hatte sich die Haare gewaschen, Lidstrich aufgetragen, das schwarze Seidenjackett angezogen und sich sogar ein wenig von dem *Chanel Nr. 5* hinter die Ohren getupft, das sie von Tante Klara bekommen hatte. Roni trug sein zerknittertes Khakijackett und war unrasiert. Eine Weile saßen sie schweigend.

»Zu meinem Vater kommen faszinierende und mächtige Männer«, sagte Roni plötzlich. »Millionäre, die genausoviel Zeit und Kraft investieren, um Reichtum und Macht zu erlangen wie die armseligen Stinker, die Cheni Regev aufsuchen. Die einen bewundern die großen Macker und Geldhaie, die anderen alte Gangster, die Regenrinnen hochklettern. Aber die Energie, die sie einsetzen, um auf ihrem Gebiet zu Macht zu kommen, ist haargenau die gleiche.«

»Und du?« fragte Lisi. »Wie ist das bei dir?«

Er hob die Augenbrauen. »Bei mir ist es auch nicht anders.«

»Bist du deshalb Privatdetektiv geworden?«

Roni zuckte mit den Schultern. »Verbrecher mit weißer Weste interessieren mich nicht. Da findet das meiste in gut klimatisierten Räumen statt, bei französischem Cognac und Zigarren aus Kuba. Keiner von denen schwitzt nachts. Da ziehe ich Cheni Regev vor. Ihre Verbrechen haben wenigstens noch so etwas wie eine Berechtigung.«

»Kein Verbrechen hat seine Berechtigung«, widersprach Lisi. »Das ist arrogant. Jeder Mensch hat die Wahl.«

Wieder zuckte Roni mit den Schultern. »Erkläre mir doch mal, welcher Zusammenhang zwischen dem Mord an Kinerti junior und dem Mordversuch an Oved Hanegbi und dem Diamantenhändler Jehuda Kornfeld aus Ramat Gan besteht.« Er griff nach seinem Weinglas, nahm einen Schluck und schmatzte zufrieden mit den Lippen.

»Von Jehuda Kornfeld weiß ich nichts«, sagte Lisi.

»Was hat er mit dem Grundbesitz der Familie Tarschisch zu tun?« überlegte Roni laut. »Und warum verkaufen sie plötzlich? Und wieso ausgerechnet an Kornfeld?«

Lisi hob die Hände. »Ich habe keine Ahnung. Navas Brüder haben ihre Ländereien in Migdal nicht verkauft. Irgend etwas paßt da nicht zusammen.«

»Aber das *Sargon*-Gelände wollen sie doch verkaufen, oder?« fragte Roni.

»Die Strickwarenfabrik der Familie Tarschisch war ein sehr einträgliches Geschäft«, sagte Lisi. »Nach der Konferenz, wo die Gründung des High-Tech-Parks ›Free Production‹ beschlossen wurde, fing man an, die Fabrik herunterkommen zu lassen, um eine Schließung zu rechtfertigen. Die Tarschischs hätten keine staatliche Unterstützung dafür bekommen, daß sie einen erfolgreichen Betrieb mit fünfhundert Arbeitsplätzen schließen, nur um an der Vision vom neuen Mittleren Osten teilzuhaben. Das *Sargon*-Gelände ist Millionen wert. Sie bezahlen einen Haufen Steuern, weil der größte Teil des Grunds nicht genutzt wird. Von den knapp vierzig Dunam, die das Gelände umfaßt, gehören sieben Oved Hanegbi. Die Tarschischs haben vor, ihre Fabrik nach Jordanien umzusiedeln und sich dem Projekt ›Free Production‹ anzuschließen. Es könnte sein, daß es innerhalb der Familie Meinungsverschiedenheiten gibt. Ich hatte jedenfalls das Gefühl, daß Nava Faktori keine Lust hat, das *Sargon*-Gelände zu verkaufen, die ganze Geschichte ist also ziemlich seltsam. Auch Oved Hanegbi will nicht verkaufen. Oved ist der Stiefbruder von Jigal Tarschisch. Seine Eltern haben ihn als Kind aufgenommen, nachdem sein Vater gestorben und seine Mutter mit irgendeinem

Typen durchgebrannt war. Sie sind zusammen im Galil aufgewachsen, in Migdal.«

Lisi blickte Roni Melzer an. Er hörte aufmerksam zu, und sie fuhr fort. »Nach dem Zweiten Weltkrieg kauften Jigal und Oved das *Sargon*-Gelände, und seither ist Oved sozusagen ein Dorn in der Ferse der Tarschischs. Der Vater, Jigal Tarschisch, hat die entscheidende Goldene Aktie des Familienunternehmens zurückbehalten, zu dem außer *Sargon* auch noch andere Betriebe gehören, und die Ländereien, die er von seinen Eltern an verschiedenen Orten geerbt hat. Vor ein paar Jahren hat er das meiste, was er besaß, einschließlich *Sargon*, seinen Kindern überschrieben und hat ihnen zugleich die Leitung der Strickwarenfabrik übertragen. Eldad ist verantwortlich für die Entwicklung, Avischaj für die Produktion und Nava, die älteste, für den Vertrieb. Dajav Faktori, Navas Ehemann, ist Leiter vom städtischen Gartenbauamt und beschäftigt sich mit der lokalen Parteipolitik. Er kennt alle, und alle kennen ihn. Laut den Bedingungen des alten Tarschisch dürfen die Ehegatten seiner Kinder keine Teilhaber im Familienbetrieb werden, deshalb hat Dajav Faktori keine persönlichen Anteile an *Sargon*. Doch seine Beziehung zu dem Minister, der für das Projekt ›Free Production‹ zuständig ist, könnte der Familie sehr nützlich sein. Ich verstehe nicht, warum Nava gegen den Verkauf ist. Übrigens, am Morgen, als man die Leiche und den Propheten fand, veranstaltete Dajav Faktori eine Schießerei im *Blauen Pelikan*.«

Sie schwieg. Roni blickte sie nachdenklich an. »Glaubst du, daß da ein Zusammenhang besteht?«

Lisi zuckte mit den Schultern. »Ich weiß es nicht. Ich mag kein so zufälliges Zusammentreffen verschiedener Umstände.«

»Ich auch nicht«, sagte Roni. »Da gibt es noch etwas: Sie hat dich angelogen, als sie gesagt hat, sie habe von der Sache mit Oved Hanegbi im Radio gehört.«

Lisi riß die Augen auf. »Was?«

»Ich habe es nachgeprüft. Es kam an diesem Tag nicht in den Nachrichten.«

»Kannst du mir vielleicht sagen, warum sie mich hätte anlügen sollen?« fragte Lisi.

»Das weiß ich nicht«, antwortete Roni. »Warum wolltest du es eigentlich unbedingt herausbekommen?«

»Was?«

Roni lachte. »Ilan hat gesagt, du wärst viel gescheiter, als du aussiehst, und ich sollte mich ja nicht von deinem ›was‹ und ›aha‹ täuschen lassen.«

Lisi schwieg. Sie dachte kurz über dieses zweifelhafte Kompliment nach und beschloß dann, nicht beleidigt zu sein. Sie war schon seit Monaten mit keinem Mann mehr ausgegangen, warum sollte sie sich von so etwas den Abend verderben lassen.

»Es ärgert mich, daß sie Oved Hanegbi verdächtigen«, sagte sie schnell. »Er ist das Opfer! Sie haben sich auf ihn gestürzt, weil es bequem ist. Ich habe schon vor Wochen angefangen, über die Schließung von *Sargon* zu berichten. Mein Chefredakteur in Tel Aviv ist dagegen, daß ich über Wirtschaftsthemen schreibe. Eine so große Sache wie die ›Free Production‹ soll nach seinem Willen vom Wirtschaftsredakteur in Tel Aviv behandelt werden.«

»Gehört die Lokalzeitung der überregionalen *Zeit*?« fragte Roni.

Lisi nickte. »Ja. Gedalja Arieli, der Chefredakteur der *Zeit*, ist auch für die *Zeit im Süden* verantwortlich. Ich habe mit der Zeitung in einem kleinen, stinkigen Zimmer über dem Supermarkt angefangen, mit vier gedruckten Seiten. Maurice Dahan, der kaufmännische Leiter des Büros, arbeitet seit dem ersten Tag mit mir zusammen, und er hat, im Gegensatz zu mir, auch viel Geld bei der ganzen Sache verdient. Er ist verantwortlich für die Akquisition von Werbeanzeigen, und da liegt das Geld. Dorit, seine Tochter, ist unsere Fotografin. Ein tolles Mädchen. Sie hat mir erzählt, daß Dajav Faktori sich ab und zu für andere Frauen interessiert. Sie weiß von mindestens einem Fall, in den sich die Familie eingemischt hat. Sie haben dafür gesorgt, daß das Mädchen wegkommt, um den Hausfrieden wiederherzustellen. Ich erzähle dir das nicht, um zu tratschen. Ich erzähle einfach alles, was ich über die Leute erfahren habe, die im Umfeld von Oved Hanegbi und *Sargon* eine Rolle spielen.«

Roni nickte. »Ich kenne Gedalja Arieli, er ist mit meinen Eltern befreundet.«

»Gedalja Arieli ist mit niemandem befreundet«, widersprach Lisi. »Noch nicht mal mit Gedalja Arieli.«

Roni lachte. »Er gilt als kluger Kopf.«

Lisi verzog das Gesicht. »Auch Saddam Hussein ist ein kluger Kopf.«

Roni schwieg, dann fragte er plötzlich: »Was für einen Computer hast du?«

»Was?«

»Du hast mich schon verstanden.«

»Einen *Pentium 120, mit Windows 95*.«

Roni sah zufrieden aus. »Sehr gut. Ans Internet angeschlossen?«

Lisi nickte.

»Ich habe mein Motorrad vor deinem Haus stehen«, sagte Roni.

»Was?«

»Wenn wir zurück sind, spielen wir ein bißchen an deinem Computer.«

Lisi sah an ihm vorbei. »Ein legales Spiel?«

Er lachte. »Du wirst es niemandem verraten, und ich werde es niemandem verraten.«

»Und wenn dich jemand sieht, wie du bei mir ins Haus gehst?«

Er klappte sein großes Kinn herunter, sein viereckiger Mund verzog sich zum Lächeln eines alten Lüstlings, und er begann heftig zu schnaufen.

Lisi mußte lachen. »Du wirst meinen guten Ruf ruinieren. Die Leute werden sagen, daß ich mich an Minderjährigen vergreife.«

»Ich bin siebenundzwanzig!« protestierte er. »Weit entfernt von einem Minderjährigen.«

Lisi schaute ihn an und sagte: »Ich fühle mich wie deine Großmutter.«

»Großmutter, warum hast du so große Augen? Willst du mich fressen?«

Lisi beschloß, den Kanal, in den das Gespräch abglitt, zu wechseln. Solche Spielchen führten in Bereiche, wo man sich leicht Genick und Herz brechen konnte.

Sie bestellte Kaffee, Roni einen *Bacardi*, und bei dieser Gelegenheit lobte er Silbermann für das wunderbare Essen, das er ihnen serviert hatte. Silbermann lächelte, bedankte sich, brachte die Getränke und nahm dann wieder seinen Platz neben der Kasse ein. Für Aschkeloner Verhältnisse war es schon spät. Die beiden Tische, an denen die Touristen gesessen hatten, waren schon seit einer halben Stunde verlassen.

Roni nahm einen Schluck von seinem *Bacardi*. »Wie hast du dieses Lokal eigentlich entdeckt?«

»Ach«, sagte Lisi, »ich kenne es schon seit Jahren.«

Sie wollte nichts aus ihrem Leben erzählen. Nichts von dem Briefmarkenhändler, der sie zum ersten Mal ins *Escopia* gebracht und ihr den Unterschied zwischen Wein und Wein erklärt hatte, zwischen echter Armut und so tun als ob, zwischen Werben und sanftem Druck.

Durch ihn hatte sie die vielleicht härteste Erfahrung ihres Lebens gemacht, als sie entdeckte, daß dieser wunderbare Mann ein Betrüger war und daß sie trotz dieses Wissens bereit gewesen wäre, ihr Schicksal mit seinem zu verbinden, wenn er sie nur darum gebeten hätte.

Es war schon Mitternacht, als sie Be'er Scheva erreichten. Lisi betrachtete ihre stille Straße mit seinen Augen, die Bewässerungsgruben um die Bäume, in denen leere Getränkedosen lagen, die verwahrlosten Hauseingänge, in denen sich noch immer Sand häufte. In ihrem Haus hatte irgendeine gute Seele das Treppenhaus gekehrt, und in ihrem Stockwerk brannte endlich eine neue Birne in der Flurlampe.

Bevor sie zum *Escopia* gefahren war, hatte sie versucht, ein bißchen Ordnung in ihre Wohnung zu bringen. Sie hatte das schmutzige Geschirr abgespült, die Möbel abgestaubt, ein neues Handtuch im Badezimmer aufgehängt. Wäre es möglich gewesen, hätte sie auch die Polsterung von Sofa und Sesseln ausgetauscht. Sie sahen alt und abgewetzt aus.

Roni flegelte seinen langen Körper auf den Stuhl und schaltete den Computer ein. Er hackte auf der Tastatur herum und beobachtete die Reihen von Zeichen, die über den Bildschirm tanzten. Lisi war so aufgeregt, als nähme sie an einer Verschwörung teil. So muß sich ein Einbrecher fühlen, wenn er seinen Dietrich in ein fremdes Schlüsselloch steckt, dachte sie. Sie wußte, daß Roni Melzer ein Computerfreak war, einer von diesen Jungen, die in die bestgehüteten Dateien der Luftwaffe und des Geheimdienstes eindrangen.

»Ich muß unbedingt herausbekommen, welche Beziehung zwischen Jehuda Kornfeld und Kinerti junior bestand«, sagte Roni Melzer.

»Und ich will unbedingt etwas herausfinden, was Oved Hanegbi nützt«, sagte Lisi.

Roni hob den Kopf. »Kennst du jemanden, der im Grundbuchamt von Be'er Scheva arbeitet?«

Lisi schüttelte den Kopf. »Nein, vom Grundbuchamt kenne ich niemanden, aber ich kenne den Leiter vom Baureferat. Das Grundbuchamt gehört zu seinem Zuständigkeitsbereich.«

»Wie heißt er?«

»Schlomo Mintof«, sagte Lisi.

Roni grinste. »Hat er einen Computer in seinem Büro?«

Lisi zuckte mit den Schultern. »Ich war noch nie bei ihm, aber ich nehme es an. Diese Ämter sind doch alle vernetzt, oder?«

Roni starrte weiter auf den Bildschirm, während er sprach. »Wir werden herausfinden, wann er geboren ist, wann seine Frau und seine Kinder Geburtstag haben.« Sein Mund war leicht geöffnet, er sah aus wie ein kleiner Junge, der ein Flaschenschiff baut. Seine Finger waren lang und schön.

»Wozu brauchst du seinen Geburtstag?« fragte Lisi.

»Ich brauche den Code, um in seine Rechner zu kommen, und die meisten Leute wählen als Code irgendwelche Zahlen, die mit ihrer Familie zu tun haben.«

»Das ist ja schrecklich«, sagte Lisi kopfschüttelnd.

»Du kannst davon ausgehen, daß das, was wir anderen antun, sie uns auch antun.«

»Das ist es ja gerade, was mir angst macht«, nickte Lisi. »Werden sie uns nicht draufkommen?«

Wieder grinste Roni. »Hoffentlich nicht. Wenn du mich verrätst, werde ich nie mehr irgendwo einen Job bekommen. Deshalb kannst du dich auf meine Verschwiegenheit verlassen.«

Lisi war noch nicht ganz beruhigt. »Aber was ist, wenn es doch jemand herausfindet?«

»Erst will ich mal was herausfinden«, antwortete Roni. »Danach können wir uns um die anderen Dinge Sorgen machen. Du kannst schlafen gehen, Lisi, das hier wird noch eine Weile dauern.«

»Und wenn du mich brauchst?«

»Dann pfeife ich«, sagte er.

Lisi zögerte. »Möchtest du einen Kaffee?«

Er schüttelte den Kopf.

Dann streckte er plötzlich seine langen Beine aus, umklammerte ihre Knöchel mit seinen Stiefeln und zog sie näher zu sich heran. Sie war gezwungen, sich an ihm festzuhalten, um nicht hinzufallen. Sie spürte seine knochigen Schultern unter ihren Händen und verstärkte den Druck ihrer Finger. Seine langen Beine waren jetzt um ihre Oberschenkel geschlungen, er hob den Kopf und streifte mit den Lippen über ihr Gesicht, das über ihn gebeugt war. Mit einer leichten, schwebenden Berührung glitten seine Lippen über ihre Wimpern, ihren Hals. Sie hörte sein hastiges Atmen, spürte auf ihrer Haut den Hauch, der aus seinem Mund kam, roch seine Kleidung, seine Haare und eine Spur *Bacardi*. Er schob ihre schwarze Bluse hoch und legte seinen Kopf zwischen ihre großen Brüste, seine Hand streichelte ihren Rücken und schob sich in den Bund ihrer Hose. Der Stuhl fing unter ihnen zu schwanken an, und sie richteten sich beide auf, um nicht auf dem Boden zu landen. Lisi nahm ihn an der Hand und führte ihn in ihr Schlafzimmer.

13

Um sechs Uhr stand Lisi auf, um ins Badezimmer zu gehen, und fand Roni vor dem Computer. Seine Augen waren rot, er sah aus, als müsse er sich dringend rasieren, seine Haare waren wirr, sein Hemd zerknittert. Das Jackett lag auf dem Boden. Sie ging wortlos ins Badezimmer. Die Anwesenheit eines fremden Menschen, wenn man gerade die Augen aufgeschlagen hatte, war nicht sonderlich begeisternd. Das Alleinleben hatte trotz allem einige Vorteile. Dann ging Lisi in die Küche, bereitete zwei große Tassen Kakao und brachte eine davon Roni. Auch er wirkte nicht unbedingt wie jemand, der in aller Früh mit einem Lied auf den Lippen aufsteht.

»Hier«, sagte sie. »Du siehst aus, als kämst du gerade aus der Wäscheschleuder.«

»Danke für das Kompliment.«

»Hast du wenigstens ein bißchen geschlafen?« erkundigte sie sich.

Roni schüttelte den Kopf.

»Hast du was gefunden?«

Er schaute sie an. »Ja.«

Plötzlich fing er an zu lachen. Er sprang auf, streckte sich, umarmte Lisi und drückte ein paar schmatzende Küsse auf ihre Wangen, ihren Hals, ihre Lippen und ihre Augen. Der Kakao, den sie in der Hand hielt, spritzte über ihren Body und sein zerknittertes Hemd. Er hob seine Tasse, stieß mit ihrer an und rief: »Es lebe Schlomo Mintof!« Offenbar war das trübselige Aussehen, mit dem er sie empfangen hatte, nur Theater gewesen.

Lisi seufzte. Seine laute Stimme führte zu einer Reihe von Explosionen in ihrem Kopf, als wäre ihr Gehirn plötzlich zu einem Minenfeld geworden.

»Ich habe nicht das gefunden, was ich zu finden glaubte«, rief er. »Aber ich bin auf etwas höchst Interessantes gestoßen, glaube ich. Übrigens, der Code unseres Freundes Mintof besteht aus dem Geburtstag seiner ältesten Tochter. Zu diesem Anlaß sollten wir ihr eigentlich Blumen schicken.«

Lisi starrte ihn erstaunt an. »Wie hast du das herausgefunden?«

Er lachte. »Es ist besser, wenn du das nicht weißt. Als ich endlich drin war, wurde es ziemlich einfach.«

»Wie hast du das gemacht?« fragte Lisi störrisch.

»Was du nicht weißt, weißt du nicht.«

Lisis Stimme wurde nun auch lauter. »Roni! Was hast du gefunden?«

»Das Interessante ist, was ich nicht gefunden habe«, antwortete er. »Die Hunde haben nicht gebellt, mein teurer Watson.«

Ein breites Grinsen überzog sein Gesicht, er schob sein kantiges Kinn nach vorn, fuhr sich mit den langen Fingern durch die Haare, zupfte ein eingebildetes Stäubchen von seinem Hemd, wischte über die Kakaoflecken und spazierte zum Fenster, wobei er vergnügt vor sich hin sang: »Unser Auto, unser Auto ist groß und ist grün...« Dann stützte er die Arme in die Hüften und machte unter lautem Ächzen fünf Beugungen nach rechts und fünf nach links. Schließlich kam er zu ihr zurück, baute sich vor ihr auf wie ein Gockel in seiner ganzen Pracht und verkündete: »Nava Faktori besitzt keinen Grund und Boden.«

»Was?«

»Weder auf dem *Sargon*-Gelände noch in Migdal, noch in Rischon Lezion. Das sind die Orte, wo ihren Brüdern Grund gehört.«

Lisi ließ sich in einen Sessel sinken. »Ihr Vater hat seinen Söhnen Grundbesitz vererbt und der Tochter nicht? Das kann ich mir nicht vorstellen.«

Roni hob die Hand. »Halt mal. Sie hatte ja Grundbesitz, ein Drittel von allem hat ihr gehört. Aber jetzt gehört alles den Banken.«

»Seit wann?« fragte Lisi. »Und warum?«

»Vor anderthalb Jahren hat sie alles verkauft. Die Grundstücke wurden von den Banken gepfändet. Die Filiale der *Arbeiterbank* von Haifa besitzt ihren früheren Anteil am *Sargon*-Gelände, die Filiale der *Nationalbank* in Tiberias ihren ehemaligen Grund in Migdal und die Filiale der *Diskontbank* in Jerusalem schließlich ihren früheren Landbesitz in Rischon Lezion. Und jetzt frag bitte, an wen sie ihren Grund und Boden verkauft hat.« Roni lächelte, er war aufgeregt wie ein kleiner Junge bei einer Neujahrsfeier.

Lisi blickte ihn gespannt an. »Nun sag schon.«

»An Jehuda Kornfeld.«

»Du glaubst, er hat die Grundstücke mit den Diamanten bezahlt, von denen er behauptet, sie seien ihm gestohlen worden?« fragte Lisi.

»Der Verkauf hat jedenfalls erst stattgefunden, nachdem er den Diebstahl schon gemeldet hatte«, antwortete Roni. »Soviel ist sicher.«

Lisi nahm gedankenverloren einen Schluck Kakao. »Angenommen, die Diamanten wurden ihm nicht wirklich gestohlen, sondern er hat sie für die Grundstückskäufe gebraucht, dann bleibt trotzdem etwas unklar. Wieso wurden seine Papiere bei dem toten Eitan Kinerti gefunden?«

»Er hat behauptet, daß ihm eine Tasche mit Diamanten und seinen Papieren gestohlen wurde, und mein Auftrag lautet, herauszufinden, ob das stimmt.«

Lisi seufzte. »Auf jeden Fall gibt es irgendeine Beziehung zwischen der Leiche und den Grundstücken.«

Roni nickte. »Auf diesen Gedanken sind alle gekommen, einschließlich Benzi. Auch er ist nicht so dumm, wie er aussieht.«

»Benzi ist verdammt scharfsinnig«, sagte Lisi. »Laß dich da ja nicht täuschen. Hat er Jehuda Kornfeld getroffen?«

»Ja«, sagte Roni.

»Ich bringe ihn um«, brauste Lisi auf. »Ich bringe den Kerl um! Ich habe ihn jeden Tag angerufen. Er hat mich aus seinem Büro gescheucht wie eine lästige Fliege. Ich habe ihm die Leiche präsentiert. Zweimal. Einmal, als ich sie gefunden habe, und das zweite Mal, als ich ihm die Identität des Toten verriet. Beim nächsten Mal werde ich klüger sein.«

Roni lachte. »Wie stellst du dir das vor? Willst du die Leiche auf dem Speicher verstecken?«

Lisi zog die Brauen zusammen. »Wenn die Information, daß Nava keinerlei Grundbesitz hat, in der *Post* erscheint oder irgendwie zu Adolam kommt, dann verrate ich, wo sie herstammt.«

»Drohst du mir?« fragte Roni.

Lisi richtete sich auf. »Ja.«

Er blieb ungerührt. »Wenn du verrätst, wo die Information herkommt, landest du im Gefängnis. Zusammen mit mir. Ich habe nicht vor, mit irgend jemandem über meine Manipulationen mit Hilfe deines Computers zu reden. Ich werde doch nicht wegen irgendeinem jämmerlichen Diamantenhändler meine Zukunft aufs Spiel setzen. Ich habe wirklich kein Interesse, jemandem etwas zu verraten, egal wem.«

»Warst du auch bei diesem jämmerlichen Diamantenhändler?« fragte Lisi.

»Wann?«

»Als Benzi dort war.«

Roni nickte. »Und Ilan ebenfalls.«

»Den bringe ich auch um«, schimpfte Lisi. »Zwei Mistkerle sind das, meine Schwäger.«

Wieder lachte Roni. Er war sehr müde, trotzdem in ausgezeichneter Stimmung. Lisi hingegen war ausgeschlafen und deprimiert. Sie wußte, daß sie in diesem Augenblick einen Schatz in den Händen hielt, aber sie wußte auch, daß er ihr irgendwann aus der Hand gleiten würde. Je größer der Knüller war, desto größer war auch die Gefahr, daß er nicht mehr lange einer blieb. Und danach würden sich die Leute an die Geschichte erinnern, aber die fleißige und gescheite Reporterin, die alles aufgedeckt hatte, würde nicht am Ruhm teilhaben.

»Hast du vielleicht ein sauberes Hemd im Haus?« fragte Roni.

Sie schüttelte den Kopf. »Nein, du Angeber. Möchtest du ein Frühstück?«

Er grinste. »Jetzt spricht die Frau aus dir.«

Lisi blieb sitzen. »Aber erst mußt du mir noch erzählen, was du über Jehuda Kornfeld weißt.«

Roni machte es sich auf dem Sofa bequem. »Also: Diamantenhändler aus Ramat Gan. Dreiundfünfzig. Ist nach fünfundzwanzig Jahren aus Amerika zurückgekommen. Geschieden. Hat eine Freundin, die nicht bei ihm wohnt, ebenfalls geschieden, ihre Söhne reisen im Fernen Osten herum. Außerdem eine verheiratete Tochter in den Staaten. Er war noch nie in Be'er Scheva und kennt hier auch niemanden. Er leidet an irgendeiner tropischen Krankheit, die er bei einer Reise nach Hawaii aufgegabelt hat. Hat sich über das Gesundheitswesen in Israel beklagt. Benzi hat ihm das Foto von Eitan Kinerti gezeigt, er hat ihn nie im Leben gesehen.«

»Und wo hat man ihm die Diamanten geklaut?« wollte Lisi wissen.

»Das weiß er nicht«, antwortete Roni. »Er meint, vielleicht in einem Restaurant.«

»Was genau war in der Tasche?« fragte Lisi weiter. »Außer den Diamanten, meine ich.«

»Ein amerikanischer Paß, ein israelischer Paß, ein Personalausweis, ein amerikanischer Führerschein und ein israelischer Führerschein, Kreditkarten, ein Päckchen Schecks. Mittags ißt er meist im Speisehaus *Schnajder*, gleich neben der Börse. Kischkes, Knejdel, gefüllten Hühnerhals, Graupen...«

Lisi unterbrach ihn. »Das denkst du dir jetzt aus!«

»Stimmt.« Roni lachte. »Viele von den Händlern an der Diamantenbörse sind Orthodoxe, und eine Reihe von ihnen ißt bei *Schnajder*. Sie nehmen ihre Taschen oft mit, wenn sie irgendwohin gehen. Sie haben Angst, sie im Büro zu lassen. Jehuda Kornfeld hat uns von einem Freund in New York erzählt, der auf der Straße ein Brötchen mit Wiener aß, mit der rechten Hand, während seine Tasche an der linken festgebunden war, und die Diebe haben ihm die Hand samt der Tasche abgeschnitten.«

»Aua!«

»Wenigstens ist ihm die Wurst geblieben«, sagte Roni und grinste.

Als Lisi nicht antwortete, fügte Roni hinzu: »Ich habe vergessen, ihn zu fragen, ob sein Freund Rechtshänder ist.«

»Hör schon auf!« sagte Lisi.

Roni machte eine besänftigende Handbewegung. »Ich bin in der Diamantenbörse herumgelaufen und habe allen Leuten ein Foto des toten Kinerti gezeigt. Niemand kannte ihn. Wir haben auch in der Gegend nachgefragt, in der Kornfeld wohnt, beim Metzger, im Supermarkt, bei seinen Nachbarn. Fehlanzeige. Und jetzt mach uns ein Frühstück.« Er lächelte sie an. »Du bist sehr schön morgens. Warum schminkst du dich eigentlich?«

»Was?«

»Du bist schöner ohne Schminke. Und jetzt gehe ich duschen.«

Lisis Kühlschrank war leer, wie üblich. Im Gefrierfach fand sie ein halbes Paket Maiskörner und gefrorenes Fladenbrot. Im Gemüsefach lag eine einzige, einsame Tomate, weich, aber immerhin noch nicht angefault. Sie mischte die Maiskörner und die zerschnittene Tomate mit zwei Eiern und briet ein Omelett. Inzwischen ließ sie das Fladenbrot in der Mikrowelle auftauen und machte noch einmal zwei Tassen Kakao. Sie teilte das Omelett und das Fladenbrot in zwei Hälften und war sehr zufrieden mit sich.

Roni kam in die Küche, in Hosen, aber mit nacktem Oberkörper. Er hatte geduscht, seine Haare waren naß. Mit einem mißtrauischen Blick auf die beiden Teller fragte er: »Was ist das?« Er hatte eine knabenhafte, knochige Brust, auf der sich ein paar helle Löckchen vom Schlüsselbein bis hinunter zum verborgenen Nabel kräuselten. Auf seinem flachen, weißen Bauch prangten zwei kleine Leberflecken.

»Ich bringe dir ein Sweat-Shirt, damit du dich nicht erkältest«, sagte Lisi und biß sich sofort danach auf die Zunge.

Er wandte den Kopf und bemerkte ihre Verlegenheit. Wortlos griff er nach dem Tablett auf der Anrichte, stellte die beiden Teller und die Tassen darauf und ging ins Schlafzimmer. Dort stellte er das Tablett auf den Nachttisch und streckte sich auf dem Federbett aus. Lisi legte sich neben ihn, und er zog sie aus. Dann pickte er einzelne Maiskörner aus dem Omelett, drapierte sie um ihre großen Brüste und schmückte auch ihren Bauch damit. Als er sein kunstvolles Werk beendet hatte, holte er sich mit der Zunge ein Maiskorn nach dem anderen. »Hmmm, schmeckt gut«, murmelte er. Lisi fühlte, wie sich ihre Muskeln entspannten. Sie dehnte sich ihm entgegen, nahm ihn in sich auf und schloß ihre großen, starken Beine um ihn.

Sie duschten gemeinsam, etwas, das Lisi noch nie getan hatte. Der Boden und die Wände waren bald naß, und ihre Gestalten verschwammen vor dem dampfbeschlagenen Spiegel.

»Ich wollte heute nacht etwas essen und habe nichts gefunden«, sagte Roni. »Was für ein Glück.«

Lisi schaute ihn mit großen Augen an.

Er lachte. »Daß ich den Mais nicht gefunden habe.«

»Ich muß zum Supermarkt gehen«, sagte Lisi. »Ich kaufe wieder Mais.«

»Ich komme mit«, lächelte Roni. »Ich bin verrückt aufs Einkaufen.«

»Wie wirst du Benzi die Information über Nava Faktori verkaufen?« fragte Lisi. Sie nahm ein Handtuch und hielt Roni das zweite hin.

»Ich weiß es noch nicht«, sagte er und begann sich abzutrocknen.

»Du kannst ihm ja schlecht sagen, daß du mit Hilfe meines Computers draufgekommen bist«, meinte sie.

Er schüttelte die nassen Haare. »Natürlich nicht. Ich werde vorschlagen, daß beim Grundbuchamt kontrolliert wird, was der Prophet an Grund besitzt, und bei dieser Gelegenheit kann man ja auch die Eigentumsverhältnisse auf dem ganzen *Sargon*-Gelände mal unter die Lupe nehmen. Zu unserer großen Überraschung werden wir dann herausfinden, daß Nava Faktori nichts mehr besitzt.«

Lisi hängte das nasse Handtuch auf. »Ich muß unbedingt Oved Hanegbi besuchen«, sagte sie. »Meinst du, man läßt mich zu ihm hinein?«

»Er ist bei Bewußtsein«, sagte Roni. Er war schon fertig angezogen. »Willst du heute abend wieder im *Escopia* essen?«

Lisi wehrte ab. »Ich kann nicht jeden Tag dort essen, ich habe keinen reichen Vater.«

Er grinste. »Aber ich. Ich rufe dich heute nachmittag an.«

Roni ging. Die Tür fiel mit einem lauten Knall hinter ihm ins Schloß. Dann hörte Lisi ihn die Treppen hinuntergaloppieren. Sie konnte sich nur wundern. Er hatte die ganze Nacht nicht geschlafen und lief wie eine junge Antilope. Lisi trat mit ihrem Kakao ans Fenster. Als sie die Tasse erhob, sagte sie laut: »Tassen hoch, Kapitän, mit Gott sollst du ziehn, irgendwann, Kapitän, gibt's ein Wiedersehn.«

Sie sah Roni, wie er auf sein Motorrad stieg, den Motor anließ und mit lautem Geknatter davonbrauste, ohne sich noch einmal umzudrehen. Er war nett, angenehm, gescheit, und sie hatte sich wohl gefühlt mit ihm. Er hatte ihren Körper genossen, hatte sich Zeit gelassen, nichts überstürzt. Und er hatte ihr die Möglichkeit gegeben, seinen Körper zu genießen. Und wie schön das klang, dieses »Ich rufe dich heute nachmittag an«. Sie überlegte, wie viele Nachmittage sie wohl zusammen haben würden. Dann hast du eben ein kurzes Liebesabenteuer, bevor er wieder verschwindet, na und? dachte sie erbost und ging, wütend auf sich selbst, ins Badezimmer, um das Wasser aufzuwischen.

14

Roni hielt sein Versprechen und rief am Nachmittag an, allerdings nicht am selben Tag, auch nicht am Tag danach, sondern erst drei Tage später. Lisi hatte aufgehört, Lieder vom Wiedersehen zu singen, sie begnügte sich mit dem Refrain »Hauptsache ist, Hauptsache ist, wir haben keine Angst«.

Die beiden letzten Abende hatte sie, im Auto sitzend, an der Ecke der Katurastraße 6 verbracht. Sie hatte das Haus beobachtet, in dem Luba wohnte, und auf etwas gewartet, auch wenn sie nicht wußte, worauf.

Kurz vor sieben kam Luba mit Alona im Kinderwagen. Als sie sich bei Batscheva begegneten, hatte Luba entweder im Sessel gesessen oder bei dem Kind auf dem Fußboden. Erst jetzt, auf der Straße, fiel Lisi auf, wie hübsch die junge Russin aussah, mit schmalen Hüften und langen, kräftigen Beinen, wie eine Tänzerin. Ihre blonden Haare waren kurz geschnitten und orangefarben getönt, vermutlich die Spende von Michele und Dona zur Unterstützung der Einwanderungsbehörde. Ihr Igelkopf schimmerte wie Kupfer im abendlichen Zwielicht. Sie betrat das Haus. Kurz darauf ging das Licht in ihrer Wohnung an. Um neun ging es aus, danach war nur noch das bläuliche Flackern des Fernsehers zu erkennen. Um halb elf ging das Licht wieder an, und ab und zu tauchte ihr Schatten am Fenster auf und verschwand. Danach wurde es ganz dunkel. Luba verließ die Wohnung nicht, und kein Mensch besuchte sie.

Lisi fuhr nach Hause, völlig verspannt von dem langen Herumsitzen auf den unbequemen Autositzen. Vielleicht sollte sie doch nachgeben und den *Subaru* kaufen, den Dahan ihr aufschwatzen wollte.

Als Roni nach drei Tagen anrief, bemühte sie sich, ihre Stimme gleichgültig klingen zu lassen. Er bestand darauf, daß sie mit seinem Motorrad fuhren, und versprach ihr ein herrliches Erlebnis. Als sie im *Escopia* ankamen, vibrierte ihr ganzer Körper wie von einem Stromschlag getroffen, und vor ihren Augen flimmerten Sterne.

Silbermann begrüßte sie mit der gedämpften Distanziertheit, mit der er Gäste empfing, die er mochte. Obwohl im Lokal nur drei Tische besetzt waren, sprang er nicht um sie herum. Lisi war hungrig und müde, genau wie Roni. Sie überließen Silbermann die Auswahl der Speisen und des Weins. Winzige Schnittchen erschienen auf dem Tisch, eine Komposition farbiger Bissen, die dazu bestimmt waren, einen aufs angenehmste auf das Hauptgericht vorzubereiten.

Roni steckte ein Stück Sellerie in den Mund und sagte: »Ich brauche dringend Vitamine.«

»Weiß Benzi, daß du dich mit mir triffst?« fragte Lisi.

»Nein«, sagte Roni und kaute an seinem Sellerie. »Und wenn er es weiß, dann mache ich dir den Hof. Das darf ich doch, oder?«

»Nein«, sagte Lisi. »Was wolltest du mir erzählen?«

Er schluckte hinunter und beugte sich vor. »Erde, meine Erde«, sang er ihr ins Ohr, und sein Atem kitzelte ihre Haut. Als sie ihn weggeschoben hatte, sagte er: »Ilan und ich waren beim Grundbuchamt und haben nachgeprüft, wem was am *Sargon*-Gelände gehört. Oved Hanegbi besitzt sieben Dunam. Eldad Tarschisch zehn Dunam, Avischaj Tarschisch ebenfalls zehn, und Nava Faktori, geb. Tarschisch, hat gar nichts. Die Filiale der *Arbeiterbank* Haifa hat ihren Besitz vor einem halben Jahr gepfändet.«

Lisi suchte sich ein grün-rot gestreiftes Häppchen aus. Bevor sie es in den Mund steckte, fragte sie: »Wessen Idee war es eigentlich, die Eigentumsverhältnisse nachzuprüfen?«

»Benzis.«

Das Häppchen fühlte sich weich und sahnig an. »Benzi ist ein Genie«, sagte sie und zerdrückte das Häppchen mit der Zunge.

Roni nickte. »Das ist er.«

Sie fragte sich, was dazu geführt haben mochte, daß dieser geniale Gedanke in Benzis Gehirn aufgeblitzt war.

Roni erzählte weiter. Nach dem Besuch beim Grundbuchamt habe Benzi sich mit Elischa Karnapol, dem Leiter der Dienststelle, getroffen, und gemeinsam hätten sie beschlossen, Oved Hanegbi mitzuteilen, daß er nicht mehr verdächtigt wurde, und Nava Faktori vorzuladen.

»Sie haben beschlossen«, sagte Lisi höhnisch. »Ich hoffe, Oved Hanegbi zeigt sie an.«

Roni hob die Augenbrauen. »Zur Zeit liegt er im Krankenhaus und zeigt gar niemanden an. Hör zu, es geht noch weiter. Nava erschien also bei der Polizei, zusammen mit ihrem Ehegatten, ihren beiden Brüdern und dem Rechtsanwalt der Familie.«

Lisi hörte auf zu kauen. »Warst du bei dem Verhör dabei?« fragte sie.

»Ja.«

»Wieso eigentlich?«

»Wegen der Verbindung mit Kornfeld.«

»Und Benzi war einverstanden?«

Er lachte. »Elischa Karnapol, entschuldige, der Leiter der Polizeidienststelle, Elischa Karnapol, hat mich einfach mitgenommen. Also hör zu: Nava Faktori reagierte ganz aufgeregt, als man ihr vorhielt, ihr gehöre weder ein Anteil am *Sargon*-Gelände noch besitze sie irgendwo anders Ländereien. Sie fing an zu schreien, das könne nicht sein, natürlich habe sie Grundbesitz, was das heißen solle, sie habe keinen, und so weiter. Und warum sie überhaupt Grundstücke hätte verkaufen sollen, die davor standen, freigestellt zu werden und an denen sie ein Vermögen verdienen könnte.«

Silbermann brachte das Essen und den Wein, dann verschwand er diskret. Roni nahm einen Schluck und fuhr fort: »Der Rechtsanwalt rief bei den Banken an, denen ihre Grundstücke jetzt gehören. Sie bestätigten die Pfändung. Die Bankleute behaupteten, die Pfändung sei gerichtlich vollzogen und bestätigt worden, nachdem Jehuda Kornfeld, der Mann, der die Ländereien von Nava gekauft habe, seine Schulden bei den Banken nicht bezahlt habe.«

Roni nahm noch einen Schluck und lehnte sich bequem zurück. »Nachdem Nava Faktori sich von dem Schock erholt hatte, verkündete der Rechtsanwalt in ihrem Namen, sie kenne keinen Jehuda Kornfeld, sie habe diesen Namen noch nie gehört, und sie habe ihm auf gar keinen Fall ihren Grundbesitz verkauft. Nava forderte von den Banken auf der Stelle die Rückgabe ihres Eigentums. Die Banken hätten unglaublich verantwortungslos gehandelt, weil sie sich vor der Pfändung nicht mit der eigentlichen Eigentümerin in Verbindung gesetzt und sie über den ganzen Vorgang informiert hätten. Frau Faktori sei schließlich keine Unbekannte, und die Banken hätten wissen können, wie und wo sie zu finden gewesen wäre, wenn man sich nur ein bißchen Mühe gegeben hätte. Frau Faktori fordere nicht nur ihre Ländereien zurück, sondern auch eine Entschädigung wegen der psychologischen Belastung und wegen Verleumdung.«

Er schwieg. »Weiter«, drängte Lisi.

»Die Lage ist nun so«, fuhr Roni fort. »Die Banken befinden sich in einer äußerst unangenehmen Situation. Auf der einen Seite gibt es eine Verkäuferin, die behauptet, nicht verkauft zu haben, und auf der anderen Seite einen Käufer, der nicht gekauft hat. Er leugnet jedenfalls, jemals ein Grundstück gekauft und eine Hypothek von irgendeiner Bank genommen zu haben.«

»Ich verstehe das alles nicht«, sagte Lisi.

Eine Weile war es still. Roni aß. Auch Lisi griff nach der Gabel, denn sie hatte das Gefühl, die Geschichte würde noch länger dauern.

Roni wischte sich mit der Serviette über den Mund, bevor er weitersprach: »Bei den ersten Nachforschungen in den Bankfilialen und bei dem Jerusalemer Notar, der die Grundstückskäufe betreut, beurkundet und dem Grundbuchamt mitgeteilt hat, kam es mehr oder weniger zu den gleichen Ergebnissen. Du darfst nicht vergessen, daß die ganze Sache Monate zurückliegt und die Zeugen keinerlei Veranlassung hatten, sich die Beteiligten besonders einzuprägen.«

»Weiter«, sagte Lisi.

»Der Diamantenhändler namens Jehuda Kornfeld, aus Amerika nach Israel zurückgekommen, tauchte überall in einer schwarzen Limousine auf und war begleitet von dem Grundstückseigentümer, der sich als Nave Faktori auswies. Wohlgemerkt Nave, nicht Nava. Der ›amerikanische Käufer‹ trug einen Anzug mit Krawatte und sah jünger aus, als er war. Man beschrieb ihn als mittelgroß, von mittlerem Gewicht und ohne besondere Kennzeichen, außer der Limousine. Der ›israelische Verkäufer‹ trug ein braunes Samtjackett, eine Pilotenbrille, war braun gebrannt und machte den Eindruck eines Menschen, der auf dem Land arbeitet, aber diesen Eindruck können die Zeugen auch deshalb gehabt haben, weil er Land verkaufte. Auch er war angeblich von mittlerer Größe, mittlerem Gewicht, ohne besondere Kennzeichen. Die Assistentin des Notars erinnert sich daran, daß der Verkäufer braune *Mephisto*-Schuhe trug, weil ihr Mann genau die gleichen besitzt. Allen Befragten wurden Fotos des Toten vom *Sargon*-Gelände gezeigt, und niemand hat in ihm den Käufer oder Verkäufer erkannt.«

Roni drehte sich, streckte seine langen Beine aus. »Nach fünf Stunden Verhör konnte Nava Faktori nach Hause gehen, wurde aber für die nächste Woche wieder vorgeladen. Unsere Nachforschungen und die Nachforschungen der Familie haben ergeben, daß die Verkäufe überall nach der gleichen Methode abgelaufen sind. Vor anderthalb Jahren übertrug jemand, der sich als Nave Faktori ausgab, die Besitzrechte seines Anteils am *Sargon*-Gelände sowie seinen Grundbesitz in Rischon Lezion und in Migdal an einen Käufer namens Jehuda Kornfeld. Der Verkäufer bezahlte die anfallenden Verwaltungsgebühren und die Steuer. Der Notar erkundigte sich beim Landesliegenschaftsamt, ob Faktori tatsächlich Eigentümer dieses Besitzes war. Es stimmt allerdings, daß die Auskunftgebenden den Namen ›Nave‹ wie ›Nava‹ aussprachen, also einen Frauennamen. Doch der gute Herr Nave Faktori lächelte und sagte, an diese Verwechslung sei er gewöhnt, schließlich sei Nave als Männername selten, Nava als Name einer Frau dagegen sehr häufig. Der Notar sah keinen Grund, ihm zu mißtrauen. An das Gespräch über den Namen erinnerte sich der Notar genau, denn der Mann beklagte die Originalität seiner Eltern bei der Wahl seines Vornamens, da man ihn überall, angefangen vom Kindergarten bis zur Militärzeit, erst den Mädchen zugeordnet habe und er immer lang und breit erklären mußte, daß er männlichen Geschlechts sei.«

Roni nahm den letzten Bissen, wischte sich den Mund ab, trank einen Schluck und erzählte weiter: »Vor dem Notar standen also ein Mann namens Nave Faktori, der verkaufen wollte, und ein Mann namens Jehuda Kornfeld, der Geld besaß und kaufen wollte. Beide wiesen sich korrekt aus, er hatte im Fall von Rischon Lezion und Be'er Scheva die Bestätigung der Stadtverwaltung, bei Migdal die der Gemeindeverwaltung, daß der fragliche Grundbesitz auf Nave Faktori eingetragen war. Und er bekam grünes Licht von der Bank Jehuda Kornfelds, Kontonummer soundso bei der Filiale in Ramat Gan. Deshalb beurkundete er den Verkauf. Seine Assistentin besorgte die behördliche Zustimmung und begleitete die Klienten als notarielle Vertreterin, als sie das Geschäft auf der Bank abschlossen. Jehuda Kornfeld übergab – in ihrer Anwesenheit – den Scheck an Nave Faktori. Der Käufer und der Verkäufer bezahlten den Notar gemeinsam, weiter hat er nichts mehr von ihnen gehört.«

Lisi merkte kaum mehr, was sie aß, so aufmerksam hörte sie zu. Silbermann saß diskret wie immer neben der Kasse und störte sie nicht.

»Danach traf sich Jehuda Kornfeld, der angesehene und geachtete Diamantenhändler, der nach fünfundzwanzig Jahren aus Amerika zurückgekommen war, mit dem Leiter der jeweiligen Bankfiliale und eröffnete ein Konto. Er bat die Bank um ein Darlehen für den Kauf einer Wohnung. Natürlich wollte die Bank

Sicherheiten, und Jehuda setzte als Bürgschaft seinen neu erworbenen Grundbesitz ein. Die Darlehen, die er bekam, beliefen sich alles in allem auf eine Million vierhunderttausend Schekel. Jede der beteiligten Banken stellte diskrete Nachforschungen über ihn und seine Besitzverhältnisse an, und alle kamen zu dem Ergebnis, daß kein Haken an der Sache sei. Jehuda Kornfeld, wohnhaft in Ramat Gan, Diamantenhändler an der Börse, hatte Grundbesitz in Israel und Vermögenswerte in den Staaten. Die Tatsache, daß er sich eine teure Wohnung kaufen wollte, erschien ganz natürlich, und schließlich hat jeder mal Schwierigkeiten, Geld flüssig zu machen.

Jehuda Kornfeld erhielt also die Darlehen und ließ nichts mehr von sich hören. Die Filialleiter waren zwar besorgt, aber jeder einzelne von ihnen beschloß, die Sache nicht hochzuspielen, wohl aber dem amerikanischen Diamantenhändler erhöhte Zinsen abzuverlangen. Außerdem reichte der Wert des Grundbesitzes, den er als Pfand eingesetzt hatte, um das Darlehen mit Zins und Zinseszins zu bezahlen. Sie schickten, wie üblich, Mahnungen an Jehuda Kornfeld, der sich nachdrücklich gegen diese Belästigung und gegen die Beschmutzung seines guten Namens wehrte, aber auch das war üblich. Sie drohten ihm, den Grundbesitz zu pfänden, und er antwortete ihnen, von ihm aus könnten sie den Grund und Boden von ganz Israel pfänden, er besitze keine Grundstücke und habe nie welche besessen. Nach sechs Monaten nahmen die Banken die Grundstücke in Besitz. Die Banken vergossen keine Tränen, und auch Jehuda Kornfeld vergoß keine Tränen. Und aller Wahrscheinlichkeit nach wird auch derjenige nicht weinen, der jetzt eine Million vierhunderttausend Schekel mehr hat als vorher.« Roni lachte und schob sich schnell noch einen Bissen von Lisis Teller in den Mund.

»Der Rechtsanwalt von Frau Nava Faktori«, sagte er dann, »verlangt von allen drei Banken die sofortige Rückgabe des Grundbesitzes. Die Vorstellung, nun alles zu verlieren, die Grundstücke und das ausgezahlte Darlehen, und vielleicht noch eine Entschädigung zahlen zu müssen, gefällt ihnen natürlich überhaupt nicht. Die Verhandlungen stehen noch am Anfang, aber vermutlich kommt es zu einem Kompromiß. Keine Bank möchte bei ihren Kunden in den Ruf kommen, unverantwortlich und leichtsinnig zu handeln. Und schließlich sind die Familien Tarschisch und Faktori ziemlich wichtige Kunden.«

»Durftest du bei ihrem Verhör dabei sein?« fragte Lisi.

»Ich habe in einem anderen Zimmer gesessen«, antwortete Roni, »und das Ganze zusammen mit einer geschlossenen Gesellschaft von Zuschauern am Bildschirm verfolgt.«

»Was wirft man ihr vor?«

»Bisher wird nur ermittelt«, sagte Roni. »Man prüft nach, ob es einen Zusammenhang zwischen der Grundstücksgeschichte, die mit dem Namen Jehuda Kornfeld verbunden ist, und den gestohlenen Diamanten gibt, mit denen Kornfeld ebenfalls etwas zu tun hat, und mit dem Toten vom *Sargon*-Gelände, bei dem man Kornfelds Papiere gefunden hat.«

Sie hatten fertig gegessen und bestellen Kaffee und Tee bei Silbermann, der bemüht war, dem Auftrag rasch nachzukommen.

Während Lisi den Zucker in ihrem Kaffee umrührte, blickte sie Roni nachdenklich an. »Glaubst du, daß Nava Faktori etwas mit diesem ganzen Durcheinander zu tun hat?«

Roni zuckte mit den Schultern. »Keine Ahnung. Beim Verhör war sie ziemlich wütend. Ilan hat sie mit der Geduld eines Fakirs befragt. Ruhig, höflich, gutwillig und mitfühlend. Es hat eigentlich nur noch gefehlt, daß er ihr den Kopf streichelt. Er hat ihr ein sehr, sehr langes Seil hingehalten.«

»Und nichts erreicht«, sagte Lisi.

»Hör auf, Lisi«, sagte Roni. »Ich weiß ja, daß sie dich bei der Sache mit dem Radio angelogen hat, aber vergiß nicht, daß ihr Mann an diesem Tag wegen der Ballerei festgenommen wurde, die er im *Blauen Pelikan* veranstaltet hat. Sie macht einen ehrlichen Eindruck. Und außerdem hat sie auch überhaupt kein Motiv. Warum hätte sie ihren Grundbesitz verkaufen sollen?«

»Um den Banken Geld abzuluchsen?«

Roni schüttelte den Kopf. »Der Boden wird um ein Vielfaches

mehr wert sein, wenn der High-Tech-Park gebaut wird. Man schätzt die zu erwartenden Investitionen in die ›Free Production‹ auf eine Milliarde Dollar. Der Boden ist Gold wert. Man müßte ein Idiot sein, um ihn ausgerechnet so kurz vor der Wertsteigerung zu verkaufen. Kurz gesagt, wir sind wieder beim ersten Rätsel angelangt: Wir haben eine hysterische Verkäuferin, die nicht verkauft hat, und einen Käufer, der nicht gekauft hat und dem Nervenzusammenbruch nahe ist.«

»Wie hat ihr Mann darauf reagiert?« fragte Lisi.

»Er hat versucht, sie zu beruhigen. Er hat ihr fast die ganze Zeit das Händchen gehalten.«

»Ach Gott, wie rührend«, sagte Lisi. »Er betrügt sie hin und wieder.«

»Du weißt nur von einer Sache«, sagte Roni. »Von dieser Riki, von der du mir erzählt hast.«

Lisi widersprach. »Ich weiß, daß er vorsichtig geworden ist, weil er vor ihrem Vater Angst hat.«

Roni verzog das Gesicht. »Ihre Familie ist nicht gerade verrückt nach ihm«, gab er zu. »Das war leicht zu merken. Aber auch, daß Nava und Dajav zusammenhalten, jedenfalls war der Griff ihrer Hände kräftig.«

»Nava ist Sportlerin«, sagte Lisi.

»Das hat man beim Verhör gemerkt. Sie wurde gefragt, wo sie am Abend des Mordes war, und da stellte sich heraus, daß sie an drei Abenden in der Woche in ein Fitneßstudio geht und an zwei weiteren Abenden joggt. Sie haben eine vierzehnjährige Tochter, die ihre Mutter manchmal begleitet.«

Als Lisi ihren Kaffee und Roni seinen Tee getrunken hatte, bot ihnen Silbermann einen Digestif auf Kosten des Hauses an. Roni wählte einen Calvados, Lisi einen Cognac. Silbermann stieg auf den Stuhl hinter der Theke und holte die Flaschen vom Regal.

»Um die Birne aus der Straßenlaterne zu entfernen, mußte man eine hohe Leiter dabeihaben«, sagte Lisi plötzlich. »So eine Leiter paßt in kein normales Auto. Dafür braucht man einen Lieferwagen.«

»Oder einen Stein«, meinte Roni.

Lisi schüttelte den Kopf. »Nein. Ein Stein hätte Krach gemacht, und Oved Hanegbi wäre aus seinem Autobus gekommen, um nachzuschauen. Die Schläge hat er im Autobus bekommen. Oder weißt du, ob man Glassplitter von der Lampe gefunden hat?«

»Es gibt Dinge, die ich nicht fragen möchte. Von mir wird erwartet, daß ich mich für Kornfelds Diamanten interessiere, nicht für den Mord. Obwohl es sein könnte, daß es da einen Zusammenhang gibt.«

Ronis Wangen waren gerötet vom guten Essen und Trinken. Lisi betrachtete ihn. Er hob mit einem Finger eine Haarsträhne von ihrem Ohr und berührte den Ohrring. »Du trägst immer sehr großen Ohrschmuck«, sagte er.

Sie nickte.

»Weil du selbst groß bist?«

»Ja«, sagte Lisi. Die leichte, streifende Berührung auf ihrer Haut, zwischen Ohr und Hals, erregte sie.

»Dein Lippenstift ist abgegangen«, sagte Roni.

Lisi griff nach ihrer Handtasche und wühlte darin herum. Roni legte seine Hand auf ihre und hielt sie zurück. »Nein, nein. Ich habe dir schon gesagt, daß du ohne Lippenstift viel hübscher bist.« Er strich mit seinem Finger sanft über ihren Mund.

»Die Leute schauen schon zu uns her«, sagte Lisi leise.

»Na und?« Er warf einen Blick auf das einzige Paar, das außer ihnen noch im Restaurant war, und hob seine Stimme: »Wir sind große Kinder.«

»Schrei nicht«, zischte Lisi.

»Ich schreie, soviel ich will!« rief er laut. »Du hast mir nicht zu sagen, wann ich schreien darf und wann nicht!«

Die beiden fremden Gäste starrten peinlich berührt auf ihre Teller. Silbermann hob den Kopf nicht von den Rechnungen, mit denen er sich neben der Kasse beschäftigte.

Lisi versuchte, Roni abzulenken, bevor er sie noch mehr in Verlegenheit brachte. »Kannst du auf meinem Computer herausbekommen, an wen Eitan Kinerti die Wohnung seines Vaters verkauft hat?«

»Natürlich kann ich das.« Er lächelte wieder wie ein alter Sünder, wackelte mit seinem großen Unterkiefer. »Ich bin verrückt nach deinem Computer. Es juckt mich schon in den Händen vor Sehnsucht nach ihm.«

Lisi beschloß, ihm nichts von ihren sinnlos vertanen Abenden vor Lubas Wohnung zu erzählen. Zuviel Aufmerksamkeit, noch dazu unbegründete, könnte für die Russin zu ihrer Ausweisung führen. Und ihre Mutter würde es ihr nie verzeihen, wenn sie daran schuld wäre, daß ihrer Schutzbefohlenen etwas passierte.

Roni winkte Silbermann wegen der Rechnung. Er ließ nicht zu, daß sie ihren Anteil bezahlte. »Reiben wir doch unsere beiden glänzenden Köpfe aneinander, bis es funkt«, sagte er. »Und dann gehen wir ins Bett und geben uns die Belohnung dafür, daß wir so ungemein schlau sind. Hast du einen Rolladen am Schlafzimmerfenster?«

Lisi schüttelte den Kopf.

15

Eitan Kinerti wurde neben seinem Vater Elieser (Lejser) Kinerti begraben. Endlich hatte der »Bräutigam« wieder den Namen, den ihm sein Vater und seine Mutter gegeben hatten. Zwischen seinem Tod und dem seines Vaters lagen zwar einige Wochen, aber zu seinem Glück, falls man in diesem Fall von Glück sprechen konnte, war die Grabstelle neben Elieser Kinerti noch frei.

Rachel Norberg kam aus Migdal zur Beerdigung, zusammen mit ihrer Tochter Tuta und ihrem Schwiegersohn. Die Tochter sah aus, wie die Schauspielerin Jean Seberg wohl ausgesehen hätte, wenn sie dieses Alter erreicht hätte. Spuren der Schönheit, die man ihrer Mutter nachsagte, waren auf dem jüngeren Gesicht noch immer zu erkennen. Die feinen Falten in ihrem völlig ungeschminkten Gesicht wiesen darauf hin, wie sie als alte Frau aussehen würde. Ihr Mann wirkte mit seinem Bauch, der über den tiefsitzenden Gürtel hing, wie ein pensionierter Busfahrer. Lisi mußte unwillkürlich an eine dicke Frau denken, die sich über eine Balkonbrüstung beugt. Außer den dreien nahmen noch Jigal Tarschisch, Ilan Bachut und die Männer von der Beerdigungsgesellschaft teil. Die Stimmung war gedrückt, ein Gefühl, das durch den grauen Himmel und den kalten Wind noch verstärkt wurde. Lisi konnte sich nicht erinnern, eine solche Beerdigung schon einmal erlebt zu haben, ohne Nachbarn, ohne Freunde, nicht einmal Neugierige. Der Chasan sang das Gebet, und alle standen mit unbewegten Gesichtern dabei. Niemand hielt einen Blumenstrauß in der Hand, und die kleinen Steine wurden von den Beerdigungsbrüdern, die wegen der zum Gebet erforderlichen Zahl von zehn Männern dageblieben waren, auf das Grab gelegt, nicht von Eitans Familienangehörigen. Die Kargheit des Friedhofs mit den gelbgrauen, fast erdfarbenen Steinen schmerzte beinahe in den Augen.

Auf dem Weg zum Ausgang lief Lisi neben Rachel Norberg her. »Möchten Sie vielleicht noch zu mir nach Hause kommen, ein bißchen ausruhen, einen Kaffee trinken, bevor Sie nach Migdal zurückfahren?«

Die alte Frau schüttelte den Kopf. »Nein, vielen Dank. Jigal Tarschisch hat uns zu sich eingeladen.«

Lisi zögerte. »Ich hätte gern noch etwas über Eitan gehört, ich habe ihn ja nicht gekannt. Wie alt war er?«

»Siebenundvierzig, glaube ich. Ja, er war drei Jahre jünger als Tuta. Möchten Sie vielleicht mitkommen zu Jigal?«

»Er hat mich nicht eingeladen«, sagte Lisi.

»Wir werden vielleicht eine halbe Stunde bei ihm bleiben. Wir wollen uns nur ein bißchen erfrischen, dann machen wir uns wieder auf den Weg. Wir haben noch eine lange Fahrt vor uns.« Rachel Norberg drehte sich zu Jigal Tarschisch um, der ein paar Schritte hinter ihnen ging. »Jigal, macht es dir etwas aus, wenn Lisi uns begleitet? Sie möchte noch etwas über Eitan erfahren.«

Jigal Tarschisch machte ein paar rasche Schritte, legte Rachel Norberg den Arm um die Schultern, sagte: »Komm, Rochele«, und entführte sie Lisis giftigem Dunstkreis. Lisi konnte sich nicht eintscheiden, ob das »Komm, Rochele« nun heißen sollte: »Ja, diese Aussätzige kann mitkommen«, oder: »Nein, diese Aussätzige kommt auf keinen Fall mit.«

Nun ja, sie war der »Feind«, das wußte sie. Wochenlang hatte sie über die Schließung von *Sargon* und die Entlassung der Arbeiter in der Zeitung berichtet, von den Wächtern, die von der Familie Tarschisch angestellt worden waren, von den Hunden im Hof. Und ausgerechnet heute morgen war in der überregionalen *Zeit* ihr Artikel über das Rätsel der gepfändeten Ländereien von Nava Faktori erschienen. Als sie Nava um eine Reaktion gebeten hatte, hatte diese ihr gedroht, sie solle es ja nicht wagen, ein Wort über den Diebstahl ihres Grundbesitzes zu schreiben. Lisi erklärte ihr das, was sie später auch Gedalja Arieli gegenüber vorbrachte, nämlich, daß viel zu viele Leute in die Geschichte verwickelt seien, die Polizei, die Banken, Grundbuchämter, Rechtsanwälte, und es daher keine Chance gebe, die Sache geheimzuhalten. Der Rechtsanwalt der Familie Tarschisch hatte Gedalja Arieli angerufen und ihm zu verstehen gegeben, das, was seine Reporterin im Süden veröffentlichen wolle, seien nur aufgeblasene Gerüchte, und jeder Zweifel daran, daß das *Sargon*-Gelände das Eigentum der Familie Tarschisch sei, könne ihrem guten Namen schaden und ihre Teilnahme am Projekt »Free Production« gefährden. Er hatte sogar gedroht, die Familie würde die Zeitung wegen Verleumdung auf Schadensersatz verklagen. Gedalja Arieli, der Drohungen noch weniger liebte, als er Lisi Badichi liebte, hatte daraufhin beschlossen, den Artikel zu bringen, und die Entscheidung Lisi auf seine übliche liebenswürdige Art mitgeteilt. »Gibt es Beweise für Ihren Artikel, Badichi?« hatte er gefragt.

»Was?«

»Ist diese Dame verhört worden?«

»Ja, von der Polizei. Und beide, die Polizei und die Familie, haben Nachforschungen bei den entsprechenden Banken und Behörden angestellt. Es gibt zwei Möglichkeiten: Entweder hat sie selbst verkauft, oder ein anderer hat sich als Besitzer ausgegeben und verkauft. Sicher ist jedenfalls, daß die Ländereien von jemandem gekauft wurden, der Nava oder Nave Faktori hieß, und daß sie später wegen nicht zurückgezahlter Darlehen gepfändet wurden.«

»Auf Ihre Verantwortung, Badichi. Wenn etwas Ungesetzliches dabei ist, brauchen Sie von mir keinen Schutz zu erwarten.«

»Ich habe geschrieben, daß sie aller Wahrscheinlichkeit nach nichts von der Sache gewußt hat.«

Peng. Der Hörer war aufgeknallt worden. Danke auch Ihnen, Herr Arieli. Ich wünsche Ihnen auch einen schönen Tag, Herr

Arieli. Passen Sie auf, daß Sie nicht an Ihrer Freundlichkeit ersticken, Herr Arieli.

Ilan, der neben ihr ging, riß Lisi aus ihren Gedanken. »Benzi ist sauer auf dich«, sagte er.

»Was?«

»Wegen deines Artikels in der *Zeit*.«

Lisi zuckte mit den Schultern. »Ich habe gesehen, daß auch in der *Post im Süden* etwas steht. Ich wüßte nur zu gern, wer Adolam davon erzählt hat.«

»Ich bestimmt nicht«, versicherte Ilan. »Du hast keinen Grund, böse auf mich zu sein.«

»Bin ich ja auch nicht«, sagte Lisi. »Aber du kannst Benzi ausrichten, solange jemand bei euch Adolam Informationen zukommen läßt, werde ich auf keinerlei Druck oder Drohungen reagieren.«

»Bestimmt hat er es vom Polizeisprecher«, beschwichtigte Ilan.

»Mit mir hat der Polizeisprecher aber nicht gesprochen«, bemerkte Lisi. »Sag mal, gibt es irgendwelche Mutmaßungen, wer Eitan Kinerti erschossen hat?«

»Nein.«

»Ilan!«

»Lisi, wirklich, du kannst mir glauben, ich habe nichts gehört. Eine tote Spur.«

»Hauptsache, ihr habt den Propheten verhaftet«, sagte Lisi höhnisch.

Ilan gab keine Antwort. Doch dann fragte er: »Lisi, macht dir Roni Melzer den Hof?«

Lisi verzog das Gesicht. »Ich bin schon ein großes Mädchen, Süßer.«

»Ja, natürlich. Und er ist ein großer Junge. Chavazelet hat mich nach ihm gefragt. Jemand aus der Klinik hat ihr gesagt, er habe euch zusammen in einem Restaurant in Aschkelon gesehen. Stimmt das?«

»Ja«, sagte Lisi, »ich war mit ihm in einem Restaurant in Aschkelon. Und? Ist das verboten?«

»Natürlich nicht, Schätzchen«, sagte Ilan. »Möchtest du, daß ich ihn für den Schabbatabend zu Mama einlade?«

»Nein«, sagte Lisi und machte ein abweisendes Gesicht.

Ilan wechselte das Thema. »Wohin gehst du jetzt?«

»Spionierst du mir etwa nach?«

»Lisi, Süße, beruhige dich doch«, sagte Ilan. »Man kann schon gar nicht mehr normal mit dir reden, du fährst sofort die Stacheln aus.«

»Ich würde die Familie gern begleiten«, sagte Lisi. »Aber ich weiß nicht, ob Jigal Tarschisch damit einverstanden ist, daß ich mitgehe.«

Die Hilfe kam von unerwarteter Seite. Tuta, Rachels Tochter, fragte Lisi, ob sie mit ihr mitkommen dürfe. Sie wolle duschen, sagte sie, die Kleider würden ihr am Leib kleben, sie habe den ganzen Sand von Be'er Scheva in den Schuhen, in den Haaren und in den Augen, und bei Jigal sei es ihr unangenehm, das Badezimmer zu benutzen. Lisi verstand zwar nicht, warum Tuta es angenehmer fand, ihr Badezimmer zu benutzen, aber sie ging freudig auf ihren Wunsch ein. Dann erklärte sie Tutas Mann, wo sie wohnte, und sie machten aus, daß er seine Frau in ungefähr einer Stunde abholen würde. Lisi gab ihm auch ihre Telefonnummer, damit er anrufen konnte, wenn er losfuhr.

»Wohin gehst du denn?« fragte Lisi Ilan, der noch immer neben ihr herlief und offenbar vorhatte, sie und Tuta zu begleiten.

Er lächelte sie an. »Ich habe gedacht...«, sagte er und neigte den Kopf ein wenig, damit er ihr von schräg unten einen schmachtenden Blick zuwerfen konnte. Er setzte seinen ganzen Charme ein.

»Kommt nicht in Frage«, sagte Lisi.

Ilan lachte.

»Das ist mein Schwager«, sagte Lisi zu Tuta. »Wachtmeister Ilan Bachut. Der Polizist, der Nava verhört hat. Man hat mir gesagt, er sei außerordentlich höflich gewesen. Ilan, das ist Tuta, die Tochter von Eitans Tante. Und jetzt auf Wiedersehen, Ilan. Bye.«

Während Tuta duschte, kochte Lisi Kaffee. Sie war froh, daß ihr Kühlschrank und ihr Küchenregal ausnahmsweise mal gefüllt waren. Es gab Kekse, Mandarinen und sogar Papierservietten. Sie war richtig stolz auf sich.

Als Tuta aus dem Badezimmer kam, strahlte ihr Gesicht so rosig wie das eines Babys. Ihre Haare waren naß, ein paar Tropfen fielen auf ihr Kleid. »Das war gut«, seufzte sie. »Bis wir heimkommen, werde ich wieder dreckig ein. Glauben Sie an Gott?«

»Was?«

»Irgend jemand muß doch für unsere Existenz verantwortlich sein, oder? Das Ganze muß doch einen Sinn haben.«

»Ich weiß nicht«, sagte Lisi.

Tuta setzte sich an den Tisch und betrachtete die Kaffeetasse. »Es stimmt, wir sind nur ein Sandkorn gegen die Ewigkeit«, sagte sie. »Aber während wir leben... Unser Leben, meine ich, wozu ist es bestimmt? Ist es unsere Aufgabe, auf die Schöpfung einzuwirken, oder wirkt sie auf uns ein? Wozu diese ganzen Anstrengungen?«

»Trinken Sie Ihren Kaffee, bevor er kalt wird«, sagte Lisi.

Tuta lächelte. »Wissen Sie was? Das ist die gescheiteste Antwort, die Sie mir geben konnten. Nach Beerdigungen habe ich immer Hunger. Das ist zwar nicht schön, aber so ist es. Ich bin froh, daß Sie mich eingeladen haben. Bei Jigal wird über Politik gesprochen, über Wirtschaft und über das Wetter, nur nicht über Eitan.«

Lisi schob Tuta den Teller mit Keksen hin. »Es sind überhaupt keine Freunde von Eitan dagewesen.«

»Nein«, sagte Tuta. »Darüber rede ich ja. Er hat allein gelebt und ist allein gestorben. Deshalb habe ich doch gefragt, wozu das alles gut ist.«

»Was?«

»Das Leben! Als mein Vater starb, ging mein Kummer sehr tief. Das Versäumnis. Alles, was ich nicht über ihn wußte und nie wissen würde. Dann ist mein Bruder gefallen, und ich war froh für meinen Vater, daß er das nicht mehr erleben mußte. Es war alles zuviel. Trotzdem lebe ich noch und kann mich erinnern. An meinen Vater, an meinen Bruder, an Onkel Lejser und an Eitan. Was ich über Eitan weiß? Nichts. Ich weiß nicht, was er dachte, was er fühlte, was er wußte und was nicht, was er liebte oder nicht. Ob es überhaupt einen Menschen gab, der Eitan Kinerti hieß. Was ich in Erinnerung habe, sind minimale Bruchstücke, und wenn ich nicht mehr lebe, sind sie auch verschwunden. Was war also der Zweck eines Lebens, und was ist der Zweck meiner Erinnerungen? Was bedeutet das alles?«

»Hat er keine Kinder?« fragte Lisi.

»Er war nicht verheiratet.«

»Hat Eitans Mutter keine Verwandten?«

Tuta blickte Lisi erstaunt an. »Wissen Sie das nicht?«

»Was?« fragte Lisi.

»Ach, ach«, sagte Tuta, seufzte und stieß noch einmal ein »ach, ach« aus. Ihre Haare wurden allmählich trocken, und Lisi bemerkte einzelne Silberfäden in dem blassen Blond.

»Haben Sie Onkel Lejser gekannt, Eitans Vater?« fragte Tuta.

Lisi schüttelte den Kopf. »Nicht persönlich. Ich habe ihn ein paarmal gesehen, im Zentrum und bei den Pferderennen, die er vor einigen Jahren für die Beduinen organisiert hat.«

Tuta nickte. »Ja, Pferde waren seine große Liebe. Er hatte ein Pferd, das Sonja Henie hieß. Das Tier ist im hohen Alter bei uns auf dem Hof gestorben. Die Ironie des Schicksals war, daß Lejser zu groß und kräftig war, um Jockey zu werden. Er ritt gern, konnte aber nicht an Wettkämpfen teilnehmen. Deshalb hat er diese Pferderennen organisiert. Onkel Lejser war sozusagen die Verkörperung des Guten und Schönen. Es gibt ein Bild von Nachum Gutman, drei Soldaten in Be'er Scheva zur Zeit der Eroberung. Kennen Sie es?«

Lisi schüttelte den Kopf.

»Wilde Mähnen, wilde Bärte«, sagte Tuta. »Gutman hat die drei Helden aus Migdal gemalt, Jigal Tarschisch, Oven Hanegbi und Lejser Kinerti. Er malte sie, als wären sie Brüder, von einer Mutter geboren und für das gleiche Schicksal bestimmt. Dabei waren sie in Wirklichkeit grundverschieden. Die einzige Gemeinsamkeit, die sie hatten, war, daß alle drei in Migdal auf die Welt gekommen waren. Als wäre das ein Brandmal auf ihrer Stirn.«

»Sind Sie die Lehrerin?« fragte Lisi.

»Nein, nein«, wehrte Tuta ab. »Wir haben ein Reisebüro in Tiberias. Höre ich mich an wie eine Lehrerin? Das liegt bestimmt an der Beerdigung.« Sie griff nach einem Keks.

»Ihre Mutter hat mir erzählt, daß sie die vierte im Bund war«, sagte Lisi.

Tuta schluckte den Keks hinunter. »Das stimmt, die Beziehung zwischen ihr und Lejser war sehr eng.«

»Und mit seinem Sohn Eitan?« fragte Lisi.

»Wir haben ihn so gut wie nie gesehen.«

Lisi zögerte. »Ist Eitans Mutter gestorben?«

»Ja«, sagte Tuta und schwieg.

Lisi fürchtete, Tutas Mann könnte auftauchen, noch bevor sie tatsächlich etwas über Eitan Kinerti erfahren hatte. Sie lehnte sich zurück und tat, als wäre sie nur ein Paket, das jemand zufällig liegengelassen hat. Im Laufe der Zeit hatte sie gelernt, daß man mit Schweigen die Menschen oft schneller zum Reden brachte als durch Fragen, denn die meisten konnten es nicht ertragen.

Tatsächlich fing Tuta an zu erzählen: »Pferde haben sie verbunden, Lejser und seine Frau Fejge, Eitans Mutter. Sie gehörte zu den Menschen, die Tieren mehr Liebe entgegenbringen als Menschen. In der Familie wird als Witz erzählt, Fejge habe Lejser bei einem Pferderennen gesehen, sich in sein Pferd verliebt und beschlossen, ihn zu heiraten. Sie war 1947 aus einem Lager in Zypern ins Land gekommen. Ursprünglich stammte sie aus dem Wilnaer Ghetto und war mit Abba Kovner in die Wälder geflohen, als die Nazis kamen. Sie hat fast den ganzen Krieg als Partisanin verbracht. Ihre Kameraden haben sie ›Fegefeuer‹ genannt. Als sie ins Land kam, war sie, im Gegensatz zu vielen unserer Untergrundkämpfer vom Palmach, schon kampfgeübt. Im Unabhängigkeitskrieg gehörte sie zu der Schützengruppe, die das Polizeigebäude von Be'er Scheva eroberte. Sie war einer der Menschen, auf die Gefahr in etwa den Reiz ausübte wie der Stier auf Stierkämpfer. Sie war fasziniert von der Gefahr, magisch von ihr angezogen. Nachts schrie sie wie ein Tier, und am Tag kämpfte sie um Kleinigkeiten und machte alles kaputt, was sie eigentlich bewahren wollte.«

»Was denn?« fragte Lisi.

»Wie ihre Familie, zum Beispiel. Ihren Mann, ihren Sohn. Immer kämpfte sie für die falschen Dinge zum falschen Zeitpunkt. Sie blieb Partisanin, auch in den Wüstenwinden von Be'er Scheva. Ich habe mal bei ihnen geschlafen, als ich auf einem Ausflug war. Sie schrie nicht lange in der Nacht, weil Lejser sie aufweckte, aber bei ihrem Geschrei haben sich mir die Haare am Hintern aufgestellt, wenn Sie diesen Ausdruck entschuldigen. Ich weiß nicht, wie man so leben konnte. Nachts war sie ein gebrochener Mensch, und am Tag, wie die Beduinen sie nannten, eine Tochter der Geister.«

»Was hatte sie mit den Beduinen zu tun?« fragte Lisi.

»Sie hat sich oft bei ihnen aufgehalten, hat Eitan auf dem Rücken getragen wie die Beduinenfrauen. Der Junge sollte lernen, mit der Natur zu leben, sollte barfuß mit den Ziegen herumlaufen, mit den Hunden schlafen. Und das alles, damit er ein ganzer Kerl würde.«

»Ich habe gehört, sein Vater sei ein ganzer Kerl gewesen«, sagte Lisi leise.

Tuta nickte. »Ja, aber der Sohn nicht. Er war einfach ein kleiner Junge. Er hatte Angst vor Hunden, vor Pferden, vor Ziegen, und sogar vor den Hühnern der Beduinen fürchtete er sich. Jeder Ausflug mit seiner Mutter war eine Qual für ihn. Der Vater, dieser alte Palmachnik, verstand nicht, was seinen Jungen so erschreckte, warum er weinte, warum er stotterte, warum er nachts ins Bett pinkelte. Er probierte an ihm alles aus, was ihn selbst zum Helden gemacht hatte. Er versuchte, ihm Reiten beizubringen, zu jagen, Steine zu werfen, zu angeln. Aber jedesmal kamen sie nach Hause zu dem Geschrei Fegefeuers, zu einer anderen Vergangenheit und zu verborgenen Ängsten, die auf ihre Art ihren Weg in die Seele des Jungen fanden. Heute nennen wir es das Syndrom der zweiten Generation, damals ahnte man nicht, daß es so etwas überhaupt gab und daß es sogar einen Namen haben könnte. Niemand konnte sich vorstellen, daß in der Seele eines Jungen, der in Be'er Scheva geboren war, die Wälder und Sümpfe von ›dort‹ weiterleben könnten.«

Tuta wischte sich über die Stirn, ihre Stimme klang erschöpft. »Alles, was ich da sage, ist nachträgliche Besserwisserei. Zu spät. Eitan hatte einen Vater und eine Mutter, die beide ›Helden‹ waren, und er war nicht fähig, dem standzuhalten. Er wollte kein Held sein. Er wollte ein Kind sein. Mit Autos spielen, mit einem Ball in den Hof gehen, ein Buch lesen, Ameisen beobachten. Wenn Eitan zu uns nach Migdal kam, ließen wir ihn in Ruhe, und es ging ihm besser. Er hörte auf, ins Bett zu pinkeln, und stotterte nicht mehr. Er war wirklich ein bedauernswertes Kind.«

Sie nahm einen Schluck Kaffee, ihr Blick war in die Ferne gerichtet. »Mitte der fünfziger Jahre kam ein Deutscher nach Israel, der eine Autoralley im Negev organisieren wollte. Er hatte an dem Rennen in der Sahara teilgenommen und war auf die Idee gekommen, daß man so etwas doch auch im Negev aufziehen könnte. Er kam mit seinem Porsche und beeindruckte jeden, der sich von so etwas beeindrucken ließ.«

»Fejge-Fegefeuer«, sagte Lisi.

Tuta nickte. »Ja, sie waren von allem fasziniert, was rannte, galoppierte, raste. Von allem, was nicht auf der Stelle verharrte. Gott weiß, was sie zum Rennen trieb und wohin sie rannte, ich will das nicht verurteilen. Sie hatte offenbar Dinge gesehen, die ein Mensch nicht sehen darf. Vielleicht glaubte sie, ruhig zu Hause zu sitzen, bedeute Mittäterschaft. Ich glaube, sie verstand nicht, daß alles vorbei war und daß sie niemanden mehr schützen mußte. Ich weiß es nicht.«

Wieder schwieg sie, in ihre Gedanken versunken. Lisi wartete geduldig. »Damals gab es hier noch heftige Aversionen gegen

Deutsche«, fuhr Tuta fort. »Sie wagten sich auch nur vereinzelt nach Israel, und jeder wurde gründlich kontrolliert, wie alt er war, ob er Nazi gewesen sein konnte, ob man etwas über seinen Vater wußte. Und den Großvater. Sogar die Leute, die den Holocaust nicht selbst erlebt hatten, wollten nichts mit den Deutschen zu tun haben.«

»Meine Mutter ist in Ägypten geboren«, sagte Lisi, »und bis heute sagt sie: ›Die Deutschen, getilgt sei ihr Name‹, und spuckt aus. Mich ärgert das.«

»Damals war alles noch sehr frisch«, sagte Tuta. »Anders als heute. Fejge-Fegefeuer verliebte sich in den Deuschen und in sein Auto und fuhr mit ihm nach Deutschland.«

»Wie erklären Sie sich das?« fragte Lisi.

»Meine Mutter hat es so zu erklären versucht: Wenn jemand Angst vor Wasser hat, stürzt er sich hinein, um die Angst zu verlieren. Und genauso war es ihrer Meinung nach mit Fejge. Sie sagte, Fejge sei nach Deutschland gefahren, um ihre Angst zu verlieren. Um mit dem Kämpfen aufzuhören. Um keine Partisanin mehr sein zu müssen. Vielleicht dachte sie, daß sie, wenn sie in der Höhle des Löwen saß, nachts nicht mehr schreien müßte.«

»Was ist mit dem Jungen passiert?« fragte Lisi. »Ist er beim Vater geblieben?«

»Nach einem Briefwechsel von ungefähr einem Jahr schickte Lejser seinen Sohn nach Deutschland, zu seiner Mutter. Ausgemacht war, daß er bis zu seiner Bar-Mizva bei der Mutter leben sollte, dann würde er wieder zum Vater kommen. Fejge begleitete ihren zweiten Mann zu allen Rennen, an denen er teilnahm, und im Laufe der Zeit fing sie selbst an, Rennen zu organisieren. Erst in Deutschland, dann in ganz Europa. Sie wurde zu einer wichtigen Person in diesem Bereich und verdiente sogar viel Geld damit. Ob sie aufgehört hat, nachts zu schreien, weiß ich nicht.«

Tuta fuhr sich seufzend durch die Haare. »Eitan ist zwei-, dreimal im Jahr nach Israel gekommen, zu Besuch«, erzählte sie weiter. »Und natürlich ist er nach seiner Bar-Mizva nicht bei seinem Vater geblieben. Als er mit dem Gymnasium fertig war, kam er nach Israel, um seinen Militärdienst zu machen. Sie haben ihn zur Militärpolizei geschickt. Eitan war das ziemlich egal, ihm war jeder Ort recht, Hauptsache weder seine Mutter noch sein Vater waren in der Nähe.«

Tuta lächelte gequält. »Ich glaube, das Militär war für ihn wie ein Erholungsurlaub nach der Dressur zu Hause. Als Eitan etwa ein Jahr bei der Armee war, kam die Dame aus Deutschland, um ihren Sohn zu besuchen. Sie wollten sich in diesem Hotel am Flughafen treffen, so war es ausgemacht. Als er ankam, im Marschschritt, in einer Uniform, mit glänzenden Knöpfen, gebügelt und gestriegelt, bekam Fejge einen hysterischen Lachanfall. Sie konnte gar nicht mehr aufhören. Man wird nie erfahren, was sie derart zum Lachen brachte, die Uniform, der dumme Marschschritt, das Absurde an der Situation. Vielleicht eine neue Angst. Eitan machte ihrem Lachen ein Ende. Er zog seinen Revolver und schoß auf sie. Ein einziger Schuß ins Herz. Sie war auf der Stelle tot.«

Lisi fuhr in die Höhe und stieß einen halben Schrei aus.

»Ja, es war furchtbar«, sagte Tuta.

»Wieso habe ich nie etwas davon gehört?« fragte Lisi.

»Er ist in Jerusalem vom Bezirksgericht verurteilt worden«, sagte Tuta. »Die Ermordete besaß keine Verwandten außer uns, und sein Vater tat alles, um den Fall nicht hochkochen zu lassen. Er hoffte, Eitan nach seiner Entlassung aus dem Gefängnis zu rehabilitieren. Es hatte irgendein Abkommen gegeben, Eitan war wegen Totschlags verurteilt worden, nicht wegen Mordes. Er hat zwölf Jahre bekommen, aber am Schluß nur acht abgesessen. Nach seiner Entlassung ist er nach Deutschland gefahren. Wir wunderten uns nicht darüber. Sogar Lejser dachte, es sei das beste für ›den Jungen‹, der immerhin schon fast dreißig war, wenn er ein neues Leben im Ausland anfinge. Nicht in einem Land, in dem er das Kainsmal auf der Stirn trug. Sowohl Lejser als auch sein deutscher Stiefvater haben ihn anfangs unterstützt. Dann stellte sich heraus, daß Eitan zu einem zwanghaften Spieler geworden war. Der Stiefvater brach den Kontakt zu ihm ab, nachdem Eitan ihm Geld gestohlen hatte. In dem verzweifelten Versuch, sich zu retten, schickte Eitan Briefe mit seinem Foto an sämtliche Spielkasinos in Deutschland, damit er nirgendwo mehr eingelassen würde. Nach der Wiedervereinigung machte er irgendwelche Geschäfte mit Osteuropa und fing bei dieser Gelegenheit an, in den Casinos des früheren Ostdeutschland und in Orten wie Budapest und Warschau zu spielen. Er hatte ja noch immer den israelischen Paß, zusätzlich zu dem deutschen. Jedesmal, wenn er in Schwierigkeiten geriet, wandte er sich an Lejser und bat ihn, ihm herauszuhelfen. Und Lejser, der ihm gegenüber Schuldgefühle hatte, half ihm immer. Er nahm Darlehen auf und ließ sich seine Ansprüche aus der Pensionskasse auszahlen. Ich erinnere mich, daß er sogar einmal sein Auto verkauft hat, um Eitans Schulden zu bezahlen.«

Lisi kaute auf einem Keks herum, ohne es zu merken, so sehr war sie von dieser Geschichte gefesselt.

»Vor ungefähr anderthalb Jahren erkrankte Lejser an Krebs. Eitan kam nach Israel und sorgte dafür, daß er in ein Altersheim in Netanja kam. Er selbst mietete sich ein Zimmer in Netanja und versuchte, hier Geschäfte zu machen. Bernstein aus Polen, Diamanten aus Rußland, Granate aus Tschechien. Grandiose Phantasien von Import-Export, aus denen nichts wurde. Am Schluß fuhr er nach Deutschland zurück. Ich habe ihn bei Lejsers Beerdigung wiedergesehen. Er war mit einer hübschen deutschen Puppe gekommen, meine Mutter hätte ihn fast umgebracht. Oh, das hätte ich lieber nicht sagen sollen. Alles in allem war er ein bedauernswerter Junge. Niemand hat einen solchen Tod verdient.«

»Ich habe gehört, es sei ein polnisches Mädchen gewesen«, sagte Lisi.

»Ja? Kann sein. Hauptsache, ihm hat sie gefallen. Wer sind wir, daß wir richten könnten!«

»Ja«, sagte Lisi.

Das Telefon klingelte, und beide sprangen sie in die Höhe. Tuta lachte nervös, als Lisi nach dem Hörer griff. Tutas Mann kündigte an, daß sie in fünf Minuten da wären, um Tuta abzuholen. Sie solle bitte unten vor dem Haus warten. Lisi begleitete Tuta hinunter. Sie standen auf dem Gehweg vor dem Haus.

»Alles ist so zufällig«, sagte Tuta. Ihr Blick war auf die Straße gerichtet, auf die Autos, die vorbeifuhren.

»Was?«

»Wenn Lejser an jenem bestimmten Tag nicht auf dem Pferd gesessen hätte, wenn das Pferd sich den Knöchel verstaucht oder Lejser Grippe gehabt hätte, wären er und Fejge sich vielleicht nie begegnet. Ist der Gedanke nicht zum Verrücktwerden?«

»Was?«

»Die Macht des Zufalls«, sagte Tuta.

Lisi nickte. »Hatte Eitan Feinde?« fragte sie.

Tuta zuckte mit den Schultern. »Vermutlich.«

»Hat er in Israel auch gespielt?«

Tuta blickte sie erstaunt an. »Gibt es in Israel überhaupt Casinos?«

»Ja«, sagte Lisi.

»Dann hat er wahrscheinlich auch hier gespielt. Aber wenn er irgendwo Schulden hat, wird man das Geld einfordern, nicht wahr? Nun ja, was nützt das, wenn derjenige, der das Geld schuldet, tot ist?«

Lisi machte eine wegwerfende Handbewegung, dann fragte sie: »Hat er an der Börse von Ramat Gan gearbeitet?«

»Keine Ahnung«, antwortete Tuta. »Ich habe Ihnen ja gesagt, ich habe ihn das letzte Mal bei Lejsers Beerdigung getroffen.«

»Wissen Sie, an wen er die Wohnung seines Vaters verkauft hat?«

»Ich glaube, an irgendwelche Neueinwanderer«, sagte Tuta. »Ja. Ich habe Lejser im Altersheim besucht, zusammen mit meiner Mutter, und da hat er erzählt, daß Eitan die Wohnung an Neueinwanderer verkauft hat. Warum wollen Sie das wissen?«

»Nur so«, sagte Lisi. »Hat Eitan Erben?«

»Wie? Was für Erben? Er hat doch nichts gehabt. Ach, der Ärmste, er kann einem nur leid tun. Und letzten Endes hat er Fejge-Fegefeuer doch nur gegeben, was sie vom Leben erwartet hat.«

»Was?«

»Und er hat dafür bezahlt.«

»Was für eine Verbindung gibt es da?« fragte Lisi.

»Zwischen ihrem Tod und seinem?« sagte Tuta. »Vielleicht die Geburt. Was wissen wir schon.«

Die Sonne kam heraus und vertrieb den Regenschleier, der am Morgen, während der Beerdigung, über der Stadt gelegen hatte. Ein brauner Kombi hielt neben ihnen.

Tuta gab Lisi die Hand und drückte sie fest. »Danke«, sagte sie.

»Nichts zu danken.«

Als Tuta die Autotür öffnete, blickte sie Lisi mit einem traurigen Lächeln an. »Das war wohl das letzte Mal, daß jemand über Eitan Kinerti gesprochen hat.« Sie stieg ein und schlug die Tür mit einem lauten Knall zu.

Lisi ging hinauf in ihre Wohnung, nahm ihr Tonbandgerät aus der Tasche und stellte fest, daß das Tonband kurz nach der Stelle zu Ende gewesen war, als Eitan seine Mutter umgebracht hatte. Sie nahm ihr Notizbuch und verfaßte ein Gedächtnisprotokoll ihres Gesprächs mit Tuta.

Diese Gewohnheit, alles aufzuschreiben, war ihr im Laufe der Zeit zur zweiten Natur geworden. Ihre Notizbücher waren ihre Sicherheit. Sie notierte alles, was man ihr erzählte, ohne zu kürzen, ohne zwischen wichtig und unwichtig zu unterscheiden. Manchmal wurde später aus irgendeiner nebensächlichen Bemerkung eine Bombe, und manchmal wurde das, was sie für eine Bombe gehalten hatte, zu einer Randbemerkung. Sie nahm das bereits volle Notizbuch über den Streik bei *Sargon* heraus, in dem auch ihre Anmerkungen zum Projekt »Free Production« standen. Neben jedem Gesprächsprotokoll waren das Datum und der Name des Zitierten vermerkt. Nachdem sie ein wenig darin geblättert hatte, beschloß sie, endlich den Propheten aufzusuchen. Sie wußte, daß er bei Bewußtsein war und sein Zimmer nicht mehr von der Polizei bewacht wurde. Mit den Krankenschwestern würde sie schon zurechtkommen.

Nachdem sie eine leere Kassette in den Recorder eingelegt und ein neues Notizbuch in ihre Tasche gesteckt hatte, räumte Lisi den Tisch ab, machte sich einen heißen Kakao und stellte sich ans Küchenfenster. Ilans schmachtender Blick tauchte vor ihrem inneren Auge auf, verschwand und kam wieder. Auf dem Friedhof hatte er irgend etwas zu ihr gesagt, was sie sich merken wollte. Irgendeinen Satz, bei dem in ihrem Kopf ein Alarmzeichen geklingelt hatte. Hinter all seinem »Schätzchen« und »Lisi, Süße« hatte sich eine wichtige Information verborgen.

Plötzlich fiel es ihr ein, und sie ließ sich auf den Stuhl sinken, die heiße Tasse fest mit beiden Händen umklammernd. Das war's. Ilan hatte gesagt, man habe sie und Roni im *Escopia* gesehen. Jemand vom *Soroka*.

Beim ersten Mal, als sie mit Roni im *Escopia* gegessen hatte, waren nur Touristen dort gewesen. Zwei Tische mit Touristen. Beim zweiten Mal saßen an drei Tischen Gäste, von denen sie niemanden kannte. Auch wenn man davon ausging, daß einer von den Leuten wußte, wer sie war, war es doch unwahrscheinlich, daß er auch Roni kannte. Roni war neu in Be'er Scheva. Und die meiste Zeit verbrachte er auf der Polizeistation oder bei ihr. Waren die Leute, die ihn erkannten, jedoch aus Tel Aviv, konnten sie unmöglich gewußt haben, wer sie war. Die einzige logische Schlußfolgerung war also, daß Ilan von Roni selbst erfahren hatte, daß sie mit ihm im *Escopia* gewesen war. Oder von Benzi.

Ihre beiden Schwäger hatten sie, gemeinsam mit Roni, für ihre eigenen Zwecke benutzt. Und zwar deshalb, weil sie keine richterliche Erlaubnis erwirken wollten, heimlich in behördliche Computer einzudringen. Lisi sprang auf, drückte ihr Gesicht in ein Küchenhandtuch und stieß ein paar wilde Schreie aus.

Sie versuchte sich zu erinnern, wer auf die Idee gekommen war, in ihre Wohnung zu gehen und ihren Computer zu benutzen, sie oder Roni. Nicht, daß das wichtig war. Wichtig war nur, daß man sie benutzt hatte. Auch Roni. Der Detektiv und Rechtsanwalt konnte es sich nicht erlauben, auf ungesetzliche Weise in die Computer staatlicher Behörden einzudringen, also machte er es von ihrer Wohnung aus, mit ihrem Computer. Höchstwahrscheinlich mit der schweigenden Zustimmung Benzis. Was hatte er zu Benzi gesagt, als er an jenem Morgen zur Arbeit erschienen war, müde nach einer schlaflosen Nacht? Ich hatte eine Intuition? Eine himmlische Stimme hat mir im Traum zugeflüstert, daß die Ländereien Nava Faktoris verkauft worden sind?

Die Polizei hatte sich noch am selben Morgen einen gerichtlichen Durchsuchungsbefehl besorgt und mit den entsprechenden Nachforschungen begonnen. Sie hatte beim Grundbuchamt die Eigentumsverhältnisse nachgeprüft, die Darlehensverträge bei den Banken, die Unterlagen des Jerusalemer Notars. Das alles aufgrund der Information, die Roni Melzer sich mit Hilfe ihres Computers beschafft hatte. Das ganze Theater mit »bei dir oder bei mir« und »du bist schön ohne Schminke« hatte nur dazu gedient, um an ihren *Pentium 120* zu gelangen.

Und das schlimmste war, daß sie noch nicht mal hingehen und Benzi anschreien konnte. Er würde es natürlich abstreiten, und sie würde sich damit selbst anklagen, weil sie das Gesetz übertreten hatte, und dann bye-bye, *Zeit im Süden*. Es war kein Zufall, daß Beni Adolam von Navas Vernehmung erfahren hatte. Benzi wußte, daß sie, Lisi, über das gesamte Material verfügte und einen Weg finden würde, es zu veröffentlichen. In diesem Stadium der Nachforschungen war er nicht an Adolams Aktivitäten interessiert, er warf ihm einen Knochen hin, um ihn ruhig zu halten. Mit ihr hatte er sich nicht in Verbindung gesetzt, weil er wußte, daß sie ohnehin über alles informiert war. Sie war für Benzi und Roni ein leichtes Opfer gewesen. Roni hätte nie etwas Ungesetzliches vom Polizeicomputer aus gemacht, wohl aber von Lisis, warum auch nicht?

Lisi fragte sich, ob Ilan diesen Satz gesagt hatte, um sie zur Vorsicht zu mahnen, damit sie ja nicht auf Ronis Werbung hereinfiel, oder ob er ihr nur etwas Nettes sagen wollte und sich verplappert hatte. Ilan war Benzi sehr treu ergeben. Sie waren Schwäger, und sie waren auch wirkliche Freunde. Wenn jemand sie vor die Entscheidung stellen würde, zwischen dem Schwager und der eigenen Frau zu wählen, würden sie sich vermutlich für den Schwager entscheiden. Ilan würde Benzi nicht betrügen. Was er ihr gesagt hatte, war ein Versehen. Es war nicht das erste Mal, daß Benzi sie für seine Zwecke benutzt hatte, aber in der Vergangenheit hatte er ihr seine Absichten immer kundgetan. Als Roni sie bei der Eröffnung des *Luzerne* getroffen hatte, hatte er ja ausdrücklich gesagt, Benzi habe ihn geschickt. Aber Benzi hatte ihn nicht geschickt, damit er ihr sage, sie solle nicht zur Polizeistation kommen, sondern um Kontakt mit ihr zu knüpfen, damit er Zugang zu ihrem Computer erhielt und über den Computer eine Möglichkeit, Quellen anzuzapfen, die er von der Polizei aus nicht anzapfen konnte. Roni war eindeutig im Auftrag Benzis zum *Luzerne* gekommen.

Alles war ganz offen passiert. Ich bin hergekommen, weil Benzi mich zu dir geschickt hat, hatte er gesagt. Sie hatte die Worte gehört, aber ihre Bedeutung nicht verstanden. Doch, du bist ganz genauso dumm, wie du aussiehst, Lisi Badichi.

16

Lisi ging zu der Angestellten zurück, in der Hand die Quittung, die sie an der Kasse bekommen hatte. Sie erhielt eine Nummer, und man sagte ihr, sie solle auf der Bank warten, bis sie aufgerufen werde. Es war nicht schwer gewesen, die Registrierungsnummer der Wohnung Nr. 3 in der Katurastraße 6 herauszubekommen, und welche Stelle auf dem Grundbuchamt zuständig war. Lisi hatte der Angestellten, die ihren Anruf entgegennahm, keine wilden Geschichten erzählen müssen. Mit den entsprechenden Daten in den Händen war sie zum Grundbuchamt gefahren und wartete nun auf den Grundbuchauszug. Zwischen den verschiedenen Zimmern und Schaltern bewegten sich Immobilienhändler, Renovierer, deprimierte Praktikanten, eifrige Verkäufer und mißtrauische Käufer. Sie suchten Pnina Levi, Zimmer vier, die Toilette oder die Kasse, fragten, wann Ascher zurückkomme, warum die Gebühren plötzlich erhöht worden seien und wer für dies und jenes eigentlich zuständig sei.

Als die Angestellte ihr den Grundbuchauszug reichte, fühlte sich Lisi wie eine Spionin, der es gelungen war, einen Doppelagenten reinzulegen. Sie ging zur Bank zurück und faltete das Papier auseinander. Das Haus Nr. 6 in der Katurastraße war 1961 erbaut worden. Die Wohnung Nr. 3 hatte Elieser und Eitan Kinerti gehört. Im September 1995 war die Wohnung an Ludmilla Katschak verkauft worden.

Lisi faltete das Papier wieder zusammen und steckte es in ihre Tasche. Sie atmete tief, lehnte den Kopf an die Wand und machte die Augen zu. Sie fühlte sich wie einer dieser tibetanischen Mönche vom Wissenschaftskanal im Fernsehen, die versuchen, durch Meditation den Körper zu heilen. Den Kopf frei machen von allen Gedanken und sich mit dem Strom des unendlichen Lebens treiben zu lassen, um zur Erkenntnis zu gelangen.

Jemand setzte sich neben sie auf die Bank, und als er sie dabei anstieß, kam sie wieder zu sich. Sie warf einen Blick auf ihre Uhr. Elf. Sie hatte eine halbe Stunde geschlafen, hier auf der Bank des Grundbuchamts. Die tibetanischen Mönche verstanden offenbar wirklich etwas von Genesung und Bewußtsein. Das erste, woran sie beim Aufwachen gedacht hatte, war, daß sie ab jetzt allein arbeiten würde, ohne irgend jemanden zu beteiligen. Wenn Roni oder Benzi offene oder geheime Teilhaber wären, würden sie ihr vorschreiben, was sie veröffentlichen durfte. Und noch schlimmer, sie würden den Kuchen gerecht und unparteiisch zwischen ihr und Adolam aufteilen. Das zweite, was sie dachte, war, daß sie sich unbedingt mit Luba treffen mußte. Ihr Körper und ihr Geist befahlen ihr, zum Friseur zu gehen, und zwar zum Frisiersalon von Dona und Michele.

Michele wollte ihr Strähnchen in die Haare machen, und als sie sich weigerte, beugte er sich nur widerstrebend. Schließlich einigten sie sich auf ein »abgestuftes Carree«, das jetzt angeblich besonders modern war. Dann schickte er sie zum Haarewaschen.

Luba freute sich, die Tochter Batschevas zu sehen, und schäumte ihr die Haare mit besonderer Begeisterung ein. Ihre Armreifen klirrten an Lisis Ohren. Sie waren sich so nahe, daß Lisi den Geruch von Lubas Körper wahrnahm. Ja, ihr ginge es gut, danke, und auch Alona, ja, danke, und auch Batscheva, ja, danke.

Lisi wartete, bis Luba mit dem Waschen fertig war, denn sie wollte ihr Gesicht sehen. Dann standen sie sich gegenüber. Lisi hatte das nasse Handtuch wie einen Turban um den Kopf geschlungen.

»Der Tote, der auf dem *Sargon*-Gelände gefunden wurde, war Eitan Kinerti«, sagte Lisi, den Blick fest auf Luba gerichtet. »Eitan, der Sohn von Lejser Kinerti.«

»Schto?« fragte Luba.

Lisi wiederholte den Satz auf die verschiedensten Arten, erklärte, es gehe um den Mann, der Luba die Wohnung in der Katurastraße 6 verkauft hatte. Jedesmal betonte sie den Namen Eitan Kinerti und fuhr sich dabei mit der Hand über den Hals, um deutlich zu machen, daß es sich um einen Toten handelte. Luba hörte Lisi zu, wie man einer Verrückten zuhört. Anfangs lächelte sie, dann kicherte sie und wiederholte Lisis Worte. Doch als Lisi immer und immer wieder das gleiche sagte und dabei die Geste an ihrem Hals wiederholte, warf sie Michele und Dona hilfesuchende Blicke zu und murmelte: »Ich nicht verstehe. Ich nicht verstehe.«

»Wer hat deine Wohnung gekauft?« fragte Lisi direkt.

»Der Mann«, antwortete Luba und machte ein Gesicht, als wäre Lisi vom KGB. Plötzlich sah sie erschöpft aus und stützte sich auf das Waschbecken.

»Wann hat er die Wohnung gekauft?« fragte Lisi weiter.

»Nach Einwanderung«, sagte Luba leise.

»Wann?«

»Ein Jahr und ein halbes?«

»Bist du vor anderthalb Jahren eingewandert?«

»Zwei Jahre.«

»Gleich Be'er Scheva?« fragte Lisi. Ihre Ausdrucksweise glich sich Lubas Sprache an.

Luba schüttelte schwach den Kopf. »Nein. Drei Monate Cholon.«

»Was hast du in Cholon gearbeitet?«

»Putzen«, sagte Luba.

»Wo?«

»Putzen.«

»Ja, das habe ich verstanden. Wo hast du geputzt?«

»Kino«, sagte Luba. »Treppen. Büro. Auch Wohnung.«

»In Ramat Gan?« fragte Lisi.

»Cholon«, antwortete Luba.

»Nur in Cholon?«

Luba nickte. »Nur Cholon.«

»Weißt du noch Adressen?« fragte Lisi.

Luba schüttelte den Kopf. Die Knöchel ihrer Hand auf dem Waschbecken waren weiß geworden. Michele blickte argwöhnisch von seinem Platz vor einem Spiegel herüber, mischte sich jedoch nicht ein. Vielleicht glaubte er, Lisi interviewe seine Haarwäscherin für ihre Zeitung.

»Wer hat die Wohnung in der Katurastraße 6 bezahlt?« fragte Lisi.

»Mann.«

»Wieviel?«

»Weiß nicht«, sagte Luba.

»Habt ihr eine Hypothek aufgenommen?« fragte Lisi.

»Nein. Mann hat in die Hand bezahlt.«

»Aber die Wohnung ist auf den Namen Ludmilla Katschak eingetragen«, sagte Lisi. »Sie gehört dir allein.«

Luba versuchte zu lächeln. »Ja, mein.« Ihre Mundwinkel zitterten.

»Wo ist er, dein Mann?«

»In Rußland.«

»Hat er eine Adresse?«

»Warum du fragst?«

»Gibt es eine Adresse?«

»Keine«, sagte Luba. »Warum du fragst?« Ihr Gesicht nahm einen hartnäckigen Ausdruck an.

Lisi begriff, daß sie an eine Grenze gestoßen war, die sie nicht würde überschreiten können. Luba sah völlig verschreckt aus. Vielleicht fürchtete sie, Lisi sei vom Innenministerium geschickt worden. Nun ja. Lisi konnte nur hoffen, daß Lubas Wortschatz nicht ausreichte, ihrer Mutter von der Befragung zu berichten.

Als Michele ihre Schäfchenlocken schnitt, fragte Lisi: »Hat sie sich gut bei euch eingewöhnt?«

»Ausgezeichnet.« Michele strahlte. »Sie ist fleißig und freundlich, und die Kunden sind zufrieden mit ihr und geben ihr Trinkgeld. Sie hat geschickte Hände. Wir kommen ihr auch entgegen.

Zum Beispiel hat sie montags frei, damit sie Besorgungen erledigen und mit ihrer Tochter zusammensein kann. Wer mit Tränen sät, wird mit Freuden ernten. Daran glaube ich.«

»Was?« fragte Lisi.

»Wer viel gibt, wird auch viel bekommen«, sagte Michele.

»Die Kleine wird in den Kindergarten gehen müssen«, sagte Lisi. »Und später in die Schule. Luba wird nicht ewig ohne Papiere leben können. Ich verstehe nicht, warum sie nicht einfach bei der Polizei angeben kann, sie habe ihre Papiere verloren. Dann würde sie neue bekommen. Hat sie etwas über ihren Mann erzählt?«

Michele schüttelte den Kopf. Seine Schere klapperte. »Nein«, sagte er. »Und wir respektieren ihr Schweigen. Es ist ihr nicht angenehm, davon zu sprechen. Eine Frau, die von ihrem Mann verlassen wurde, gleicht einem Schiff, dessen Kapitän von Bord gegangen ist.«

Michele redet wie Tante Klara, dachte Lisi und fragte sich, ob die beiden einander kannten. Vermutlich schon. Alle alteingesessenen Bürger Be'er Schevas kannten einander.

»Bestimmt ist er in finanzielle Schwierigkeiten gekommen und deshalb abgehauen«, sagte Lisi. »Vielleicht ist er ja ein Spieler. Was für ein Glück, daß er Luba noch die Wohnung gekauft hat.«

Michele nickte. »Ich bin sicher, daß er eines Tages zurückkommen wird, schon wegen der Wohnung.«

Lisi schaute in den Spiegel. »Sag mal, Michele, spielt Jako vom Möbelgeschäft eigentlich immer noch?«

Michele lächelte ihr im Spiegel zu. »Die Leute sagen es. Ich habe es nie mit eigenen Augen gesehen, Gott sei Dank. Ich spiele höchstens mal Poker, wenn wir mit der Familie zu Rabbi Meir, dem Wundertäter, fahren. Und auch da nur um ein paar Groschen, nur zum Vergnügen. Er wird schlimm enden, dieser Jako. Die Spielleidenschaft ist eine Krankheit. Nur wenigen gelingt es, von ihrer Sucht loszukommen. Er setzt seine Existenz aufs Spiel. Er hat allen Ladenbesitzern in der Straße schon Geld geschuldet, er hat die Miete für sein Geschäft fast ein Jahr lang nicht bezahlt, und der Hausbesitzer hat ihm damit gedroht, ihn auf die Straße zu setzen und seine Ware zu beschlagnahmen. Im letzten Moment ist es ihm gelungen, die Schulden zu bezahlen und das Unheil abzuwenden.«

»Wie?« fragte Lisi. »Hat er beim Spielen gewonnen?«

»Niemand gewinnt beim Spielen, Lisi«, sagte Michele. »Nur die Casinobesitzer. Nun, was sagst du?« Er trat einen Schritt zurück, legte den Kopf von einer Seite auf die andere, betrachtete prüfend Lisis Frisur und zerfächerte mit den Händen die Luft über ihren Haaren. »Dona!« rief er.

Seine Frau trat neben ihn und begutachtete ebenfalls das Kunstwerk. »Das ist deine Linie, Lisi«, sagte sie. »Achte darauf. Laß ja keinen anderen mehr an deine Haare. Nur Michele. Er paßt auf, daß du diese Linie behältst.« Sie lächelte Michele an. »Ein schöner Stufenschnitt, Michele.«

Michele nickte mit bescheidenem Stolz.

Lisi genoß das Interesse, das die beiden ihren Haaren entgegenbrachten. Sie fühlte sich schön und wichtig. Nachdem sie bezahlt, sich bei Michele bedankt und Luba ein übertrieben hohes Trinkgeld gegeben hatte, begleitet von einem warmen, beruhigenden Lächeln, verließ sie den Laden. Sie überquerte die Straße, um Jako, den Möbelhändler, aufzusuchen.

17

Jako war im *Blauen Pelikan* gewesen, als Dajav Faktori herumgeschossen hatte. Lisi erinnerte sich, daß irgend jemand gesagt hatte, Jako wäre gerade erst von einem Casinoausflug nach Taba zurückgekommen, die Arroganz in Person. Von Tuta wußte Lisi, daß Eitan ein Spieler gewesen war. Es gab nicht so viele Orte in Be'er Scheva, wo ein Spieler seiner Leidenschaft nachgehen konnte, von daher war nicht von der Hand zu weisen, daß Jako und Eitan sich gekannt haben konnten. Nach Dajav Faktoris Schüssen hatte die Polizei zwar alle Gäste des *Blauen Pelikans* verhört, doch die Leiche Kinertis war genau am selben Tag gefunden worden. Vielleicht war bisher niemand auf die Idee gekommen, diese beiden Vorfälle miteinander in Verbindung zu bringen.

Es war vier, als Lisi in Jakos Geschäft eintraf. Er kochte gerade Kaffee. Lisi fiel plötzlich ein, daß sie seit dem Morgen, als sie mit Tuta Kaffee getrunken und Kekse gegessen hatte, nichts mehr in den Magen bekommen hatte.

In dem Geschäft gab es vor allem Schlafzimmermöbel, Matratzen, Kommoden und Kleiderschränke. Lisi empfand eine plötzliche Lust, in diesen Laden zu ziehen. Vielleicht sollte sie, statt ein neues Auto zu kaufen, das Darlehensangebot Dahans annehmen und sich neue Möbel fürs Schlafzimmer kaufen. Ein riesiges Doppelbett und einen Spiegel, in dem sie sich in voller Größe betrachten konnte, von den Füßen bis zum Stufenschnitt. Lisi schob diesen Gedanken zur Seite, bevor er in ihr Wurzeln schlagen konnte. In ihrer Familie kauften unverheiratete Frauen kein riesiges Doppelbett, wenn kein Bräutigam am Horizont zu sehen war. Wenn eine Frau so etwas tat, forderte sie das Unglück heraus, nämlich die Rache des Engels, der für das Eheleben zuständig war, und die Verwünschungen der Hexen. Lisi sagte also zu Jako, sie habe vor, eine neue Matratze zu kaufen.

Jako freute sich für sie, denn für Matratzen hatte er gerade eine Aktion laufen, bis zu dreißig Prozent billiger, es hing von der Marke ab, nicht daß er in seinem Laden irgendeine Marke führte, die nicht sowieso zu den besten gehörte. Er bot ihr eine Tasse Kaffee an. Während sie trinke, sagte er, könne er ihr ja den Katalog zeigen.

Er war mittelgroß und hatte die Gesichtsfarbe eines Menschen, der sich zu lange in der Sonne aufgehalten hat. Sogar seine rötlichen Haare sahen aus, als wären sie von der Sonne versengt. Seine gelblichen Augen glänzten unnatürlich. Lisi fragte sich, ob er Drogen nahm.

»Danke für den Kaffee«, sagte sie. »Ich war heute morgen bei der Beerdigung von Eitan Kinerti, und seither habe ich nichts mehr in den Magen bekommen. Der Kaffee kommt mir gerade recht.«

»Wohl bekomm's«, sagte er. »Sie können gern noch einen haben.«

Lisi lächelte. »Nein, danke. Kannten Sie Kinerti eigentlich?«

»Kinerti?« sagte er. »Den Vater habe ich gekannt. Ein prima Mann, wirklich. Einer unter tausend. So ein Modell wird hier bei uns schon lange nicht mehr hergestellt.«

»War er ein Kunde von Ihnen?« fragte Lisi.

Jako schüttelte den Kopf. »Nein. Was hat er schon gebraucht? Fladenbrot und Oliven. Davon hat er gelebt. Er hat alles hergeschenkt und nichts behalten. Nichts.«

»War das Verhältnis zu seinem Sohn gut?«

Jako zuckte mit den Schultern. »Er hat nicht in Be'er Scheva gewohnt.«

»Man hat ihn neben seinem Vater begraben«, sagte Lisi, »hier in Be'er Scheva. Der Sohn hat Lejsers Wohnung in der Katurastraße geerbt und sie verkauft. Lejser war an Krebs erkrankt, und der Sohn hat das Geld gebraucht, um seinen Vater nach Netanja in ein Altersheim zu bringen.« Lisi lächelte. »Michele vom Friseursalon hat gesagt, Eitan Kinerti sei ein Spieler gewesen.«

Jako lächelte zurück. »Michele beschuldigt jeden, ein Spieler zu sein. Wenn er Sie sehen würde, wenn Sie bloß mal einen Kreisel drehen, würde er gleich behaupten, Sie seien eine Spielerin.«

Lisi nahm einen Schluck Kaffee. »Vielleicht hat er aber auch die Wohnung verkauft, um seine Spielschulden zu bezahlen«, meinte sie nachdenklich. »Gibt es in Be'er Scheva eigentlich ein Spielcasino?«

»Keine Ahnung«, sagte Jako.

»Ich würde schrecklich gern mal ein Casino besuchen«, sagte Lisi mit einem sehnsüchtigen Ton in der Stimme.

»Fahren Sie doch nach Taba«, schlug Jako vor. »Dort ist das alles legal, ohne das ganze Theater wie bei uns. Ein stilvolles Hotel. Man hat wirklich das Gefühl, daß der Gast König ist. Ganz anders als bei uns.«

»Sie waren erst kürzlich in Taba«, sagte Lisi leichthin. »Im *Pelikan* hat man darüber gesprochen.«

Jako zuckte mit den Schultern. »Na und? Als wäre das wer weiß was! Sogar die Gewerkschaft hat für ihre Mitglieder eine Fahrt nach Taba organisiert, ins *Hilton*, mit Besuch des Casinos. Was die dürfen, darf ich doch auch, oder?«

Lisi nickte. »Klar. Ich habe gehört, daß Sie wegen des Spielens viele Schulden hatten, die Sie aber wegen des Spielens wieder zurückzahlen konnten.«

Jako fuhr hoch. »Was gehen Sie meine Schulden an? Wer sind Sie denn, jemand vom Finanzamt? Meine Frau? Vom Arbeitsamt?«

»Regen Sie sich doch nicht auf«, sagte Lisi. »Das war doch bloß Geschwätz von den Leuten.«

»Das ›bloß‹ stinkt aber. Durch dieses Geschwätz bekomme ich einen schlechten Ruf. Ich arbeite. Ich habe ein Geschäft. Alles ist legal und auf dem Tisch. So ein Tratsch ist nicht nötig, damit kann man mein Geschäft ruinieren. Wer hat Ihnen das erzählt? Ben-Zion Koresch?«

Lisi schüttelte den Kopf. »Nein, bestimmt nicht.«

»Dahan?«

»Ich erinnere mich nicht«, sagte Lisi.

»Dann war es Michele«, stellte Jako fest. »Ich habe vorhin gesehen, wie Sie in seinen Salon gegangen sind. Seltsam, wenn es Ihnen angenehm ist, erinnern Sie sich, und wenn es Ihnen unangenehm ist, erinnern Sie sich nicht. Sie beschmutzen den Namen eines anständigen Kaufmanns und machen dazu ein frommes Gesicht.«

Lisi reagierte nicht auf diese Anschuldigungen. Sie fragte: »Wer kann mir Auskunft geben, wo ich in Be'er Scheva Spieler finde?«

»Ihre anständigen Schwäger«, fauchte er sie an.

»Die haben mit solchen Sachen nichts zu tun«, sagte Lisi.

»Doch!«

»Ich möchte sie nicht in meine Angelegenheiten hineinziehen«, sagte Lisi.

Er blickte sie an. »Aber mich, oder?«

Seine sommersprossigen Hände blätterten nervös in dem Katalog, der vor ihm lag. Matratzen in verschiedenen Farben flogen an Lisis Blick vorbei. Seine Hand blieb auf dem Bild einer Matratze liegen, deren Preis fast einen Monatslohn Lisis ausmachte.

»Eine solche Summe kann ich mir nicht leisten«, sagte sie. »Tut mir leid, ich bin keine Neueinwanderin.«

»Warum? Warum sagen Sie so was?« Er sprach jetzt sehr laut, seine Augen sprühten Funken. »Haben Sie Ihnen was getan, die Neueinwanderer? Was würden Sie denn empfinden, wenn Sie irgendwo neu hinkämen und alle schlecht über Sie reden? Sie sind als Kundin in meinen Laden gekommen, und ich achte meine Kunden aus Prinzip, aber ich scheue mich auch nicht, Ihnen zu sagen, daß Sie sich schämen sollten.«

»Ich rede nicht schlecht«, protestierte Lisi. »Ich stelle nur Tatsachen fest. Wissen Sie, wer jetzt in Lejser Kinertis Wohnung wohnt? Eine Neueinwanderin! Die Frau, die bei Michele und Dona die Haare wäscht, ist Besitzerin der Wohnung. Erzählen Sie mir nichts über Neueinwanderer. Hätten Sie es sich vielleicht leisten können, diese Wohnung zu kaufen? Wovon hat sie sie bezahlt? Von dem, was sie bei *Sargon* verdient hat? Von dem Trinkgeld, das sie im Friseursalon bekommt? Mir tun die Neueinwanderer nicht leid. Sie brauchen einem auch nicht leid zu tun. Ich bin sicher, daß diese Frau in Rußland keine solche Wohnung hatte. Bestimmt auch keine Kleider wie die, die sie jetzt anhat, oder solchen Schmuck, wie sie ihn jetzt trägt.«

»Sie ist eine hübsche junge Frau«, sagte Jako. »Warum sollte sie keine schönen Kleider anziehen? Möchten Sie, daß sie in Lumpen herumläuft? Daß sie auf der Straße schläft? Daß sie auf dem Markt verfaultes Obst aufsammelt? Wenn sie auf der Straße betteln würde, mit ihrem Kind auf dem Schoß, würden Sie in Ihrem Schmierblatt doch über das schreckliche Leiden der Neueinwanderer schreiben. Die Russinnen sind schön, also sagt man gleich, sie seien Huren. Das ist doch nur Neid! Wo bleibt das jüdische Herz? In Rußland hat man sie gehaßt, weil sie Juden sind, und hier haßt man sie, weil sie Russen sind. Sie und Ihre Schmierblattclique! Sie können nur alles in den Dreck ziehen. Sie sehen doch alles nur schwarz, alles nur beschissen. Fragen Sie Ihre Mutter, was sie alles ausstehen mußte, als sie ins Land kam und alle ›Marokko-Schmarotzer‹ zu ihr sagten. Das ist das gleiche. Ihr Zeitungsschmierer seid alle gleich, ihr habt doch kein Mitleid im Herzen!«

Er hatte immer lauter gesprochen, am Schluß schrie er beinahe und fuchtelte wild mit den Händen. Wäre Lisi nicht so groß gewesen, hätte er sie bestimmt aus dem Laden geschoben. Sie wagte nicht, ihm zu sagen, daß ihre Mutter nicht aus Marokko gekommen war, sondern aus Ägypten.

Inzwischen war beiden klar, daß sie keine Matratze bei ihm kaufen würde. Aber Lisi wollte nicht aufgeben. Sie sagte: »Ich glaube, sie hat die Wohnung von Eitan Kinerti erpreßt. Das ist es, was ich glaube.«

»Glauben Sie, was Sie wollen«, fuhr er sie an. »Es interessiert mich einen Dreck, was Sie glauben!«

Lisi schrieb ihre Telefonnummer auf eine Visitenkarte, die auf dem Tisch lag, und schob sie Jako hin. »Wenn Sie sich an Eitan Kinerti erinnern, rufen Sie mich doch bitte an«, sagte sie.

»Ich kann mich nicht an jemanden erinnern, den ich nicht gekannt habe!« bellte er. »Außerdem ist er tot. Wollen Sie nun eine Matratze oder wollen Sie keine?«

»Es ist teurer, als ich gedacht habe«, sagte Lisi.

»Ich kann Ihnen eine auf drei Raten geben.«

»Ich werde darüber nachdenken.«

»Geben Sie mir ein Drittel bar, den Rest auf Raten«, sagte Jako. »Das Sonderangebot gibt es nur noch bis zum Ende der Woche.«

Lisi stand auf. »Ich komme wieder. Vielen Dank für den Kaffee.«

Er murmelte etwas, das sie vorzog, nicht zu verstehen. Sie verließ das Geschäft. Er wußte so gut wie sie, daß sie nicht wiederkommen würde. Vielleicht hatte Jako Eitan Kinerti wirklich nicht gekannt, obwohl sie beide Spieler waren. Aber Luba kannte er. Er wußte, daß sie jung und hübsch war und ein Kind hatte.

Lisi setzte sich in ihren *Justy* und rief Lili an, bei der *Arbeiterbank*. Sie hoffte, vielleicht durch ein Wunder herauszufinden, wer den Kaufvertrag der Wohnung 3 in der Katurastraße 6 unterschrieben hatte. Sie und Lili verband das gleiche Schicksal. Lili war eine große, dicke junge Frau, die aussah wie eine Kuh und die ganze Bank an ihrem kleinen Finger kreisen lassen konnte. Sie war schon seit zehn Jahren stellvertretende Filialleiterin, und Lisi hegte den Verdacht, daß sie nie weiter aufsteigen würde, ganz einfach wegen ihres Aussehens. Im Unterschied zu Lisi hatte Lili jedoch einen Mann und zwei Kinder, deren Foto an Lilis Schalterplatz stand. Lisi und Lili achteten sich gegenseitig. Sie plauderten nicht miteinander, sie tratschten nicht, sie arbeiteten intensiv, und ihre Zeit war kostbar.

»Kann ich eine bestimmte Zahlungsanweisung vom letzten Jahr einsehen?« fragte Lisi, als sie Lili am Apparat hatte.

»Kannst du, aber es ist kompliziert. Es kann Wochen dauern. Ist die Zahlungsanweisung über unsere Filiale gelaufen? Hast du den Namen, die Summe, das Datum?«

»Ich werde es noch herausfinden. Hast du von dem fiktiven Verkauf von Nava Faktoris Landbesitz gehört?«

»Ja. Die Banken geben die Grundstücke zurück.«

»Bist du sicher? Mit Entschädigung?«

»Darüber wird noch verhandelt. Unsere Filiale ist nicht in die Sache verwickelt, Gott sei Dank.«

»Wird sich die *Arbeiterbank* an der amtlichen Ausschreibung beteiligen?«

»Ja, aber nur, wenn sie das *Sargon*-Gelände bekommt.«

»Was?«

»Ja«, sagte Lili. »Die ganzen knapp vierzig Dunam, in einem Stück.«

»Du meinst samt dem Anteil von Nava Faktori und den beiden Grundstücken des Propheten?« fragte Lisi.

»Genau.«

»Habt ihr mit anderen Unternehmern zu tun, die sich für das Projekt ›Free Production‹ interessieren?«

»Weiß ich nicht«, sagte Lili. »Soll ich es für dich herausfinden?«

»Nein«, sagte Lisi. »Das ist nicht nötig. Vielen Dank, Lili.«

»Keine Ursache«, sagte Lili und legte auf.

Name, Summe, Datum. Lisi wußte nicht, wer die Wohnung bezahlt hatte, um welche Summe es sich handelte und an welchem Datum das Geld auf der Bank eingezahlt worden war. Sie wußte noch nicht einmal, ob es sich überhaupt um die *Arbeiterbank* handelte. Und erst recht nicht, warum das wichtig war. Es war gut möglich, daß ihre zwanghafte Beschäftigung mit Luba nur darauf zurückzuführen war, daß sie das Gefühl hatte, die Russin nutze die Gutmütigkeit ihrer Mutter aus. Aber daß der Tote, den man auf dem *Sargon*-Gelände gefunden hatte, der frühere Besitzer von Lubas Wohnung war, schürte Lisis Mißtrauen, und auch das Geheimnis, das diesen »Ehemann« umgab. Einen Moment lang kam ihr die Idee, daß sie den Computerzauberer Roni Melzer bitten könnte, die Fakten bei der Bank nachzuprüfen. Roni Melzer wußte nicht, daß sie wußte, daß er von Benzi zu ihr geschickt worden war. Sein Spiel ließ sich auch zweiseitig spielen.

18

Lisi hatte in Jakos Laden mindestens dreitausend Schekel gespart, sie fühlte sich reich. Deshalb ging sie zum *Maschbir* und kaufte sich ein dunkelblaues Jackett und ein Seidentuch, gemustert mit Ankern und Steuerrudern. Die Verkäuferin schlang ihr das Tuch mit nachlässiger Eleganz um den Hals und sagte, sie müsse immer Tücher tragen, sie sei die richtige Frau dafür. Nicht jede Frau sei geeignet, aber sie sei für Tücher geboren, und an ihrer Stelle würde sie gleich noch zwei weitere kaufen, um für all ihre Kleidungsstücke das passende Tuch zu haben. Lisi wollte die nette Verkäuferin nicht enttäuschen, deshalb erwähnte sie nicht, daß das, was sie gerade anhatte, ziemlich genau der Bezeichnung »all ihre Kleidungsstücke« entsprach.

Sie fuhr zur Gewerkschaft und bat die Sekretärin am Empfang, sie bei demjenigen anzumelden, der für die Freizeit- und Bildungsaktivitäten verantwortlich war. Schwarze Löckchen umrahmten das Gesicht der Frau, verdeckten fast ihre Augen und fielen wie ein Vorhang über ihre Wangen, während sie telefonierte. Das gutsitzende Jackett mit dem Tuch verlieh Lisi ein Gefühl der Sicherheit. Sie hatte in ihr Aussehen investiert, dafür stand ihr eine Belohnung zu. Die Sekretärin, das Gesicht noch immer hinter dem schwarzen Lockenwall verborgen und ihre Hand bereits am zweiten Telefonapparat, erklärte ihr, ohne sie dabei anzusehen, wie sie zum Zimmer von Herzl Givon kam.

Herzl Givon schien ihr Erscheinungsbild tatsächlich zu würdigen. Er drückte warm ihre Hand und musterte sie mit dem geübten Blick eines Pauschalreiseveranstalters eingehend von Kopf bis Fuß. Es machte ihm offenbar nichts aus, daß sie das merkte. Im Gegenteil. Er betrachtete dieses unverhüllt gezeigte Interesse wohl als Kompliment. Überall in seinem Zimmer lagen Reiseprospekte herum, Werbungen für Hotels, Restaurants und Touristenattraktionen. Eine kleine Insel von Luxus in einem Meer von Sparsamkeit, die eine Gewerkschaft heutzutage kennzeichnete.

Lisi stellte sich vor. »Lisi Badichi, von der *Zeit im Süden*.«

Er lächelte. »Ja, Lisi Badichi, was kann ich für Sie tun? Kaffee? Tee?« Er drehte sich zu der offenstehenden Tür hinter sich um und rief: »Marta!«

Falls er enttäuscht war, daß sie nicht kam, um über eine Pauschalreise mit ihm zu verhandeln, gelang es ihm gut, das zu verbergen. Sein Gesicht zeigte den begeisterten Ausdruck eines Menschen, dessen Beschäftigung mit Lebensgenuß verbunden ist.

Aus dem Nebenzimmer trat eine etwa dreißigjährige Frau in einem engen Hosenanzug. Ihr Gesicht zeigte das erwartungsvolle Lächeln einer Kellnerin.

»Nein, danke«, wehrte Lisi ab. »Ich bin nur für ein paar Minuten gekommen.« Als sie bei der Armee war, hatte sie zwei Jahre lang Tee und Kaffee für ihre Vorgesetzten kochen müssen, und seither bemühte sie sich, Sekretärinnen nicht mit solchen Dienstleistungsarbeiten zu beschäftigen. Sie wandte sich an Herzl Givon. »Sie sind der Verantwortliche für die Freizeitangebote der Gewerkschaft in Be'er Scheva?«

»Im ganzen Südbezirk«, sagte er und deutete auf einen Stuhl.

Lisi setzte sich. »Auch für Reisen ins Ausland?«

Er blickte sie erstaunt an. »Ins Ausland? Wer von uns fährt ins Ausland? Alle Jubeljahre gibt es mal einen internationalen Kongreß, das organisiere ich dann auch. Reisebüro *Herzl Givon und Partner*. Das ist es, was Sie hier sehen. Warum wollen Sie das wissen?«

Lisi lächelte. »Ich möchte keinen Artikel schreiben, Herr Givon.«

»Das können Sie aber ruhig tun. Wir leisten großartige Arbeit auf unserem Gebiet. Nennen Sie mich Herzl. Kein Mensch sagt Herr Givon zu mir.«

Lisi ließ ihren Blick durch das Zimmer schweifen. »Vor nicht allzu langer Zeit haben Sie für die Gewerkschaftsangestellten eine Fahrt nach Taba organisiert, stimmt das?«

»Für die Angehörigen der Arbeiterräte, stimmt. Achtzig Leute, das war, logistisch gesehen, alles andere als einfach. Außerdem hat man den Fahrer verhaftet. Irgendein Soldat hatte ein Patronenmagazin im Bus liegenlassen. Aber am Schluß hat sich alles aufgeklärt.«

Lisi schaute ihn an. »Haben Sie in Taba im *Hilton* übernachtet?«

Er nickte. »Ja. Waren Sie schon mal dort? Spitze! Fünf Sterne. Und aus meiner Erfahrung heraus kann ich Ihnen sagen, wenn es acht Sterne gäbe, würden sie dort auch acht bekommen.«

»Und im Bus waren nur Leute von den Arbeiterräten?« fragte Lisi.

»Ja«, antwortete er. »Es war ein doppelstöckiger Bus. Mit Klimaanlage, kalten Getränken und Kassetten von Gabi Berlin.«

»Sind Sie mit allen anderen zusammen in Taba geblieben?«

»Klar, mußte ich doch. Ich war ja für alles verantwortlich, was dort geschah. Ich war auf der Hinreise und der Rückreise dabei.«

Lisi nickte und schaute ihn fragend an. »Dort geht man ins Casino, stimmt's?«

»Klar.« Er lachte. »Es war prima. Aber ich habe schon auf dem Hinweg alle gewarnt und gesagt, Ägypten ist nicht die Türkei. Sie sollten sich ruhig und höflich verhalten und nicht zuviel Geld setzen. Sie waren spitze, unsere Kameraden. Sie haben mir die Hände geküßt, als wir zurückfuhren.«

»Waren Sie früher schon mal in Taba im *Hilton* gewesen?« fragte Lisi.

Er schnippte mit der Hand. »Dutzende Male. Ich kenne die Gegend wie meine Westentasche. *Herzl* ist die richtige Firma für die Leute dort. Sie wissen genau, wenn *Herzl* auftaucht, gibt es keine

Beschwerden. Da weiß man, an wen man sich halten kann. Wenn jemand ein anderes Zimmer will, kommt er zu *Herzl*, und *Herzl* organisiert alles. Wenn das Hotel Grund hat, sich über einen Gast zu beschweren, bringt *Herzl* die Sache in Ordnung, kein Problem.«

Lisi lächelte. »Und gibt es auch noch andere Gäste, wenn Sie dort im Hotel sind?«

»Klar. Aus der ganzen Welt. Aus Skandinavien. Aus Deutschland. Japan. Die sind doch alle verrückt nach Sonne und Meer. Ich vergesse nie jemanden, kein Gesicht und keinen Namen. Ich treffe eine Skandinavierin, die vor drei Jahren dort war, und sage: ›Hi, Grete, how are you?‹ Da sind die Leute immer ganz platt. Und wie sie aussehen, das können Sie sich gar nicht vorstellen. Sie kommen vom Strand, rot wie gegrillte Krebse, und nach dem Abendessen gehen sie ins Casino, mit einem Kilo Creme auf dem Gesicht, um die Haut zu beruhigen. Es sieht aus wie in einem Urlaubscamp für Indianer. Waren Sie schon mal dort?«

Lisi schüttelte den Kopf. »Nein, noch nie.«

»Es lohnt sich«, sagte Herzl Givon. »Soll ich Ihnen Bescheid sagen, wenn wir das nächste Mal fahren? Es ist immer ein Platz frei, weil jemand im letzten Moment absagt.«

»Gern«, sagte Lisi. »Das klingt wirklich sehr hübsch.«

»Sehr hübsch? Das ist gar kein Ausdruck. Verlassen Sie sich auf Herzl.«

Lisi holte das Foto des toten Eitan Kinerti aus ihrer Tasche und hielt es Herzl hin. »Haben Sie diesen Mann schon mal im *Hilton* in Taba gesehen?«

Er nahm ihr das Foto aus der Hand und betrachtete es. Er streckte den Arm aus, hielt es gegen das Licht und legte den Kopf schräg wie ein Arzt, der eine Röntgenaufnahme begutachtet. »Nein«, sagte er und schüttelte den Kopf. Aber er gab das Foto nicht zurück, sondern studierte es weiter. »Nein«, sagte er schließlich. »Nicht im *Hilton* in Taba, aber irgendwo anders. Wer ist das?«

»Ein Spieler«, sagte Lisi.

»Ein Spieler?« wiederholte er zögernd.

Er hatte gesagt, er könne sich an jedes Gesicht und jeden Namen erinnern. Lisi hoffte, daß er nun den Beweis für seine Behauptung liefern würde. Er schloß die Augen und konzentrierte sich. Lisi wartete geduldig. Sie fragte sich, ob er versuchte, etwas zu verbergen, oder ob er ehrlich war und einfach nur nachdachte. Durch dieses kleine Zimmer floß viel Geld, und er würde seinen Betrieb nicht wegen der Neugier einer Lisi Badichi vom Lokalblatt gefährden, auch wenn sie ein neues Jackett trug und ein mit nachlässiger Eleganz um den Hals gebundenes Tuch.

»Wie heißt er?« fragte Herzl Givon.

»Eitan Kinerti«, antwortete Lisi.

»Ist das nicht der, den man auf dem *Sargon*-Gelände gefunden hat?«

»Ja«, sagte Lisi.

»Weiß man, wer ihn umgebracht hat?«

»Noch nicht.«

Herzl schaute Lisi an. »Warum fragen Sie mich nach ihm? Was habe ich mit ihm zu tun? Das hier ist die Gewerkschaft. Die Arbeitervereinigung.«

Lisi blickte ihn an. »Er war Spieler, das ist bekannt. In Israel gibt es nicht viele Orte, wo man spielen kann. In Taba ist es gesetzlich erlaubt. Sie waren schon oft in Taba, und man hat mir von Ihrem ausgezeichneten Gedächtnis vorgeschwärmt. Deshalb bin ich auf den Gedanken gekommen, Sie hätten ihn vielleicht mal dort gesehen.«

Er streckte wieder die Hand aus und betrachtete das Bild. »Ich weiß, wo ich ihn mal gesehen habe«, rief er plötzlich. »Auf der *Dancing Mathilda*.«

»Wo?« fragte Lisi erstaunt.

Er nickte. »Ja. Ich treibe mich immer überall herum, um schöne Plätze für unsere Arbeiter zu finden. Die *Dancing Mathilda* ist ein Schiff, das von Eilat aus durch das Rote Meer fährt. Die *Dancing Mathilda*, das schwimmende Casino. Haben Sie nie davon gehört?«

Lisi schüttelte den Kopf.

»Man fährt ein paar Stunden, verliert alles, was man hat, und wenn man zurückkommt, kann man sich nur noch scheiden lassen. Nichts für uns. Nie im Leben würde ich meine Leute so einer Sache aussetzen. Nach Taba kann man auch die Kinder mitnehmen, man kann zum Strand gehen, gut essen oder im Whirlpool baden. Da ist nicht alles aufs Spielen ausgerichtet. Auf der *Dancing Mathilda* gibt es nur das Glücksspiel. Gorillas am Eingang und Süchtige an den Tischen. Nichts für unsere Leute. Ich biete meinen Leuten Klasse, und sie verhalten sich klasse. Würde ich ihnen Scheiße bieten, würden sie sich beschissen benehmen. So und nicht anders läuft das nach meiner Erfahrung.«

»Und dort auf diesem Schiff haben Sie Eitan Kinerti gesehen?« fragte Lisi.

Er nickte. »Ich wollte es mir mal näher anschauen. Aber ein Blick hat gereicht.«

»Wer war noch dort?«

»Viele Leute«, sagte Herzl. »Bestimmt fünfzig. Außer dem Personal und den Gorillas.«

»Haben Sie Jako auch gesehen?« fragte Lisi.

»Was für ein Jako?« sagte er vorsichtig. »Jako Bachar?« Plötzlich wirkte er, als wollte er Zeit gewinnen.

»Vom Möbelgeschäft.«

Er zog die Augenbrauen hoch. »Lassen Sie mich nachdenken... Wissen Sie was? Ich glaube, ja. Doch. Er war da.«

»Kennen Sie ihn schon von früher?« fragte Lisi.

»Ob ich Jako kenne?« rief er. »Jako ist sozusagen mein Bruder. Wir sind zusammen in den Baracken aufgewachsen. Lassen Sie sich ja nichts vormachen. Im Gegensatz zu allem, was man heute behauptet, war das eine wunderbare Kindheit. Wir waren viele, wir hatten Banden, wir haben uns im Wadi versteckt. Zusammen mit den Beduinen. Und am Schabbat haben wir uns in der Synagoge getroffen, mit gebügelten Hemden und Käppchen auf dem Kopf. Wenn ich mir die heutigen Kinder anschaue, tun sie mir leid, trotz all ihrer Computer und Fernsehapparate.«

»Als Sie Jako auf der *Dancing Mathilda* gesehen haben, war er da mit Eitan Kinerti zusammen?« fragte Lisi.

Er zuckte mit den Schultern. »Das weiß ich nicht. Zur gleichen Zeit, ja, denn ich war nur einmal dort. Das hat mir, wie gesagt, gereicht.«

Lisi drängte weiter. »Mit wem waren die beiden zusammen?«

»Das weiß ich nicht«, sagte Herzl. »Jako und ich haben hallo gesagt und uns umarmt, und er hat mich gebeten, in Be'er Scheva nicht zu erzählen, daß ich ihn auf dem Casinoschiff gesehen habe. Er hatte Angst vor seiner Frau Doris. Reden Sie also bitte auch mit niemandem darüber.«

Lisi nickte. »In Ordnung. Ich interessiere mich für Eitan Kinerti, nicht für Jako.«

»Dann ist Jako zum Spielen gegangen, und ich habe ihn nicht mehr gesehen«, erzählte Herzl. »Ich spiele aus Prinzip nicht. Ich war auf diesem Schiff ziemlich allein. Übrigens, sie hatten eine Russin dabei, die Spieler. Eine junge, hübsche Russin. Vielleicht war sie zusammen mit diesem Eitan. Nein, das stimmt nicht. Jako war drinnen und hat gespielt, und Eitan ebenfalls. Auf Deck waren nur sehr wenig Leute, unter ihnen auch diese Russin. Man hat allen, die auf dem Deck waren, Kir Royal serviert. Aber ich glaube, sie war mit Jako und diesem Eitan zusammen, als sie an Bord kamen. Vielleicht war sie wirklich mit den beiden gekommen und nur nicht mit hineingegangen. Ich bin jedenfalls herumgelaufen und habe mir das Schiff angesehen und nicht besonders auf sie geachtet.«

»Stand sie allein an Deck?« fragte Lisi.

Er schüttelte den Kopf. »Nein, dort wird so ein Champagnerrummel veranstaltet. Man redet, man lacht, man flirtet. Sind Sie schon mal auf einem Casinoschiff gefahren?«

»Nein«, sagte Lisi. »Aber wenn ich wollte, wo und wie könnte ich mich für so eine Fahrt mit der *Dancing Mathilda* anmelden?«

Er machte eine großartige Gebärde. »Soll ich Ihnen die Wahrheit sagen? Mit der Hand auf dem Herzen? Sie brauchen ja nicht auf mich zu hören. Aber wenn Sie den Rat eines erfahrenen Menschen hören wollen, und Herzl Givon hat mehr als genug Erfahrung, dann lassen Sie es lieber bleiben. Falls Sie die Absicht haben, Ihre Nase in irgendwelche Dinge zu stecken und Fragen zu stellen, lohnt es sich nicht. Mit diesen Leuten dort ist nicht zu spaßen. Die brechen einem erst mal die Knochen und erkundigen sich anschließend, wer man ist und was man will.«

»Und wenn ich es trotzdem möchte?« fragte Lisi.

Er zuckte mit den Schultern. »Jedes Reisebüro kann für Sie herausbekommen, wann die *Dancing Mathilda* fährt.«

Lisi hob den Kopf und schaute ihn forschend an. »Können Sie sich noch an das Datum erinnern, wann Sie auf dem Schiff waren?«

Er lachte. »Ach, das ist eine Weile her. Ich kann in meinem Kalender vom letzten Jahr nachschauen. Marta!«

Marta und Herzl blätterten gemeinsam in Terminkalendern und diskutierten, ob es im Sommer oder im Herbst gewesen sein könnte. Lisi wußte, daß Eitan Luba die Wohnung im September 1995 verkauft hatte. Logischerweise mußte diese Fahrt ungefähr um diese Zeit stattgefunden haben, denn später war Eitan schon nicht mehr in Israel gewesen. Lisi ging davon aus, daß die »hübsche, junge Russin«, von der Herzl gesprochen hatte, Luba gewesen war. Andererseits war Luba weder Jakos Freundin noch Eitans. Sie mußte mit einem anderen Mann gekommen sein, mit jemandem, der die beiden auch kannte.

»Da ist es!« rief Herzl und zeigte Lisi den Terminkalender. Am 8. September 1995, einem Freitag, war handschriftlich vermerkt: »*Dancing Mathilda.*«

»Na, ist das ein Gedächtnis oder nicht?« rief Herzl triumphierend. Sein Blick wanderte zwischen Marta und Lisi hin und her. »Habe ich das nicht gesagt?«

»Alle Achtung«, sagte Lisi bewundernd, und Herzl strahlte vor Stolz.

»Wenn ich nun den Reiseveranstalter um eine Liste der Passagiere von jenem 8. September bitte, wird man sie mir geben?« fragte Lisi.

Herzl Givon zuckte mit den Schultern. »Weiß ich nicht. Nicht daß das ein Geheimnis wäre, aber auch wir machen so etwas natürlich nicht gern. Es könnte einen Kunden in Schwierigkeiten bringen. Verschwiegenheit und ein guter Name sind das wichtigste in unserem Beruf.«

»Und wenn Sie darum bitten?« sagte Lisi. »Würden Sie die Liste bekommen?«

»Warum ist das denn so wichtig?« fragte er.

»Ich bereite einen Artikel über Eitan Kinerti vor und suche Menschen, die ihn gekannt haben. Wußten Sie, daß er bei der Militärpolizei war?«

»Nein, das habe ich nicht gewußt.«

Lisi zog einen Zettel und einen Stift aus ihrer Tasche. »Ich lasse Ihnen meine private Faxnummer da«, sagte sie. »Um die Wahrheit zu sagen: Wenn jemand die Liste auftreiben kann, dann sind Sie es. Deshalb bin ich eigentlich gekommen. Sie haben den Ruf, ein anständiger und erfahrener Mann zu sein, mit einem klugen Kopf. Ich wollte schon lange mal einen Artikel über die Reisen schreiben, die die Gewerkschaft für ihre Arbeiter organisiert. Also, was glauben Sie? Können Sie die Passagierliste für mich besorgen?«

»Ich kann es probieren«, sagte Herzl Givon.

Lisi drückte ihm den Zettel in die Hand. »Ich bin Ihnen ja so dankbar«, sagte sie, blickte ihn bewundernd an und machte dann schleunigst, daß sie hinauskam, bevor sie seine Reaktion ereilte. Um die Wahrheit zu sagen: Sie mußte sich beherrschen, ihm nicht einen Kuß auf das strahlende Gesicht zu drücken. Aber das würde sie immer noch tun können, wenn er ihr erst diese Passagierliste besorgt hätte.

19

Der Prophet lag mit drei anderen Männern zusammen im Zimmer. Einer hatte ein eingegipstes Bein, das an einem Ständer aufgehängt war, der zweite einen eingegipsten Arm, ebenfalls an einer Aufhängung befestigt, und der dritte sah mit seinen Infusionen, an denen er hing, wie ein Polyp aus. Es war Besuchszeit, das Zimmer war voller Leute, die sich flüsternd unterhielten, eine Geräuschkulisse wie in einem Bienenstock.

Neben Oved Hanegbis Bett saß niemand. Sein Kopf war mit weißen Verbänden umwickelt und sein Gesicht mit Blutergüssen in allen Schattierungen übersät. Auf seinem Nachttisch stand eine blaue Tasse mit längst erkaltetem Tee. Sogar hier im Krankenhaus, in dem dünnen, graugepunkteten Flanellschlafanzug, machte er einen weltfremden und deplazierten Eindruck. Obwohl er im Bett lag, vermeinte man seine aufrechte Haltung zu sehen. In seinen Ohren hatte er die Stöpsel eines Kopfhörers, seine Lider, grünlich gespannt, waren geschlossen. Zwischen den Lippen hielt er eine Zigarette, die allerdings nicht brannte. Er hörte Musik. Lisi setzte sich an sein Bett und nahm ihm einen Stöpsel aus dem Ohr. Seine Augen öffneten sich zu schmalen Schlitzen.

»Wie geht es Ihnen?« fragte Lisi.

»Meine Schulter ist gebrochen«, sagte er. »Nehmen Sie mir den Kopfhörer ab.«

»Haben Sie Schmerzen?« fragte Lisi.

»Nur wenn ich atme«, sagte er. Sie dachte, er wollte vielleicht einen Scherz machen, doch sein Gesicht blieb unbeweglich.

»Erinnern Sie sich an mich? Lisi Badichi von der *Zeit im Süden*. Die Tochter von Batscheva, die bei *Sargon* gearbeitet hat.«

»Ich möchte nicht, daß Sie etwas über mich schreiben«, sagte er. »Ich habe die *Zeit* gelesen. Man hat angedeutet, daß ich der Mörder bin.«

»Aber nein!« rief Lisi. »Ich habe Sie doch gerettet!«

Er verzog die Lippen. »Vielen Dank.«

»Keine Ursache.«

Beide schwiegen. Aus den Kopfhörern drangen heisere Laute, die sich fast nach Magenknurren anhörten. Lisi wußte nicht, ob sie den Walkman ausmachen oder ihm die Kopfhörer wieder aufsetzen sollte.

»Gehen die Demonstrationen noch weiter?« fragte er.

»Nein.«

»Was ist passiert?«

»Es gab einen Sandsturm«, berichtete Lisi. »Er hat zwei Tage gedauert. In der Zeit ist keiner gekommen, und danach war's vorbei. Erinnern Sie sich an den Sandsturm?«

»Nein.«

»Ich bin hingefahren«, fuhr Lisi weiter fort, »weil ich sehen wollte, ob die Arbeiter trotz des Sandsturms weiterdemonstrieren, und da habe ich Sie halb tot im Autobus gefunden. Ich habe den Krankenwagen gerufen und die Polizei verständigt. Sie waren die ganze Zeit ohne Bewußtsein.«

Er saugte an der kalten Zigarette. »Diese Rindviecher von Schwestern hier erlauben mir nicht zu rauchen.«

»Ich habe zwei Schwestern, die hier arbeiten«, sagte Lisi. »Georgette und Chavazelet. Sie sind keine Rindviecher. Sie sind Frauen mit einem guten Herzen, die sehr schwer arbeiten, um Leben zu retten. Es ist nicht schön von Ihnen, so zu sprechen.«

»Ich habe Sie nicht gebeten, mich zu retten«, sagte er und schloß die Augen. Er sah aus, als würde er wieder Musik hören, obwohl er den Kopfhörer nicht aufhatte. Seine Wangen waren eingefallen, seine Gesichtsfarbe erinnerte an patiniertes Kupfer. Die grünlichen Augenlider lagen in tiefen, dunklen Seen.

»Wer hat Ihnen den Walkman gebracht?« fragte Lisi.

»Klara und Ja'akov.«

»Sie waren hier?« fragte Lisi.

»Ja.«

Lisi ließ den Blick durch das Zimmer schweifen. »Was sagen die Ärzte?« erkundigte sie sich.

»Das sind Dummköpfe.«

Lisi lächelte. »Es geht Ihnen offenbar schon besser. Wohin werden Sie gehen, wenn man Sie entläßt?«

»Zum Autobus«, sagte er.

»Haben Sie von Eitan Kinerti gehört?« fragte Lisi.

Er versuchte zu nicken und verzog das Gesicht. »Ja. Ihre Schwäger haben mit mir gesprochen. Und der Cowboy.«

Damit meint er Roni, dachte Lisi. »Haben Sie Eitan Kinerti gekannt?« fragte sie.

»Seinen Vater. Der Junge hat nicht in Israel gelebt.«

»Er war siebenundvierzig, der Junge«, sagte Lisi. »Kinerti war Ihr Freund, nicht wahr? Wieso haben Sie dann den Sohn nicht gekannt?«

Der Prophet ignorierte die Frage. »Leijser hat Pferde geliebt«, sagte er.

»Derjenige, der Eitan Kinerti umgebracht hat, wollte Sie auch umbringen«, sagte Lisi. »Erinnern Sie sich an nichts, was in jener Nacht passiert ist?«

»Nein. Das habe ich Ihren Schwägern auch gesagt.«

»Die Polizei hat das Gebiet dort abgesperrt«, sagte Lisi. »Sie werden nicht in den Bus zurückkehren können.«

»Diese Scheißer glauben wohl, sie können mir auch das noch wegnehmen.«

»Wer? Wen meinen Sie?« fragte Lisi.

»Tova und Jizchak.«

Sie fragte sich, ob er nur so tat oder ob ihm tatsächlich nicht klar war, daß Tova und Jizchak schon seit Jahren tot waren.

»Die Bulldozer haben das Fabrikgebäude zerstört«, sagte sie.

Er drehte langsam das Gesicht zur Seite. »Ich habe davon gehört«, murmelte er.

Lisi zögerte, dann fragte sie: »Waren die Tarschischs hier, um Sie zu besuchen?«

»Jigal war hier«, sagte er. »Und sein Sohn. In der Schublade ist Schokolade, Sie können sich was nehmen.«

»Auf dem *Sargon*-Gelände wird das Projekt ›Free Production‹ entstehen. Die erste Phase soll fünfhundert Dunam umfassen, die zweite tausend. Nur auf dem *Sargon*-Gelände, dort wo die Fabrik steht, ist schon eine Infrastruktur vorhanden. Strom, Telefonanschlüsse, Wasser, Straßen, Abwasserkanäle. Von dort aus wird man mit dem Projekt beginnen. Wenn Sie nicht verkaufen, wird man Sie enteignen.«

»Wer?«

»Der Staat. Es handelt sich um ein Regierungsprojekt, an dem viele Körperschaften beteiligt sind: das Finanzministerium, das Ministerium für Handel und Verkehr, das Bauministerium. Der Projektmanager ist nicht bereit, das Land zu kaufen, wenn Sie Ihre sieben Dunam nicht hergeben.«

»Das stimmt.« Er schielte seine erloschene Zigarette an, als müßte er die Asche abstreifen, dann spuckte er sie aus. Die Zigarette fiel auf seinen Hals. »Sie gewinnen eine Schlacht, aber sie verlieren den Krieg«, sagte er.

»Wer?« fragte Lisi.

»Tova und Jizchak.«

Lisi entfernte die Zigarette mit dem feuchten Mundstück von seinem Hals und legte sie auf den Nachttisch. Was würde mit Oved Hanegbi nach seiner Genesung tatsächlich passieren? Wohin würde er gehen? Was würde er tun, wenn er die Absperrungsbande der Polizei um seinen Autobus sah? Wie war es dazu gekommen, daß ein Stück nackter Wüste mit einem tropfenden Wasserhahn und einer zerbrochenen Steinbank vor einem alten Autobus das kostbarste Heim für diesen Mann geworden war, der seine Kindheit in einer Landschaft verbracht hatte, die aus Bananen- und Dattelplantagen, Quellen und einem blauen See bestand? Sie betrachtete ihn nachdenklich. »Erinnern Sie sich daran, daß man Ihnen den Autobus angezündet hat?« fragte sie.

»Ja, natürlich. Darüber haben Sie auch in der Zeitung geschrieben.«

Lisi nickte. »Und als ich nach dem Brand bei Ihnen war, haben Sie gesagt: Fast hätte sie hier im Hof geworfen. Erinnern Sie sich?«

»Ja, und?«

»Die Katze war damals noch nicht dort.«

»Was für eine Katze?« fragte er erstaunt.

»Während des Sturms hat eine Katze im Streikzelt Schutz gesucht und Junge bekommen. Deshalb bin ich zu Ihnen gegangen, damit Sie ihr Wasser geben. Da waren Sie schon halb totgeschlagen. Aber damals, als der Autobus angezündet wurde, war noch gar keine Katze da, die Junge bekam.«

»Und?«

»Von welcher Katze haben Sie damals gesprochen?«

Der Anflug eines Lächelns glitt über sein geschundenes Gesicht. »Über eine andere«, sagte er und hustete. »Ich habe sie im Hof vor dem Autobus gefunden und mit hineingenommen.«

»Die andere Katze.«

»Ja«, bestätigte er. »Und dann ist der Krankenwagen gekommen.«

Lisi blickte ihn verblüfft an. »Der Krankenwagen? Sie haben den Krankenwagen gerufen.?«

Er schüttelte leicht den Kopf. »Nein, das war ihr Mann, der den Krankenwagen gerufen hat.«

»War er auch bei Ihnen?«

»Nein, sie hat mir seine Telefonnummer gesagt. Ich habe ihn angerufen, und ungefähr eine halbe Stunde später kam der Krankenwagen.«

»Wie hat sie ausgesehen?« fragte Lisi. »Wie hieß sie? Wie hieß ihr Mann?«

»Eine Russin«, sagte er. »Sie hat mit Ihrer Mutter zusammen in der Fabrik gearbeitet.«

»Luba?« Lisi blickte ihn gespannt an.

»Weiß nicht.«

»Und sie hat gesagt, Sie sollen ihren Mann anrufen?« fragte Lisi aufgeregt. »Hat sie gesagt, wie er heißt?«

»Nein.« Er lächelte. »›Telefon Mann‹, hat sie gesagt.«

Lisi lächelte auch. »Und von wo aus haben Sie ihren Mann angerufen?«

»Von der Hauptstraße aus«, sagte er. »*Sargon* betrete ich nicht. Ich hatte Angst, daß sie inzwischen im Autobus das Kind bekommt.«

»Erinnern Sie sich vielleicht an die Telefonnummer, die sie Ihnen gegeben hat?«

»Aber natürlich«, sagte er. »79 30 06.«

Lisis Hand war schweißnaß, als sie die Telefonnummer auf einen Zettel schrieb und in ihre Hosentasche schob. Oved Hanegbis Zahlenspleen erwies sich hier plötzlich als äußerst nützlich. »Wer hat den Anruf entgegengenommen?« fragte sie.

»Das weiß ich nicht. Als der Hörer abgenommen wurde, sagte ich, er solle schnell kommen, die Frau würde das Kind in meinem Autobus kriegen. Der Mann sagte ›danke‹, legte auf, und ich bin zurück zum Autobus. Sie hielt meine Hand und schrie auf russisch, bis der Krankenwagen kam.«

»War ihr Mann im Krankenwagen?«

Er schloß die Augen. »Ich habe den Fahrer und einen Arzt gesehen. Die Geburt hatte schon angefangen, als sie kamen. Sie bekam eine Tochter. Ihre Mutter hat es mir später erzählt. Sie hat mich besucht und sich bei mir bedankt, daß ich ihr bei der Geburt geholfen habe.«

»Wirklich?« fragte Lisi.

»Dabei habe ich gar nicht geholfen.«

»Natürlich haben Sie geholfen«, versicherte Lisi. »Sie haben die Frau in den Autobus geholt, Sie haben sie hingelegt, Sie haben den Krankenwagen gerufen, Sie haben ihr die Hand gehalten.«

Er schlug die Augen wieder auf. »Sie hat meine Hand gehalten.«

Lisi notierte ihre private Telefonnummer und die der Redaktion auf einem Blatt Papier und legte es in die Nachttischschublade. »Wenn Sie irgend etwas brauchen, rufen Sie mich doch an«, sagte sie.

»Ich brauche nichts«, sagte er. »Setzen Sie mir nur die Kopfhörer wieder auf, und geben Sie mir eine Zigarette aus der Packung.«

Lisi setzte ihm die Kopfhörer auf und schob ihm eine Zigarette zwischen die Lippen. Sie fühlte sich schuldig, weil sie nur darauf brannte, wegzukommen und herauszufinden, wem der Telefonanschluß gehörte. Du bist nicht für alles verantwortlich, was auf der Welt passiert, Lisi Badichi, sagte sie sich. An der Tür drehte sie sich noch einmal um und sah, daß der Prophet sich wieder in seine Muschel zurückgezogen hatte, die Musik, die Zigaretten und all die Gespenster, die seine Welt bevölkerten.

Als sie in der Redaktion ankam, fand sie Schibolet in ihrem Zimmer vor. Sie ordnete Papiere, die auf dem Schreibtisch lagen, Briefumschläge, Faxe.

»Dahan hat für uns alle und für Prosper Parpar Karten für die ›Auslösung des Esels‹ besorgt und gesagt, es wäre am besten, wenn wir alle zusammen hinfahren, in seinem *Audi* mit dem Presseschild, statt daß jeder einzeln fährt und beim Parkplatzsuchen durchdreht, aber Dorit hat gesagt, sie fährt lieber mit ihrem Motorrad, weil sie Fotoapparate in der Gepäcktasche hat und sich für das Motorrad auch leichter ein Parkplatz finden läßt.«

Lisi war jedesmal aufs neue überrascht von Schibolets langem Atem. Sie zog jeden Abend im Schwimmbad des Country Clubs ihre Bahnen und besaß kräftige Lungen. Sie hatte die glänzende, goldene Haut von Kibbuzkindern, und ihre Haare wirkten auch im Winter sonnengebleicht. Und obwohl sie den Fernen Osten bereist hatte und Geld für die nächste Reise sparte, war sie eine ausgezeichnete, tatkräftige Sekretärin und zu allen anderen Vorzügen auch noch sehr gutherzig. Ein Ereignis wie die »Auslösung des Esels« bestärkte sie nur in ihrer Meinung, daß Be'er Scheva eine große Stadt war, in der die wunderbarsten Abenteuer hinter der nächsten Straßenecke lauerten.

Lisi blätterte die Papiere durch, fand aber keine Nachricht von Herzl Givon. Wenn er es nicht schaffte, ihr eine Passagierliste der *Dancing Mathilda* zu besorgen, würde sie Roni Melzer um Hilfe bitten müssen, und seit sie ihm auf die Schliche gekommen war, verspürte sie nur noch wenig Lust, mit ihm zu sprechen.

»Wann ist die Vorstellung?« fragte sie.

»Um zwölf. Hast du schon vergessen, Lisi? Die ganze Stadt hat sich schon um die Plätze geschlagen. Willst du Kaffee? Soll ich dir ein belegtes Brot machen?«

»Nur Kaffee, danke. Ich gehe erst noch mal schnell zu Dahan.«

Dahan war für die Akquisition von Annoncen zuständig und äußerst erfolgreich. Er trug Jacketts von *Armani* und Schuhe von *Mephisto*, und in der letzten Zeit qualmte er die Redaktion mit Zigarren voll, von denen höchstwahrscheinlich jeder Zug einen Dollar kostete. Die aparte Mischung aus dem Zigarrengestank und dem Geruch seines Rasierwassers war allmählich zu einem Stein des ökologischen Anstoßes geworden, um so mehr, als er die Gewohnheit hatte, das Fenster in seinem Büro im September zu schließen und erst im April wieder aufzumachen.

Lisi ging hinüber. »Du mußt mir einen Gefallen tun, Maurice«, sagte sie. »Gefallen« war das Wort, das Dahan über alles liebte. »Gefallen« war für ihn dasselbe wie das Sprungbrett für die Athleten, und es brachte ihn dazu, über sich selbst hinauszuwachsen. »Gefallen« hatte ihm eine Villa in Omer gebaut und kaufte ihm jedes Jahr ein neues Auto. »Gefallen« hatte nicht nur Dorits teure Fotoausrüstung bezahlt, sondern auch die vielen Schmuckstücke für seine Frau, mit denen er sein schlechtes Gewissen zu beruhigen pflegte, wenn er sie wieder einmal betrogen hatte.

»Ich möchte nicht, daß du mit irgend jemandem darüber sprichst«, sagte Lisi.

»Hand aufs Herz, Schätzchen. Ich sage kein Wort.«

Lisi nahm den Zettel mit der Telefonnummer heraus, die Oved Hanegbi ihr diktiert hatte. »Kannst du herausfinden, wem diese Telefonnummer gehört?«

Er schaute sie erstaunt an. »Du hast eine Nummer und weißt nicht, wessen Anschluß das ist?«

Lisi nickte. »Genau. Und ich möchte nicht, daß irgend jemand erfährt, daß ich oder du oder sonst jemand herausfinden will, wem sie gehört.«

Er streckte die Hand nach dem Zettel aus. »Gib mir zehn Minuten«, sagte er.

Lisi ging in ihr Zimmer und trank den Kaffee, den Schibolet ihr hingestellt hatte. Etwa eine Viertelstunde später kam Dahan zu ihr und knallte die Tür hinter sich zu. Eine Bekannte von ihm arbeite in der Telefonzentrale bei der Post, sagte er, und diesen Arbeitsplatz habe sie nur ihm zu verdanken. Schon vor Jahren habe er ihr gesagt, wenn sie ihm mal behilflich sein könnte, solle er kein zweites Mal nachdenken, es wäre ihr ein Vergnügen, alles zu tun, er bräuchte seine Bitte nur auszusprechen.

»Und?« fragte Lisi.

Dahan grinste. »Die Nummer gehört der Stadtverwaltung, Abteilung Gartenbau und Landschaft.«

Lisi starrte ihn an. »Wenn du nicht so nach deinen verdammten Zigarren stinken würdest, würde ich dir jetzt einen Kuß geben.«

»Hör auf, mir zu drohen«, sagte er.

»Und daß du es ja nicht wagst, irgend jemand gegenüber auch nur ein Wort von dieser Nummer verlauten zu lassen, hörst du? Niemandem! Wenn ich alles verrate, was ich von dir weiß, fliegst du aus dem Verlag und aus deinem Haus. Ich decke dich seit Jahren.«

Er hob abwehrend die Hände. »Lisi! Was ist los mit dir? Beruhige dich doch. Ich würde meine Bekannte bei der Post in Gefahr bringen, wenn ich ein Wort darüber verliere. Die Leute erzählen mir doch alles mögliche, weil sie wissen, daß ich diskret bin.«

»So diskret wie ein fauler Fisch«, sagte Lisi.

Doch seine Neugier war geweckt. »Was ist eigentlich so wichtig an dieser Telefonnummer?« fragte er. »Jeder kann ein Telefonbuch aufschlagen und sie finden. Dajav Faktori, der Leiter des Gartenbauamts, ist ein Freund von mir. Brauchst du etwas von ihm?«

»Maurice«, sagte Lisi. »Du mußt mir hoch und heilig versprechen, daß du nichts von dieser Nummer erzählst, niemandem.«

»Ich hab's schon vergessen. Was für eine Telefonnummer meinst du denn? Komm, fahren wir zur ›Auslösung des Esels‹. Übrigens, ich habe Arieli gesagt, daß du dein Schrottauto wechseln mußt, und er hat gesagt, die Zeitung würde dir ein Darlehen mit niedrigen Zinsen geben, das du langsam zurückzahlen kannst. Komm, gehen wir.«

Lisi saß hinten im Auto, neben Schibolet. Vorn auf dem Beifahrersitz saß Prosper Parpar, der Leiter der Druckerei. Lisi sagte, sie habe Kopfschmerzen und wolle kurz ein Auge zumachen. Sie nutzte die Fahrt zum Stadion, um über Dajav Faktori nachzudenken, den Leiter der Abteilung Gartenbau und Landschaftspflege der Stadtverwaltung von Be'er Scheva und Ehemann von Nava Faktori, der ein Drittel von *Sargon* gehörte.

Er verfügte über ausgezeichnete Beziehungen zum Rathaus und zur Gewerkschaft, und er stand dem Minister für Bauwirtschaft und Wohnungsbau nahe. Lisi dachte über die unheilige Allianz zwischen Politik und Wirtschaft nach. Wirtschaftsbosse haben ein finanzielles Interesse, Politiker zu unterstützen, und Politiker sind auf das Geld der Wirtschaft angewiesen, damit sie ihre Pläne ausführen können. Dazwischen bewegte sich der Aktionsbereich für Parteifunktionäre wie Dajav Faktori.

Avischaj Tarschisch hatte gesagt, wenn sie den Segen zur »Free Production« bekämen, würden alle Geschwister ihren Weg gehen und eigene Firmen gründen. Avischaj wollte sich mit Immobilien beschäftigen, Eldad hatte vor, sich an einer High-Tech-Firma zu beteiligen, und Nava würde eine Handels- und Vertriebsfirma aufmachen. Vorläufig besaßen sie jedoch weder die Konzession noch die Genehmigung, diese Firmen zu gründen. Die Konzessionen wurden vom Finanzministerium und vom Bauministerium vergeben. Da ihnen das *Sargon*-Gelände gehörte, war es allerdings ziemlich sicher, daß die staatliche Grundstücksverwaltung einen Vertrag mit der Familie Tarschisch unterschreiben würde. Avischaj selbst hatte betont, daß in dem gesamten Areal nur *Sargon* über eine Infrastruktur verfügte, die öffentliche Ausschreibung hatte er nicht erwähnt.

Soweit Lisi wußte, strebte Dajav Faktori keinen hohen politischen Posten an. Er mischte mit und genoß die Freiheiten, die ihm seine Stellung bei der Stadtverwaltung bescherte. Aber wenn seine Frau Nava vorhatte, unter dem Dach der »Free Production« eine neue Firma zu gründen, hatte auch Dajav ein finanzielles Interesse an einer Freundschaft mit dem Minister für Bauwirtschaft und Wohnungsbau. Hatte er vielleicht etwas mit diesen mysteriösen Grundstücksverkäufen zu tun?

Lisi dachte auch an sein Verhältnis mit Riki Avtalion und daran, daß die Familie dafür gesort hatte, daß Riki verschwand. Das war ihnen so wichtig gewesen, daß sie sogar ihren Aufenthalt in Amerika bezahlten. Das Ganze war vermutlich mit Dajavs Wissen passiert. Ein bißchen demonstrative Reue, ein bißchen Schweigegeld, und der Hausfrieden war gerettet. Die Familie hatte ihm einmal verziehen, aber ein zweites Mal würde sie das nicht tun.

Wenn Luba jedoch Dajav angerufen hatte, als sie ihr Kind bekam, war Dajav Faktori vermutlich der »Mann« und der Vater ihres Kindes. Die Geschichte mit dem Ehemann, der angeblich nach Rußland zurückgefahren war, hatten sie sich wohl gemeinsam ausgedacht. Seine Telefonnummer im Büro hatte er ihr bestimmt für Notfälle gegeben.

Zweifellos hatte Dajav Faktori Lejser Kinerti gekannt. Beide arbeiteten bei der Stadtverwaltung, der eine in der Abteilung Gartenbau, der andere bei der Abteilung für Jugend, Kultur und Sport. Außerdem war Lejser ein Jugendfreund von Jigal Tarschisch, Navas Vater, gewesen. Lubas Wohnung hatte also nicht ihr verschwundener Ehemann gekauft, sondern Dajav Faktori,

Navas Mann. Es mußte irgendwelche Zusammenhänge geben, anders war es kaum möglich. Als Lejsers Wohnung verkauft wurde, befand sich sein Sohn Eitan in Israel. Er erledigte das Geschäft und brachte seinen Vater nach Netanja ins Altersheim. Eitan Kinerti mußte gewußt haben, wer der Mann war, der die Wohnung kaufte, wer die Frau war, die darin wohnen sollte, und welche Beziehung zwischen den beiden bestand.

Eitan Kinerti war ein Spieler. Wenn er Geld gebraucht hatte, würde er wohl nicht davor zurückgeschreckt sein, Dajav Faktori zu erpressen. Deshalb war es nicht auszuschließen, daß Dajav Faktori ihn ermordet hatte. Luba Katschak war nicht nur »noch eine Dummheit«, sondern sie war auch eine junge, schöne Frau, die Dajav eine Tochter geboren hatte. Sie war das Geheimnis, dessen Aufdeckung sein Leben zerstören würde. Wie es aussah, liebte Dajav seine Frau und wollte ihr nicht weh tun. Es ist die banalste Geschichte der Welt, dachte Lisi. Ein Mann ist glücklich verheiratet mit einer reichen, klugen und selbständigen Frau und verliebt sich in ein junges, armes, einfältiges Ding, das ein Kind von ihm bekommt. Nava ist Dajavs Halt, und Dajav ist Lubas Halt. Er brauchte zusätzliches Geld für seine zusätzliche Familie. Er hatte ein Motiv für den Grundstücksbetrug.

Wenn Dajav der Mörder war, hatte er sich vermutlich den Spaten zum Vergraben der Leiche und auch die Leiter, mit deren Hilfe er die Straßenbeleuchtung ausschalten konnte, aus der Baumschule des Gartenbauamts genommen. Mit dem Spaten hatte er Oved Hanegbi zusammengeschlagen, deshalb waren die Wunden klammerförmig. Die anderen Erdspuren mit mikroskopischen Resten chemischer Substanzen, die im Autobus, in der Blutlache unter Oveds Kopf und an der Kleidung Eitan Kinertis gefunden worden waren, stammten sicher ebenfalls von dort. Die Baumschule war nachts nicht bewacht, und Dajav besaß einen Schlüssel zum Geräteschuppen und zu seinem Büro in dem kleinen Gebäude. Dort, in diesem Büro, hatte Oved Hanegbi angerufen, als Luba ihr Kind bekam. Vielleicht hatte jener Anruf damals bereits über sein Schicksal entschieden.

Doch etwas war unlogisch an dieser Geschichte: nämlich daß die Leiche Eitan Kinertis ausgerechnet auf dem *Sargon*-Gelände vergraben wurde. Nach Aussage des Polizeiarztes war er dort nicht getötet worden, man hatte die Leiche erst nach dem Mord hingebracht. Aber angenommen, nur mal angenommen, Dajav Faktori hätte Eitan Kinerti umgebracht, warum sollte er die Leiche auf das *Sargon*-Gelände gebracht haben? Welches Interesse konnte er daran gehabt haben, daß sie dort gefunden wurde? Wenn Dajav Faktori, der Freund des Ministers, versuchte, für seine Familie Vorteile bei dem geplanten Projekt herauszuschinden, warum sollte er dann die Leiche ausgerechnet neben dem Autobus von Oved Hanegbi vergraben? Damit der Verdacht auf Oved Hanegbi fiel?

Das einzige, was Dajav Faktori nicht geplant hatte, war der Sandsturm, der gegen Morgen begonnen hatte. Bestimmt hatte er, als der Sturm losging, daran gedacht, daß der Wind den Sand von der Leiche wehen könnte, vielleicht war er sogar zurückgegangen, um sie noch einmal zu bedecken. Sein Interesse war doch wohl gewesen, daß man erst Monate später eine bereits verweste Leiche finden würde. Wenn alles gutginge, würde man den Toten nicht identifizieren können, und die Polizei hätte einen ungelösten Fall. Und wenn es noch besser liefe, würde der Verdacht auf Oved Hanegbi fallen, denn der Revolver mit seinen Fingerabdrücken befand sich unter Eitan Kinertis Leiche.

Am nächsten Tag, als der Sturm seinen Höhepunkt erreicht hatte, fuhr Dajav Faktori zum *Blauen Pelikan* und veranstaltete dort das Theater mit den Schüssen. Die Idee war wohl, daß Mörder sich normalerweise still verhalten und versuchen, nicht aufzufallen. Keiner würde auf die Idee kommen, daß jemand wenige Stunden nach einem Mord und einem Mordversuch in einer Kneipe herumballerte. Dajav Faktori hatte gewollt, daß die Polizei ihn verhaftete, mit dem Revolver. Der befand sich in einer Plastiktüte beim Erkennungsdienst der Polizei, der Revolver eines angesehenen Bürgers, der wegen Aba Sali in einem Café ausgerastet war. Bestimmt hatte man die Plastiktüte mit dem Revolver beiseite gelegt, um sich um wichtigere Dinge zu kümmern, zum Beispiel um den Mord und den Mordversuch auf dem *Sargon*-Gelände.

Als sie am Stadion ankamen, drehte sich Lisi der Kopf vor lauter »wenn« und »falls« und »warum«. Tausende von Menschen füllten die Tribünen. Lisi, Dorit, Dahan, Prosper Parpar und Schibolet, alle mit Presseabzeichen versehen, drängten sich zu den Rängen durch, die für Journalisten reserviert waren. Sie waren bereits voll besetzt mit Kindern und Freundinnen, Müttern und Vätern und Nachbarn von allen, die einen Sohn oder einen Freund hatten, der jemanden kannte, der seinerseits jemanden kannte, der Journalist war und ihm ein Presseschild besorgen konnte. Die Spieler der Fußballmannschaft *Po'al* und die der zionistischen Jugendorganisation saßen in Uniform und mit Käppchen in den ersten Reihen, und ihre Manager tanzten wie Kindermädchen um sie herum.

Auf der Ehrentribüne saßen der Bürgermeister und die Stadträte, daneben die Führungsschicht der Trabantenstädte Be'er Schevas aus Arad, Dimona, Ofakim und Jerochim. Von den letzten Spielen hingen überall noch Reklameschilder der Busgesellschaft *Eged*, von Baufirmen und Toto und Lotto, die jetzt zum schmückenden Beiwerk der religiösen Zeremonie geworden waren. Am Rand des Stadions befanden sich berittene Polizisten, deren Pferde mit ihren Hufen Sand aufwirbelten, der bis zur Ehrentribüne flog.

Prosper Parpar beugte sich zu Lisi und fragte: »Arbeitet in dieser Stadt denn niemand?«

Lisi lächelte. »Das könnte man dich auch fragen.«

»Und was passiert mit dem Esel nach der Feier?« fragte Schibolet.

»Gar nichts«, antwortete Prosper Parpar, der die Aufgabe des Schulmeisters übernommen hatte. »Er ist ein unreines Tier, man kann ihn nicht essen.«

»Und warum veranstaltet man eine religiöse Feier für ein unreines Tier?«

»Der Esel symbolisiert alle Erstgeburten«, erklärte Prosper Parpar. »In den alten Zeiten hat man die Erstgeburten dem Ewigen, gelobt sei er, geopfert, oder man hat sie zum Tempel gebracht.«

»War ein unreines Tier im Tempel zugelassen?« fragte Schibolet erstaunt.

»In den Tempel durften nur reine Tiere«, belehrte sie Prosper.

»Also, ist ein Esel nun rein oder unrein?« beharrte Schibolet.

»Unrein.«

»Mich würde interessieren, was der neu eingekaufte russische Fußballspieler von der ganzen Sache hält«, sagte Schibolet, die es offenbar aufgab, etwas vom Sinn der Zeremonie begreifen zu wollen. Neugierig beobachtete sie Jewgenij Ignatjew, der von seinen Anhängern in Be'er Scheva liebevoll »Katjuscha« genannt wurde.

»Frag ihn doch«, sagte Lisi.

Schibolet grinste. »Ist er verheiratet?«

Als Lisi die Nachricht von der Zeremonie der »Auslösung des Esels« bekommen hatte, hatte sie gedacht, Schibolet habe etwas nicht richtig verstanden, oder jemand wolle sie auf den Arm nehmen.

Sie hatte bei der Stadtverwaltung angerufen. Die Pressesprecherin hatte ihr erklärt, es handle sich um eine alte Zeremonie, bei der ein einjähriger Esel, die Erstgeburt seiner Mutter, symbolisch für alle Erstgeburten ausgelöst werde. Der Bürgermeister habe seine Zustimmung gegeben, und der gelehrte Kabbalist Rav Kaduri werde höchstpersönlich mit einem Hubschrauber auf dem Fußballplatz landen und die Zeremonie vornehmen. Man werde für sie und ihre Fotografin Plätze auf der Pressetribüne reservieren.

»Wird Adolam auch da sein?« hatte Lisi gefragt.

»Ja, natürlich.«

Nun, dann würde sie nicht fehlen. Selbstverständlich nicht.

Der Hubschrauber mit Rav Kaduri landete im nahe gelegenen Industriegebiet und wirbelte eine riesige Staubwolke auf. Dort stieg der Kabbalist in eine Limousine um, die ihm von den Orthodoxen zur Verfügung gestellt worden war. Als das lange, schwarze Auto über den Sand bis vor die Ehrentribüne rollte, erhoben sich alle Zuschauer von den Plätzen, auch der Bürgermeister und die Stadträte. Zwei Jeschiva-Studenten trugen den Rabbiner auf ihren Armen zu seinem Platz auf der Tribüne. Kaum war er wie ein welkes Blatt auf seinen Plastikstuhl gesunken, ging es los.

Ein offener Wagen fuhr auf dem Platz ein, gezogen von einem Pferd. Auf dem Wagen stand der junge Esel, die Hauptfigur des Ereignisses. Er war mit bunten Papierblumen geschmückt.

Lisi schaute sich um. Hinter dem Bürgermeister entdeckte sie Dajav Faktori mit Frau und Tochter. Sie saßen dicht beieinander, kauten einmütig Kaugummi, ließen die Blicke über das Stadion schweifen und machten offenbar witzige Bemerkungen. Sie waren alle etwa gleich groß, ihre Köpfe berührten sich immer wieder, und sie machten den Eindruck einer glücklichen Familie. Ein Gefühl von Kraft ging von dieser Einträchtigkeit aus. Was wissen wir schon über andere Familien? überlegte Lisi. Auch wir, die Badichis, wirken glücklich und einträchtig. Aber das ist alles nur eingeschränkt gültig. Unter dem Topfdeckel verbargen sich Spannungen, alte und neue Kränkungen, Fixierungen, die längst nicht mehr zu ändern waren und das Leben vergifteten.

Der gelehrte Rabbi betete in sich versunken mit geschlossenen Augen, und seine Vergeistigung war so spürbar, daß Lisi den Eindruck hatte, er würde sich im nächsten Augenblick erheben und durch die Luft schweben. Jemand sagte »Amen«, und der Ruf pflanzte sich fort, von einem zum anderen, durch das ganze Stadion, hinauf bis zu den himmlischen Tribünen.

Der Ruf erschreckte das Pferd, das den Wagen zog, und es begann, über den Platz zu galoppieren, so daß der Esel hin und her geworfen wurde. Auf einmal bäumten sich auch die Pferde der berittenen Polizisten auf, Schaum trat aus ihren aufgerissenen

Mäulern, die straff gespannten Zügel schnitten in die Hände der Reiter ein.

Die heilige Atmosphäre, die über dem Stadion gelegen hatte, verwandelte sich in Panik. Die Fußballspieler und die Ehrengäste, die in den ersten Reihen saßen, flohen die Tribünen aufwärts, wobei sie jeden zur Seite drängten, der ihnen im Weg stand. Die Jeschiva-Studenten trugen Rav Kaduri auf Händen in die Garderobe unterhalb der Tribünen. Mit einem schnellen Blick stellte Lisi fest, daß auch Dajav Faktori, seine Frau und seine Tochter Hand in Hand die Tribüne hinaufliefen. Sanitäter trugen Verletzte auf den Rasen und leisteten Erste Hilfe. Von draußen war das Heulen von Krankenwagen und Polizeiautos zu hören.

»Los, draufhalten!« rief Lisi Dorit zu, die sowieso unablässig auf den Auslöser drückte. Beide wußten, daß dies eine Nachricht von hundert Wörtern für die überregionale *Zeit* war und eine von achthundert für die *Zeit im Süden*. Vielleicht sogar eine Meldung fürs Fernsehen.

Als Lisi wieder in der Redaktion zurück war, schrieb sie ihre hundert Wörter für die *Zeit* und achthundert für die Lokalausgabe. Dann rief sie im *Soroka* an. Dort erfuhr sie, daß es sieben Leichtverletzte gegeben habe, die sich noch in der Ambulanz der Klinik befänden, in einigen Stunden jedoch wieder entlassen würden. Als sie den Polizeisprecher anrief, um seine Meinung zu erfahren, fragte er, ob sie bereits mit Benzi gesprochen habe.

»War Benzi denn im Stadion?« fragte Lisi.

»Nein.«

»Was ist passiert?«

Der Sprecher wehrte ab. »Habe ich gesagt, daß was passiert ist? Ich habe gedacht, Sie wollten mit ihm sprechen.«

»Ja«, sagte Lisi, »ich möchte mit ihm sprechen.«

»Einen Moment, ich stelle Sie gleich durch.«

Dann war die übliche Pausenmusik zu hören. Im Radio erzählte ein DJ etwas über einen Sänger, der eine Goldene Platte gewonnen hatte. Dann hörte Lisi, wie die Pausenmusik abbrach, und schließlich dröhnte Benzis Stimme an ihr Ohr: »Hallo, Lisi.«

»Warst du im Stadion, Benzi?«
»Nein.«
»Hast du gehört, was passiert ist?«
»Ja.«
»Wer ist dafür verantwortllich?« fragte Lisi.
Benzi zögerte. »Nicht zur Veröffentlichung?«
»Nicht zur Veröffentlichung«, versprach Lisi.
»Die beschissene Stadtverwaltung, die sich jeder Idiotie der verrückten Orthodoxen beugt«, knurrte er. »Übrigens, wann warst du bei Jako?«
»Dem Möbelhändler?« fragte Lisi.
»Dem Möbelhändler«, bestätigte Benzi ungeduldig.
»Gestern«, sagte Lisi. »Warum? Woher weißt du, daß ich bei ihm war?«
»Wir haben deine Adresse auf einer Visitenkarte in seiner Schublade gefunden«, blaffte Benzi. »Warum bist du zu ihm gegangen?«
»Ich wollte mir eine neue Matratze kaufen«, sagte Lisi. »Was ist passiert?«
»Er ist ermordet worden.«
»Wann?« fragte Lisi.
»Heute morgen. Er hat gerade seinen Laden aufgemacht, da hat ihn jemand aus einem vorbeifahrenden Auto in den Rücken geschossen.«
»Wißt ihr schon, wer das war? Gibt es Augenzeugen?«
»Wir wissen noch nichts.«
»Ich komme«, sagte Lisi.
Benzi widersprach. »Komm nicht.«
»Ich komme«, wiederholte Lisi.
»Lisi!« brüllte Benzi.
»Ich habe ihn zu Glücksspielen ausgefragt. Wegen Eitan Kinerti, der ja auch ein Spieler war. Und dann bin ich noch zu jemand anderem gegangen und habe ihn auch nach Eitan Kinerti und Jako und ihrer Spielleidenschaft gefragt.«
»Vielleicht hat ihn das umgebracht«, sagte Benzi.

»Sag das nicht, Benzi!« rief Lisi. »So etwas darfst du nicht sagen.«
»Also, komm«, sagte Benzi und legte auf.

Lisi erzählte Benzi ausführlich von ihren Gesprächen mit Jako und mit Herzl Givon. Benzi gab den Auftrag, alle Telefongespräche nachzuprüfen, die Jako Bachar von zu Hause oder vom Geschäft aus geführt hatte, ebenso alle Anrufe, die er bekommen hatte. Und er bestellte Herzl Givon zum Verhör.

Es ergab sich folgendes. Herzl Givon hatte nach Lisis Besuch das Gefühl, zuviel geredet zu haben. Vielleicht hatte er ja einen lieben Jugendfreund angeschwärzt und Geheimnisse preisgegeben, die er besser für sich behalten hätte. Er liebte seine Mitmenschen und wollte immer nur helfen, eine Art Drang, der aber nicht von jedem als unbedingt hilfreich empfunden wurde. Er war der erste, der das zugab, doch er hatte immer nur die besten Absichten. Das wußten alle. Er wollte Lisi Badichi helfen und hatte dabei den Mund etwas zu weit aufgerissen, und dann wollte er das in Ordnung bringen, was er angerichtet hatte. Deshalb rief er Jako am Abend an und erzählte ihm von dem Gespräch mit Lisi und bat ihn um Entschuldigung. Jako war schrecklich sauer auf Lisi, aber auf ihn, Herzl, eigentlich nicht so sehr. Jako kannte ihn so gut, wie ihn seine Brüder kannten. Er wußte, daß er ihm nie im Leben etwas Böses wollte. Nach dem Gespräch mit Jako hatte er Angst um Lisi bekommen. Jako hatte sie verflucht, hatte gedroht, er werde ihr alle Knochen im Leib brechen, werde ihr das Haus anzünden, es werde ihr noch leid tun, überhaupt geboren worden zu sein, hatte er gesagt. Er habe nichts Ungesetzliches getan, und sie habe kein Recht, in der Stadt herumzulaufen und seinen Namen zu beschmutzen. Das Spielen in Taba sei legal, ebenso das Spielen auf der *Dancing Mathilda*, und was er mit seinem Geld mache, gehe höchstens das Finanzamt und seine Frau etwas an, aber sonst niemanden. Jako war schon immer ein Hitzkopf mit einer großen Klappe, und Herzl Givon hatte gedacht, sein Freund würde sich schon wieder beruhigen, nachdem er den

Dampf abgelassen hatte. So kannte er ihn noch aus der gemeinsamen Kindheit in den Baracken. Bekommt einen roten Kopf, schreit, droht und beruhigt sich wieder.

Benzi war für seine Verhältnisse sehr mitteilsam, als er Lisi davon erzählte. »Herzl Givon hat dauernd nur geweint«, sagte er. »Wir konnten ihn kaum beruhigen. Am Schluß hat Malka ihn nach Hause gefahren.«

»Hat irgend jemand etwas gesehen oder gehört?« fragte Lisi.

Benzi zuckte mit den Schultern. »Es war acht Uhr morgens, der übliche Verkehr. Und Winter, das heißt, die Fenster waren geschlossen, die Leute haben die Acht-Uhr-Nachrichten im Radio gehört oder telefoniert. Manche der Läden machen um halb neun auf, andere sogar erst um neun. Die Ladenbesitzer, die da waren, haben nichts gehört. Der Schütze hat vermutlich gewartet, bis Jako kam und seinen Laden aufschloß, ihn, als er mit dem Rücken zur Straße stand, erschossen, und sich dann wieder in den Straßenverkehr eingefädelt. Jako war auf der Stelle tot. Wir haben zwei Patronenhülsen gefunden. Bestimmt ging das Knallen der Schüsse im Verkehrslärm unter. Erst als Jako zu Boden fiel, haben die Nachbarn etwas gemerkt und einen Krankenwagen gerufen. Wir wurden um acht Uhr zwanzig benachrichtigt.«

»Wann bekommt ihr die Liste von Jakos Telefongesprächen?«

»Noch heute«, sagte Benzi. »Jedenfalls hat man uns das versprochen.«

Lisi schaute Benzi nachdenklich an. »Erinnerst du dich an das Durcheinander im *Blauen Pelikan* während des Sandsturms?«

»Warum?« fragte er.

»Ilan hat aufgeschrieben, was Sigi, die Kellnerin, ihm erzählt hat, und ich saß daneben und hörte zu.«

Benzi zog erstaunt die Augenbrauen hoch. »Und?«

»Sie sagte, Dajav Faktori habe angefangen zu schießen, nachdem Jako gesagt hatte: Wenn du nicht bezahlst, verlierst du dein Haus, deine Frau, deine Geliebte und deine Kinder. Ungefähr so waren seine Worte. Ich habe einen Tag später mit Sigi gespro-

chen, sie wußte nicht mehr genau, zu wem Jako das gesagt hatte. Vielleicht war das ja eine Drohung, die sich an Dajav richtete, und er fing deshalb an zu schießen. Um zu zeigen, daß er keine Angst vor ihm hatte, oder um ihm ebenfalls zu drohen.«
Benzi nickte. »Kann sein.«
»Wirst du das untersuchen?« fragte Lisi.
»Wen soll ich fragen? Jako?«
»Dajav.«
»Danke für den guten Rat«, bellte Benzi.
Lisi überging das routinemäßig. »Was für ein Kaliber war es?« fragte sie.
»Neun Millimeter.«
»Wie der Revolver, mit dem Eitan Kinerti erschossen wurde«, sagte sie.
»Der Revolver, mit dem Eitan Kinerti erschossen wurde, wurde mit ihm vergraben«, fuhr Benzi auf. »Außerdem hat jeder zweite Bürger in diesem Land eine Neun-Millimeter. Wir müssen das Ergebnis des Labors abwarten. Und noch etwas: Wir ermitteln wegen dieser mysteriösen Landverkäufe auch gegen Dajav Faktori. Aber das ist nicht zur Veröffentlichung.«
»Hältst du mich auf dem laufenden?« fragte Lisi.
Benzi schüttelte den Kopf. »Nein. Du arbeitest nicht hier, Lisi. Ich werde dich nicht auf dem laufenden halten. Mach du deine Arbeit und laß mich meine machen.«
Lisi war Benzi dankbar dafür, daß er den Satz, sie sei vielleicht schuld daran, daß Jako ermordet wurde, nicht wiederholte. Seit sie von dem Mord erfahren hatte, würgte sie etwas im Hals. Sie spürte einen Schmerz, der sich nicht beruhigen ließ, Schmerz und unterdrückte Wut. Am liebsten hätte sie Dinge zertrümmert, zerstört, zugeschlagen, bis sie nichts mehr fühlte. Zum ersten Mal in ihrem Leben verstand sie die tatsächliche Bedeutung des Ausdrucks, daß jemandem das Blut in den Kopf steigt. So fühlte sie sich. Als sei ihr das ganze Blut in den Kopf gestiegen.
Es machte einen seltsam wütend, hier zu zweit in diesem kleinen Loch zu sitzen, das von den Geräuschen draußen abge-

schottet war, von Schüssen aus Neun-Millimeter-Pistolen, Blutvergießen und ungeklärten Morden. Lisi begann zu verstehen, warum Benzi nicht bereit war, in ein anderes Büro umzuziehen. Er hatte Angst, daß das Blut aufhörte, in seinen Adern zu kochen, daß er sich an die Geräusche des Bösen gewöhnen könnte, an Mord, Vergewaltigung, an Qual und Verachtung. Benzi wollte hier sitzen und kochen, er wollte, daß die dicken Mauern ihn bedrückten und ihn zum Sieden brachten.

Lisi nahm den Zettel mit der Telefonnummer, die sie vom Propheten bekommen hatte, aus der Tasche und legte sie vor Benzi auf den Tisch. Mit wenigen Worten erklärte sie ihm, wer ihr die Nummer gegeben hatte und was sie ihrer Meinung nach mit den Morden an Eitan und Jako zu tun hatte. Dann sagte sie: »Beschaffe dir die Passagierliste der *Dancing Mathilda* vom 8. September. Ich glaube, daß du außer Jako, Eitan, Luba und Herzl auch den Namen Dajav Faktori finden wirst.«

»Ich höre«, sagte Benzi.

»Ich glaube, daß es Dajav Faktori war, der Lubas Wohnung gekauft hat. Es kann doch sein, daß Jako, nachdem Herzl ihn angerufen und von meinen Fragen erzählt hatte, Dajav Faktori angerufen hat, um ihn zu warnen. Ich glaube, daß Jakos Mörder auch derjenige ist, der Eitan umgebracht hat. Wir haben uns die ganze Zeit auf *Sargon* und auf den betrügerischen Verkauf von Navas Grundbesitz konzentriert. Aber irgendwie hat auch Luba mit der Sache zu tun. Sie wird uns zum Mörder führen.«

»Uns?« fragte Benzi und zog die Brauen hoch.

»Fang jetzt nicht an zu schreien«, sagte Lisi.

»Lisi!« brüllte Benzi. »Ich will kein ›uns‹ von dir hören, hast du verstanden? Diese Ärsche, die sich mit Glücksspiel abgeben, sind die gleichen, die auch mit Drogen und Huren und Geldwäsche zu tun haben. Sie werden nicht zulassen, daß eine unbedeutende Person namens Lisi Badichi ihre übergeordnete Logistik stört. Geh du zu deiner Zeitung und schreib Reportagen. Diese Leute sind gefährlich.«

»In Ordnung, Süßer«, sagte Lisi.

»Ich verspreche dir einen Exklusivbericht, wenn du mir versprichst, mit deiner Wühlerei aufzuhören.«

»Toll«, sagte Lisi. »Und was ist mit dem Polizeisprecher? Und mit den anderen Untersuchungsbeamten? Und was mit dem Polizeifotografen und der Ballistik und dem Leiter der Polizeidienststelle und dem Bezirkspolizeipräsidenten? Versprechen sie mir auch einen Exklusivbericht?«

»Lisi, was willst du? Soll ich dich festnehmen? Gut, ich nehme dich fest! Wirklich, ich tu's!«

»Weswegen?«

»Wegen Behinderung der polizeilichen Ermittlungsarbeit!« brüllte Benzi.

»Aber bitte«, zischte Lisi, »nimm mich doch fest.«

Damit ging sie. Sie knallte die Tür hinter sich zu, so hart sie konnte, und hoffte, sie würde auseinanderfallen. Sie war blind vor Wut. Ein einziges Mal in ihrem Leben wollte sie dafür, daß sie ihre Sache gut gemacht hatte, ein Wort der Anerkennung hören. Von Benzi, von Arieli, von ihrer Mutter.

Roni Melzer sprang von der Bank und lief ihr nach. »Was ist passiert?« rief er.

»Verpiß dich!«

»Lisi«, sagte er, nahm sie am Arm und versuchte, sie aufzuhalten.

»Nimm die Finger von mir, du Mistvieh!« fauchte Lisi.

»Was ist denn los mit dir?« fragte er, überrascht von der Wut in ihrem Blick.

»Du hast dich an mich rangemacht, weil du an meinen Computer kommen wolltest«, spuckte sie. »Und weil Benzi gesagt hat, du sollst es tun.«

»Was redest du da für Zeug«, sagte er. Doch er wurde rot, und er wußte, daß sie sah, wie er rot wurde. »Ich gehe mit dir«, sagte er schnell. »Ich will wissen, was passiert ist.«

»Von mir wirst du kein Wort erfahren«, herrschte ihn Lisi an. »Ich will dich nicht sehen.«

»Lisi, sei doch nicht dumm«, drängte er.

»Ich bin dumm! Ich war dumm, weil ich dir geglaubt habe. Und jetzt mach, daß du mir aus den Augen kommst!«

Sie stieg in ihren *Justy*, und vor lauter Wut legte sie aus Versehen den Rückwärtsgang ein und rammte die Mauer des Parkplatzes. Sie stieg aus, um den Schaden zu besichtigen. Ein Kotflügel war zerdrückt, das eine Rücklicht zersplittert. In der Tür stand Roni und beobachtete sie. Lisi beschloß, nach Hause zu fahren, ein heißes, duftendes Schaumbad zu nehmen und zu träumen, von Indonesiens Regenwäldern und afrikanischen Dschungeln, von allen Seen und Flüssen und Wasserfällen, die sie aus dem Wissenschaftskanal des Fernsehens kannte.

20

Lisi saß in ihrem Auto neben der geschlossenen Wäscherei in der Präsidentenallee, den Kragen ihres Regenmantels hochgeschlagen. Den Motor und die Scheinwerfer hatte sie ausgeschaltet. An der Straßenkreuzung auf der anderen Seite war noch ein Kiosk erleuchtet. Ab und zu hielten dort Autos oder Motorräder, und Leute kauften Zigaretten oder etwas zu trinken, bevor sie weiterfuhren.

Von ihrem Platz aus konnte Lisi den Eingang zum Haus Katurastraße 6 und die Fenster von Lubas Wohnung genau sehen, ohne selbst bemerkt zu werden. Auf dem Beifahrersitz standen eine Thermoskanne mit Kaffee und eine Tüte Waffeln. Sie wagte nicht, das Radio anzumachen, es hätte ja sein können, daß jemand dann doch die junge Frau entdeckte, die schon seit zwei Stunden in ihrem Auto saß, ohne sich zu rühren.

Luba war mit dem Bus um halb sieben angekommen, zusammen mit Alona, genau zehn Minuten, nachdem Lisi wunderbarerweise diesen Parkplatz gefunden hatte. Das Licht ging an in dem Zimmer zur Straße, dann ein weiteres Licht, vermutlich in Alonas Zimmer. »Zwei Zimmer, sehr schön«, für die »der Mann« bezahlt hatte. In die Hand, wie Luba es formuliert hatte. Durch die Ritzen der Rolläden war immer wieder Lubas Schatten zu sehen, wenn sie in der Wohnung hin und her ging. Lisi kannte den Stundenplan bereits. Um acht ging das Licht im Zimmer der Kleinen aus, dann wurde es auch im Wohnzimmer dunkel, nur das flackernde Licht des Fernsehers war noch zu sehen. Ab und zu gingen andere Lichter an, vermutlich stand Luba auf, um zur Toilette zu gehen oder um etwas aus der Küche zu holen.

Lisi wußte nicht, worauf sie wartete oder was sie zu entdecken hoffte. Sie verstand noch nicht einmal genau, was sie dazu trieb, hier im Auto herumzusitzen. Bevor sie hergefahren war, hatte sie noch einmal ihre alten Notizbücher durchgeblättert und alles nachgelesen, was sie seit dem Morgen, an dem Eitan Kinerti gefunden worden war, aufgeschrieben hatte, in der Hoffnung, auf einen Punkt zu stoßen, der diese Beschattungsaktion einigermaßen logisch erscheinen ließ. Sie schob diese Gedanken zur Seite. Ihre Erfahrung hatte sie gelehrt, daß es besser war, ihrem Instinkt zu folgen und sich treiben zu lassen. Irgendwann einmal würden sich die Dinge plötzlich ordnen und zusammenfügen. Sie besaßen offenbar eine eigene Dynamik.

Lisi öffnete das Handschuhfach und warf im Licht des schwachen Lämpchens einen Blick auf die Uhr. Viertel nach zehn. Es war nur eine halbe Stunde vergangen, seit sie das letzte Mal auf die Uhr geschaut hatte. Ihr war es wie mindestens zwei Stunden vorgekommen. Sie goß sich eine Tasse Kaffee aus der Thermoskanne ein. Zwei Hausbewohner, ein Mann und eine Frau, die sie schon gestern abend gesehen hatte, parkten ihren weißen *Subaru* vor dem Haus. Der Mann, der am Steuer saß, beugte sich vor und machte irgend etwas, während die Frau ausstieg und die Wagentür zuschlug. Sie ging den Pfad zur Haustür entlang und wartete auf den Mann. Vielleicht hatte er den Aschenbecher ausgeleert, denn als er jetzt aus dem Auto stieg, hielt er einen kleinen Gegenstand in der Hand. Es konnte leicht eine Tüte mit Kippen und Asche sein. Er sagte etwas zu der Frau, was Lisi nicht verstehen konnte, dann verschwand er mit raschen Schritten um die Hausecke. Doch gleich darauf war er wieder da, die Frau machte Licht, er schloß die Tür auf, und beide verschwanden sie im Treppenhaus.

Lisi ließ den Motor an und fuhr langsam die Katurastraße entlang. Das letzte Haus der Straße, Nummer 24, grenzte an einen kleinen öffentlichen Park. Lisi hielt vor dem Park an und stieg aus.

Alle Häuser dieser Straße waren im gleichen Stil erbaut, wenn das überhaupt als Stil bezeichnet werden konnte, diese dichte Wohnblockreihe aus den fünfziger Jahren. Vermutlich war Be'er Scheva die einzige Stadt der Welt, deren architektonisches Ideal Viertel mit enger, hoher Bebauung darstellten. Alle anfänglichen Versuche, eine »Gartenstadt« zu bauen, mit einstöckigen Häusern, viel Freiraum und schattenspendenden Bäumen, waren kläglich gescheitert. Nur die neuen Vororte, die in den letzten Jahren entstanden waren, ließen etwas erkennen, das man »Lebensstandard« nennen konnte: Mauern, deren Farbe nicht abbröckelte, Mülltonnenhäuschen, die nicht zu öffentlichen Pissoirs verkommen waren, Gärten, in denen es noch etwas anderes gab als verrostete Schaukeln und Wippen, neben denen Gras und Disteln wucherten.

Lisi betrat den Pfad, der zum Eckhaus führte, und folgte ihm hinter das Haus, wie es der Mann von der Katura 6 getan hatte. Sie lief über einen Weg mit gleichmäßig auf den Sand ausgelegten Platten. Ein ausgedehnter Spielhof lag zwischen dem vorderen Haus und dem Rückgebäude. Eine schnurgerade Akazienreihe trennte ein Häuserpaar jeweils vom nächsten. Als Lisi das Ende des Vordergebäudes erreicht hatte, gabelte sich der Weg. Einer führte zu den Mülltonnen des vorderen, der andere über den Hof zu denen des hinteren Hauses. Sie folgte dem zweiten Pfad, der wieder in einen Plattenweg am Rückgebäude einmündete, und stand plötzlich in der Jochananstraße, die parallel zur Katura verlief. Die Häuser waren offenbar von beiden Straßen aus zu erreichen.

Die Erbauer der Häuser in der Katura und der Jochanan hatten es so geplant, daß zwei Häuser jeweils eine Einheit bildeten. Auf der rückwärtigen Hofseite jedes Hauses befand sich eine Metalltür, die vermutlich zum Schutzraum im Keller führte. Von diesem Keller aus gab es natürlich eine Treppe hinauf in den Eingangsbereich. Das hieß, wenn jemand Luba besuchen wollte, ohne Aufsehen zu erregen, konnte er sein Auto in der Jochananstraße abstellen, über den Hof gehen und durch den Hintereingang in den Keller gelangen. Dann brauchte er nur diese Treppe hinaufzugehen, und schon war er in der Wohnung, ohne daß ihn jemand von der Katurastraße aus gesehen hatte.

Lisi beschloß, nach Hause zu fahren. Am nächsten Tag war Redaktionsschluß für die *Zeit im Süden*, und sie war müde. Das nächste Mal würde sie sich einen Beobachtungsposten in der Jochananstraße suchen. Sie ließ den Motor an und fuhr die Präsidentenstraße entlang. Es herrschte nur noch schwacher Verkehr. Plötzlich begann das Auto einseitig zu schlingern. Lisi lenkte an den rechten Straßenrand und hielt an. Sie verfluchte den *Justy*, und sie verfluchte sich selbst. Das hatte ihr gerade noch gefehlt, mit einem Platten auf der leeren Straße festzusitzen.

Sie wußte, wie man einen Reifen wechselte, und das würde sie jetzt vermutlich auch tun müssen. Kein Mensch würde nachts anhalten, um einer großen, starken Frau behilflich zu sein, sie sah nun mal so aus, als käme sie gut allein zurecht. Ihr zweiter Gedanke war, daß sie tatsächlich auch lieber allein zurechtkam, als sich in einer dunklen Straße mit fremden Menschen einzulassen, die ihre Absichten vielleicht mißverstehen könnten. Sie hatte einen Reservereifen im Kofferraum, in zwanzig Minuten hätte sie den Reifen gewechselt, würde nach Hause fahren und ein schönes, heißes Bad nehmen. Zum Glück hatte sie morgens, bevor sie das Haus verließ, noch daran gedacht, den Boiler einzuschalten.

Der rechte Hinterreifen war platt. Als sie zum Kofferraum ging, bemerkte sie, daß ein anderes Auto vor ihrem anhielt. Jemand stieg aus. Sie machte die Heckklappe auf und beugte sich über den Kofferraum. Noch bevor sie jedoch den Reifen herausnehmen konnte, spürte sie etwas Hartes an ihrem Kopf, vielleicht eine Eisenstange. Sie fiel nach vorn, Wange und Stirn schlugen gegen Metall, ihr Kopf und ihre Schultern wurden in den Kofferraum gedrückt, und einen Moment lang wurde ihr vor Schmerz schwarz vor Augen. Mühsam zog sie den Oberkörper hoch, dann stürzte sie direkt neben dem Auto auf die Straße.

Sie zog den Kopf zwischen den Knien ein, um den Schlägen auszuweichen, die jetzt nacheinander auf den Kotflügel des Autos niedergingen. Im Bruchteil einer Sekunde schoß ihr der Gedanke durch den Kopf, daß sie das Falsche tat, daß Benzi und Ilan ihr beigebracht hatten, sich auf einen Angreifer zu stürzen und ihn mit beiden Armen zu umklammern, auf keinen Fall sollte sie ihm ausweichen. Sie umfaßte die Oberschenkel der Person, die neben ihr stand, zerrte mit aller Kraft. Sie spürte, wie der Angreifer strauchelte, und im nächsten Moment traf ein harter Schlag ihre Arme, mit denen sie ihn umklammert hielt. Sie schrie »Hilfe!«, und ihre Stimme klang ihr wie das ferne Krächzen eines Raben in den Ohren. Sie ließ die Beine des Angreifers nicht los, sondern rüttelte mit aller Kraft daran, um ihn zu Fall oder wenigstens aus dem Gleichgewicht zu bringen. Sie wußte, wenn sie losließ, hatte er Bewegungsfreiheit und konnte ihr wieder mit dem Ding, das er in der Hand hielt, auf den Kopf schlagen.

Der Mann bemühte sich freizukommen, sein Atem ging schnell und keuchend vor verzweifelter Wut, und mit der freien Hand versuchte er, ihren Kopf zu treffen. Der Handschuh, den er trug, knallte mit einem dumpfen Laut an Lisis Schläfe. Dann ein reißendes Geräusch. Es mußte etwas Schweres darin sein, etwas, das sie umbringen würde, wenn sie nicht floh. Sie fragte sich, wohin all die Leute verschwunden waren, die Nachbarn auf den Balkons, und betete inbrünstig, jemand würde bemerken, was hier passierte, und ihr zu Hilfe kommen. Sie öffnete den Mund, um wieder zu schreien, da stolperte er. Seine Knie trafen auf dem Straßenpflaster auf, sie hörte einen unterdrückten Schmerzensschrei. Es gelang ihr, auf die Beine zu kommen, und während sie in die Richtung eines erleuchteten Kiosks lief, schrie sie lauthals um Hilfe. Hinter sich hörte sie jemanden rennen, das Geräusch weicher Sohlen auf der Straße, und sie begriff, daß der Angreifer sie tatsächlich töten wollte.

Aus den Augenwinkeln sah sie plötzlich den offenen Mülltonnenverschlag eines Hauses, sie rannte darauf zu und kroch zwischen die schwarzen Tonnen. Sie saß auf dem Boden und versuchte, ihren Atem zu kontrollieren. Die Hände gegen Mund und Nase gedrückt, starrte sie auf die helle Öffnung. Sie meinte, ihren

Verfolger die Eingangstreppe des Hauses hinauflaufen zu hören, dann zurück auf die Straße. Und endlich, nach einer ganzen Ewigkeit, wurde draußen ein Auto angelassen. Durch die Öffnung sah sie, wie der Maschendrahtzaun unter den Akazien, der die Häuser zusätzlich voneinander trennte, einen Moment lang von Scheinwerfern erleuchtet wurde. Sie blieb zwischen den Mülltonnen sitzen, am ganzen Leib zitternd. Es dauerte lange, bis ihr Atem wieder ruhiger ging und sie es wagte, den Kopf zu recken und aus dem schwarzen Verschlag zu spähen. Als sie sich schwerfällig erhob, drehte sich alles um sie. Sie stützte sich mit der Hand an der Hauswand ab und ging mit langsamen, vorsichtigen Schritten zur Straße. Sie fühlte sich wie in einem dieser Wägelchen im Luna-Park, die hoch in der Luft wirbelten.

Etwas blockierte ihr Nasenloch, und sie zitterte vor Kälte. Jemand deckte sie zu, und sie wollte ihn bitten, ihr das Ding aus der Nase zu entfernen. Als sie die Augen zu öffnen versuchte, merkte sie, daß sie die Welt nur durch zwei schmale Schlitze sehen konnte. Im Zimmer war es dämmrig. Jemand beugte sich über sie, das Lächeln zerrann in der Luft wie ein Eigelb in der Pfanne, und eine Stimme sagte: »Lisi, Lisi.« Dann spürte sie einen Stich im Arm und schlief wieder ein.

Als sie das nächste Mal die Augen öffnete, war das Zimmer taghell. Sie lag in einem Krankenhausbett, ihr linker Arm war eingegipst. Sie verstand nicht, wie, warum und wann sie hierhergekommen war. Dann fiel ihr der Verrückte mit der Eisenstange ein. »Ich bin am Leben«, sagte sie leise zu sich, schloß die Augen und dämmerte wieder weg.

Eine Diskussion, die neben ihr geführt wurde, weckte sie. Lisi machte die Augen auf. Inzwischen war es Abend, vom Flur fiel mattes Licht ein. Eine vertraute Stimme sprach neben ihr, und ein warmes Gefühl der Sicherheit durchströmte ihren Körper.

»Mama?« sagte sie.

»Lisette! Endlich! Ich bin hier, alles wird gut. Hörst du mich?«

»Mir ist kalt.«

»Bring noch eine Decke, Georgette«, sagte ihre Mutter. Als Lisi ihre herrische, selbstsichere Stimme hörte, wußte sie, daß wirklich alles gut war. Ihre Mutter paßte auf sie auf, ihre Mutter hatte die Herrschaft übernommen, ihre Mutter würde sie nicht im Stich lassen. Tränen liefen unaufhörlich über ihre Wangen, ohne daß sie wußte, warum sie weinte. Jemand breitete noch eine Decke über sie, und ihre Mutter wischte ihr die Tränen ab, während sie in einem fort murmelte: »Alles wird gut, Lisette, alles wird gut, Lisette.« Und Lisi glaubte ihr. Alles würde gut. Nichts konnte ihr passieren, solange ihre Mutter neben ihrem Bett saß und ihr Gesicht und ihren gesunden Arm streichelte. Sie nahm die Hand ihrer Mutter fest in ihre und machte die Augen zu.

Das nächste Mal erwachte sie wieder von der Stimme ihrer Mutter, die diesmal böse klang. »Es ist mir egal, was der Doktor sagt, Georgette. Sie schläft jetzt schon bald zwei Tage, man muß sie aufwecken.«

»Sie hat eine Gehirnerschütterung, Mama. Sie muß ruhig liegen und darf sich nicht bewegen.«

»Wer redet von bewegen?« sagte die Mutter. »Los, nimm ihr den Schlauch aus der Nase, Georgette.«

Lisi stieß einen leisen Ton aus, und die beiden Frauen wandten sich ihr erfreut zu.

»Soll ich den Schlauch nicht noch ein bißchen drin lassen, Lisi? Stört er dich sehr?«

»Ja«, sagte Lisi. »Er ist nicht angenehm.«

»Ich werde den Doktor fragen«, sagte Georgette und verließ das Zimmer.

Batscheva Badichi beugte sich über Lisi, streichelte ihr über die Haare und die Stirn und sagte: »Nicht bewegen, Lisette. Du hast eine Gehirnerschütterung, einen gebrochenen Arm und eine genähte Augenbraue. Deine Augen sind in Ordnung, sie sind nur geschwollen von dem Schlag, hat der Doktor gesagt. Du wirst keine Narben behalten.«

»Wer hat mich hierhergebracht?« fragte Lisi. Das Sprechen fiel ihr schwer.

»Du bist überfallen worden«, sagte ihre Mutter. »Dein Auto hatte in der Präsidentenallee eine Reifenpanne, Dienstag nacht. Während du den Reifen wechseln wolltest, hat dich irgendein Mistkerl, er soll in der Hölle brennen, überfallen. Du hast dich gewehrt, aber der Kerl, er soll keinen glücklichen Tag mehr im Leben haben, hat dich geschlagen. Als du das Bewußtsein verloren hast, hat dir dieser Verbrecher, ich bete nur, daß ich ihn mal in die Hände bekomme, die Tasche abgenommen und ist geflohen. Ein Mann, der dort wohnt, wollte mit seinem Hund noch Gassi gehen und hat dich gefunden. Erst hat er gedacht, du wärst betrunken, aber dann hat er gesehen, daß dir Blut vom Kopf herunterlief, da hat er den Krankenwagen gerufen. Zu unserem Glück hatte Chavazelet gerade Nachtdienst.«

»Was ist mit meinen Augen?« fragte Lisi.

»Blutergüsse, hat der Doktor gesagt. Gott sei Dank sind die Augen selbst nicht verletzt, das ist das Wichtigste.«

»Sehe ich schlimm aus?« fragte Lisi.

Ihre Mutter nickte. »Ja. Wie Muhammad Ali. Du mußt Geduld haben, Lisette, bitte.«

Lisi zwang sich zum Sprechen. »Was für einen Tag haben wir heute?«

»Donnerstag.«

»Die Zeitung!« stieß Lisi erschrocken aus.

»Ich habe sofort, nachdem man mich informiert hat, Herrn Arieli angerufen. Er hat jemanden aus Tel Aviv geschickt, der zusammen mit Dahan die Zeitung fertig gemacht hat.«

»Wen?« fragte Lisi. »Cement?«

»Ich weiß es nicht.«

»Mama!«

Ihre Mutter strich ihr über den Kopf. »Was spielt das jetzt für eine Rolle, Lisette?«

»Also Cement«, sagte Lisi.

»Ich habe nicht nach seinem Namen gefragt, Lisette. Du brauchst jetzt Ruhe, damit du schnell wieder gesund wirst, das ist das Wichtigste. Das hat auch Herr Arieli gesagt.«

Cement war das Damoklesschwert, das ständig über ihrem Kopf hing, das wußte auch ihre Mutter. Jedesmal, wenn Gedalja Arieli wütend auf sie war, drohte er, Cement nach Be'er Scheva zu schicken. Cement war derjenige, der bei der *Zeit* die Fahne des neuen Journalismus hochhielt. Er füllte die Zeitung mit einer Million von Reportagen, in denen er bei allen möglichen Anlässen seine persönliche Betroffenheit kundtat. Cement hatte immer einen persönlichen Blickwinkel, ob es sich um eine geänderte Zuständigkeit in der Verwaltung von Hebron handelte, um den Verfall der Tomatenpreise oder um den neuen Film von Francis Ford Coppola. Cements treue Leser kannten seine Biographie von Rinas Kindergarten über die Streifzüge durch das alte Ghaza bis hin zu seinem befruchtenden Aufenthalt in den Vereinigten Staaten, wo er Film- und Kommunikationswissenschaft studiert hatte. Und von dort stammten auch seine neuen Theorien und seine spöttische Verachtung gegenüber den alten, provinziellen Journalisten der *Zeit*. Er war kurz vor Gedalja Arieli zur Zeitung gestoßen. Der hatte inzwischen seinen fünfzigsten Geburtstag gefeiert, sein Haus verlassen und war mit einem jungen Ding zusammengezogen, das mit Werbung für Speiseeis zu tun hatte. Während Arieli über seine entschwundene Jugend klagte und darüber, was er alles aufgrund seiner Einstellung, die Arbeit und Familie zum Zentrum seines Lebens bestimmte, versäumt hatte, verkörperte Cement den Journalismus, der davon ausging, daß die Persönlichkeit des Journalisten nichts Anonymes, sondern das Herz eines jeden Berichts war. Die Journalisten der *Zeit* beobachteten mißtrauisch die seltsame Freundschaft, die sich zwischen Arieli und Cement entwickelt hatte. Sie selbst warteten darauf, daß der Anfall von Jugendlichkeit, der Arieli gepackt hatte, vorbeiginge, daß er vielleicht sogar wieder nach Hause zurückkehrte, zu seiner Frau und seinen Kindern, und alle wieder ihre Ruhe hätten. Das war allerdings noch nicht passiert, und jedesmal, wenn Lisi mit Arieli eine Auseinandersetzung hatte, drohte er, Cement nach Be'er Scheva zu schicken, damit sie von ihm lerne, wie ein wirklicher Profi eine Zeitung mache. Der Gedanke, daß dieser Angriff Arieli als Grund dienen könnte, seine Drohung zu verwirklichen, brachte Lisi wieder zum Weinen.

Seit Jahren hatte niemand Lisi weinen gesehen. Georgette sagte zu ihrer Mutter, das müsse der Schock sein.

Batscheva sagte, Onkel Ja'akov und Tante Klara säßen schon seit zwei Stunden wartend im Flur, sie würde sie gern hereinkommen lassen, damit sie dann endlich heimgehen könnten. Gestern seien sie in der Synagoge gewesen, hätten eine Flasche Öl gespendet und das Bittgebet für Kranke gesprochen. Auch Dahan sei am Morgen hier gewesen, zusammen mit Dorit, und Benzi und Ilan schon Dienstag nacht. Und sogar Roni, dieser nette Versicherungsdetektiv, sei gestern dagewesen und habe eine Rose gebracht. Batscheva hielt Lisi eine Vase hin, so schmal wie ein Reagenzglas, in der eine einzige rote Rose prangte. Wieder strömten Lisi die Tränen übers Gesicht.

Tante Klara und Onkel Ja'akov betraten auf Zehenspitzen das Zimmer. Onkel Ja'akov hatte einen großen Blumenstrauß in der Hand, Tante Klara ein kleines, in buntes Papier gewickeltes Päckchen, mit ziemlicher Sicherheit *Chanel Nr. 5*. Lisi war ihnen von der ganzen Familie die Liebste. Sie schätzten Georgette und Chavazelet, Lisis Schwestern, aber in ihren Augen war Lisi die schönste, klügste und begabteste Frau von Be'er Scheva. Natürlich konnte sie Gilbert and Sullivan nicht das Wasser reichen, aber wer auf der Welt konnte das schon? Gleich, als sie hörten, daß Lisi im Krankenhaus war, fiel ihnen ein, daß sie ihr das Lied des Henkers vorgesungen hatten, als sie vor ein paar Tagen bei ihnen gewesen war, und sie hofften sehr, oh, wie sehr sie hofften, daß es keinen Einfluß auf das Geschehen gehabt hätte.

Sie hatten Lisi vom Gang aus schon in dem hohen Bett liegen sehen, doch ihr Gesicht sahen sie erst jetzt. Sie standen neben dem Bett und gaben sich alle Mühe, so zu tun, als bemerkten sie weder die geschwollenen Augen noch die Naht an der Braue und den eingegipsten Arm.

»Unsere Amazone«, sagte Onkel Ja'akov und hielt Lisi die Blumen hin.

Batscheva nahm ihm den Strauß aus der Hand und fragte, was genau er damit meinte.

»Die berühmtesten Kämpferinnen der Welt waren die Amazonen«, erklärte Ja'akov. »Sie schnitten sich eine Brust ab, damit sie besser mit Pfeil und Bogen schießen konnten, genau wie Lisi.«

»Sie hat sich gar nichts abgeschnitten, Ja'akov«, schimpfte Batscheva. Ja'akovs Sprüche machten sie immer nervös. Es stimmte zwar, daß Tante Klara, die früher einmal ihr Bruder Menasche gewesen war, auch nicht gerade eine glänzende Partie war, doch trotzdem verstand Batscheva nicht, was sie an diesem philosophierenden Zwerg fand, genausowenig wie sie nicht begriff, warum zwischen Lisi und diesen seltsamen Verwandten so eine innige Beziehung bestand.

»Das ist nur ein Beispiel, Batscheva«, sagte Klara. »Ja'akov bringt nur ein Beispiel für das Opfer, das die großen Helden immer gebracht haben.«

»Alles, was von diesem Mistkerl, der dich verletzt hat, in Erinnerung bleiben wird«, sagte Onkel Ja'akov zu Lisi, »ist, daß er mit der größten Heldin gekämpft hat und es nicht schaffte, sie zu besiegen.«

In Klaras Augen standen Tränen der Rührung. Niemand hätte das so schön ausdrücken können wie Ja'akov. Batscheva wandte sich angewidert ab und verließ das Zimmer, um eine Vase zu suchen. Klara legte ihr Geschenk auf den Nachttisch und flüsterte: »*Chanel Nr. 5*, Lisi. Du wirst viele Besucher bekommen. Blumen und Parfüm, das ist es, was eine Frau in einer solchen Situation braucht.«

Lisi versuchte zu nicken, aber es ging nicht, der Kopf tat ihr weh. »Hatte Kinertis Sohn Freunde?« fragte sie.

»Wir haben ihn nicht gekannt, Lisi«, antwortete Klara. »Er hat nicht in Be'er Scheva gewohnt, er war im Ausland. In Deutschland.«

»Aber ihr habt mir doch von ihm erzählt«, sagte Lisi.

»Wir haben ihn nie getroffen«, sagte Ja'akov.

Lisi ließ nicht locker. »Von wem habt ihr etwas über ihn gehört?«

»Von wem wir etwas gehört haben?« Klara und Ja'akov schauten sich an. Sie versuchten ersichtlich, sich zu erinnern.

Lisi hob den Blick, soweit ihre Schlitze dies erlaubten. »Vielleicht von Lejser Kinerti, seinem Vater?«

»Nein, Lisi«, sagte Klara. »Wir kannten Lejser Kinerti, aber wir waren nicht mit ihm befreundet.« Sie warf Ja'akov einen Blick zu. »Vielleicht von Doris?«

Ja'akov nickte. »Das könnte sein.«

»Wer ist Doris?« fragte Lisi.

»Die Frau von Jako, gesegnet sei sein Andenken, Jako vom Möbelgeschäft. Hast du gehört, was ihm passiert ist?«

»Ja«, sagte Lisi.

Ja'akov wiegte den Kopf hin und her. »Be'er Scheva wird noch das reinste Chicago.«

»Es ist sehr wichtig, was ihr gerade gesagt habt«, sagte Lisi. »Erzählt es Benzi.«

Die beiden schauten Lisi erstaunt an. »Was meinst du, Lisi?«

»Daß Doris mit euch über Eitan Kinerti gesprochen hat.«

»In Ordnung, Lisi«, sagten beide.

Lisi lächelte sie an, und ihr geschundenes Gesicht lächeln zu sehen, erschreckte sie sichtlich. »Wir kommen übermorgen wieder, Lisi«, flüsterte Klara. »Ruh dich aus, und werde bald gesund.«

»Danke, Tante Klara«, sagte Lisi. »Und dir auch danke, Onkel Ja'akov.«

»Die Ochsen pflügen, aber die Erde schweigt«, sagte Onkel Ja'akov. »Vergiß das nie, Lisi.«

Sie verließen das Zimmer auf Zehenspitzen, wie sie es betreten hatten.

Batscheva Badichi kam mit den Blumen und einer Vase zurück, ihr folgten Ilan, Benzi, Georgette und Chavazelet. Wie beim Familientisch, dachte Lisi, nur die Kinder fehlen. Alle schienen sich über das Familientreffen zu freuen. Das Geheimnis der glücklichen Ehen von Lisis Schwestern war, daß sich die Eheleute kaum trafen. Sowohl Lisis Schwestern als auch ihre Männer arbeiteten im Schichtdienst. Die Männer bei der Polizei, die Frauen im Krankenhaus. In beiden Küchen hing ein großer Kalender, auf dem in verschiedenen Farben die Dienstzeiten beider Teile eingetragen waren. Sie versuchten zwar, die gleichen Schichten zu bekommen, doch es kam vor, daß sie sich wochenlang kaum trafen. Wenn ein Paar Nachtschicht hatte und das andere Tagschicht, versorgten die Nachtschichtler auch die Töchter der Tagschichtler. Seit Lisis Schwestern ihre Ehemänner einfach getauscht hatten, zog Benzi Ilans Kinder auf und Ilan Benzis. Nach dem Tausch hatte Lisi zunächst befürchtet, daß die Kinder durcheinanderkämen, doch im Lauf der Zeit hatte sie gemerkt, daß die Mädchen viel anpassungsfähiger waren, als sie angenommen hatte. Es machte ihnen nicht nur nichts aus, daß die Mutter nun mit dem Onkel zusammenlebte, sondern sie zogen auch noch den größtmöglichen Nutzen aus der Situation und verstanden sich inzwischen besser aufs Erpressen als jeder sizilianische Mafioso.

»Mein Gott, wie siehst du denn aus, Lisi, Schätzchen«, sagte Ilan, und Chavazelet versetzte ihm einen heftigen Stoß in die Rippen. Er verstummte.

»Ich gebe euch zehn Minuten«, sagte Batscheva streng. »Ich werde nicht zulassen, daß ihr sie ermüdet.«

»In Ordnung, Batscheva«, sagten Benzi und Ilan im Chor.

Batscheva wandte sich an Benzi. »Der Prophet will in seinen Autobus zurück.«

»Warst du bei ihm?« fragte er.

»Natürlich. Ich werde doch nicht hier im Krankenhaus sein, ohne ihn ebenfalls zu besuchen.«

»Wie geht es ihm?« erkundigte sich Benzi.

»Besser«, sagte Batscheva. »Sie wollen ihn entlassen, und er möchte unbedingt in seinen Autobus.«

»Das geht nicht«, sagte Benzi. »Er ist noch versiegelt, wegen der Untersuchung.«

»Es ist sein Zuhause«, protestierte Batscheva.

»Es ist der Tatort, da ist ein Verbrechen passiert.«

»Wenn ihr bis jetzt nichts gefunden habt«, sagte Batscheva, »dann werdet ihr auch nichts mehr finden. Ihr könnt ihn nicht im Krankenhaus behalten, nur weil bei der Polizei lauter Dummköpfe arbeiten.«

»Mutter!« riefen Chavazelet und Georgette vorwurfsvoll.

»Das ist ein Mann, der in der freien Natur leben muß. Jetzt, wo es ihm bessergeht, fühlt er sich in einem geschlossenen Raum zunehmend schlechter. Er wird verrückt hier.«

Benzi grinste. »Verrückt ist er schon.«

»Los, Frauen, wir kochen Tee«, sagte Georgette und zog ihre Mutter und ihre Schwester aus dem Zimmer.

»Tut es weh, Schätzchen?« fragte Ilan.

»Nein«, sagte Lisi.

»Es wird noch weh tun«, sagte Benzi ermutigend. »Sobald es dir bessergeht, fängt es an, weh zu tun. So ist das. Hast du eine Ahnung, wer dich angegriffen hat?«

»Nein«, sagte Lisi. »Ich habe sein Gesicht nicht gesehen. Er hat sein Auto vor meinem angehalten. Ich wollte den Reservereifen aus dem Kofferraum holen, ich habe die Heckklappe geöffnet, mich gebückt, um den Reifen herauszunehmen, in dem Moment hat er von hinten zugeschlagen. Ich glaube, mit einer Eisenstange.«

»Bist du sicher, daß es ein Mann war?« fragte Benzi.

»Nach der Wucht des Schlages glaube ich schon, daß es ein Mann war«, antwortete Lisi. »Mittelgroß, mittleres Gewicht. Vielleicht eine Spur kleiner als ich, aber mit der Kraft eines Verrückten. Ich habe versucht, ihn umzuwerfen, so wie ihr es mir beigebracht habt, und ich weiß, daß er auch einen Moment gestürzt ist und sich kräftig die Knie aufgeschlagen hat. Ihr könnt vielleicht die Reifenspuren finden. Und Fingerabdrücke an meinem Auto.«

»Wir haben keine Fingerabdrücke gefunden«, berichtete Benzi. »Vielleicht hat er Handschuhe getragen.«

»Ja, stimmt!« rief Lisi. »Er hat Handschuhe getragen! Ein Handschuh ist gerissen, als er mich geschlagen hat. Ich glaube, in dem Handschuh war ein Schlagring. Und er trug Jeans. Und Sportschuhe. Das weiß ich. Nachdem er mich umgeworfen hat, habe ich ihn an den Beinen festgehalten. Habt ihr Fußspuren neben dem *Justy* gefunden?«

Benzi nickte. »Ja, aber wir wissen nicht, ob sie von ihm stammen«, sagte Ilan. »Das nächste Mal gib einem Dieb gleich deine Handtasche, Lisi.«

»Ich muß die Kreditkarten sperren und neue Papiere beantragen«, sagte Lisi.

»Mach dir keine Sorgen, Schätzchen«, sagte Ilan. »Das erledige ich alles für dich. Du mußt dich um gar nichts kümmern.«

Lisi schaute ihn an. »Das war kein Dieb«, sagte sie. »Er wollte mich umbringen.«

»Was veranlaßt dich dazu, das zu sagen?« fragte Benzi.

»Er wollte mich umbringen«, wiederholte Lisi. »Da bin ich ganz sicher. Schau mich doch nur an, Benzi.«

Benzi wich ihrem Blick aus. »Hast du eine Ahnung, wer dich umbringen will?«

»Nein«, sagte Lisi.

Benzi wurde lauter. »Lisi!«

»Ich muß nachdenken«, wehrte Lisi ab.

»Jemand hat deinen Reifen mit einem Messer aufgeschlitzt«, sagte Benzi. »Was hast du Dienstag nacht in der Präsidentenallee gesucht?«

Lisi wich aus. »Ich bin nach Hause gefahren.«

Aber Benzi ließ nicht locker. »Von wo?« fragte er.

»Ich erinnere mich nicht, Benzi«, jammerte Lisi. »Alles ist so verschwommen.«

»Spiel uns hier kein Theater vor, Lisi«, fuhr Benzi sie an. »Du mußt irgendwann das Auto verlassen haben und irgendwohin gegangen sein. In dieser Zeit hat der Angreifer deinen Reifen zerschnitten, damit du anhalten mußtest. So konnte er über dich herfallen. Sag jetzt bloß nicht, daß du nicht weißt, wo du aus dem

Auto gestiegen bist und wie lange du weg warst. Ich meine, bevor du wegen des Reifens angehalten hast.«

»Ich war erst in der Redaktion«, sagte Lisi. »Dann bin ich zur ›Auslösung des Esels‹ gefahren und danach gleich zu dir, auf die Polizeistation.«

»Was hast du mitten in der Nacht in der Präsidentenallee getrieben?«

»Ich kann mich nicht erinnern«, murmelte Lisi.

»Lisi, wenn du irgend etwas weißt, solltest du damit rausrücken«, knurrte Benzi. »Das nächste Mal wirst du nicht soviel Glück haben.«

»Ja«, sagte Lisi. »Ich bin wirklich ein Glückspilz.« Wieder flossen Tränen über ihre Wangen.

»Komm, Benzi«, sagte Ilan. »Das hätte uns noch gefehlt, daß Batscheva ausgerechnet in diesem Moment zurückkommt. Paß gut auf dich auf, Süße.«

Dieser gute Rat von Ilan verwandelte Lisis Tränen in Sturzbäche.

21

Lisis Gesicht sah mittlerweile wie ein alter Fußball aus, und alle sagten, daß ihre Genesung gut voranschreite. Die Haut unter dem eingegipsten Arm begann zu jucken. Unerwartete Schwindelanfälle überfielen sie, wenn sie aus dem Bett oder vom Stuhl aufstand. Sie trieb sich im ganzen Krankenhaus herum, ging von einem Stockwerk zum nächsten, von einer Station zur anderen, schaute in jedes Zimmer, schlurfte auf ihren großen Füßen in den Hof, und während der ganzen Zeit wanderten ihre Gedanken zwanghaft immer wieder zu Dajav Faktori. Sie vermutete, daß er Eitan Kinerti und Jako Bachar ermordet hatte und daß es seine Eisenstange gewesen war, die auf ihren Kopf geknallt war. Hatte er die Ballerei im *Blauen Pelikan* vielleicht nur veranstaltet, damit sein Revolver beschlagnahmt und er von der Liste der Verdächtigen gestrichen würde? Aber warum? Weshalb wollte er Aufmerksamkeit auf sich lenken? Ging er wirklich davon aus, daß Polizisten, die jemanden tagsüber in einem Café festnehmen, gar nicht auf die Idee kommen, dieser Jemand könnte nachts ein Mörder gewesen sein?

Dajav hatte Luba die Nummer von der Baumschule gegeben und ihr gesagt, dort könnte sie ihn immer erreichen. Mit seinem Handy konnte er jederzeit alle Nachrichten abrufen, einschließlich der Anrufe, die zur Baumschule kamen. Dajav Faktori hatte von dort den Spaten mitgenommen, den er zum Vergraben der Leiche gebraucht hatte, außerdem die Leiter, um die Birne aus der Straßenlaterne zu entfernen. Mit dem Spaten hatte er vermutlich auch Oved Hanegbi die Kopfwunden beigebracht. Aus der Baumschule stammte bestimmt auch der Revolver, mit dem er im *Blauen Pelikan* geschossen hatte, doch er mußte noch einen zweiten gehabt haben, nämlich den Revolver, den er mit der Leiche Eitan Kinertis vergraben hatte. Es war nicht auszuschließen, daß man in der Baumschule auch den Schlagring finden würde, mit dem er auf sie eingedroschen hatte, und vielleicht sogar den geplatzten Handschuh. Das Gebiet der städtischen Baumschule von Be'er Scheva erstreckte sich von der Hebronstraße bis zu den Ne'ot Chazarim, und die Gärtner und Landschaftspfleger fuhren mit ihren Lieferwagen und Jeeps zu den neuen Wohnvierteln, den Niederlassungen der Beduinen und den Wohnwagenplätzen, den neuen Einkaufszentren und den alten Durchgangslagern, kreuzten die Schleichpfade der Beduinen und die neuen Zentren der Kriminalität im Industriegebiet. Wenn sie an Orte wie Nachal Beka oder Nachal Aschan fuhren, waren sie bestimmt verpflichtet, Waffen zu tragen. Und diese Waffen waren irgendwo auf dem Gelände der Baumschule eingeschlossen.

Auf der *Dancing Mathilda* waren beide gewesen, der ermordete Eitan und der ermordete Jako. Der Prophet war beinahe gestorben, weil er die Telefonnummer wußte, die Luba ihm genannt hatte. Diese Telefonnummer gehörte Dajav, und sie selbst, Lisi, war überfallen worden, weil sie Lubas Wohnung beobachtet hatte. Alles deutete auf eine Beziehung zwischen Luba und Dajav hin. Und alle bisherigen Opfer waren angegriffen worden, weil sie etwas von dieser Beziehung wußten. Dajav-Schätzchen fürchtete offenbar mehr als alles andere, daß sein Nava-Liebling etwas von dem warmen Nest erfuhr, daß er sich in der Katurastraße 6 eingerichtet hatte. Er brauchte Nava, um seine Frauen versorgen zu können. Möglicherweise liebte er sie auch noch, Nava, die große Tochter, und das Haus, das sie sich gebaut hatten. Nava war ein schöner und gefährlicher Eisberg, Luba dagegen ein mit Daunen ausgepolstertes Nest. Plötzlich fiel ihr ein altes Kinderlied ein. »Tante, Tante, wer ist schöner, sprich, sie oder ich? Kind, ach Kind, du lernst es nie, du bist schön und schön ist sie…« Als die Mädchen noch klein waren, hatte es ihnen Benzi oft vorgesungen, in jeder Hand eine Puppe, die er im Takt bewegte.

Lisi schloß die Augen und ließ sich die Wintersonne ins Gesicht scheinen. Es wurde langsam Zeit für sie, das Krankenhaus zu verlassen. Wäre sie nicht die Schwester von Georgette und Chavazelet, hätte man sie bestimmt längst nach Hause geschickt. Langsam schlurfte sie zur Orthopädie 1 zurück und traf auf dem Flur die Ärzte, die gerade Visite machten.

»Ich möchte nach Hause«, sagte sie zum Stationsarzt.

Er nickte. »Kein Problem. Sie dürfen sich nur noch nicht anstrengen. Ruhen Sie viel aus, Sie hatten immerhin eine Gehirnerschütterung. Und kommen Sie am Sonntag, damit wir Ihnen die Fäden aus der Braue ziehen.«

»Mein Arm juckt höllisch«, sagte Lisi.

»Dann wechseln wir eben auch den Gips.«

»Danke«, sagte Lisi.

Nachdem ihr Arm neu eingegipst war, entließ sie sich selbst und fuhr nach Hause. Bascheva kam mit einem Korb mit zwei Töpfen, Plastikbehältern und Plastiktüten und füllte die Küche. Sie wechselte das Bettzeug und die Handtücher im Badezimmer, bereitete für Lisi Gemüsesuppe, Putenschnitzel und Nachtisch zu und versprach, am nächsten Morgen wiederzukommen. Lisi freute sich, daß sie in ihrem eigenen Bett lag, daß sie ihr eigenes Badezimmer benutzte und daß sie sich in ihrer eigenen Küche eine Tasse Kakao machen konnte. Ihre Mutter hatte ihr einen langen Morgenrock aus weinrotem Samt gekauft, der ihren eingegipsten, an der Brust festgebundenen Arm verbarg.

Das Heimkommen hatte sie erschöpft, und zum ersten Mal seit dem Überfall schlief sie gut und fest, ohne durch die in Krankenhäusern üblichen Geräusche gestört zu werden. Als sie aufwachte, war es dunkel in der Wohnung. Sie fühlte sich kräftig, ihre Gedanken waren klar, und sie wußte ganz genau, was sie zu tun hatte.

Das Taxi, das sie ins Industriegebiet gebracht hatte, fuhr weg, und Lisi schlug die Richtung zur Baumschule ein. Langsam ging sie den Sandweg entlang, setzte vorsichtig einen Fuß vor den anderen, lauschte auf die nächtlichen Geräusche und achtete darauf, ihre Kräfte zu schonen. Immer wieder hatte sie das unbehagliche Gefühl, als würde sie verfolgt, aber wenn sie sich umdrehte, sah sie niemanden. Vielleicht versteckte sich der Verfolger ja hinter einem Pfosten oder in einem der Höfe.

Ein paar Minuten später erkannte sie die Schatten der großen Feigenbäume zu beiden Seiten des Eingangs. Auf dem provisorischen Parkplatz neben der Baumschule stand ein Lieferwagen mit Aufschrift »Stadt Be'er Scheva, Landschaftsplanung«. Innerlich verfluchte Lisi den Idioten, der auf die Idee gekommen war, das alte Tor mit einem großen Schloß zu versehen. Vermutlich deshalb, damit die Villenbesitzer der Vororte ihre Gärten nicht mit Pflanzen schmückten, die sie sich aus der städtischen Baumschule »besorgt« hatten. Lisi ging den Zaun entlang bis zu dem Büro- und Lagergebäude auf der Rückseite des Geländes. An dem Gebäude war ein Schild mit der Aufschrift »Verwaltung und Aufsicht« angebracht. Das eiserne Hoftor öffnete sich knarrend, als Lisi auf die Klinke drückte.

Sie stand im Hof, atmete leise und versuchte, sich an die Dunkelheit und die Stille zu gewöhnen. Die Straßenlaternen warfen nur ein schwaches Licht auf die Bäume vor dem Haus. Das Rascheln der Blätter mischte sich mit dem gedämpften Verkehrslärm von der entfernten Hauptstraße, mit dem leisen Pulsschlag der Stadt, die mit offenen Augen und wachen Sinnen wie ein großes Raubtier schlief. Lisi hatte eine Taschenlampe mitgenommen, beschloß aber, sie vorläufig nicht zu benutzen. Die Tür des Bürogebäudes war verschlossen, die Fenster waren mit Eisengittern geschützt.

Das Haus lag etwa zwei Meter vom Lagerschuppen entfernt, ein schmaler Asphaltweg verband die beiden Gebäude. Lisi ging hinüber zum Schuppen, drückte die Tür auf und trat behutsam ein. Die Luft war stickig, es roch nach feuchter Erde, Gewächshauspflanzen und Chemikalien. Von hier stammten vermutlich die Erdreste und die Spuren von Pflanzenschutzmitteln, die man an Eitan Kinerti entdeckt hatte. Im Polizeilabor ließ sich das bestimmt nachweisen.

In den Regalen waren die Geräte ordentlich eingeräumt: Spaten, Schaufeln, Rechen, Baumscheren, Bewässerungsschläuche. Auf einem alten Holztisch lagen Gartenhandschuhe. Lisi untersuchte sie im Licht ihrer Taschenlampe. Kein einziger war zerrissen. An einer anderen Wand waren Säcke mit Düngemitteln aufgeschichtet, und zwischen den Geräten und den Säcken standen Blumentöpfe und -schalen. An dem großen Regal lehnten zwei hohe, ausfahrbare Leitern. Es konnte nicht besonders schwer sein, solch eine Leiter in den Lieferwagen zu laden, der draußen auf dem Parkplatz stand, oder sogar auf den Dachständer eines normalen Autos.

Lisi sah sich um. Hier war kein Gegenstand, den sie nicht zu finden erwartet hätte. Wenn Dajav Faktori eine Leiter oder einen Spaten brauchte, konnte er sich das hier holen. Sie öffnete die Schublade eines kleinen Tisches, der neben der Eingangstür stand, fand zwei Schlüsselbunde darin und ging zum Bürogebäude zurück.

Der Schlüssel mit der weißen Plastikkappe paßte. Lisi putzte sich die Schuhe an der Matte ab und trat ein. Der erste Raum diente offenbar als Büro, denn er enthielt einen Computer und mehrere Metallschränke mit Ordnern und Akten. Der zweite Raum war eindeutig Dajav Faktoris Arbeitszimmer. An den Wänden hingen Planskizzen von Parks und Anlagen, Luftaufnahmen verschiedener Stadtteile und Fotos von Gärten. Neben dem Tisch stand ein Tresor, so hoch, daß er bis zur Fensterbank reichte. Lisi untersuchte die Schreibtischschubladen und die Regalfächer. Zu ihrer Enttäuschung fand sie weder einen zerrissenen Handschuh noch einen Schlagring.

Wenn es hier im Haus Waffen gab, befanden sie sich höchstwahrscheinlich im Tresor. Er war ein Standardmodell, Dahan und Benzi hatten das gleiche. Lisi dachte an Schlomo Mintof vom

Grundbuchamt, der sozusagen Roni Melzers »Schlüssel« gewesen war, als er sich in die Daten der staatlichen Liegenschaftsverwaltung einklinkte. Bestimmt hatte Dajav Faktori einen ähnlichen Code. Es gab keinen Grund für irgend etwas Komplizierteres, schließlich handelte es sich lediglich um den Tresor der städtischen Baumschule.

Lisi drehte den Schreibtischstuhl zum Tresor, setzte sich und nahm die Taschenlampe und ihr Notizbuch aus der Tasche. Mit der rechten Hand griff sie nach dem Tresorknopf, die eingegipste linke diente ihr als Gewicht, um das Telefonverzeichnis offenzuhalten. Erst probierte sie es mit Dajav Faktoris privater Telefonnummer, dann mit der von *Sargon* und von der Katurastraße 6, doch die Tresortür ließ sich nicht öffnen. Ab und zu stand sie auf und ging ein paar Schritte zwischen den beiden Zimmern hin und her, streckte sich und dehnte ihren Rücken, der ihr von der gebückten Haltung schmerzte, und atmete tief und bewußt, um ihre Angst zu bewältigen. Dabei paßte sie auf, daß man sie durch die vergitterten Fenster nicht sehen konnte. Inzwischen war es zwei Uhr nachts, und sie fragte sich, wann wohl die ersten Arbeiter eintrafen. Landarbeiter standen bekanntlich mit der Sonne auf. Wann wurde es eigentlich hell? Um fünf? Sechs? Oder erst um sieben?

Sie probierte andere Kombinationen aus, überlegte sich Wörter und versuchte es mit den Zahlenwerten der Buchstaben. Als sie beinahe schon verzweifelt aufgeben wollte, hörte sie plötzlich ein leises Klicken. Der Tresor ließ sich öffnen. »Alona« war das Schlüsselwort. So einfach! Warum hatte sie nicht sofort daran gedacht?

Lisi war von oben bis unten schweißüberströmt. Die Blätter in ihrer Hand zitterten, als sie sie herausnahm und sich dabei bemühte, die Ordnung im Tresor aufrechtzuerhalten. Hinter einem Stapel Papiere fand sie einen schwarzen Plastikumschlag mit der Aufschrift des Reisebüros *Tis-Tours*. Und im untersten Fach, hinter einem alten Ordner, lagen zwei Revolver. Bestimmt waren sie als Eigentum der städtischen Baumschule eingetragen.

Nirgendwo gab es einen Handschuh oder einen Schlagring. Auch keine Unterlagen, die etwas mit dem Wohnungskauf oder den Landverkäufen zu tun hatten. Lisi öffnete den Plastikumschlag mit ihrem Bleistift. Von einem Foto in einem Personalausweis lächelte ihr Lubas Gesicht entgegen. Außer Lubas Ausweis befanden sich auch ihre Einwanderungspapiere in dem Umschlag. Ihr Mädchenname war Ludmilla Bat Anja Lewin, der Name ihres Ehemannes Sergej Katschak.

Lisi legte alles zurück, schloß den Tresor, verdrehte den Knopf etwas, stellte den Stuhl wieder an seinen Platz zurück, schloß die Haustür hinter sich zu und brachte die Schlüssel zurück in den Schuppen, in die Schublade. Es war jetzt Viertel nach drei, noch keine Spur von der Dämmerung. Lisi verließ die Baumschule und ging langsam in Richtung Industriezentrum. Auf der Straße fuhr ein Motorrad vorbei und setzte sie für einen Moment dem Scheinwerferlicht aus. Ihr Herz klopfte wie ein Preßlufthammer. Wenn derjenige, der sie in der Präsidentenallee überfallen hatte, sie hier allein erwischte, würde er dafür sorgen, daß sie nie wieder einen Pieps sagen könnte. Sie haßte ihn dafür, daß er sie dazu brachte, solche Angst zu empfinden.

In diesem Viertel hatten sich Fremdarbeiter niedergelassen, ihnen waren die Prostituierten gefolgt, die sich im letzten Jahr noch in der Universitätsgegend herumgetrieben hatten. Sie brachten ihre Kunden hierher. Lisi glaubte, in einem Auto auf dem Seitenstreifen Aktivitäten eines Paares in dieser Richtung wahrzunehmen. Jede junge Frau, ganz allein mitten in der Nacht, würde hier auffallen, um so mehr eine, die so groß war wie sie, mit einem zerschlagenen Gesicht und einem eingegipsten Arm.

Je weiter die Baumschule hinter ihr lag, desto schneller wurden Lisis Schritte. Ab und zu hörte sie ein Auto auf einer weiter entfernten Straße vorbeifahren und war erleichtert, daß es nicht bis hierher kam. Ihr war schwindlig, und sie hoffte inbrünstig, neben der Tankstelle ein Taxi zu finden. Sie nahm sich vor, morgen Dahan zu bitten, daß er sich um ihren *Justy* kümmerte und den Reifen wechseln ließ.

Drei junge Burschen saßen rauchend und lachend auf dem Eisengeländer vor der Feuerlöscherfabrik. Ein weiterer, der höchstens achtzehn war, saß vor ihnen auf einer *Vespa*, die er etwas vor- und zurückrollen ließ.

»Könntest du mich vielleicht zum Taxistand fahren?« fragte Lisi den Jungen auf der *Vespa*.

Er blickte sie erstaunt an. »Wie hat es dich denn hierher verschlagen?«

»Mein Auto hat eine Panne«, sagte Lisi. »Und wie hat es euch hierher verschlagen?«

»Unser Auto hat auch eine Panne«, antwortete einer der Burschen auf der Geländerstange, und die ganze Clique brach in schallendes Gelächter aus.

Lisi fragte sich, was sie wohl rauchten.

»Komm, steig schon auf«, sagte der *Vespa*-Besitzer. »Hier, nimm einen Helm.« Seinen Freunden rief er zu: »He, nur kein Neid! Ich fahr jetzt los mit meiner neuen Flamme!«

Lisi kletterte auf den Motorroller und versuchte zu lächeln, während sie sich mit ihrer gesunden Hand am Gürtel des jungen Mannes festhielt. Sie war schon öfter mit Dorit auf ihrem Motorrad gefahren, allerdings noch nie mit eingegipstem Arm.

»Ich bring dich heim!« schrie der junge Mann, als sie das Industriegebiet verließen.

»Danke!« brüllte Lisi gegen die Lederjacke vor ihrer Nase.

Sie träumte wieder von dem Blazer mit den Goldknöpfen. Mit beiden Händen kratzte sie den Sand vom Arm und versuchte, ihn freizubekommen, und die Sandkörner drangen ihr unter die Fingernägel. Mit aller Kraft zog sie an der Hand, die hartnäckig wie eine Baumwurzel in der Erde steckte. Dann fühlte sie einen Ruck, die Hand schnellte aus der Erde. Lisi fiel zurück, und die Finger der abgerissenen Hand umklammerten ihre eigenen.

Da hörte sie eine Stimme. »Lisette! Lisette!« Ihre Mutter stand neben dem Bett und streichelte Lisis schweißnasse Beine.

»Wasser«, bat Lisi.

Batscheva holte ein Glas Wasser und hielt es Lisi hin. »Du hast im Traum geschrien«, sagte sie. »Was hast du geträumt?«
»Ich weiß es nicht«, sagte Lisi. »Seit wann bist du hier?«
»Seit zwölf.«
»Und wieviel Uhr ist es jetzt?«
»Drei«, sagte Batscheva.
»Nachmittags?«
»Ja. Ich wußte nicht, ob ich dich wecken soll. Hast du Hunger? Du hast die Schnitzel nicht angerührt, die ich dir gestern gemacht habe.«
»Kakao«, bat Lisi. »Ich habe Durst.«
Lisi zog den weinroten Morgenrock an und hörte ihren Anrufbeantworter ab. Dahan, die gute Seele, informierte sie, daß er den Reifen des *Justy* gewechselt habe und daß das Auto vor ihrem Haus stehe. Der Schlüssel befinde sich in ihrem Briefkasten. Cement teilte mit, er habe die Absicht, sie zu besuchen, und sie möge ihn bitte zurückrufen, um einen Termin zu vereinbaren. Roni bat, sie solle ihm sagen, wann er zu ihr kommen könne, und wenn sie nicht anrufe, werde er einfach ohne Ankündigung auftauchen.
Lisi saß am Tisch in der Küche und trank den Kakao, den ihre Mutter gemacht hatte. Auf dem Teller lag eine Scheibe Brot, belegt mit Käse und Gurkenscheiben.
»Ich weiß nicht, ob das ein Frühstück ist oder das Mittagessen«, sagte Batscheva. »Ich werde dir die Suppe warm machen.«
»Ich kann jetzt keine Suppe essen«, protestierte Lisi. »Ich bin gerade aufgewacht.«
»Um Gottes willen!« rief Batscheva. »So wie du aussiehst!«
»Nicht irgendwie besser?«
Batscheva musterte ihre Tochter. »Jetzt sind gelbe Flecken in den schwarzen. Das ist vielleicht ein gutes Zeichen. Willst du ein bißchen hinaus an die frische Luft?«
Lisi schüttelte den Kopf. »Nicht jetzt.«
»Du mußt ein bißchen herumlaufen, das hat der Doktor gesagt. Und Georgette auch. Es ist nicht gut für dich, wenn du die ganze Zeit im Bett liegst.«

Lisi stützte den Kopf auf die eine gesunde Hand und murmelte: »Später.«

»Später bin ich nicht mehr da.«

Lisi schaute ihre Mutter an. »Wer paßt eigentlich auf Alona auf, wenn du hier bist?«

»Wir haben Schichten eingerichtet, ein paar Frauen von *Sargon* und ich«, sagte Batscheva. »Hör mal, Lisette, ich möchte nicht, daß du allein hinausgehst.«

»Ich sage dir Bescheid, wenn ich hinausgehen will.«

»Hast du gestern das Haus verlassen?«

»Wann?«

Batscheva warf ihr einen Blick zu. »Das weiß ich doch nicht, wann.«

»Warum?« fragte Lisi.

»Deine Schuhe sind schmutzig«, sagte Batscheva. »Und an deiner Hose ist ein Schmierölfleck.«

Lisi sah an ihrer Mutter vorbei zum Fenster. »Das ist bestimmt noch vom Krankenhausgarten.«

Batscheva verengte mißtrauisch die Augen. Die Tatsache, daß ihre jüngste Tochter sich offenbar vor gar nichts fürchtete, machte ihr Sorgen. »Wenn dir etwas passiert«, sagte sie leise, »dann sterbe ich.«

»Mir passiert doch nichts«, sagte Lisi. »Warum sollte mir etwas passieren?« Sie lächelte ihre Mutter an. »Du brauchst dir keine Sorgen zu machen.«

»Natürlich nicht«, sagte Batscheva und lachte plötzlich bitter auf. Es war nicht das erste Mal, daß jemand versucht hatte, ihre Lisette umzubringen, doch das Kind ließ sich einfach nicht schützen.

»Also gut«, beschwichtigte sie Lisi. »Ich werde die Suppe essen.«

»Vielen Dank.«

Schließlich aß Lisi nicht nur die Suppe, sondern auch die Schnitzel, die Bohnen, die Bratkartoffeln, den Salat und sogar das Apfelkompott. Dann ging sie wieder ins Bett.

Um halb sieben wurde sie vom Wecker geweckt. Bis sie sich angezogen hatte, verging etwa eine halbe Stunde. Der Schlüssel ihres *Justy* war im Briefkasten, wie Dahan ausgerichtet hatte. Sie wußte, daß sie mit dem eingegipsten Arm eigentlich nicht hätte Auto fahren dürfen, doch sie kannte jede Ampel und jedes Gäßchen der Stadt. Wenn sie langsam fuhr, mußte es funktionieren. Als sie in die Katurastraße einbog, schaltete sie die Scheinwerfer aus. In Lubas Wohnzimmer brannte Licht. Lisi suchte Dajavs blauen *Mazda*, fand ihn aber nicht. Sie fuhr bis zu dem kleinen Park am Ende der Straße und bog in die Jochananstraße ein. Auch hier war Dajavs Auto nicht zu entdecken. Als sie um den Park herumfuhr, um wieder in die Präsidentenallee einzubiegen, entdeckte sie ihn plötzlich auf dem Parkplatz hinter dem Kiosk. Lisi schaltete die Scheinwerfer wieder ein und fuhr Richtung Busbahnhof.

Die meisten Läden waren um diese Uhrzeit schon geschlossen, auch Klaras und Ja'akovs *Mikado*. Die meisten Fahrgäste, die sich noch hier herumtrieben, waren Soldaten oder Studenten. Boris stand vor dem geschlossenen Blumenladen und spielte auf seinem Akkordeon. Lisi konnte weder Esthi noch das andere junge Mädchen entdecken, das angeblich ebenfalls für ihn arbeitete. Sie legte einen Zwanzig-Schekel-Schein in den Akkordeonkasten. Boris lächelte höflich, sagte vielen Dank und blickte sie fragend an. In seiner Welt hatte alles seinen Preis.

»Erinnern Sie sich an mich?« fragte Lisi.

»Nein.«

»Ich war im *Blauen Pelikan*«, sagte Lisi. »An dem Tag des Sandsturms. Als die Polizei dort war.«

»Sind Sie auf die Polizeistation gebracht worden?« fragte Boris.

Lisi riß die Augen auf. »Was?«

Er deutete auf ihr Gesicht.

»Ein Unfall«, sagte Lisi. »Mit dem Auto.«

Er sah nicht aus, als würde er ihr glauben.

»Ich möchte Sie zu Kaffee und Kuchen einladen«, sagte Lisi schnell.

»Jetzt?«

Sie nickte. »Ja, jetzt.«

»Ich bin mitten in der Arbeit.«

»Wieviel Geld verdienen Sie in einer Stunde?« fragte Lisi.

»Fünfzig Schekel.«

Sie wußte, daß er log, und er wußte, daß sie es wußte. Doch sie nickte und sagte: »In Ordnung. Kaffee, Kuchen und fünfzig Schekel.«

Sie betraten das *Siegescafé*, das genaugenommen ein Kiosk mit Süßigkeiten und Zigaretten war, und setzten sich an den einzigen Tisch. Der Besitzer brachte Kaffee und Hefekuchen, danach bezog er wieder Stellung auf seinem Stuhl auf dem Bürgersteig vor dem Kiosk, um die Passanten und die Autobusse zu beobachten.

»Ich möchte, daß Sie für mich jemanden auf russisch anrufen«, sagte Lisi.

»In Rußland?«

»Nein, hier in Be'er Scheva. Sie sollen eine russische Frau anrufen, die nicht gut Hebräisch kann.« Lisi nahm ein Blatt aus der Tasche und reichte es Boris, zusammen mit einem Stift, damit er sich die Details selbst aufschrieb. »Die junge Frau heißt Luba. Sagen Sie ihr, Sie hätten ihren Ehemann getroffen, Sergej. Er sei aus Rußland gekommen und lasse ihr ausrichten, daß er morgen bei ihr einträfe. Wenn sie fragt, warum ihr Mann nicht selbst anruft, sagen Sie, er habe ihre Telefonnummer nicht gewußt, nur daß sie jetzt in Be'er Scheva wohne. Als er hörte, daß Sie auch aus Be'er Scheva sind, habe er Sie gebeten, Luba für ihn zu finden. Eine Verwandte von Ihnen, die bei *Sargon* arbeitete, habe Ihnen gesagt, daß sie Luba kenne, und Ihnen ihre Telefonnummer besorgt. Daraufhin hätten Sie Lubas Ehemann angerufen und ihm gesagt, daß Sie sie gefunden hätten, und ihm ihre Telefonnummer und Adresse gegeben. Er habe sich sehr gefreut und Sie gebeten, Luba zu informieren, daß er morgen mittag nach Hause komme.«

»Warum sprechen Sie nicht mit ihr?« fragte Boris mißtrauisch.

»Ich kann kein Russisch.«

»Wieso sieht Ihr Gesicht so aus?«

Lisi zuckte mit den Schultern. »Ein Autounfall, habe ich doch schon gesagt.«

»Das war kein Auto.«

»Doch, war es.«

Boris ließ sich nicht so leicht überzeugen. »War es Sergej Katschak?« fragte er.

Lisi verschluckte sich, erstickte fast, hustete und spuckte ein Stück Kuchen in ihre Hand. Lubas Geschichten über ihren Ehemann waren also nicht gelogen! Sein Name stand in ihrem Ausweis, und nun gab es auch noch jemanden, der ihn gekannt hatte, als er in Israel gewesen war. Vielleicht war er sogar immer noch hier! Ihre Verblüffung amüsierte Boris, seine Tigeraugen wurden schmal und lauernd. In der Welt, in der er lebte, hatte auch Verblüffung ihren Preis.

»Kennen Sie ihn?« fragte Lisi, als sie sich wieder gefaßt hatte.

»Ja.«

»Kennen Sie Luba auch?«

Er nickte. »Ein bißchen.«

Lisi schaute ihn an. »Wenn Luba Ihre Stimme am Telefon hört, weiß sie dann, daß Sie es sind?«

Er schüttelte den Kopf.

»Was werden Sie sagen, wer spricht? Sie müssen sich einen Namen ausdenken.«

»Ich werde sagen, ich heiße Mischa.«

»Gut.« sage Lisi. »Mischa.«

Boris zögerte. »Ist Sergej wirklich zurückgekommen?«

»Was?«

»Sergej ist doch in Moskau.«

»Ja?« fragte Lisi. »Wer ist er? Woher kennen Sie ihn?«

»Wir haben zusammen Musik gemacht, in Cholon, auf der Straße.«

»Wann?«

»Nach der Einwanderung. Vor zwei Jahren. Er auf der Geige, ich mit dem Akkordeon. Aber Cholon war nicht gut.«

»Ist Be'er Scheva besser?« fragte Lisi.

Er nickte.

»Warum ist er nach Rußland zurückgegangen?« wollte Lisi wissen.

»Straßenmusik zu machen ist keine richtige Arbeit. Danach war er Gigolo. Nicht so einer für Sex, fürs Tanzen. Alte Frauen mit Geld, junge Russen ohne Geld. Tanzen Tango, Walzer. Er hatte einen schwarzen Frack, weiße Fliege. Ein schöner Mann. Aber das war nur wenig Geld. Und eine Schande. Er ist nach Moskau zurückgegangen. Ein guter Geiger, aber nicht ganz gut. Hat Dirigent auf der Akademie gelernt.«

Lisi hatte aufmerksam zugehört. »Wann ist er nach Rußland zurückgefahren?« fragte sie nun.

»Anderthalb Jahre«, antwortete Boris. »Sergej ist nach Rußland gefahren, dann Luba nach Be'er Scheva. Es gibt eine Tochter.«

»Weiß er das?« fragte Lisi.

Boris zuckte mit den Schultern. »Weiß nicht. Er ist nicht mein Freund. Wir haben zusammen auf der Straße gespielt, das ist alles.«

»Haben Sie einmal mit Luba gesprochen?«

»Einmal habe ich sie auf der Straße getroffen«, sagte Boris. »Sie sagt guten Tag, ich sage guten Tag. Sie arbeitet in der Fabrik.«

Beide schwiegen. Lisi versuchte das, was Boris erzählt hatte, einzuordnen. Alona konnte nicht Sergej Katschaks Tochter sein. Sie war erst sieben Monate alt. Sie war Dajavs Tochter. Als Luba sagte, ihr Mann sei mit ihren Ausweispapieren geflohen, hatte sie nicht ganz die Unwahrheit gesagt. Ihr Ehemann war tatsächlich nach Rußland geflohen, allerdings ohne die Ausweispapiere. Vermutlich wußte sie gar nicht, daß diese in Dajavs Besitz waren. Sie war von ihm abhängig, von seiner Gnade, und er hielt sie an der kurzen Leine. Einer sehr kurzen.

»Um wieviel Uhr kommt Sergej?« fragte Boris.

»Nach zwölf.«

Er nickte und wiederholte: »Nach zwölf.«

»Sie rufen sie also für mich an?« fragte Lisi.
Er streckte die Hand aus. »Fünfzig Schekel.«
»Ich habe Ihnen schon fünfzig Schekel gegeben«, protestierte Lisi.
»Nicht für die Information.«
»Ich habe Ihnen auch noch zwanzig gegeben.«
»Dann eben noch dreißig.«
Lisi nahm dreißig Schekel aus ihrer Tasche und legte sie auf den Tisch.
Sie wählte für ihn Lubas Nummer und stand neben ihm, während er mit der Russin sprach. Seine Stimme klang freundlich und wohlerzogen, und auf seinem Gesicht erschien ein gutmütiges Lächeln. Er spielte seine Rolle wirklich so gut, wie man es sich wünschen konnte.

Lisi parkte ihren *Justy* gegenüber der Baumschule, hinter einer Reklametafel, die die baldige Ankunft des Messias verkündete. Sie machte die Scheinwerfer aus und beobachtete den Eingang zur Baumschule und den Pfad, der zum Bürohaus führte. Wenn die Nachricht von Sergejs Ankunft Dajav oder Luba in Angst versetzt hatte, würde Dajav bald hier auftauchen, um seinen Revolver zu holen. Sergej war eine Bedrohung. Er würde sofort wissen, daß Alona nicht seine Tochter sein konnte, er würde herausfinden, wer der Vater war. Sergej konnte das Netz der Diskretion zerreißen, das Dajav sorgfältig über Luba und Alona gebreitet hatte. Er hatte schon zwei Menschen umgebracht, um seine Beziehung zu Luba und Alona geheimzuhalten, er würde vor einem weiteren Mord nicht zurückschrecken. Nach dem, was er jetzt erfahren hatte, war Sergej gerade erst aus Rußland zurückgekommen, niemand kannte ihn, er hatte außer Luba keine Verwandten in Israel. Und wenn man keine Papiere bei ihm fand, würde es sehr schwer sein, ihn zu identifizieren.
Lisi zitterte vor Kälte. Sie ließ den Motor an und schaltete die Heizung ein. Doch dann hatte sie Angst, das Geräusch des Motors würde die Aufmerksamkeit auf sie lenken, und machte ihn

wieder aus. Am Straßenrand parkten Autos. Manchmal fuhr eines weg, und ein anderes nahm seinen Platz ein. Die Huren und ihre Kunden. Sie hoffte, niemandem würde auffallen, daß ihr Auto schon so lange dastand. Immer wieder schaute sie in den Spiegel über ihrem Kopf. Sie hatte eindeutig Angst.

Um Mitternacht beschloß sie, die Wache aufzugeben. Ihre Zähne klapperten, und sie schaffte es nicht, das Zittern ihres verkrampften Körpers zu unterdrücken. Sie war steif vor Kälte und vor Angst. Wenn Dajav den Revolver holen will, dachte sie, dann muß er nicht in der Nacht herkommen. Er kann am Morgen zur Arbeit gehen wie jeden Tag, den Tresor in seinem Büro öffnen und den Revolver herausnehmen, ohne daß jemand etwas bemerken oder eine Frage stellen würde. Nach dem, was Dajav erfahren hatte, würde Sergej erst nach zwölf Uhr mittags zu Luba kommen. Bis dahin blieb mehr Zeit als genug.

22

Die Wohnung von Jako Bachar befand sich in der Altstadt, gegenüber dem neuen religiösen Zentrum *Stimme der Freude*, das an der Stelle errichtet worden war, wo sich früher das alte Kaufhaus befunden hatte. In die Wohnung der trauernden Hinterbliebenen drang das fröhliche Geschrei von Kindern, die im Schulhof der *Stimme der Freude* Basketball spielten.

Die drei Söhne und die beiden Töchter Jakos hatten von ihm die feuerroten Haare und die brennenden Augen geerbt. Alle fünf waren groß und kräftig, doch nun, angesichts des unerwarteten Unglücks, machten sie einen verzweifelten und verwirrten Eindruck. Doris, die Witwe, war eine kleine, rundliche Blondine, die nicht verstand oder nicht verstehen wollte, was um sie herum passierte. »Ich wollte ihn gerade anrufen und ihm sagen, daß er seine belegten Brote vergessen hat«, sagte sie wieder und wieder zu jedem, der sich neben sie setzte, und deutete auf die kleine durchsichtige Plastiktüte, die neben dem Telefon lag. In der Tüte befanden sich belegte Brote und zwei Mandarinen. Lisi fragte sich, wann Doris die seelische Kraft aufbringen würde, diese Tüte, die das letzte Bindeglied zwischen ihr und Jako war, in den Müll zu werfen.

Die Küche war vom Wohnzimmer durch eine niedrige Balustrade getrennt, und darüber hing ein großer Käfig mit zwei grünen Papageien an einem Haken von der Decke. Einer von ihnen krächzte von Zeit zu Zeit: »Sag Dankeschön!« Der zweite schrie: »Tor! Tor! Tooor!« Die Söhne berieten sich mit ihren Onkeln, Jakos rothaarigen Brüdern, ob es erlaubt sei, die Papageien während der sieben Trauertage im Haus zu behalten oder ob das die Ehre des Toten verletze, und Doris verkündete plötzlich, sie erlaube nicht, die Papageien zu entfernen, denn sie seien wie Jakos Kinder gewesen. Bei diesen Worten brach sie in Tränen aus.

»Vorgestern war ich noch bei ihm im Laden«, sagte Lisi zu Doris. »Ich wollte eine Matratze kaufen und fragte ihn nach seinem Freund, Dajav Faktori. Er wurde richtig wütend auf mich.«

Der Schatten eines Lächelns glitt über das Gesicht der Frau. »Jako ist einer, der immer sehr schnell wütend wird«, sagte sie. »O ja.«

»Ist er sauer auf Dajav?« fragte Lisi, ebenfalls in der Gegenwart.

»Sie hatten Streit.« Die Augen der Frau füllten sich wieder mit Tränen, als spräche sie schlecht über einen Toten, und um es wiedergutzumachen, fügte sie hinzu: »Ach, er hat bloß Jakos goldene Uhr, die ich ihm mal geschenkt habe, verloren.«

»Wieso hatte Dajav überhaupt Jakos goldene Uhr?« fragte Lisi.

»Ach, wie leid mir das jetzt tut«, sagte Doris und wischte sich die Tränen ab.

»War es eine teure Uhr?«

Doris seufzte. »Fünfhundert Dollar habe ich dafür bezahlt, ach ja, schade um das Geld. Zu seinem fünfundvierzigsten Geburtstag habe ich sie ihm geschenkt, ich habe jeden Pfennig gespart.« Wieder fing sie an zu weinen. »Mein einziger Trost ist, daß ich ihm deshalb keine Vorwürfe gemacht habe. Was ist mit Ihrem Gesicht passiert?«

»Ein Unfall«, sagte Lisi leichthin. »Ich habe noch Glück gehabt. Sagen Sie, Doris, wieso hatte Dajav Jakos Uhr? Wann ist das passiert?«

»Im Sommer. Sie haben einen Schiffsausflug auf dem Roten Meer gemacht.«

»Mit der *Dancing Mathilda*?«

Doris nickte. »Ja. Er hat sich manchmal so eine Fahrt geleistet, trotz allem. Zweimal hat er schon fast seinen Laden verloren.

Danach hat er beim Leben seiner Kinder geschworen, daß er es nie wieder tut. Aber ein paar Monate später hat es ihn wieder in den Fingern gejuckt, und er wurde ganz unruhig, ein Zeichen, daß er wieder ein bißchen Freiheit brauchte. Ich wußte, daß es kommen würde, daß er sich nicht beherrschen konnte. Es ist eine Krankheit. Wie andere von Schnaps oder Koks abhängig sind.«

»Dajav Faktori war mit ihm auf der *Dancing Mathilda*?« fragte Lisi.

»Ich habe Herzl schwören müssen, daß ich nie mit jemandem darüber rede«, sagte Doris.

»Herzl Givon von der Gewerkschaft?« fragte Lisi. »Jakos Freund aus der Barackenzeit?«

Doris nickte. »Ja. Er hat Jako so liebgehabt. Wie einen Bruder! Bei der Beerdigung hat er geweint wie ein Kind.«

»Was hat er Ihnen über die Uhr erzählt?«

»Herzl wollte nicht, daß ich sauer wäre auf Jako. An der Sache mit der Uhr war er unschuldig. Ich meine, Jako war in Ordnung, was die Uhr betrifft. Mehr als in Ordnung sogar.«

Lisi schüttelte verwundert den Kopf. »Dajav hat Jako die Uhr abgenommen? Wieso denn? Spielt Dajav etwa auch?«

»Nein«, sagte Doris. »Dajav spielt nicht. Jako und Eitan, der Sohn von Elieser Kinerti, und die Freundin von diesem Eitan, eine Russin, die er in irgendeinem Loch aufgetrieben hat, sind auf der *Dancing Mathilda* gefahren, die eigentlich nichts anderes als ein Spielcasino ist. Ich weiß nicht, warum Dajav Faktori damals mitgefahren ist. Aber er hat nicht gespielt. Und auch die Russin nicht. Jako hatte Angst, er würde die goldene Uhr vielleicht verspielen, wenn er sein ganzes Geld verloren hätte. Deshalb hat er sie Eitan ausgehändigt und gesagt, er solle sie ihm erst dann zurückgeben, wenn sie wieder an Land seien. Aber auch Eitan war ein Spieler und mißtraute sich selbst. Deshalb hat er die Uhr Dajavs Händen anvertraut und gesagt, er dürfe sie auf keinen Fall Jako geben, egal, wie sehr er jammern und drohen würde. Deshalb hat Dajav die Russin gebeten, die Uhr in ihrer Handtasche zu verwahren. Wirklich eine Geschichte wie Der-Meister-schickt-den-Jockel-aus.«

Die Frau wischte sich über die Augen, dann fuhr sie fort: »Soweit ich das, was Jako erzählte, verstanden habe, hat es dort gratis Champagner gegeben, und Dajav und die Russin, die beide nicht gespielt haben, waren an Deck und tranken Champagner. Vom Trinken und vom Schwanken des Schiffs ist sie seekrank geworden. Sie hat sich über die Reling gebeugt und gekotzt, und dabei ist ihr die Handtasche ins Wasser gefallen. Jako hat dann, wie zu erwarten war, das ganze Bargeld verloren, das er bei sich hatte, und verlangte von Eitan seine Uhr. Eitan schickte ihn zu Dajav, und Dajav sagte, tut mir leid, die Uhr ist ins Wasser gefallen. Jako glaubte erst, er wolle ihn auf den Arm nehmen. Als er kapierte, daß es wirklich passiert war, ist ihm das Blut zu Kopf gestiegen. Jako ist ein hitziger Rotschopf. Er schrie Dajav an, er solle ihm entweder die Uhr zurückgeben oder fünfhundert Dollar bezahlen. Er hat geglaubt, er könnte eine neue Uhr kaufen, bevor ich merken würde, daß sie ihm abhanden gekommen war. Ich erfuhr die Geschichte von Herzl, der mir heimlich erzählt hat, daß Jako sich vor Kummer verzehrte. Herzl hat auch erzählt, was Dajav gesagt hat, als Jako die Uhr verlangte. Nämlich, er solle sie doch von den Fischen zurückfordern. Jako hat dann irgendeine billige Imitation aus Hongkong gekauft, und ich habe so getan, als würde ich gar nicht merken, daß es nicht meine Uhr war.«

Doris putzte sich die Nase, und Lisi wartete geduldig, bis sie fertig war. Dann fragte sie: »Über welches Reisebüro hat Jako die Fahrt auf der *Dancing Mathilda* gebucht, wissen Sie das?«

Doris schüttelte den Kopf. »Keine Ahnung. Er hat alles für sich behalten. Ach, schade um ihn.« Wieder fing sie an zu weinen.

Der Verstorbene hatte seine Spielfahrten über das Reisebüro *Tis-Tours* gebucht. Jennifer Schlafrock leitete die *Tis-Tours*, aber nach telefonischer Auskunft der Angestellten war sie »im Moment nicht da«, würde »später« wiederkommen. Lisi kannte Aba Schlafrock, der im *Breadless* im Emek Sarah spielte, und seine

Frau Jennifer noch aus der Zeit des Golfkriegs, als die Skud-Raketen fielen. Damals war Lisi in die Kindergärten gegangen, um über die entsprechenden Sicherheitsmaßnahmen zu berichten. In ihrer Freizeit kämpfte Jennifer gegen Hochhäuser, Luft- und Wasserverschmutzung und für den Artenschutz von Wüstenpflanzen und gefährdeten Lebewesen. Georgette und Chavazelet, Lisis Schwestern, haßten Jennifer Schlafrock, denn sie hielt auch Menschen für gefährdete Lebewesen und behandelte sie mit ihren alternativen Methoden. Lisi hatte in Jennifers Anwesenheit immer ein schlechtes Gewissen, weshalb es ihr nicht gerade leid tat, daß sie nicht da war.

Im Büro waren keine Kunden. Wer aus Be'er Scheva fuhr schon im Winter irgendwohin? Auslandsreisen waren im Moment Luftschlösser, und auch Inlandsreisen waren Träume, die man sich in Be'er Scheva für die Zeit aufsparte, wenn das neue *Hilton* erst mal gebaut wäre.

Auf dem Schild, das die Angestellte trug, stand der Name Louise Chamadi. Louise Chamadi war eine vorbildliche Angestellte, die mehrere Dinge gleichzeitig erledigte: Sie beantwortete das Telefon, kaute Kaugummi, tippte in den Computer und ignorierte Kunden, als hoffte sie, diese würden sich in Luft auflösen, wenn sie nur lange genug nicht beachtet wurden. Als sie merkte, daß Lisi sitzen blieb und geduldig wartete, schwenkte sie ihren Stuhl und wandte ihr den Rücken zu. Sie hatte schmale Schultern und einen dünnen Nacken, ihr kleiner Kopf war mit kurzem braunen Haar bedeckt.

Seit dem Vorfall in der Katurastraße betrachtete Lisi jeden Menschen mit Mißtrauen. Alle kamen ihr verdächtig vor, die netten Leute, die widerwärtigen Leute, die sie nachts traf, Fremde, die tagsüber an ihr vorbeigingen. Sie betrachtete die Schultern der Sekretärin und dachte: Nein, sie war es nicht. Und gleich darauf fiel ihr ein, daß es ein Mann gewesen war. Doch irgend etwas störte sie, ein Gefühl des Mißtrauens, eine Art lästiges Summen, das ihr nicht aus dem Kopf ging: War sie wirklich hundertprozentig sicher, daß es sich um einen Mann gehandelt hatte?

Hätte der schweigende Angreifer nicht auch eine Frau sein können?

Fetzen des Gesprächs, das die Angestellte am Telefon führte, drangen an Lisis Ohr. Nun hörte sie zu. Louise organisierte offensichtlich die Reise des städtischen Tanzensembles zu einem Festival in Rumänien. Die Reise sollte, wie Lisi mitbekam, allerdings erst vom Etat des nächsten Jahres bezahlt werden, dafür würde *Tis-Tours* auch den Auftrag für die Reise des Chors nach Palermo bekommen. Lisi schrieb in Gedanken mit. Eine interessante Nachricht für die *Zeit im Süden*.

»Ich habe gar nicht gewußt, daß unsere Tänzer auch im Ausland auftreten«, sagte Lisi zu Louise, als diese endlich den Hörer auflegte.

»Wir haben im letzten Jahr den ersten Preis in Griechenland gewonnen«, sagte Louise. »Was kann ich für Sie tun?«

»Ich brauche eine Liste der Passagiere, die am 8. September letzten Jahres mit der *Dancing Mathilda* gefahren sind.«

Louise machte ein abweisendes Gesicht. »Wir geben keine Passagierlisten heraus.«

»Um wieviel Uhr kommt Jennifer Schlafrock zurück?« fragte Lisi.

Louise zuckte gleichgültig mit den Schultern. »Ich weiß es nicht.«

»Sagen Sie ihr, Lisi Badichi von der *Zeit im Süden* sei hier gewesen und bitte um diese Passagierliste.«

»Tut mir leid«, sagte Louise. »Wir haben eine Anweisung des Besitzers, daß wir keine Passagierlisten herausgeben dürfen.«

»Ist Ascher immer noch der Besitzer?« wollte Lisi wissen.

»Ja.«

»Gut, dann werde ich eben mit Ascher reden. Wann ist er hier?«

Wieder zuckte Louise mit den Schultern. »Das weiß ich auch nicht.«

Louise zog offenbar eine tiefe Befriedigung aus der Tatsache, daß sie nichts wußte. Die Ablehnung, Lisis Fragen zu beantworten, würde ihr den Tag versüßen.

»Warum wird das eigentlich so geheimgehalten?« fragte Lisi.

Louise schob den Kaugummi von einer Seite zur anderen. »Eine Frau hat sich diese Liste von uns geben lassen, und Ascher hat einen Wutanfall bekommen.«

»Welche Frau war das?«

»Tut mir leid«, sagte Louise.

»Sie haben dieser Frau die Liste gegeben«, sagte Lisi, »also können Sie sie mir doch auch geben.«

Louise schüttelte den Kopf. »Aus Versehen. Ich habe nicht gewußt, daß das verboten ist. Jetzt weiß ich es.«

Lisi nahm die Tasche von der Schulter und stellte sie auf den Boden. Sie rekelte sich auf dem Stuhl und streckte ihre langen Beine aus. »Sagen Sie, Schätzchen, bis wann verschiebt die Stadtverwaltung die Bezahlung der Reisekosten für unsere Tänzer? Verschiebt sie auch die Bezahlung der Reisekosten für den Chor oder nur die der Tänzer?«

Louises Gesicht wurde abwechselnd rot und blaß, sie warf Lisi einen rachsüchtigen Blick zu. »Das ist nicht fair«, zischte sie.

»Darf ich Sie zitieren, wenn ich von den Bezahlungsmodalitäten berichte?« fragte Lisi.

»Machen Sie, was Sie wollen!« rief Louise. »Niemand wird Ihnen glauben, daß ich das erzählt habe!«

»Doch, natürlich«, sagte Lisi. »Sie haben einer Frau die Passagierliste der *Dancing Mathilda* gegeben, und anschließend hat der Besitzer des Reisebüros einen Wutanfall bekommen. Und wenn er erfährt, daß Sie mir die Geschichte vom Zahlungsgebaren der Stadt erzählt haben, wird er wieder einen Wutanfall bekommen, weil die Stadt dann nämlich aufhört, mit *Tis-Tours* zu arbeiten. Das einzige, was er dann noch tun kann, ist, der Stadt mitzuteilen, daß er Sie entlassen hat.«

»Das ist Erpressung«, fauchte Louise.

Lisi nickte. »Stimmt, Süße.«

»Ich kann Sie bei der Polizei anzeigen.«

»Tun Sie das«, sagte Lisi gelassen. »Wenn das erst in der *Zeit im Süden* gestanden hat, finden Sie nirgends mehr einen Job.«

»Ich glaube es einfach nicht«, sagte Louise.

»Ihr Wort gegen meines.«

Louise starrte Lisi an. Die Winkel ihres rotbemalten Mundes wurden weiß. Ihr Kampfgeist war verschwunden.

»Wieso haben Sie dieser Frau denn die Passagierliste gegeben?« fragte Lisi.

»Es war ein Irrtum, das habe ich doch schon gesagt.«

»Wer war es?« fragte Lisi.

»Eine Kundin«, antwortete Louise.

Lisi hob die Brauen. »Gut, ich bin auch eine Kundin.«

»Das sind Sie nicht.«

»Warum wollte sie die Liste überhaupt haben?« fragte Lisi.

»Sie hatte irgendein Durcheinander in ihren Kreditkarten«, antwortete Louise. »Man hat ihr ein paar Sachen zweimal aufgeschrieben. Sie wollte die Summe, die auf unserer Liste stand, mit der auf ihrem Kontoauszug vergleichen.«

»Sie hätten ihr die Summe doch sagen können, ohne ihr die Liste zu geben«, meinte Lisi.

Louise nickte. »Das hat der Chef auch gesagt. Gut, ich habe einen Fehler gemacht, aber das kann schließlich jedem mal passieren. Sie wollte kontrollieren, ob der Fahrpreis doppelt berechnet war.«

»Nun?« fragte Lisi. »Und was kam heraus?«

»Doppelt«, sagte Louise.

Lisi hob den Blick. »Haben Sie ihr die Fahrt doppelt berechnet?«

»Sie waren ein Paar. Natürlich haben wir die Fahrt doppelt berechnet.«

Lisi machte ein erstauntes Gesicht. »Und wo lag das Problem?«

»Das habe ich doch gesagt!« rief Louise. »Durcheinander bei den Kreditkarten!«

Lisi ließ nicht locker. »Wenn sie für zwei Karten bezahlt hat, und auf der Liste standen zwei Fahrten, dann ist das doch in Ordnung, oder?«

»Es war nicht sie, die das bezahlt hat«, sagte Louise. »Ein

Freund von ihnen hat für vier Karten zusammen bezahlt. Ihr Mann hat dem Freund das Geld für die Karte später zurückgegeben.«

»Und?« fragte Lisi.

»Ihr Mann hatte zu ihr gesagt, auf eine Doppelkarte würde es eine Ermäßigung geben. Und das stimmt nicht. Wir geben Ermäßigungen nur an Gruppen. Vier Leute sind noch keine Gruppe.«

Lisi rutschte noch etwas tiefer den Stuhl hinunter. »Sie wollte also nur wissen, ob ihr Mann sie angeschwindelt hat, oder?«

Louise schaute sie hilflos an. »Das hat Ascher auch gedacht. Deshalb war er auch so wütend.«

»Hat sie die Fahrt auf der *Dancing Mathilda* mit ihrem Mann zusammen gemacht?«

Louise nickte. »Ja.«

»Woher wissen Sie das?« fragte Lisi. »Vielleicht ist er mit einer Freundin gefahren.«

Louise widersprach. »Ich habe sie gefragt, wie die Bewirtung auf dem Schiff war. Sie sagte, sie habe keinen Bissen zu sich genommen, weil sie seekrank gewesen sei.«

»Erinnern Sie sich noch, wie die Frau hieß?«

Louise schüttelte den Kopf.

Lisi schaute sie an. »Heben Sie die Passagierlisten der *Dancing Mathilda* etwa zusammen mit den Rechnungen der Stadt auf?«

Louise wurde rot, preßte die Lippen zusammen und schaute aus dem Fenster. Der Himmel war grau, wie auch die Mauern der Häuser auf der anderen Straßenseite. Im Radio hatten sie Regen angekündigt, und die Stadt hatte wie ein Chamäleon ihre Winterfarben angelegt.

»Wer betreut die Reise der Tänzer und des Chors?« fragte Lisi. »Die Kulturabteilung?« Sie spielte mit der gesunden Hand an ihrem großen Ohrring. Sie hatte Zeit, sie mußte nirgendwohin.

Louise Chamadi blickte weiter aus dem Fenster. Schließlich stand sie auf, ging zu einem Schrank, öffnete ihn, zog eine dünne Aktenmappe heraus und knallte sie auf den Tisch. Dann ging sie durch eine Tür in eine Art Miniküche. Sie füllte einen Kessel mit Wasser, kippte *Nescafé* in eine Plastiktasse und wartete geduldig, bis das Wasser kochte.

Auf der Passagierliste der *Dancing Mathilda* vom 8. September 1995 fand Lisi die Namen Eitan Kinerti, Jako Bachar, Dajav Faktori und Frau. Der Name der Frau war nicht vermerkt. Jako Bachar hatte die vier Karten bezahlt. Herzl Givon war auf Rechnung der Gewerkschaft gefahren.

Lisi klappte die Akte zu, nahm ihre Tasche und verließ das Reisebüro, ohne ein Wort zu sagen. Sie hätte Louise Chamadi beruhigen können, sie hätte ihr sagen können, daß sie, wenn sie wirklich etwas über die Zahlungsschwierigkeiten der Stadt schreiben würde, ihren Namen nicht erwähnen würde. Sie hätte auch sagen können, daß sie nicht vorhatte, mit Ascher, dem Besitzer, oder Jennifer Schlafrock, der Geschäftsführerin, zu sprechen. Aber sie tat es nicht. Die tyrannische Bürokratie aller Louise Chamadis in der Welt zu erschüttern, hatte etwas ungemein Befriedigendes.

Lisi war für ein Uhr ins Krankenhaus bestellt worden, um sich die Fäden aus der Braue ziehen zu lassen. Der Arzt war ein bißchen zu dick und ein bißchen zu selbstzufrieden. Sein Atem, der nach Essen dünstete, strich warm über Lisis Gesicht. Lisi hatte Fortschritte gemacht, wie er es vorausgesagt hatte. Die Tatsache, daß sich ihr Gesicht zu einem buckligen Teighaufen ausgewachsen hatte, dessen Farbe zwischen Bleigrau und Gelb variierte, schien ihn nicht zu stören.

»In zwei Wochen wird nichts mehr zu sehen sein«, sagte er.
»Prima.«
»Ist Ihnen manchmal schwindlig?«
»Nein.«
»Schwierigkeiten beim Sehen?«
»Nein.«
»Juckt der Gips?«
»Ein bißchen.«

Er lächelte. »Wenn er zu sehr juckt, kommen Sie ruhig, dann wechseln wir ihn noch mal.«

»Danke.«

Sie beschloß, den Propheten zu besuchen, und ging in die Orthopädie 1. Sie hoffte, keine ihrer Schwestern unterwegs zu treffen.

Der Kranke mit dem gebrochenen Bein lag noch im selben Bett, das Bein in der Luft, das Infusionsgerät daneben. Der Mann mit dem eingegipsten Arm war nicht mehr da. Und im Bett des Propheten lag ein junger Mann mit kurzen Hosen und bandagierten Knien.

»Wo ist der Mann, der vorher hier gelegen hat?« fragte Lisi den jungen Mann.

Er musterte ihr Gesicht, schnalzte mitleidig mit der Zunge und leckte sich die Lippen.

Im Schwesternzimmer waren zwei Krankenschwestern, die sie nicht kannte. Beide waren sie rund, mit dunklen, hinten zusammengebundenen Haaren. Eine hatte einen dunklen Flaum auf der Oberlippe.

»Wohin wurde Oved Hanegbi verlegt?« fragte Lisi.

»Sind Sie eine Verwandte von ihm?« fragte die Schnurrbärtige.

»Eine Freundin.«

Die Schwester schüttelte den Kopf. »Tut mir leid.«

»Was tut Ihnen leid?«

Die beiden wechselten ein paar schnelle Sätze auf russisch.

»Ich bin die Schwester von Georgette und Chavazelet«, sagte Lisi.

»Ach so«, sagte die Schnurrbärtige, als würde das Lisis Freundschaft mit dem Propheten hinreichend erklären. »Tut mir leid.«

»Was?« fragte Lisi.

»Er ist letzte Nacht gestorben.«

»Waaas?« Lisis Aufschrei schallte durch den ganzen Flur. Sie schaute von der einen Schwester zur anderen, zur Treppe, zu den offenen Zimmertüren, suchte nach einer Erklärung, nach Unterstützung, nach irgend etwas. Sie fühlte, wie die beiden sie auf einen Stuhl drückten, und hörte, wie sie Chavazelet aus der Wöchnerinnenstation riefen. Etwas drückte auf ihre Brust, und vor ihren Augen verschwamm alles. Sie machte die Augen zu und wartete darauf, daß der Schwindel und die Übelkeit verschwanden.

Dann beugte sich Chavazelet über sie und legte ihr eine kühle Hand auf die Stirn. In der anderen Hand hielt sie ein Glas. »Hier, Lisi, trink ein bißchen Wasser.« Lisi trank, und Chavazelet setzte sich zu ihr und streichelte ihren Arm. »Tief atmen«, sagte sie. »Ganz ruhig und tief. So.« Dabei streichelte sie weiter ihren Arm und murmelte beruhigende Worte, bis Lisi wieder richtig durchatmete und zu weinen begann. »Der Ärmste, der Ärmste«, schluchzte sie.

»Ja, ja«, sagte Chavazelet.

»Es ging ihm so gut, als ich ihn das letzte Mal besucht habe.«

»Gestern hat er das Bewußtsein verloren«, sagte Chavazelet.

»Er hat noch mit mir gesprochen!«

»Ich weiß.«

Lisi hob ihr verweintes Gesicht. »Wie konnte das passieren?«

»Sein starkes Herz hat ihn am Leben erhalten«, sagte Chavazelet. »Es ist ein Wunder, daß er es überhaupt so lange durchgehalten hat.«

Lisi erinnerte sich daran, wie sie ihn gefragt hatte, ob er Schmerzen habe. »Nur wenn ich atme«, hatte er geantwortet, und sie hatte das für einen Scherz gehalten. »Wann ist die Beerdigung?«

»Sie war schon heute morgen.«

»Warum habt ihr mir das nicht gesagt?« rief Lisi.

»Mama hat dich angerufen«, sagte Chavazelet. »Du warst nicht zu Hause.«

»War Mama bei der Beerdigung?«

Chavazelet nickte. »Ja. Außerdem noch ein paar andere Arbeiter von *Sargon*. Er hat gelebt wie ein Hund und ist gestorben wie ein Hund.«

»Er hat nicht gelebt wie ein Hund«, protestierte Lisi. »Er hat gelebt wie ein Fürst. Der Autobus war sein Palast.«

»In Ordnung, Lisi, ich werde nicht mit dir streiten.«

»Wie viele Leute kennst du denn, die genau so leben, wie sie wollen?«

»Ich werde nicht mit dir streiten«, sagte Chavazelet entschieden.

Lisi schniefte und wischte sich über die Augen. »Wer hat die Beerdigung organisiert?«

»Einer der Söhne von Jigal Tarschisch.«

»Avischaj?« wollte Lisi wissen.

Chavazelet zuckte mit den Schultern. »Das weiß ich nicht, ich habe nicht danach gefragt.«

»Waren die Tarschischs auch bei der Beerdigung?«

»Vermutlich«, sagte Chavazelet.

Lisi fuhr sich mit ihrem Ärmel über die Augen. »Bestimmt sind sie froh, daß sie jetzt seine Dunam zur Verfügung haben.«

Chavazelet streichelte ihren Arm. »Wie fühlst du dich?«

Wieder fing Lisi an zu weinen. »Beschissen. Er tut mir ja so leid! Was für ein Leben. Was für ein Tod.«

Chavazelet zog ihre Hand zurück. »Benzi hat gesagt, daß die Anklage jetzt auf Doppelmord erweitert wurde. Wer immer den Mord an Eitan Kinerti begangen hat, wird nun auch des Mordes an Oved Hanegbi angeklagt.«

»Und was ist mit Jako?« fragte Lisi.

Chavazelet riß erstaunt die Augen auf. »Jako, der Möbelhändler? Hat der denn auch etwas mit der Geschichte zu tun?«

»Ich weiß es nicht«, sagte Lisi.

Chavazelet betrachtete Lisi forschend. »Wo warst du den ganzen Vormittag, Lisi?«

»Ich bin ein bißchen herumgelaufen.«

Chavazelets Stimme klang vorwurfsvoll. »Du bist krank geschrieben.«

»Aber ich muß doch nicht die ganze Zeit im Bett liegen«, protestierte Lisi.

»Du solltest aber auch nicht soviel herumlaufen. Vor allem bei diesem Wetter.«

»Ich hatte heute doch einen Termin beim Arzt«, widersprach Lisi.

Chavazelet zog die Augenbrauen zusammen. »Fährst du mit dem Auto?«

Lisi nickte.

»Um Gottes willen!« rief Chavazelet erschrocken. »Das darfst du nicht. Du hattest eine Gehirnerschütterung, und dein Arm ist gebrochen.«

»Ich war gerade beim Arzt«, wandte Lisi ein. »Er hat mich untersucht und gesagt, ich wäre in Ordnung.«

»Ja, ja«, sagte Chavazelet. »Das habe ich ja gerade selbst gesehen, wie in Ordnung du bist. Du fährst nicht mehr mit dem Auto.«

»Ach, laß mich doch in Ruhe.«

»Lisi!« sagte Chavazelet streng. »Hör doch einmal im Leben auf deine große, kluge Schwester. Du bist krank geschrieben? Dann bleib zu Hause und ruh dich aus. Bitte, Lisi. Wo ist dein Auto?«

»Auf dem Parkplatz«, sagte Lisi.

»Ich bestelle dir ein Taxi«, erklärte Chavazelet. »Du kannst das Auto hierlassen, ich bringe es dir, wenn ich mit der Arbeit fertig bin.«

»Und wie kommst du dann nach Hause?«

Chavazelet machte eine wegwerfende Handbewegung. »Darüber brauchst du dir keine Sorgen zu machen.«

Lisi schluckte. »Ich werde draußen ein Taxi erwischen.«

»Versprichst du es mir?« fragte Chavazelet. »Ich rufe dich in einer Stunde an, um zu sehen, wie es dir geht.«

Lisi nickte. »Und ja kein Wort zu Mama, daß ich mich schlecht gefühlt habe.«

Chavazelet sah sie mißtrauisch an. »Nur wenn du versprichst, daß du mit einem Taxi heimfährst und mindestens zwei Tage das Haus nicht verläßt.«

Lisi suchte Chavazelets Blick. »Wenn Mama bei mir auftaucht, verlasse ich das Haus und komme nie wieder«, sagte sie drohend.

»Lisi!« rief Chavazelet.

Lisi grinste. »Jetzt habe ich dich erschreckt, was?«

Chavazelet schüttelte den Kopf. »Ich schaue heute abend nach dir.«

»Komm nicht«, wehrte Lisi ab. »Ich habe schon genug am Hals, auch ohne dich.«

»Doch, ich komme«, sagte Chavazelet. »Ich will es so.«

»Chavazelet!« rief Lisi. »Du kommst nicht!«

Beide fingen an zu lachen. Ihre Streitereien waren ein vertrautes und sicheres Terrain, auf dem sie sich ihr Leben lang bewegt hatten. Lisi stand auf, Chavazelet hakte sich bei ihrer kleinen Schwester ein, die zehn Zentimeter größer war als sie, und führte sie zum Aufzug. Erst an der Eingangstür ließ sie Lisis Arm los. Als die Tür aufging, drang kalte Luft herein, und Lisi erschauerte. Auf einmal fühlte sie sich verlassen.

Es hatte angefangen zu nieseln, an der Glastür hingen kleine Tropfen. Lisi trat hinaus in die kalte, klare Luft. Sie hielt das Gesicht in den feinen Sprühregen, der aus dem niedrigen grauen Himmel fiel. Diese Tropfen fallen jetzt auch auf das Grab des Propheten, dachte sie. Der aufgeworfene Erdhügel saugt das Wasser auf, und der Tote wird naß. Ob jemals jemand dieses Grab besuchen wird? überlegte sie. Er wird im Tod vergessen sein, so wie er im Leben vergessen war. Die Polizei, bei der sein Tod zu einem »Mordfall« geworden war, würde so lange an ihn denken, bis der Fall gelöst war, falls er je gelöst werden sollte. Dann würde der Prophet aus der Erinnerung verschwinden, als hätte es ihn nie gegeben. Zurückbleiben würde der Grabstein eines Unbekannten, verlassen und vergessen. Wie lange lebt ein Mensch nach seinem Tod? Solange man sich an ihn erinnert? So lange, wie sein Name auf dem Grabstein zu lesen war? Der Gedanke an Geschriebenes, das blieb, erinnerte sie an die Redaktion. Und an Cement, den Arieli geschickt hatte. Er wollte sie besuchen. Sie wollte nicht, daß er kam. Der Gedanke, daß Cement sie in ihrer Wohnung besuchen könnte, erboste sie so, daß sie beschloß, in die Redaktion zu fahren.

Cement saß in ihrem Zimmer, an ihrem Schreibtisch, hing an ihrem Telefon und schrieb auf ihrem Computer. Er trank auch Kaffee aus ihrer Tasse, und auf dem Tisch lag ein halbaufgegessenes belegtes Brot auf einer Papierserviette. Bestimmt hatte es Schibolet für ihn vom Kiosk geholt. Sein magerer Körper weckte nämlich bei fast allen Frauen den Wunsch, ihn zu füttern. Das schmale, honigfarbene Gesicht und die braunen Augen waren sicher schön gewesen in dem Alter, in dem Jungen anfangen, Mädchen zu entdecken, und hatten ihm damals bestimmt viel Erfolg eingebracht. Er roch förmlich nach Ehrgeiz, was ihm paradoxerweise eine Aura von Mißerfolg verlieh.

»Wann fängst du wieder an zu arbeiten?« fragte er.

»Nächste Woche, glaube ich«, sagte Lisi.

»Du kannst ja das Tonband benutzen und dir die Texte von Schibolet abschreiben lassen«, sagte er.

Lisi nickte. »Ja, das werde ich tun. Einstweilen kann ich noch nicht kommen, wegen der Gehirnerschütterung.«

Sie machte es sich auf einem Stuhl bequem und fing an, über allerlei zu plaudern, von dem Interesse, das die Familie Tarschisch an dem Projekt »Free Production« hatte, vom *Sargon*-Gelände, von den Beziehungen der Tarschischs – über Dajav Faktori – zum Minister für Bauwirtschaft und Wohnungsbau. Sie berichtete ihm auch – nicht zur Veröffentlichung – von den Ermittlungen gegen Dajav Faktori, sowohl wegen der gestohlenen Grundstücke als auch wegen der Morde an Eitan Kinerti, Oved Hanegbi und vermutlich auch Jako Bachar.

»Wenn jemand mir prophezeit hätte, ich würde die Formulierung ›nicht zur Veröffentlichung‹ einmal selbst gebrauchen, hätte ich es nicht geglaubt«, sagte Lisi heiter. »Ständig sagen sie das zu mir, ich könnte platzen vor Wut. Aber habe ich eine Wahl? Be'er Scheva ist ein ziemlich kleiner Ort. Jeder kennt jeden. Wenn ich nur einmal jemanden reinlege, wird keiner mehr mit mir sprechen.«

»Habe ich dich richtig verstanden?« fragte Cement. »Ich bin nicht aus Be'er Scheva, also könnte ich ruhig alles schreiben, weil es mir egal sein kann, ob jemand hinterher noch mit mir spricht oder nicht.«

»Um Himmels willen«, sagte Lisi, obwohl sie genau das gemeint hatte.

»Ich bin kein Kriminalreporter«, sagte Cement. »Ich hätte ohnehin nichts über das geschrieben, was du mir erzählt hast. Das ist nicht mein Gebiet.«

Du großmäuliges Dreckstück, dachte Lisi, nicht mein Gebiet. Immer wie es gerade paßte.

»Es ist wohl auch egal, ob es da eine Beziehung zum Bauministerium gibt«, befand Clement. »Um so ein Projekt aufzuziehen, braucht es die Zustimmung vom Wirtschaftsministerium, Finanzministerium, Liegenschaftsamt und von anderen Stellen aus Wirtschaft und Industrie, Stadtverwaltungen und was sonst noch alles. Dajav Faktori kann seinen guten Freund, den Bauminister, mobilisieren, was den Prozeß vielleicht ein bißchen beschleunigen wird, aber das reicht nicht.«

»Nava Faktori gehören zehn Dunam vom *Sargon*-Gelände«, sagte Lisi. »Hast du eine Vorstellung davon, wieviel die dem Projektmanager wert sind?«

Cement schüttelte den Kopf. »Nein. Aber ich weiß, daß sich bei anderen Industriegebieten, nach der Erschließung, ein Dunam Boden auf ungefähr dreißigtausend Dollar beläuft. Vor Bebauung.«

Lisi nickte. »Das heißt, daß ihr Boden dreihunderttausend Dollar wert ist, also eine Million Schekel. Das ist ungefähr die Summe, die sie jetzt möglicherweise zusätzlich zur Verfügung hat.«

Cement zog erstaunt die Brauen hoch. »Aber du hast doch gesagt, sie hätte auch noch Grundbesitz in Rischon Lezion und in Migdal und daß man die Fabrik nach Jordanien verlagert hätte. Sie haben doch Vermögen!«

»Es sind drei Geschwister, die sich trennen und eigene Unternehmen aufbauen wollen«, sagte Lisi. »Dazu brauchen sie Geld.«

Cement zuckte mit den Schultern. »Wenn Familienunternehmen in die Hand der zweiten Generation übergehen, führt das sehr häufig zu Durcheinander.«

»Kannst du auf diskrete Art herausfinden, welche Beziehungen es zwischen Faktori und dem Minister für Bauwirtschaft und Wohnungsbau gibt?« fragte Lisi.

»Klar kann ich das«, sagte Cement. »Aber was bringt das? Daß er ein Freund des Ministers ist, bedeutet noch lange nicht, daß der Minister etwas mit seinen möglichen Betrügereien oder den Morden zu tun hat. Außerdem wird uns Gedalja Arieli garantiert nicht erlauben, etwas zu veröffentlichen, was nur auf Gerüchten basiert.«

»Er wurde von der Polizei verhört«, widersprach Lisi. »Das ist kein Gerücht.«

»Man zieht nicht ohne stichhaltige Beweise über einen Minister her«, sagte Cement. »Die Zeitung wird keinen Klatsch und Tratsch veröffentlichen.«

»Ich habe doch nicht gesagt, daß du es veröffentlichen sollst. Nur nachforschen!«

Seine wimpernlosen Augen sahen aus wie die einer Wüstenmaus. Das bißchen Zuneigung, das sie vorher in ihnen zu entdecken vermeint hatte, war verschwunden. Er war wieder der Cement, wie sie ihn kannte. Der kleine, arrogante Kerl, der den Staub von Gedalja Arielis Schuhsohlen leckte. Wenn sie in Tel Aviv dermaßen leicht auf ihn verzichten können, dachte Lisi in einer plötzlichen Erleuchtung, dann ist er wohl doch nicht so ein As.

»Also, wie verbleiben wir?« fragte sie.

»Wir verbleiben so, daß du schnell gesund wirst und wieder anfängst zu arbeiten«, antwortete Cement.

»Bringst du die Sache auch nicht in die Lokalausgabe?«

Cement schaute sie zweifelnd an. »Ich kann über die Untersuchung gegen Dajav Faktori schreiben, aber nicht über irgendwelche Beziehungen zum Minister. An wen bei der Polizei kann ich mich wenden?«

»An den Polizeisprecher.«

Als Lisi die Redaktion schon verlassen hatte, fiel ihr plötzlich ein, daß er sie gar nicht gefragt hatte, wie sie sich fühlte, wie sie zurechtkam und was die Ärzte gesagt hatten, wer sie überhaupt überfallen hatte und warum. Der neue Journalismus basierte darauf, daß die Person des Journalisten im Mittelpunkt stand. Cement war und blieb ein echter neuer Journalist.

23

Lisi blieb mit ihrem Auto in der Präsidentenallee neben dem Zeitungskiosk stehen. Inzwischen war es halb drei geworden. Noch immer fiel ein sanft nieselnder Regen, der sich nicht dazu entschließen zu können schien, endlich einen kräftigen Guß auf die Wüstenstadt niederprasseln zu lassen. Bei Tageslicht wirkte die Straße völlig anders. Autobusse fuhren vorbei, Lastwagen, Autos, in deren Scheinwerferlicht feine Regenschnüre aufblitzten. Die wenigen Fußgänger auf der Straße machten immer wieder einen Satz in den Schutz der Hauswände, wenn das Wasser von den Reifen der vorüberfahrenden Autos aufspritzte.

Die Rolläden von Lubas Wohnung waren heruntergelassen, doch Lisi wußte, daß sie zu Hause war. Auf dem Weg hierher war sie am Friseursalon von Michele und Dona vorbeigefahren und hatte gehört, daß Luba am Morgen angerufen und gesagt hatte, sie könne heute nicht zur Arbeit kommen, weil ihr Gasanschluß repariert werden solle. Lisi stellte die Heizung im Auto an, und ihre Augen begannen zu brennen. Früher oder später würde sie den *Justy* doch austauschen müssen. Dahan war nicht in der Redaktion gewesen, sie hatte sich nicht bedanken können, weil er ihr den Reifen gewechselt und das Auto vor ihre Wohnung gestellt hatte. Ein Lieferwagen hielt neben ihr, der Fahrer warf ein Bündel Zeitungen in den Eingang des Kiosks. Lisi befürchtete, es könnte auffallen, daß sie so lange hier stand. Irgend jemand würde sich vielleicht wundern und anfangen, Fragen zu stellen.

Sie überlegte sich nicht, was sie tun würde, wenn Dajav Faktori auftauchte. Sie wußte, daß er bei Luba gewesen war, als Boris sie angerufen hatte, um ihr die Ankunft ihres Ehemannes Sergej anzukündigen. Ob er es wohl wagen würde, hier zu erscheinen, um Luba beizustehen, wenn ihr Mann käme? Er hatte bisher jeden aus dem Weg geräumt, der von der Beziehung zwischen ihm und Luba wußte und etwas verraten hätte können: Etan, Jako, Oved Hanegbi und beinahe auch sie. Das *Sargon*-Gelände konnte das Motiv für den Mord an Oved Hanegbi sein, aber was hatten Eitan oder Jako damit zu tun? Oder der Angriff auf sie selbst? War das Motiv für die Morde wirklich nur, daß die Opfer etwas von der Beziehung zwischen Dajav und Luba wußten? Wieder dachte Lisi darüber nach, ob Dajav Nava noch immer liebte. Die Geschichten von Ehemännern mit einer gesetzlich angetrauten Frau und einer Geliebten waren so alt wie die Geschichte der Menschheit selbst.

Aber vielleicht hatten die beiden Dinge auch nichts miteinander zu tun. Die Betrügerei mit den Grundstücken war ein Verbrechen, die Morde ein anderes, ohne jeden Zusammenhang? War es möglich, daß Dajav Eitan Kinerti nicht deshalb umgebracht hatte, weil er über seine Beziehung mit Luba Bescheid wußte, sondern um zu verhindern, daß sein Grundstücksbetrug ans Licht kam? Und Jako? Wurde Jako deshalb umgebracht, weil er beweisen konnte, daß Dajav Eitan Kinerti gekannt hatte? Und der Prophet? Wie paßte der ins Bild? War es sein Verhängnis gewesen, daß er die Telefonnummer von Lubas »Ehemann« auswendig gewußt hatte oder daß er seinen Autobus auf einem Grundstück stehen hatte, das die Familie Tarschisch verkaufen wollte?

Wie war es möglich, daß ein angesehener Bürger, ein redlicher, sympathischer Mann, zum Mörder wurde? Wie oft hatte Lisi diesen Satz schon von Freunden und Bekannten eines Verbrechers gehört: »Er ist so ein sanfter Mensch, er könnte keiner Fliege etwas zuleide tun.« Das hatte man über den Vergewaltiger vom Wadi gesagt, der Flaschen in die Körper seiner Opfer getrieben hatte, und von dem jungen Mann, der über ein Dutzend mal auf eine Ladenbesitzerin, die er bestahl, eingestochen hatte. Jeder, der den

Mann kannte, der im Emek Sara ein kleines Mädchen entführt hatte, sagte, er sei ein vorbildlicher Vater gewesen, liebevoll und fürsorglich wie keiner. Was wissen wir schon von unserem Nächsten? dachte Lisi. Gibt es überhaupt so etwas wie einen einfachen, geradlinigen Menschen?

Inzwischen war es Viertel nach drei. Immer wieder gingen Leute in das Haus in der Katurastraße 6, immer wieder kamen welche heraus, doch Dajav war nicht unter ihnen. Der Regen hörte auf, und die nassen Häuser glänzten in der Sonne. Kurz darauf zog Luba die Rolläden hoch und schaute aus dem Fenster auf die Straße. Dann machte sie das Fenster zu und zog die Vorhänge zu. In ihrer Wohnung brannte das Licht.

Lisi beschloß, noch einmal ihre Aufzeichnungen durchzugehen. Vielleicht würde ihr ja etwas auffallen, was sie die ganze Zeit übersehen hatte, irgendein bedeutungsvolles Detail, das plötzlich Licht ins Dunkel bringen würde. Sie kaufte sich am Kiosk eine Dose Cola, ein Brötchen mit Käse und eine saure Gurke und fuhr nach Hause.

Als sie die Treppe zu ihrer Wohnung hinaufstieg, sprangen ihr als erstes die abgelaufenen Sohlen von Cowboystiefeln ins Auge. Roni Melzer saß auf dem Boden, mit dem Rücken an ihre Wohnungstür gelehnt.

Sie stieß ihn mit dem Fuß zur Seite und sperrte die Tür auf. Roni ließ sich umfallen, lag nun mit dem Oberkörper in ihrer Wohnung, die untere Hälfte noch im Treppenhaus. Er musterte sie von oben bis unten und blockierte die Tür.

»Geh weg hier«, sagte Lisi.

»Lisi! Also wirklich!« protestierte er.

»Ich rufe die Polizei, wenn du nicht verschwindest«, drohte sie.

Roni lachte sie von unten herauf an. »Dann stelle ich mich vor deine Tür und schreie.«

Lisi zuckte mit den Schultern, schubste ihn mit einem heftigen Stoß beiseite, sprang in die Wohnung und knallte schnell die Tür hinter sich zu.

Roni hatte keine Hemmungen. Warum auch, er war ja nicht

von hier, er wohnte nicht in diesem Haus, hatte nichts mit den Nachbarn zu tun. Er stand im Treppenhaus und schrie lauthals: »Lisi! Lisi! Lisi! Laß mich rein! Ich muß mit dir sprechen, Lisi! Verzeih mir, Lisi! Ich liebe dich, Lisi! Ich bin verrückt nach dir! Ich brauche dich! Ich gehe so lange nicht weg, bis du die Tür aufmachst! Liiisiiii!«

Lisi hörte, wie die Türen im Treppenhaus aufgingen, hörte die Stimmen von Hausbewohnern, Schimpfen und Gelächter, und ihr Gesicht brannte vor Wut. Sie wußte, er würde nicht aufhören zu schreien. Aber nicht im Traum wäre es ihr eingefallen, die Polizei zu rufen. Das hätte ihr gerade noch gefehlt, daß ihre Schwäger sich auf ihre Kosten amüsierten.

Als sie ihn schließlich einließ, gluckste er fröhlich wie ein satter Säugling, als hätte er nichts mit dem Ekel gemein, das gerade im Treppenhaus ein audiovisuelles Happening veranstaltet hatte.

Er grinste sie an. »Der Trick von Marlon Brando in ›Endstation Sehnsucht‹.«

»Was?«

»Klappt immer.«

»Was?«

Roni hob das Gesicht zur Decke, straffte die Schultern, breitete die Arme aus und brüllte: »Stella!«

»Hör endlich auf.«

Er ließ die Arme sinken. »Machst du uns einen Kakao?«

»Du bleibst nicht hier«, sagte Lisi.

»Gut, dann mache ich ihn eben selber.« Er ging in die Küche. Sie hörte Geschirr klappern und Wasser rauschen.

Lisi ging ins Schlafzimmer. Mit ihrer gesunden Hand zerrte sie sich den Regenmantel vom Körper, befreite sich von Schuhen und Ohrringen, dann ließ sie sich auf ihr Bett fallen. Sie fühlte sich stark ermüdet von allem.

Dann hörte sie plötzlich Ronis Stimme. »Hier, trink das.«

Er saß auf dem Bettrand und hielt zwei dampfende Tassen in der Hand. Der Duft von Kakao stieg ihr in die Nase. Das heiße, süße Getränk floß beruhigend und angenehm durch ihre Kehle.

»Schön«, sagte sie, »du hast mir einen Kakao gekocht, und jetzt kannst du gehen.«

»Ich gehe nicht. Du kannst nichts daran ändern.«

Lisi schaute an ihm vorbei zum Fenster. »Ein Spezialauftrag von Benzi?«

Er schüttelte den Kopf. »Ich will bei dir sein. Mit oder ohne Auftrag. Wir haben es mit einem Mörder zu tun, der schon einmal versucht hat, dich umzubringen, er wird es wieder versuchen. Wie viele Leute müssen denn noch sterben, bis du verstehst, daß du in Gefahr bist?«

»Übertreib mal nicht«, sagte Lisi.

»Eitan Kinerti, Oved Hanegbi, Jako Bachar und fast du auch. Ich gehe nicht weg.«

Lisi machte ein möglichst gleichgültiges Gesicht. »Jemand wollte mir einen Schrecken einjagen, das ist alles.«

»Beim letzten Mal hat dieser Verrückte eine Eisenstange benutzt, diesmal wird es ein Revolver sein«, sagte Roni. »Er hat jede Hemmung verloren, dieser Wahnsinnige. Der erste Mord, der zweite und der dritte gingen fast wie von selbst, der vierte wird in seinen Augen keine Rolle mehr spielen, denn was bedeutet das schon, dreimal lebenslänglich oder viermal? Du bist in Gefahr.«

»Und du möchtest mich also beschützen«, sagte Lisi. »Vielen Dank.«

»Bitte.«

Lisi schüttelte den Kopf. »Das kommt überhaupt nicht in Frage. Du hast mich reingelegt. Du bist zu mir gekommen, weil Benzi dich geschickt hat, und hast so getan, als wäre alles hinter seinem Rücken. Ich verstehe ja, warum du das getan hast. Die Polizei konnte nicht zulassen, daß du dich in fremde Computer einklinkst, ohne die Genehmigung vom Landespolizeipräsidenten, vom Amt für Verbrechensbekämpfung, von der Rechtsabteilung des Landeskriminalamts. Und Benzi wollte nicht darum bitten. Er befürchtete nämlich, sie nicht zu bekommen. Außerdem hatte er Angst, es könnte irgend etwas durchsickern. Aber dadurch, daß ihr mich in die Sache reingezogen habt, könnt ihr euch natürlich auf meine Verschwiegenheit verlassen. Immerhin ist Benzi wenigstens nicht in mein Bett gestiegen. Ich will nichts mehr mit dir zu tun haben.«

Roni trank den letzten Schluck Kakao, stellte die Tasse ab und streckte sich neben Lisi auf dem Bett aus. »Du hast recht«, sagte er.

»Natürlich habe ich recht«, fauchte Lisi.

»Ich möchte dir etwas anvertrauen«, sagte Roni. »Aber du mußt mir versprechen, daß du Benzi und Ilan nichts verrätst.«

»Was?«

»Versprichst du's?«

»Was?«

»Du wirst die ganze Zeit beschattet. Seit dem Überfall auf dich. Wo du auch hingehst, wirst du beschattet. Man hat dich mit Boris am Busbahnhof beobachtet und hat ihn zum Sprechen gebracht. Man hat dich beobachtet, als du nachts zur Baumschule gefahren bist. Der junge Mann, der dich mit der *Vespa* nach Hause gebracht hat, war ein Polizist, der den Auftrag hatte, dich nicht aus den Augen zu lassen und auf dich aufzupassen. Aber Benzi bekommt keine zusätzlichen Leute, um dich Tag und Nacht bewachen zu lassen.«

Er schwieg einen Moment, dann fuhr er fort: »Nachdem du die Baumschule verlassen hast, haben Benzis Fachleute den Tresor geöffnet und genau das gefunden, was du auch gefunden hast. Alles, was du weißt, weiß Benzi auch. Heute morgen hast du einen Beileidsbesuch bei Jakos Familie gemacht, bist zu *Tis-Tours* gegangen und hast die Angestellte um die Passagierliste der *Dancing Mathilda* gebeten. Du bist ins Krankenhaus gegangen, um dir die Fäden ziehen zu lassen, du warst in der Redaktion, und dann hast du Lubas Haus beobachtet. Benzi hat nicht genug Leute, um rund um die Uhr auf dich aufzupassen. Der Bezirkspräsident hat Benzi damit gedroht, ihm gegen seinen Willen Verstärkung zu schicken, und das bringt ihn ganz aus dem Häuschen.«

»Du bist also Benzis Angestellter?«

»Er hat mich gebeten, mich an dich zu hängen.«

Lisi schaute ihn an. »Was genau soll das heißen?«
Er lächelte sie an. »Das liegt an dir. Und an mir.« Seine große Nase überragte das kräftige Kinn, das sich beim Sprechen immer heftig mitbewegte. Nun gut, sie war auch nicht gerade vollkommen. Mit den Beulen und Flecken im Gesicht sah sie wahrscheinlich gerade Robert De Niro in »Wie ein wilder Stier« ähnlich, soviel war klar. Im Kino beschützten kräftige Männer verzweifelte Frauen, die von bösen Verbrechern verfolgt wurden. Die betreffende Frau war voller Dankbarkeit und lag wehrlos in zarten, seidenen Laken, die langen Haare über die weißen Kissen gebreitet, während der verliebte Rächer neben ihr niedersank und seine Lippen auf ihre kleine, weiche Hand drückte, tapfer bemüht, die Tränen in seinen Augen zu verbergen. Bei ihr war es ein bißchen anders. Ihr Ritter mußte sie beschützen, weil Personalmangel herrschte.

Ein rötlichbrauner Satz war am Tassenboden zurückgeblieben. Lisi studierte ihn aufmerksam. Roni nahm ihr die Tasse aus der Hand und stellte sie auf den Nachttisch. Er küßte ihr Ohrläppchen und sagte: »Siehst du, jetzt hänge ich mich an dich...«, küßte ihre Halsbeuge unterhalb des Ohrläppchens und sagte: »...und hänge mich an dich...«, und küßte die Kuhle zwischen Hals und Schulter und sagte: »...und hänge mich an dich...« Eine große, warme Hand schob sich unter ihren Pullover und glitt zu ihren Brüsten. Er schob seinen Kopf unter ihren Pullover, und sie spürte seinen warmen, schnellen Atem. Er suchte mit den Lippen und der Zunge die steifen Brustwarzen und die üppigen, sanften Wölbungen. Dann tauchte er wieder auf, zog den Reißverschluß ihrer Jeans hinunter und half ihr beim Ausziehen. Nachdem er vorsichtig und sanft, wie eine gelernte Krankenschwestern ihren eingegipsten Arm aus dem Pulloverärmel befreit hatte, zog er ihren großen Körper über sich, mit der Gier eines jungen Mannes, der nach langer Enthaltsamkeit seine Lust nicht mehr beherrschen kann. Seine Haut roch nach sonnengetrockneten Aprikosen, und für den Moment vergaß sie, wer er war, überließ sich dem Vulkanausbruch.

Sie war schweißnaß. Als sie plötzlich Kälte verspürte, zog sie die Decke hoch, die auf den Fußboden gerutscht war, und deckte sie beide zu. Dieser Mann, der sie so ärgerte, wenn sie sich in senkrechter Lage befand, brachte sie dazu, ihren großen, vollen Körper zu lieben, wenn er mit ihr im Bett lag.

»Ich bin verrückt nach deinem Körper«, murmelte er und schloß die Augen. Gleich darauf hörte sie das schnelle, rhythmische Atmen, spürte es flaumig weich unter sich.

Sie erwachten gemeinsam. Sie schauten sich an, genossen jeder die Wärme des anderen unter der großen Decke. Die Uhr auf dem Nachttisch zeigte fünf, und einen Moment lang wußte Lisi nicht mehr, ob es fünf Uhr morgens oder fünf Uhr nachmittags war.

»Du hast das mit dem Propheten also schon gehört«, sagte sie.

Er nickte. »Ja, ich war sogar bei der Beerdigung.«

Lisi strich ihm über den Arm. »Waren die Tarschischs auch da?«

»Ja. Der Vater, die beiden Söhne und die Tochter, zusammen mit den dazugehörigen Ehegatten und den Kindern.«

»Und seine Freunde aus Migdal?«

»Ich glaube nicht«, sagte Roni. »Vielleicht sind sie nicht rechtzeitig informiert worden.«

Lisi schloß die Augen. »Wer hat den Kaddisch gesprochen?«

»Jigal Tarschisch«, sagte Roni. »Sein Bruder.«

»Wurde gesagt, daß er der Stiefbruder war?«

»Ja.«

Lisa atmete tief ein, dann fragte sie: »War Dajav Faktori auch dabei?«

»Ja«, antwortete Roni. »Nach der Beerdigung, als alle den Friedhof verließen, ist er verhaftet und zum Verhör mitgenommen worden.«

Lisi riß die Augen auf. »Was sagst du da? Wirklich? Wie hat die Familie reagiert?«

»Nava und ihr Vater haben Dajav zur Polizeistation begleitet, die Brüder haben den Familienanwalt benachrichtigt. Benzi hatte den Notar aus Jerusalem kommen lassen, du weißt schon, der, der den Vertrag zwischen dem ›Verkäufer‹ und dem ›Käufer‹ von Nava Faktoris Grundbesitz beglaubigt hat. Bei der Gegenüberstellung hat der Notar sofort und mit absoluter Sicherheit Dajav Faktori als den ›Verkäufer‹ Nave Faktori identifiziert. Dann hat man ihm Fotos des lebenden Eitan Kinerti gezeigt, und er identifizierte ihn als den ›Käufer‹. Die Tarschischs und ihr Anwalt haben jeden bedroht, der ihnen unter die Nase kam. Zu unserem Glück haben sich die Anwälte der betroffenen Banken eingeschaltet, und der Anwalt der Tarschischs ist spürbar ruhiger geworden. Die Banken haben keine Lust, als die Dummen dazustehen und auch noch Entschädigung zahlen zu müssen.«

Lisi legte sich bequemer zurecht und versuchte, sich die Szene bei der Polizei vorzustellen. »Hat Nava etwas gesagt?« fragte sie.

»Sie hat geschrien, als würde sie abgeschlachtet. Sie hatte regelrecht Schaum vor dem Mund. Wie ein Pferd. Ihr Vater hat sie an den Schultern gepackt und geschüttelt wie einen jungen Hund, damit sie sich beruhigt, und sie hat ihm fast das Schlüsselbein gebrochen. Am Schluß haben die Brüder sie überwältigt. Die Polizei hat einen Durchsuchungsbefehl für Dajav Faktoris Wohnung erhalten, für sein Büro in der Stadtverwaltung und das in der Baumschule, außerdem für die Wohnung von Luba Katschak.«

»Weiß Nava von der Hausdurchsuchung bei Luba?«

»Nein«, sagte Roni. »Woher sollte sie das wissen?«

Lisi schwieg nachdenklich, dann sagte sie: »Man muß unbedingt die Spuren von Erde und Insektenvernichtungsmittel, die man an Eitan Kinerti gefunden hat, mit Bodenproben aus der Baumschule vergleichen.«

»Wird schon gemacht«, sagte Roni. »In der Baumschule hat man nicht nur Erde mit Chemikalien gefunden, sondern auch Blutspuren, im Geräteschuppen. Die Beamten der Spurensuche untersuchen alles, den Geräteschuppen, den Lieferwagen, die Spaten, die Schaufeln. Wie es bisher aussieht, war die Sache so: Dajav Faktori hat Eitan Kinerti erschossen, als sie in der Baumschule waren, dann hat er die Leiche zu *Sargon* gebracht. Aus

Angst, Oved Hanegbi könnte etwas hören, hat er ihm mit derselben Schaufel auf den Kopf gehauen, mit der er dann Eitans Grab geschaufelt hat.«

»Es ist aber doch seltsam, daß er ihn ausgerechnet dort vergraben hat«, meinte Lisi.

Roni strich sich die Haare aus dem Gesicht. »Das ist das Gelände, das er am besten kennt. Vielleicht wollte er bei dieser Gelegenheit auch den Verdacht auf Oved Hanegbi lenken, falls die Leiche gefunden würde.«

»Aber es waren zwei Wachen dort. Wie kommt es, daß sie nichts gesehen oder gehört haben?«

»Vermutlich ist Dajav aus dem Norden gekommen, nicht über die normale Fabrikstraße. Wenn er ohne Licht gefahren ist und außerdem dafür gesorgt hat, daß die Laternen neben dem Autobus nicht brannten, kann es durchaus sein, daß sie nichts gesehen haben. Außerdem waren sie ja dafür angestellt worden, die Fabrik vor demonstrierenden Arbeitern zu schützen, nicht vor Verbrechern. Die Wachmänner behaupten jedenfalls steif und fest, sie seien wach gewesen und hätten den Fabrikeingang nicht aus den Augen gelassen. Der ist allerdings in der entgegengesetzten Richtung vom Autobus, weshalb sie wohl nichts mitgekriegt hätten. Und vergiß nicht, daß genau in dieser Nacht der Sandsturm angefangen hat.«

Lisi nickte. »Der Arzt hat festgestellt, daß Eitan Kinerti zwischen zehn Uhr abends und zwei Uhr nachts ermordet wurde. Der Sandsturm hat später angefangen. Hat er Handschuhe getragen?«

Roni schob seine Hand über ihre. »Ich weiß es nicht«, sagte er. »Die Ermittlungen haben doch gerade erst begonnen. Übrigens, Ilan hat in Dajavs Wohnung die Schuhe Marke *Mephisto* gefunden, an die sich die Assistentin des Notars erinnert hat. Stell dir vor, klaut Grundbesitz, der Millionen wert ist, bringt drei Menschen um, und da tut es ihm leid, ein Paar Schuhe wegzuwerfen.«

Lisi hob den Kopf. »Es gibt einen zweiten Eingang zu Lubas Haus von der Jochananstraße aus«, sagte sie.

Roni nickte. »Ich weiß.«

Lisi ließ den Kopf wieder sinken. Sie betrachtete ihren eingegipsten Arm. »Hat man sich Dajavs Knie angeschaut?« fragte sie.

»Ja.«

»Und?«

»Sie sind unverletzt.«

Lisi zuckte zusammen. »Was? Wie ist das möglich?«

»Vermutlich hat er sich doch nicht die Knie aufgeschlagen, als du ihn umgeworfen hast«, meinte Roni.

»Und ob!« rief Lisi. »Und zwar kräftig. Ich habe das ›Au‹ gehört.«

»An seinen Knien ist jedenfalls nichts zu sehen. Vielleicht ist die Eisenstange auf den Boden gefallen, und das war das Geräusch, das du gehört hast.«

Lisi ließ sich nicht beirren. »Nein, er ist hingefallen. Und er hat sich die Knie aufgeschlagen und ›Au‹ gesagt. Habt ihr irgendwo einen Schlagring gefunden?«

»Nein.«

»Und zerrissene Gartenhandschuhe?«

»Danach haben wir nicht gesucht«, sagte Roni.

»Und seine Reifen?«

»Seine Reifen passen zu den Spuren, die wir neben deinem *Justy* gefunden haben«, sagte Roni. »Er behauptet allerdings, er habe an dem Abend, als du überfallen wurdest, das Haus überhaupt nicht verlassen. Angeblich haben er und Nava einträchtig vor dem Fernseher gesessen. Nava hat das selbstverständlich bestätigt.«

Lisi schwieg, dann fragte sie: »Weiß Nava von Luba?«

Roni drehte sich zu Lisi hin. »Du willst aber auch alles wissen. Wir haben es ihr jedenfalls nicht gesagt, und Dajav hat es wohl erst recht nicht getan.«

Lisi seufzte. »Irgendwie hängt alles mit Luba zusammen. Dajav hat Eitans Wohnung gekauft. Für Luba. Jako fuhr mit Dajav und Luba auf der *Dancing Mathilda*. Oved Hanegbi hat von Luba Dajavs Telefonnummer von der Arbeit bekommen. Und ich hatte meinen Beobachtungsposten gegenüber von Lubas Haus. Alles beginnt und endet mit Dajav und Luba.«

»Außer der Geschichte mit den Grundstücksverkäufen«, sagte Roni.

Plötzlich fiel Lisi etwas ein. Sie fragte: »Hatte Nava etwas mit diesen Verkäufen zu tun?«

Roni zögerte. »Diese Idee ist uns auch gekommen.«

»Wird Nava verhört werden?« fragte sie.

Roni zuckte mit den Schultern. »Eine Frau kann nicht gegen ihren Mann aussagen.«

»Aber sie kann zu seinen Gunsten aussagen!« rief Lisi.

»Nur als Zeugin«, sagte Roni. »Dann kann man sie auch verhören. Wenn ihre Rechtsanwälte auch nur einen Funken Grips haben, werden sie nicht zulassen, daß sie als Zeugin fungiert.«

Noch etwas fiel Lisi ein. »Sag mal, hat Benzi im Tresor der Baumschule auch Lubas Ausweise gefunden?«

Roni nickte.

»Was hat Dajav gesagt, als er sie gesehen hat?«

»Keinen Ton.«

»War Nava dabei?«

Roni nickte wieder.

»Waren die Revolver drin?«

»Ja«, sagte Roni. »Ein Neun-Millimeter. Wie die Waffe, mit der Jako erschossen wurde. Der zweite ein Zweiundzwanzig-Millimeter. Beide Waffen sind amtlich zugelassen, auf das Gartenbauamt der Stadt. Sie werden gerade im Labor untersucht.«

»Was für ein Motiv könnte Nava gehabt haben, sich an den Betrügereien ihres Mannes zu beteiligen?« fragte Lisi.

Roni protestierte. »Ich habe nicht gesagt, daß sie sich beteiligt hat. Aber es ist nicht ganz unlogisch. Wenn sie im Rahmen der ›Free Production‹ eine Firma aufmachen will, braucht sie Geld. Ihr Anteil am *Sargon*-Gelände ist sozusagen die Mitgift, die sie in ein Unternehmen einbringt. Hat sie jedoch beides, Grundbesitz und Bargeld, kann sie mit allen gleichziehen und unter den Partnern frei wählen.«

Lisi kratzte sich nachdenklich hinter dem Ohr. »Ihr Plan war grandios«, sagte sie. »A verkauft die Grundstücke an B. B nimmt ein Darlehen bei der Bank auf und setzt die Grundstücke, die er ›gekauft‹ hat, als Sicherheit ein. B zahlt das Darlehen nicht zurück, die Banken pfänden die Grundstücke. Und dann stellt sich heraus, daß der Verkäufer nicht verkauft und der Käufer nicht gekauft hat, und die Banken sind gezwungen, die Grundstücke zurückzugeben. A bleibt im Besitz des Geldes und der Grundstücke und bekommt vielleicht sogar noch eine Entschädigung wegen der Schlamperei der Banken.«

Roni starrte nachdenklich aus dem Fenster, dann wandte er sich wieder Lisi zu. »Was hältst du überhaupt von Nava?«

Lisi überlegte. »Was ich von Nava halte?« Sie stützte sich auf ihren gesunden Arm. »Ich weiß es nicht genau. Als ich bei *Tis-Tours* war, hat diese Schnecke dort gesagt, es habe sich schon einmal jemand nach dieser Passagierliste der *Dancing Mathilda* erkundigt, nämlich die Frau eines Klienten. Jako hat alle vier Karten bezahlt. Nach Herzl Givons Aussage hatten weder Jako noch Eitan eine Frau dabei. Also mußte die Frau zu Dajav gehört haben. Auf der Liste stand ›Dajav Faktori und Frau‹. Doris, Jakos Frau, war über diese Fahrt auf der *Dancing Mathilda* informiert, sie hatte also keinen Grund, sich nach der Passagierliste zu erkundigen. Auch Luba nicht, denn die war ja selbst dabeigewesen. Außerdem hätte sich die *Tis-Tours*-Schnecke bestimmt daran erinnert, wenn die Frau einen starken russischen Akzent gehabt hätte. Der einzige, der allen Grund hatte, diese Fahrt vor seiner Frau geheimzuhalten, war Dajav Faktori. Und wenn Nava sich die Mühe machte, herauszufinden, wer damals mit auf dem Schiff war, wirft das ein neues Licht auf die Sache. Die Schnecke wollte mir den Namen der Frau allerdings nicht nennen.«

Roni runzelte die Augenbrauen. »Ein interessanter Aspekt, diese Nava.«

Lisi nickte. Der interessante Aspekt bedrückte sie. Plötzlich kam ihr alles nicht mehr ganz so klar vor.

»Ich kriege langsam Hunger«, sagte Roni.

Lisi griff neben sich, hob ihre Tasche auf und nahm das belegte Brot und die Coladose heraus. Roni teilte das Brot in zwei Hälften und machte die Dose auf. Beide konzentrierten sich jetzt aufs Essen und Trinken.

»Das erinnert mich an meine Militärzeit«, sagte Roni kauend. »An die belegten Brote, die ich immer in der Kantine gekauft habe.«

Lisi sagte ihm nicht, daß sie sich normalerweise ständig von so etwas ernährte. Sie mochte es nicht, allein in einem Restaurant zu sitzen, und sie hatte keine Lust, ihre Zeit mit Kochen zu vergeuden. Wenn der Kühlschrank leer war, ging sie zwar in den Supermarkt und lud einen Wagen voll, doch das meiste landete später im Mülleimer.

Roni wischte sich mit der Hand einen Krümel vom Mund. »Vielleicht hat Nava gemerkt, daß ihr dreihunderttausend Schekel auf dem Konto fehlen.«

»Was?«

»Der Preis für Luba Katschaks Wohnung.«

Lisi nickte. »Stimmt. Dajav Faktori hat die Wohnung in der Katurastraße nicht von seinem Geld bei der Stadtverwaltung bezahlt, soviel ist klar. Das Geld stammt wohl von dem, was er und Kinerti den Banken abgezockt haben. Und wenn Nava irgendwie in der Sache drinsteckt, merkte sie natürlich, daß dreihunderttausend Schekel fehlen. Denn rechnen kann sie, diese Nava. Diese verdammten reichen Leute zählen jeden einzelnen Groschen.«

Roni grinste. »Das tun auch die verdammten Armen.«

Lisi überging den Einwurf und sprach weiter. »Dajav hat Eitan Kinertis Wohnung erst nach dieser Bankaktion gekauft, nachdem er im Besitz des Geldes war. Wenn Nava an der Geschichte beteiligt ist, kannte sie womöglich auch Eitan, und Dajav mußte somit befürchten, daß der eines Tages den Mund aufmachen und ihr verraten würde, daß ihr Ehemann die Wohnung in der Katurastraße 6 gekauft hatte.«

»Eitan war ein Spieler«, sagte Roni. »Solche Leute sind immer in der Klemme. Vielleicht hat er Dajav wegen dieser Wohnung ja erpreßt.«

Lisi nickte. »Die Polizei müßte prüfen, was er in Deutschland gemacht hat, nachdem er wieder zurückgefahren war.«

»Stimmt«, sagte Roni.

»Ob er viel Geld ausgegeben hat.«

»Ja«, sagte Roni. »Oder ob er Diamanten verkauft hat. Wenn ich nicht herausfinde, was mit diesen Diamanten passiert ist, werde ich bis in alle Ewigkeit in Cheni Regevs Detektivbüro vermodern.«

Lisi warf ihm einen schrägen Blick zu. »Du kannst doch noch immer in der Kanzlei deines Vaters arbeiten.«

Roni verzog das Gesicht. »Allerherzlichsten Dank.«

Er sammelte die Brotkrümel von der Decke und dekorierte Lisis Hals und Brust damit. Dann beugte er sich über sie und nahm sie vorsichtig mit den Lippen auf. Dabei schnurrte er wie eine Katze. Die Berührung kitzelte Lisi. Sie schlug ihm mit ihrem eingegipsten Arm auf den Kopf und rief: »Aufhören!«

Roni grinste sie schuldbewußt an, dann wurde er wieder ernst. »Wenn sie den armen Eitan Kinerti nicht umgebracht hätten, wäre der Grundstücksdiebstahl nie herausgekommen«, sagte er.

»Wenn seine Leiche nicht entdeckt worden wäre, hätte Nava Faktori ihre Grundstücke nicht zurückbekommen. Nava hatte großen Nutzen von der Entdeckung der Leiche.«

»Reden wir jetzt von zwei Mördern, Nava und Dajav?« fragte Roni.

Diese Möglichkeit hatte schon die ganze Zeit irgendwo in ihrem Gehirn gelauert und ab und zu durch den Nebel geschimmert, wie ein Irrlicht, das in eine andere Richtung lockt. Sie schauten sich an und prüften das, was bisher nur ein Gedankenblitz gewesen war und sich nun plötzlich in einen klar formulierten und laut ausgesprochenen Verdacht verwandelt hatte.

»Das Problem ist«, sagte Roni bitter, »daß sich Verbrecher nie mit einer Tat zufriedengeben. Haben sie beim ersten Mal Glück gehabt, müssen sie es ein zweites Mal versuchen. Dajav Faktori hätte doch alles in Ruhe abwarten können. Früher oder später wäre herausgekommen, daß Navas Grundstücke gestohlen worden waren. Spätestens dann, wenn sie in die ›Free Production‹ hätte eintreten wollen, hätte sie herausgefunden, daß sie keine Grundstücke mehr besaß, und hätte von den Banken die Rückgabe verlangt. Irgend jemand war hier zu gierig.«

»Oder zu schreckhaft«, sagte Lisi.

Roni nickte. »Oder zu wütend.«

»Oder zu eifersüchtig.«

»Nava?« fragte Roni.

Lisi hob zweifelnd die Augenbrauen. »Nava soll diese Leute umgebracht haben? Warum? Wo liegt da die Logik?«

»Halt mal!« rief Roni. »Ist es etwa logisch, daß Dajav sie umgebracht hat? Gibt es bei Mord überhaupt so etwas wie Logik?«

Lisi dachte nach, dann sagte sie: »Wenn Nava die Mörderin ist und nicht Dajav, dann ist mir klar, warum gestern nacht niemand zur Baumschule gekommen ist. Boris hat Luba angerufen, und Dajav, der bei dem Gespräch dabei war, hat es natürlich mitbekommen. Nava aber nicht. Ich bin davon ausgegangen, daß Dajav der Mörder ist, und glaubte, er würde zur Baumschule kommen, um seinen Revolver zu holen. Bei Nava wäre das etwas anderes. Sie konnte nicht kommen, um sich eine Waffe zu holen, weil sie ja gar nichts von Sergej Katschaks fiktivem Besuch wußte.«

Roni wiegte den Kopf hin und her. »Wenn Nava diejenige war, die Jako erschossen hat, bedeutet es, daß sie den Code von Dajavs Tresor kennt. Und es beweist auch, daß sie von Lubas Papieren wußte, die darin waren.«

»Hauptsache, Dajav wird verhaftet.«

»Wir spielen ein haarsträubendes Szenario durch, Lisi«, sagte Roni.

Lisi setzte sich auf. »Auch wenn das nur eine Hypothese ist, eins zu hundert, dann ist Luba in Gefahr.«

Roni sprang aus dem Bett. »Es wird Zeit, daß ich auf die Polizeistation komme.«

Als Roni fertig angezogen war, klingelte es plötzlich an der Wohnungstür. Er war noch dabei, Lisi in ihren Morgenrock zu helfen, da ging die Tür auf, und Batscheva kam herein. Sie trug einen Korb in der Hand und ging sofort in die Küche. Roni folgte ihr und bat sie, ihm einen Kaffee zu machen. Auf ihn warte ein Haufen Arbeit, sagte er, und er habe in der Nacht fast nicht geschlafen, ein Kaffee würde ihn retten.

»Ich glaube, ich habe deine *Vespa* unten stehen sehen«, sagte Batscheva.

»*Vespa?*« rief Roni. »Batscheva, du beleidigst mich! Das ist ein Motorrad! Der *Ferrari* unter den Motorrädern. Eine *Ducati 916.*«

»Entschuldige«, sagte Batscheva. »Was für einen Kaffee möchtest du? Aufgebrüht oder Nes? Frag Lisette, ob sie auch welchen möchte.«

Lisi hielt Roni die beiden Kakaotassen hin, damit er sie unauffällig aus dem Schlafzimmer verschwinden ließe. Blitzschnell machte sie das Bett, legte ihre Kleider ordentlich auf den Stuhl und warf zur Sicherheit noch einen prüfenden Blick auf ihren Morgenrock.

Dann saßen sie zu dritt im Wohnzimmer und tranken Kaffee. Roni blickte Batscheva an. »Was passiert jetzt eigentlich mit Lubas Tochter?« erkundigte er sich.

»Du kennst Luba?« fragte Batscheva.

Es ist nicht das erste Mal, daß sein großes Mundwerk ihn in Schwierigkeiten bringt, dachte Lisi. Man müßte ihm einen Maulkorb anlegen. Sie starrte auf die Wand gegenüber.

»Lisi hat mir erzählt, daß du dich um die Kleine kümmerst«, sagte Roni.

»Nachts ist es kein Problem«, erklärte Batscheva bereitwillig. »Nachts ist sie bei ihrer Mutter. Und bis Lisi wieder gesund ist, habe ich mit ein paar anderen Frauen von *Sargon* einen Schichtdienst organisiert. Morgen ist die Kleine bei mir.«

»Warum bringt Luba sie denn nicht in einen Hort?« fragte Roni.

Batscheva stellte ihre Tasse ab. »Sie ist noch klein, Roni. Sieben

Monate alt. Aber du hast recht. Natürlich wird sie irgendwann doch in den Hort müssen, damit sie mit anderen Kindern zusammenkommt. Du bist doch Rechtsanwalt, Roni, nicht wahr?«

Roni nickte.

»Ich habe ein kleines Problem mit Luba«, sagte Batscheva. »Ich würde dich gern um Rat fragen.«

Roni hob abwehrend die Hand. »Ich weiß nicht, ob ich da die richtige Adresse bin.«

»Aber du hast doch gesagt, daß du Rechtsanwalt bist.«

Roni seufzte. »Um was für ein Problem handelt es sich denn, Batscheva?«

»Wenn du ihr nicht helfen kannst, lohnt es sich nicht, darüber zu sprechen«, sagte Batscheva. »Kannst du mir vielleicht jemanden empfehlen?«

»In welcher Angelegenheit?«

»In Lubas Angelegenheit.«

Lisi mischte sich ein. »Mama! Roni meint, ob sie einen Rechtsanwalt braucht, der sich auf Diebstähle spezialisiert hat, oder einen für Scheidungsfälle oder Wohnungskäufe. Was für eine Art Rechtsanwalt braucht sie? Und außerdem, wer wird das bezahlen? Luba?«

»Ich werde darüber nachdenken«, sagte Batscheva.

Lisi fuhr hoch. »Du wirst keinen Rechtsanwalt für sie bezahlen!«

»Habe ich gesagt, daß ich das tun will?«

»Mama!«

»Ich habe doch nur gefragt, sonst nichts. Reg dich nicht auf, Lisette.«

Lisi starrte ihre Mutter an. »Du wirst nicht deine Rente für sie ausgeben.«

»Nein, ich werde nicht meine Rente für sie ausgeben«, sagte Batscheva.

»Du hast ihr schon mehr als genug gegeben«, sagte Lisi. »Daß du dich um Alona kümmerst, ist soviel wert wie bares Geld, Mama. Du machst dir deinen Rücken kaputt, und sie putzt sich mit Ohrringen und Armbändern heraus. Wenn sie einen Rechtsanwalt braucht, soll sie doch ihren Schmuck verkaufen, dann kann sie einen bezahlen.«

»Lisette, bitte!« rief Batscheva.

Aber Lisi war nicht zu bremsen. »Sie hat eine Wohnung. Sie kann eine Untermieterin nehmen, die sich um das Kind kümmert, statt Miete zu bezahlen.«

»Wo bleibt dein Herz, Lisette?« fragte Batscheva. »Du weißt ja nicht, wie das ist, wenn man allein in einem fremden Land ist. Ohne Beruf, ohne die Sprache zu können, ohne Familie, ohne Mann und mit Kindern.«

»Sie hat keine Kinder!« rief Lisi aufgebracht. »Sie hat nur eine einzige Tochter. Fang nicht schon wieder mit dieser Litanei an, ich kenne sie schon.«

Nun wurde auch Batscheva zornig. »Das ist keine Litanei, das ist das Leben. Sie sieht Familien, die zusammen essen, Freundinnen, die zusammen spazierengehen, Brüder und Schwestern, die gemeinsam auf dem Balkon sitzen, Paare, die ins Kino gehen. Und was hat sie? Nur sich selbst. Und völlig auf sich selbst gestellt, muß sie ein neues Leben in einem neuen Land anfangen. Also will sie sich ein bißchen herausputzen. Ich besaß damals eine Goldkette, die dein Vater mir zur Verlobung geschenkt hatte. Und das hat mir das Gefühl gegeben, daß ich nicht irgendeine arme Witwe bin, die man wie eine verwelkte Blume auf den Müll geworfen hat. Daß ich etwas Schönes besaß. Daß ich etwas wert war und mich nicht selbst bemitleiden mußte.«

»Gut, gut«, sagte Lisi beschwichtigend. »Reg dich nicht auf. Ich werde auch helfen. Auf jeden Groschen, den du hergibst, lege ich einen drauf. Einverstanden?«

»Es ist nicht sicher, ob es überhaupt nötig sein wird, Lisette. Ich freue mich einfach für sie, wenn sie sich ein bißchen schön macht, denn das ist alles, was sie hat. Verstehst du das?«

Lisi nickte. »Ja, Mama.«

»Das habe sogar ich kapiert«, sagte Roni, und alle drei fingen an zu lachen.

Dann sagte Batscheva: »Sie sind eine Erinnerung an ihren Mann, diese Ohrringe. Von seinem ersten Gehalt hat er sie ihr im Einkaufszentrum von Ramat Gan gekauft. Sie sind nicht viel wert, aber für Luba sind sie wichtig.«

»Woher weißt du, daß er sie im Einkaufszentrum von Ramat Gan gekauft hat?« fragte Lisi.

Batscheva zuckte mit den Schultern. »Ich glaube, das hat sie erzählt.«

Lisi wandte sich an Roni. »Gibt es einen Schmuckladen im Einkaufszentrum von Ramat Gan?«

»Ich war nie dort«, antwortete Roni. »Batscheva, was ist eigentlich mit Lubas Mann passiert?«

Batscheva seufzte. »Ach, das ist eine lange Geschichte. Darüber wollte ich mich mit dir beraten, Roni.« Erneut flackerte Zorn in ihren Augen auf, als sie Lisi anschaute. »Was ist? Glaubst du etwa nicht, daß er ihr die Ohrringe im Einkaufszentrum gekauft hat?«

»Doch«, sagte Lisi, »doch, ich glaub's ja.«

»Wenn du einen juristischen Rat brauchst, Batscheva, dann kannst du dich ruhig an mich wenden«, sagte Roni schnell, um die Gemüter zu beruhigen.

»Danke, Roni.«

Roni stand auf. »Vielleicht will Luba ja auch selbst mit mir sprechen. Aber jetzt muß ich unbedingt los. Vielen Dank für den Kaffee.«

Fast wie in einem Kurs für Umgangsformen und gutes Benehmen, dachte Lisi. Sie wollte, daß er endlich ging und sie ihre Mutter nach den Ohrringen ausfragen konnte. Doch ein Blick auf Batscheva zeigte ihr, daß es leichter sein würde, Dreck in Geld zu verwandeln, als ihrer Mutter jetzt irgendeine Antwort zu entlocken.

24

Die Vernehmung von Luba Katschak fand in Batscheva Badichis Wohnung in Lisis Beisein statt. Batscheva hatte Alonas Windeln gewechselt und beruhigte die Kleine gerade mit einem Teefläschchen, als Benzi und seine Leute an der Tür klingelten. Sie hatten eine Polizistin dabei, die Russisch sprach, und warteten gemeinsam mit Batscheva und Alona darauf, daß Luba von ihrer Arbeit im Friseursalon zurückkam. Batscheva informierte Benzi drohend, sie habe eine lange Rechnung mit ihm zu begleichen, und das hier sei jetzt endgültig der Tropfen, der das Faß zum Überlaufen bringe. Und wenn er sich einbilde, daß sie sein Benehmen hinnehme wie einen Regenguß, dann habe er sich gründlich getäuscht.

Es war eine der seltenen Gelegenheiten, bei denen die Beamten staunend beobachten konnten, wie ihr starker Boß sich stotternd und schwitzend entschuldigte, und Benzi wußte, daß diese Szene in die Annalen der Polizeistation eingehen und noch bei vielen festlichen Anlässen erzählt werden würde. Bemüht, seine Ehre zu retten, klärte er Batscheva darüber auf, daß es für Luba nur zwei Möglichkeiten gebe, entweder ein Verhör hier, in der Wohnung, oder eine Vorladung auf die Polizei, sie könne es sich aussuchen. »Danke, Ben-Zion«, sagte Batscheva, preßte die Lippen zusammen und wanderte mit dem weinenden Kind auf dem Arm im Zimmer umher. Um die Kleine zu beruhigen, summte sie ihr »Hänschen klein« ins Ohr.

Als Luba endlich kam und die Polizisten sah, brach sie in lautes Weinen aus. Sie glaubte, es sei etwas mit Alona passiert. Die russische Polizistin schrie Luba an, sie solle den Mund halten, und Benzi brüllte die Polizistin an, sie solle aufhören, Luba anzubrüllen. Ilan verkündete, er werde erst mal Tee für alle machen, und das vertraute Geschirrklappern beruhigte die Gemüter.

Benzi teilte Luba mit, daß Dajav Faktori unter dem Verdacht, Eitan Kinerti und zwei weitere Menschen ermordet zu haben, verhaftet worden sei. Die Polizei wisse über ihr Verhältnis mit Dajav Bescheid und wolle nun wissen, wo sie an jenem Montag vor dem Sandsturm zwischen zehn Uhr abends und zwei Uhr nachts gewesen sei und was sie getan habe.

Luba saß auf dem Sofa, Alona auf dem Schoß, und war weiß wie ein Laken. Der orangerote Fächer auf ihrem Kopf brannte wie eine Flamme. Michele und Dona hatten offensichtlich beschlossen, in ihren Schützling einiges zu investieren: Die ehemals blonden Haare waren zu kurzen, platingefärbten Stoppeln geschnitten, und nur mitten auf dem Kopf prangte ein langer Haarfächer, der sich von der Stirn bis zum Nacken zog und orangerot eingefärbt war. Der Fächer bewegte sich jedesmal, wenn Luba nickte oder den Kopf schüttelte. Unter dem hellen Flaum zeichneten sich ihre Schädelknochen ab, zart wie bei einem kleinen Kind.

Luba murmelte ununterbrochen, sie wisse nichts, sie wisse gar nichts, überhaupt gar nichts. Als die russische Polizistin langsam böse wurde und zu schimpfen begann, sagte Benzi, sie habe gefälligst nur zu übersetzen, und ansonsten sei ihr Kommentar unerwünscht. Lisi schaltete das Tonband in ihrer Tasche ein und hoffte, daß niemand das Klicken gehört hatte.

Ilan kam mit einem Tablett herein, auf dem eine Kanne mit Tee und etliche Tassen standen. Er fragte Luba, ob er der Kleinen inzwischen die Flasche geben solle, während sie befragt werde, und Luba bat Batscheva, ihr Alona abzunehmen. Als sie die Teetasse hob, zitterte ihre Hand so stark, daß sie es bei dem Versuch beließ und die Tasse gleich wieder abstellte.

»Sag ihr, daß sie keine Angst zu haben braucht«, sagte Benzi zu der russischen Polizistin. »Wir sind hier nicht der KGB. Ihre Beziehung zu Dajav interessiert uns nicht. Wir wollen nur ihre ehrliche Antwort auf ein paar Fragen, das ist alles. In der Nacht von Montag auf Dienstag hat der Sandsturm angefangen. Sie weiß doch bestimmt, wo sie in dieser Nacht war.«

Luba wußte es noch. Am Morgen war sie, wie üblich, zur Arbeit gegangen. Den Abend hatte sie zu Hause verbracht, auch wie üblich. Am Dienstag, dem Tag des Sandsturms, war sie zu Hause geblieben. Nein, sie hatte Dajav an jenem Abend nicht gesehen. Auch nicht am Morgen oder am Nachmittag. Nein, sie hatte keine Ahnung, wo er gewesen war. Er hatte sie nicht angerufen.

Hatte sie Eitan Kinerti gekannt?

Nein, sie hatte ihn nicht gekannt.

Aber ihre Wohnung hatte früher Eitan Kinerti gehört, wie war es möglich, daß sie ihn nicht gekannt hatte?

Ihr Mann hatte diese Wohnung gekauft.

Dieser Ehemann, der nach Rußland zurückgegangen war?

Ja, ihr Mann, der nach Rußland zurückgegangen war.

Mit ihren Ausweispapieren?

Ja, mit ihren Ausweispapieren.

Benzi öffnete seine mit Flicken reparierte Ledertasche. Lisi beschloß, ihm zu seinem nächsten Geburtstag eine neue Tasche zu kaufen. Weil er immer tobte, schrie und schimpfte, kam niemand auf die Idee, daß auch er etwas brauchen könnte. Bei mir denkt auch niemand daran, daß ich etwas brauchen könnte, schoß es ihr durch den Kopf. Plötzlich fiel ihr auf, wie viele graue Haare Benzi schon hatte. Sie ließen ihn fast menschlich aussehen. Er hatte dunkle Ringe unter den Augen, und zwei tiefe Falten zogen sich zu seinen Mundwinkeln hinunter. Benzi nahm eine blaue Plastikhülle aus der Tasche und hielt sie Luba hin. Luba nahm sie mit zitternden Fingern und schaute Benzi fragend an.

»Aufmachen«, sagte Benzi.

Luba klappte die Hülle auf und nahm ihren Paß heraus, ihren

Personalausweis, Alonas Geburtsurkunde und noch ein paar weitere Dokumente.

»Sag ihr, daß wir ihre Papiere in Dajav Faktoris Safe gefunden haben«, sagte Benzi zu der Polizistin.

Luba starrte die Papiere an, als handle es sich um feuerspeiende Drachen. Sie legte sie auf den Tisch, und das bißchen Farbe, das sie inzwischen bekommen hatte, wich wieder aus ihrem Gesicht.

»Sag ihr, Dajav Faktori hat ihre Ausweispapiere gestohlen, damit sie keine Möglichkeit hatte, ihn zu verlassen«, sagte Benzi. »Sag ihr, daß sie seinetwegen keine Krankenversicherung und keine Rentenversicherung hat, daß sie seinetwegen keine Arbeitslosenunterstützung bekommt und keinen Krippenplatz für das Kind. Und dann soll sie endlich anfangen zu reden.«

»Vielleicht könnte sie uns etwas von sich erzählen«, schlug Ilan vor. Seine Stimme war weich, und der Blick, mit dem er Luba anschaute, voll Mitleid.

»Was?« fragte Luba und erwiderte Ilans Blick.

Er lächelte. »Über Ihre Mutter. Ihren Vater. Ihre Großmutter. Ihren Großvater.«

Tränen liefen aus Lubas Augen und rollten über ihre Wangen. Lisi beobachtete alles genau. Der böse Polizist und der gute Polizist, dachte sie. Die alte Masche, und der Trick wirkt prompt immer noch. Luba fing an zu reden und schien überhaupt nicht mehr aufhören zu wollen.

Lubas Großvater, Itzik Levin, war ein »Held der Sowjetunion« gewesen. Aus den Kämpfen des Zweiten Weltkriegs war er hoch dekoriert und nur noch mit einem Bein nach Hause gekommen. Lina, ihre Großmutter, war eine junge Schauspielerin am jüdischen Theater gewesen, als die beiden heirateten. Ein Jahr nach der Hochzeit wurde der Großvater zur Umerziehung nach Birobidschan geschickt und dort wegen staatsfeindlichen Verhaltens zu zehn Jahren Haft verurteilt. Lina war bereits schwanger und beschloß, ihrem Mann nach Birobidschan zu folgen. Sie erhielt eine Arbeit als Garderobenfrau in einer Badeanstalt und blieb auch dort, nachdem sie erfahren hatte, daß ihr Mann im Gefängnis gestorben war. Im Jahr 1956 wurde Itzik Levin rehabilitiert, und Lina zog mit ihrer Tochter Anja nach Moskau. Großmutter Lina fand eine Arbeit »in ihrem Beruf« als Garderobenfrau in einer Badeanstalt. Ihre Tochter Anja, Lubas Mutter, studierte Physik und Mathematik. Sie wurde stellvertretende Abteilungsleiterin im hydrodynamischen Institut und galt unter ihren Bekannten als »halber Edelstein«. Ihre beiden Kinder, Luba und ihr jüngerer Bruder Sascha, hatten zwei verschiedene Väter, die Anja beide nicht geheiratet hatte. Die Kinder wuchsen bei der Großmutter Lina auf.

Luba war neunzehn, als sie eines Tages ihrer Mutter und ihrer Großmutter verkündete, sie werde heiraten und nach Israel auswandern. Der Bräutigam war Student an der Musikakademie, ein sehr gutaussehender junger Mann, der gern tanzte und sang und Freude in Lubas Leben brachte.

Die Mutter war dagegen, allerdings mehr, weil sie etwas gegen diesen Studenten hatte als gegen die Auswanderung. Sie hielt den jungen Mann für verwöhnt und egozentrisch und glaubte nicht, daß er die Schwierigkeiten, die mit der Ausreise in ein orientalisches Land verbunden waren, aushalten würde. Aber die Großmutter unterstützte die Pläne ihrer Enkelin. Sie war froh, daß sie noch mit eigenen Augen erleben durfte, wie aus ihrer zerrissenen Familie ein Paar hervorging. Ein Leben ohne Mann war, ihrer Meinung nach, ungesund und unnatürlich. Und außerdem, sagte sie, sei Luba stark, und wenn die Ehe nicht klappen sollte, werde sie genug Kraft haben, sich ein eigenes Leben aufzubauen. »Wir sind ein Stamm von Überlebenden«, hatte sie zu Luba vor ihrer Abreise gesagt, und dieser Satz begleitete sie immer, obwohl sich im nachhinein herausstellte, daß ihre Mutter recht gehabt hatte, was den jungen Musikstudenten anging.

Ihr Mann, Sergej Katschak, hielt es nur kurze Zeit in Israel aus. Er versuchte, einen Platz in einem Orchester zu bekommen, doch es gelang ihm nicht. Viele neu eingewanderte Russen waren bessere Musiker als er. Auch an Dirigenten herrschte kein Mangel.

Weil er einen schwarzen Anzug, ein weißes Hemd und eine Fliege besaß, gut aussah und tanzen konnte, bekam er manchmal von einem Ingenieurehepaar, das eine Privatschule für Salontänze eingerichtet hatte, einen Job: Wenn sie zuwenig männliche Tänzer hatten, bestellten sie ihn kurzfristig dazu, manchmal nur eine Stunde im voraus. Die Bezahlung war gering, die Scham groß.

Luba wurde klar, daß man mit gekränktem Stolz und mit Tränen kein Brot kaufen konnte. Sie war bereit, jede Arbeit anzunehmen, die sich bot. Sie putzte Wohnungen, Büros, Geschäfte und Treppenhäuser, eine Weile lang legte sie für einen Fischhändler Salzheringe ein, dann wieder arbeitete sie als Packerin in einer Fabrik oder als Spülerin in verschiedenen Restaurants.

Sie waren etwa sechs Monate im Land, als Luba eines Tages in ihre Einzimmerwohnung in Cholon zurückkam und feststellen mußte, daß ihr Ehemann sie verlassen hatte. Er hatte die mühsam ersparten Notgroschen genommen, sich dafür ein Flugticket gekauft und war verschwunden. Zurückgelassen hatte er einen Brief, in dem er ihr mitteilte, daß er nicht die Absicht habe, je wieder nach Israel oder zu ihr zurückzukommen. Ihr blieb nicht einmal genug Geld, um die Miete zu bezahlen. Sie traf mit ihren Vermietern, einer Familie Schnajder, Besitzer eines Restaurants neben der Diamantenbörse in Ramat Gan, ein Abkommen. Sie würde bis auf weiteres morgens das Restaurant putzen und nach dem Mittagessen das Geschirr spülen. Essen erhielt sie im Restaurant. Luba war den Schnajders zutiefst dankbar. Sie hatte ein Dach über dem Kopf und mußte nicht hungern.

Ungefähr drei Wochen arbeitete Luba im Restaurant der Schnajders, da traf sie eines Tages dort einen Mann, Dajav Faktori. Sie kannte inzwischen schon alle Stammgäste, zumeist fromme Händler von der Diamantenbörse, die sich freuten, für eine Stunde ihren allzu klimatisierten Büros zu entkommen und unter den Ventilatoren ihre gehackte Leber mit Kümmelbrot zu essen. Dajav lächelte Luba durch das Fenster zwischen Küche und Theke an. Und als er fertig gegessen hatte, machte er ihr ein Zeichen mit der Hand, sie solle herauskommen. Sie schüttelte den Kopf. Als sie gegen vier Uhr das Restaurant verließ, nachdem sie das Geschirr gespült und den Boden geputzt hatte, wartete Dajav in seinem Auto auf sie. Sie war niedergedrückt von der Last der Arbeit, der Sorgen und der Einsamkeit, und Dajavs Bewunderung war Balsam für ihre Seele. Er lud sie in ein Café ein, danach gingen sie in einen Tanzclub.

Irgendwie brachte sie es trotz der Sprachschwierigkeiten fertig, ihm ihre Situation zu erklären, und er schaffte es irgendwie, ihr zu erzählen, daß seine Familie in Be'er Scheva eine Fabrik besitze und er sich um Wohnung und Arbeit für sie kümmern würde. Er war zwar alt, aber er machte auf Luba den Eindruck eines guten und ehrlichen Mannes. Er verschwieg ihr auch nicht, daß er verheiratet war und daß seine Familie nichts von ihrer Beziehung erfahren dürfe. Bevor sie sich trennten, ging er noch mit ihr in ein Schmuckgeschäft und kaufte ihr Ohrringe, als Erinnerung an ihr erstes Treffen. Sie vereinbarten, daß er nach einer Woche anrufen und sie fragen werde, wie sie sich entschieden habe. Sie dachte über die Sache nach und kam zu einem Entschluß. Wenn es das Schicksal so gewollt hatte, daß dieser Mann, der nur einmal ins Lokal gekommen war, sich in sie verliebte und ihr helfen wollte, war es besser, das Glück bei den Hörnern zu packen.

Luba mußte es nicht bereuen. Dajav hielt sein Versprechen. Er besorgte ihr einen Arbeitsplatz bei *Sargon*, und er kaufte ihr die Wohnung in der Katurastraße 6. Den Verkäufer der Wohnung hatte sie ein paarmal im Restaurant der Schnajders gesehen, damals jedoch seinen Namen noch nicht gewußt – Eitan Kinerti. Sie hatte ihn im letzten Jahr noch einmal gesehen, als sie mit Dajav Faktori auf der *Dancing Mathilda* gewesen war.

Kurz nachdem sie in die Kanturastraße gezogen war, vermißte sie ihre persönlichen Dokumente und war überzeugt, sie beim Umzug verloren zu haben. Dajav überredete sie, den Verlust nicht bei der Polizei zu melden. Als alleinstehende Frau ohne Ausweispapiere könnte sie abgeschoben werden. Er überlegte sich auch, was sie erzählen solle, falls jemand neugierige Fragen stellte: Sie sei zusammen mit ihrem Mann nach Israel gekommen, doch dann sei ihr Mann nach Rußland zurückgekehrt und habe alle Ausweispapiere mitgenommen. Die Geschichte sei so nahe an der Wahrheit, daß es ihr nicht schwerfallen dürfte, sie zu erzählen. Luba glaubte Dajav in ihrer Naivität jedes Wort und hatte wirklich Angst, man könne sie ausweisen, wenn herauskam, daß sie keine Papiere besaß. So hatte er sie ganz in der Gewalt.

Als die Geburt des Kindes näher rückte, waren bereits die ersten Gerüchte über eine eventuelle Schließung von *Sargon* im Umlauf, und Luba machte sich große Sorgen. Dajav bezahlte zwar alle Arztrechnungen, doch diese völlige Abhängigkeit von ihm beunruhigte sie allmählich und machte ihr angst. Als die Wehen anfingen, glaubte sie, es noch bis ins Krankenhaus zu schaffen, aber sie brach im Hof der Fabrik zusammen und mußte den Verrückten vom Autobus bitten, Dajav anzurufen. Sie wußte, daß Dajav das nicht recht sein würde, denn über die Telefonnummer konnte jemand leicht die Beziehung zwischen ihnen herausfinden.

Dajav liebte Alona von dem Moment an, als er sie sah. Ihr gemeinsames Leben war sehr eingeschränkt, aber das waren ihre Ansprüche auch. An drei Abenden in der Woche kam Dajav gegen sieben zu ihr in die Wohnung und brachte Pizza oder chinesisches Essen mit. Er badete Alona und spielte mit ihr, während Luba das Fläschchen zubereitete. Dann fütterte er die Kleine und brachte sie ins Bett. Zweimal waren sie zusammen mit dem Baby weggefahren, nach Jerusalem, und hatten in einem Restaurant gegessen. Und einmal nahm er sie zu einem Empfang mit, der am Schabbatnachmittag bei irgendeinem Minister stattfand. Er stellte sie als eine Verwandte vor, die erst kürzlich aus Rußland eingewandert sei, und sie fühlte sich gedemütigt. Normalerweise verbrachten sie ihre Abende aber bei ihr zu Hause, und er blieb nie länger als bis um zehn. Sein Auto parkte er meistens in der Jochananstraße und betrat dann das Haus durch den Hintereingang.

Am Abend des Schabbat vor dem Sandsturm tauchte plötzlich

Eitan Kinerti bei ihr auf und fragte nach Dajav. Sie tat so, als verstehe sie ihn nicht, und konnte ihn schließlich abzuwimmeln.

Als es am nächsten Tag, dem Sonntag, ungefähr um sieben an ihrer Tür klingelte, glaubte sie, Dajav habe seine Schlüssel vergessen. Doch als sie die Tür öffnete, war es wieder Eitan Kinerti. Er marschierte an ihr vorbei in die Wohnung, machte es sich in einem Sessel bequem und rauchte eine Zigarette. Sie wagte es nicht, ihn hinauszuwerfen. Als Dajav kam, fingen die beiden sofort an zu streiten, und sie verstand nichts mehr. Je zorniger Dajav wurde, desto breiter grinste Kinerti. Schließlich gelang es Dajav, Kinerti loszuwerden. Luba meinte verstanden zu haben, daß sich die beiden für irgendwann irgendwo verabredet hätten.

Dajav blickte Kinerti vom Fenster aus nach, danach blieb er auch nicht mehr lange da. Bevor er ging, schärfte er ihr noch ein, daß sie nie und unter keinen Umständen zugeben dürfe, Kinerti zu kennen. Sie habe ihn nie gesehen, er sei an diesem Abend nicht hier gewesen. Kinerti sei ein Verbrecher, sagte er, der zehn Jahre im Gefängnis gesessen habe. Er habe sich mit anderen Verbrechern angelegt und werde von der Polizei gesucht. Die ganze Geschichte mit Kinerti würde sie, Luba, in Gefahr bringen.

Am Montag abend kam Dajav nicht. Am Dienstag ging Luba wegen des Sandsturms nicht zur Arbeit. Dajav tauchte unvermittelt frühmorgens auf, was er sonst nie tat, und wiederholte seine Warnungen, was Kinerti anging, und wegen der Gefahr, daß sie ausgewiesen werden könnte. Luba hatte das deutliche Gefühl, daß die Dinge etwas miteinander zu tun hatten, doch sie verstand nicht, wie. Als Benzi ihr das Foto des toten Eitan Kinerti gezeigt hatte, hatte sie den Mund nicht aufgemacht, weil sie Angst um sich und ihre Tochter hatte. Ihr war klargeworden, daß Dajavs Warnungen berechtigt waren und daß tatsächlich irgendwelche Verbrecher und die Polizei hinter Kinerti hergewesen waren. Es war also das beste, so wenig wie möglich zu sagen.

»Frag sie, ob Dajav Faktori damals, als sie ihn in Schnajders Restaurant das erste Mal sah, eine Tasche bei sich hatte?« sagte Benzi.

»Eine Tasche?« fragte die Polizistin.

»Eine Tasche!« brüllte Benzi. »Eine Tasche! Ob er eine Tasche dabei hatte. Ist das denn so schwer zu verstehen?«

Ja, sagte Luba, er habe einen Pouch gehabt.

»Einen Pouch?«

Eine kleine Tasche, wie Männer sie tragen. Luba erinnerte sich daran, weil er diesen Pouch, bevor sie ins Café gingen, in den Kofferraum seines Autos legte und sie noch dachte, daß das seltsam sei.

Roni fragte, wie dieser Pouch ausgesehen habe.

Daran konnte sich Luba nicht mehr erinnern.

Schwarz? Braun? Leder? Plastik? Mit einem Griff? Ohne Griff?

Schwarz mit einem Griff.

War irgendein Zeichen darauf? Vielleicht der Name einer Firma?

Das wußte Luba nicht.

Leer oder voll?

Sie zuckte mit den Schultern.

Erinnerte sie sich zufällig noch an das Datum, an dem Dajav im Restaurant der Schnajders auftauchte?

Ja, daran erinnerte sie sich. Denn sie mußte sich doch entscheiden, ob sie nach Be'er Scheva ziehen wollte oder nicht, und er hatte ihr eine Woche Bedenkzeit gegeben. Sie entschloß sich noch in derselben Nacht, seinen Vorschlag anzunehmen, und teilte am nächsten Morgen den Schnajders mit, daß sie in einer Woche ausziehen würde, am Mittwoch, dem 13. März. Also konnte man es genau ausrechnen: Mittwoch, der 6. März.

Und die Ohrringe hatte er ihr am selben Tag gekauft, am Mittwoch, dem 6. März?

Ja.

Hatte sie vielleicht noch eine Quittung oder so etwas?

Nein, warum?

Erinnerte sie sich noch, in welchem Geschäft sie die Ohrringe gekauft hatten?

Nein. Aber wenn sie dort wäre, würde sie es bestimmt finden.
Würde sie den Pouch auch identifizieren können?
Nein.

Lisi warf erst Benzi, dann Ilan einen fragenden Blick zu. »Was ist mit diesem Pouch?« fragte sie.

»Halt du dich da raus«, raunzte Benzi sie an und wandte sich an die Polizistin. »Sag ihr, daß sie all ihre Papiere wiederbekommt. Einstweilen lassen wir ihr Kopien machen. Dann kümmere dich gefälligst darum, daß das Befragungsprotokoll übersetzt wird, und bring es ihr zum Unterschreiben.«

»Vielleicht sollte sie heute nacht lieber hier bei dir schlafen«, sagte Roni zu Batscheva, aber Luba meinte, sie wolle lieber nach Hause fahren.

»Ich bringe Sie mit dem Taxi nach Hause«, sagte Roni zu Luba. Seine Augen waren feucht vor Mitleid, und sein großes Kinn neigte sich auf seine Brust wie der Schnabel eines Pelikans. »Möchtest du uns begleiten, Batscheva?«

Oh, was für ein edler Ritter! dachte Lisi und hätte am liebsten Beifall geklatscht.

»Ja«, sagte Batscheva, »ich komme mit. Ich möchte nicht, daß sie jetzt allein ist. Was wird denn nun eigentlich aus ihrer Wohnung?«

Roni schaute Luba fragend an. »Ist die Wohnung auf Ihren Namen eingetragen?«

Sie nickte. »Ja. Aber wenn Dajav sie mit gestohlenem Geld bezahlt hat, kann man sie mir wegnehmen«, sagte sie. Die Polizistin übersetzte.

Roni betrachtete das Vögelchen mit mitfühlenden Augen. »Machen Sie sich keine Sorgen«, sagte er beruhigend. »Wenn es Schwierigkeiten gibt, wird Ihnen eine Freundin von mir helfen. Cheni Regev, eine ausgezeichnete Anwältin. Niemand darf Ihnen die Wohnung wegnehmen, sie ist ein Geschenk, sie gehört Ihnen.«

»Ich möchte sie für ein paar Tage aus Be'er Scheva weghaben«, sagte Benzi zu der russischen Polizistin. »Sag ihr, sie soll etwas für sich und das Kind zusammenpacken. Wir werden für eine Unterkunft sorgen. Es dient ihrem Schutz und dem Schutz des Kindes.«

Ritter A ist von der Bühne verschwunden, und schon tritt Ritter B auf und nimmt die tragische Heldin unter seinen Schutz, und Ritter C überlegt bereits, wie er in Aktion treten könnte, dachte Lisi, als sie zuschaute, wie Luba mit Alona die Wohnung verließ, begleitet von Roni und Batscheva. Was ist das Geheimnis dieser Frauen, das alle Männer dazu bringt, sie beschützen zu wollen? Sie selbst saß hier mit einem eingegipsten Arm und einem Gesicht, das aussah wie ein alter Putzlappen, und alles, was ihr das eingebracht hatte, war eine Tasse viel zu süßen Tees und ein Anschnauzer von Benzi.

Bin ich eifersüchtig? fragte sie sich und war verblüfft, daß sie überhaupt auf den Gedanken kam. Roni schuldete ihr nichts, ebensowenig wie sie ihm. Lisi war eine starke Frau, Lisi behielt in jeder Lage die Oberhand, das wußten schließlich alle, während zarte Frauen wie Luba, die in weichen Nestern sitzen, immer große, starke Männer fanden, die sich in Zeiten des Sturms als Stütze anboten. »Wir sind ein Stamm von Überlebenden«, hatte Lubas Großmutter zu ihrer Enkelin gesagt, bevor sie auswanderte. Sie hatte recht gehabt.

Lisi beschloß, in die Redaktion zu fahren und Cement zusammenzuschnauzen.

25

Als Lisi einige Tage später ihre Wohnungstür öffnete, war ihr, als hinge ein fremder Geruch in der Luft. Ein seltsames Gefühl, als würde ein Spinnennetz im Dunkel ihr Gesicht streifen. Sie zögerte den Bruchteil einer Sekunde, dann trat sie ins Wohnzimmer und warf ihre Tasche auf den Boden, an ihren Stammplatz neben dem Sessel. Turnschuhe aus weißem Leder waren das erste, was sie sah.

Nava Faktori trug saubere Jeans, ein weißes Hemd und ein Jackett aus dunkelblauem Wollstoff mit goldenen Knöpfen. Auf der Brusttasche war mit Goldfaden irgendein Emblem eingewirkt. Unter dem großen, weichen Tuch in Grün- und Bordeauxtönen, das auf ihrem Schoß lag, zeichneten sich die Umrisse einer Handtasche ab.

»Wie sind Sie hereingekommen?« fragte Lisi.

»Ihre Mutter hat mich eingelassen. Sie hat Schnitzel für Sie gebracht, sie stehen in der Küche.«

»Hat sie nicht gewartet?«

»Ich habe ihr gesagt, wir hätten uns verabredet. Sie hätten mich um ein Interview gebeten.« Sie stieß einen leisen Seufzer aus. »Ich lüge gar nicht gern.«

»Sie wollen mir also ein Interview geben?«

Nava Faktori schüttelte den Kopf. »Nein.«

Sie hatte eine angenehme Stimme. Lisi hatte sie erst einmal sprechen gehört, damals, als sie nach Dajavs Schießerei im *Blauen Pelikan* mit ihr telefoniert hatte. Am Telefon hatte sich ihre Stimme schrill und angespannt angehört, jetzt klang sie ruhig und gelassen. Wie die Stimme eines Menschen, der nach vielen inneren Kämpfen zur Ruhe gekommen ist. Sie hat die gleichen dunkelblauen Augen wie ihr Bruder Avischaj, dachte Lisi, und bestimmt ist sie früher sehr schön gewesen. Doch sie besaß keine Spur von Avischajs umwerfendem Charme. Nava war nicht geschminkt, ihre Haut wirkte blaß und körnig wie altes Kerzenwachs.

»Ich muß diese Russin finden«, sagte Nava.

Lisi verstand sofort, daß sie Luba meinte. »Ich habe keine Ahnung, wo sie ist«, erklärte sie.

»Es ist wichtig«, drängte Nava.

Lisi schaute sie neugierig an. »Ich glaube es Ihnen ja, aber ich weiß es trotzdem nicht.«

»Sie ist nicht in ihrer Wohnung, auch nicht im Friseursalon oder bei Ihrer Mutter.«

Lisi ließ sich in einen Sessel fallen. »Sie waren zu Hause bei meiner Mutter?«

Nava nickte. »Ja, das habe ich doch gesagt. Ich habe Ihre Mutter und die Schnitzel hergebracht. Ihre Mutter hat gesagt, daß die Russin weggefahren sei und sie nicht wisse, wohin. Sie wissen auch nicht, wo sie sich jetzt aufhält?«

»Die Polizei hat sie in eine geheime Wohnung gebracht«, sagte Lisi. »Das kann überall sein. In Be'er Scheva, in Tel Aviv, in Haifa. Wozu brauchen Sie sie?«

»Nicht ich bin es, die sie braucht, sondern umgekehrt«, sagte Nava. »Sie braucht mich.«

»Sie wollen ihr also helfen«, stellte Lisi fest.

Nava nickte.

»Helfen, am Leben zu bleiben?« fragte Lisi.

»Ja«, antwortete Nava. »Es liegt in meinem Interesse, daß sie am Leben bleibt. Wenn auch ihr etwas passiert, ist Dajavi verloren. Man will ihm alle möglichen Sachen anhängen, aber er hat nichts getan. Ich wünsche mir, daß er genug Kraft hat, sich zu verteidigen. Solange die Russin in der Gegend ist, hat er keine

Kraft, sich zu verteidigen. Er übernimmt gern Verantwortung. Er fühlt sich ihr und ihrem Kind gegenüber schuldig. Ich möchte ihr Geld geben, damit sie das Land verläßt. Genaugenommen möchte ich, daß Sie ihr Geld geben und zu Dajavi sagen, Sie hätten ihr geholfen, damit sie irgendwo anders ein neues Leben anfangen kann. Damit er weiß, daß sie versorgt ist. Er kann die Untersuchung nämlich nur aushalten, wenn er weiß, daß sie versorgt ist.«

»Und woher sollte ich plötzlich Geld für sie haben?« fragte Lisi.

»Von mir«, sagte Nava.

Lisi blickte sie erstaunt an. »Sie wollen also, daß ich zu Dajav sage, ich hätte Luba Geld ausgehändigt, das Sie mir vorher gegeben haben, damit Luba mit ihrem Kind das Land verläßt?«

Nava nickte.

»Ich weiß nicht, wo sie ist«, sagte Lisi.

»Ich denke, Dajavi ist für diese Frau verantwortlich«, sagte Nava. »Er hat sie hierhergebracht, und er hat ihr ein Kind gemacht. Sie hat keinen Mann, der sie unterstützt, sie hat keinerlei Hilfe und kein Geld. Ich mag sie nicht besonders, ich bin wütend auf sie, und noch wütender auf Dajavi, aber ich mag mir gar nicht vorstellen, was sie aushalten muß. Männer denken nie darüber nach, was sie Frauen antun. Sie behandeln Frauen wie Gegenstände. Ich habe ja meinen eigenen Vater vor Augen. Meine Brüder. Ich kenne das. Sie übernehmen Verpflichtungen, und dann kümmern sie sich nicht darum. Sie haben beschlossen, *Sargon* abzubauen, ohne mir ein Wort davon zu sagen. Sie haben mir ihre Entscheidung erst im nachhinein mitgeteilt. Zwanzig Jahre meines Lebens habe ich in *Sargon* investiert. Und ich war gut. Die größten Kunden und die besten Geschäfte hat die Fabrik mir zu verdanken. Die Produktion ist immer hinter der Vermarktung hergehinkt, die ganzen Jahre. Immer war ich einen Schritt voraus. Und am Schluß haben sie mich nicht mal bei ihrer Beratung hinzugezogen.«

Lisi streckte ihre langen Beine aus und versuchte, sich zu entspannen. »Wenn Sie so gut waren«, fragte sie, »warum haben Ihre Brüder sich dann nicht mit Ihnen beraten? Sie sind doch Mitglied im Vorstand, oder?«

Nava nickte. »Ich habe eine Stimme. Mein Vater und meine Brüder haben drei. Und mein Vater hat sich das entscheidende Prozent vorbehalten. Sie bringen jeden Plan durch, wenn sie wollen, die drei Tarschischs.«

Lisi spielte mit ihrer gesunden Hand an ihrem großen Ohrring. »Halten Sie es für einen Fehler, die Fabrik abzubauen?« fragte sie.

»Ja«, sagte Nava. »Sie glauben, wenn der Frieden kommt, lassen sich hier Unternehmer aus der ganzen Welt nieder. Aber wenn hier Frieden herrscht, öffnen sich alle Märkte des Mittleren Ostens. Das ist ein riesiger Markt an Arbeitskraft und Kaufkraft, auf so einen Markt verzichtet man nicht wegen politischer Phantasien.«

»Wissen Sie, wer dieser Projektmanager der ›Free Production‹ ist?« fragte Lisi.

»Die amtliche Ausschreibung hat noch nicht stattgefunden«, sagte Nava.

Lisi kratzte sich hinter dem Ohr. »Aber die Regierung hat doch die Entscheidung für die ›Free Production‹ bestimmt nicht getroffen, ohne vorher zu prüfen, ob die Sache einigermaßen realistisch ist und ob es überhaupt Investoren für das Projekt gibt.«

Nava nickte. »Das stimmt.«

»Ihr Vater und Ihre Brüder hätten die Fabrik nicht abbrechen lassen, wenn sie nicht gewußt hätten, daß sich das für sie lohnt.«

»Auch das stimmt.«

Lisi befahl sich, genauso gelassen zu sein wie Nava, und ihre verschlafenste Stimme einzusetzen. Ein Knüller war in Reichweite, sie konnte sich jetzt keinen Patzer erlauben. Genaugenommen hatte Nava Batscheva gar nicht belogen. Das hier war ein Interview, ein seltsames zwar, aber trotz allem ein Interview.

»Als ich geheiratet habe, wollte mein Vater, daß Dajavi ins Familienunternehmen einsteigt«, sagte Nava. »Quasi als Mitgift für

Dajavi. Ich bin mit *Sargon* aufgewachsen. Vom Tag meiner Geburt an war *Sargon* mein Leben, habe ich *Sargon* geatmet und *Sargon* gegessen.«

Lisi lächelte. »Ich auch.«

Doch Nava hörte nicht hin. »Ich kannte *Sargon* besser als meine Brüder«, sprach sie weiter. »Aber sie hielten Männer für geeigneter. Zu meinem Glück verstand Dajavi das, was sie nicht kapierten, nämlich daß ich nie im Leben verzichten würde. Er gab mir die Mitgift zurück, und ich habe ihn nicht enttäuscht. Jeden Groschen, den ich hatte, habe ich verdoppelt.«

»Wer ist dieser Projektmanager, der die Verteilung und das Bauvorhaben organisieren soll?« fragte Lisi.

Nava warf ihr einen Blick zu. »Das sage ich Ihnen, wenn Sie für mich diese Russin gefunden haben.«

»Ihr Vater?« fragte Lisi. »Avischaj hat mir erzählt, er würde bei der ›Free Production‹ ins Immobiliengeschäft einsteigen, zusammen mit Ihrem Vater. Und daß Eldad ein neues *Sargon* leiten würde. Die Männer der Familie Tarschisch versuchen wieder, Sie reinzulegen.«

»Wir Frauen müssen uns gegenseitig helfen, nicht wahr?« sagte Nava. »Das werde ich nie leugnen. Schauen Sie, das Kind der Russin ist letzten Endes eine Schwester meiner eigenen Tochter. Diese Frau ist genauso eine Mutter wie ich. Ich bin bereit, ihr zu helfen. Sie wird nicht reich sein, aber sie wird auch nicht Hunger leiden. Weder sie noch ihre Tochter. Ich möchte, daß sie das weiß.«

Ihr Blick ließ Lisi nicht los. Es war, als suche sie Bestätigung oder Hilfe. Und ihre Stimme hatte einen kindlichen Unterton bekommen.

»Seit wann wissen Sie von ihr?« fragte Lisi.

»Ach.« Wieder stieß Nava einen Seufzer aus.

Lisi fragte sich, wohin dieses Gespräch führen sollte. Was ging im Kopf dieser seltsamen Frau vor, die so gelassen hier in ihrem Zimmer saß? Lisi rief sich in Erinnerung, daß diese Frau in dem eleganten Jackett vielleicht drei Menschen getötet hatte. Diese schönen Worte waren nichts als Augenwischerei, sie mußte hellwach sein. »Weiß Dajav, daß Sie über Luba Bescheid wissen?« fragte sie.

»Ja«, antwortete Nava.

»Seit wann weiß er das?«

Nava antwortete nicht. Lisi meinte zu sehen, wie der Hauch eines Lächelns über ihr Gesicht flog und sofort wieder verschwand. »Warum sind Sie ausgerechnet zu mir gekommen?« fragte Lisi.

Nava zog leicht die Schultern hoch. »Ihre Mutter hat mit der Russin zu tun, und Ihre beiden Schwäger auch. Und tatsächlich wissen Sie ja, daß man sie in eine geheime Wohnung gebracht hat.«

»Aber ich weiß nicht, wo sich diese Wohnung befindet«, wandte Lisi ein.

»Wenn Sie wollen«, meinte Nava, »bekommen Sie das auch heraus.«

»Wer soll mir das erzählen?« sagte Lisi. »Die Polizei? Vermutlich wissen noch nicht mal meine Schwäger, wo diese Wohnung ist.«

»Sie sind gescheit«, sagte Nava. »Sie kriegen es raus.«

»So gescheit bin ich nicht.«

Wieder glitt dieses kaum wahrnehmbare Lächeln über Navas Gesicht. »Sie waren ihnen immer einen Schritt voraus, schon die ganze Zeit.«

»Wem?« fragte Lisi.

»Ihren Schwägern. Sie haben mich nach der Schießerei im *Blauen Pelikan* angerufen, bevor Ihre Schwäger mit mir gesprochen haben. Sie haben vor ihnen mit Oved gesprochen, und Sie waren vor Ihnen bei Jako.«

Lisi bemühte sich, ihre Stimme gleichgültig klingen zu lassen. »Woher wissen Sie, daß ich mit Oved und mit Jako gesprochen habe?«

»Ich habe es den Fragen entnommen, die mir gestellt wurden. Aber Sie sind nicht wie die anderen. Sie verstehen mich.«

Lisi spürte, wie Angst in ihr aufstieg. Sie wußte, daß Nava nicht von der Polizei erfahren haben konnte, daß sie mit Oved und mit Jako vor deren Tod gesprochen hatte. Hatte Nava sie verfolgt? Sie will unbedingt mit Luba Kontakt aufnehmen, dachte Lisi, und sie hat sich überlegt, daß ich der Mensch zu sein habe, der sie zu ihr bringt. Konnte diese Entscheidung, falls ihre Überlegungen stimmten, vielleicht schon eine Kugel in den Kopf bedeuten?

»Sie sind die einzige, die auch an mich gedacht hat«, fuhr Nava fort. »Ich habe Ihnen ausdrücklich gesagt, daß ich diese Frau nicht gerade liebe, daß Sie mich da nicht falsch verstehen. Auch nicht Dajavis Freunde, die ihn in Schwierigkeiten gebracht haben.«

»Dajav hat Dajav in Schwierigkeiten gebracht«, sagte Lisi. »Weder Eitan Kinerti noch Oved Hanegbi, noch Jako Bachar.«

»Dajavi ist so naiv«, sagte Nava. »Er kennt das Leben nicht. Er ist wie ein kleiner Junge. Diese Freunde haben der Russin geholfen und so getan, als wollten sie Dajavi helfen. Er war ihr Opfer.«

Lisi zog die Brauen hoch. »Warum sollten sie ihr geholfen haben?«

Nava achtete nicht auf ihren Einwurf. »Wir, Sie und ich, sind nicht so. Wir verstehen solche Frauen nicht. Klein, bedauernswert und hilflos. In dieser Schwäche steckt verdammt viel Stärke. Sehr viel Erpressung. Mir hat nie jemand etwas umsonst gegeben. Ihnen etwa?«

Lisi schüttelte den Kopf.

»Eitan hat ihr die Wohnung gegeben. Oved Hanegbi hat ihr geholfen, als sie Wehen hatte. Jako hat sie auf Ausflüge mitgenommen. Sie haben Dajav regelrecht in ihre Hände getrieben.«

»Was wollen Sie damit sagen?« rief Lisi. »Daß alle mit ihr geschlafen haben?«

»Selbstverständlich«, sagte Nava. »Wie naiv Sie sind! Was haben Sie denn gedacht, warum sie ihr geholfen haben?«

»Und Oved soll auch mit ihr geschlafen haben?«

Nava strich mit der Hand über das weiche Wolltuch auf ihrem

Schoß. »Glauben Sie etwa, daß sich Männer nicht mehr für Sex interessieren, wenn sie alt werden? Sex macht sie verrückt. Natürlich hat er mit ihr geschlafen.«

Lisi zog ihre Beine an. »Also alle sind schuldig, nur Dajav nicht«, sagte sie.

»Ich will ja nicht sagen, daß er ein Unschuldslamm ist«, wehrte Nava ab. »Er ist ein Mann, der Verführung gegenüber nicht gleichgültig ist. Sie haben diese Frau benutzt, und am Schluß haben sie ihm die Rechnung präsentiert, damit er sie bezahlt.«

Lisi betrachtete Nava verblüfft. »Wenn alle mit ihr geschlafen haben«, fragte sie, »warum wollen Sie ihr dann helfen?«

Nava zuckte mit den Schultern. »Das habe ich doch schon gesagt, aus Verantwortungsgefühl. Ich bin wie Dajavi. Wir fühlen uns beide verantwortlich für das, was wir tun. Ich kann sie doch nicht den Hunden vorwerfen. Sie ist die Mutter seiner Tochter.«

»Sind Sie sicher?« fragte Lisi.

Nava nickte. »Ich habe sie gesehen.«

»Wann?«

Nava antwortete nicht. Hatte sie etwa auch im Auto gesessen und Lubas Wohnung beobachtet? Oder den Friseursalon? Oder Batschevas Wohnung? Lisi versuchte sich zu erinnern, ob Alona Dajav Faktori ähnlich sah. Sie hatte einen blonden Haarflaum, blaue Augen und die gewölbte Stirn eines kleinen Kindes. Wenn überhaupt, dann sah sie Nava ähnlich.

»Dajavi liebt mich. Unsere Beziehung ist sehr stark. Wir sind seit dem achtzehnten Lebensjahr Freunde. Man kann uns nicht einfach wegnehmen, was wir haben. Ich bin sein Halt, ich passe auf ihn auf. Und er weiß das auch. Ich habe immer auf ihn aufgepaßt.«

»Es geht hier um drei Morde«, sagte Lisi aufgebracht. »Entweder bekommt er lebenslänglich, oder Sie bekommen lebenslänglich.«

Nava machte eine wegwerfende Handbewegung. »Wir haben gute Rechtsanwälte. Niemand wird auch nur einen Tag im Gefängnis sitzen. Aber es ist mir wichtig, daß Dajavi die Nerven behält. Er weiß, daß ich auf seiner Seite bin und für ihn sorge. Ich möchte der Russin Geld geben, damit sie das Land verläßt. Auch für sie wäre es besser, ein neues Leben anzufangen, das nicht von einem Prozeß überschattet wird. Wenn sie vor Gericht aussagt, wird sie sich hinterher nicht mehr auf die Straße trauen, dafür werde ich schon sorgen. Wenn sie hingegen nicht mehr im Land ist, kann Dajavi all seine Kraft zu seiner Verteidigung einsetzen. Solange sie hier im Land ist, hat er keine Chance. Sie wird ihn zu Fall bringen.«

»Luba?« fragte Lisi.

»Natürlich Luba!« rief Nava. »Sie wird genau das sagen, was die Untersuchungsbeamten von ihr hören wollen. So ist das in Rußland, man sagt, was die Polizei hören will. Bestimmt hat sie jetzt große Angst. Sie wird froh sein, wenn sie das Land verlassen kann. Ich brauche ihre Adresse. Finden Sie sie für mich heraus.«

Solange Nava glaubt, daß ich sie zu Luba führe, wird sie mich nicht umbringen, dachte Lisi. Ich muß Zeit gewinnen. Ihr sagen, daß ich versuchen werde, Luba zu finden. Wenn ich mich weigere, wird sie mich vielleicht umbringen, weil ich weiß, daß sie Luba sucht und ich ihre Pläne durchkreuzen könnte.

»Kannten Sie Eitan Kinerti noch aus der Kindheit?«

Nava schüttelte den Kopf. »Nein, wieso?«

»Er war doch der Sohn von Lejser Kinerti aus Migdal, einem Jugendfreund Ihres Vaters.«

»Er ist nicht bei seinem Vater aufgewachsen«, sagte Nava. »Er hat in Deutschland gelebt. Er war ein Landesflüchtling und ein Verbrecher.«

»Haben Sie und Ihr Mann ihm deshalb Ihre Grundstücke verkauft? Weil er ein Landesflüchtling und Verbrecher war? Haben Sie gedacht, sie würden ihn, wenn er sein Geld bekommen hat, nie mehr wiedersehen? Und daß es ja auch nicht ungünstig wäre, daß der fiktive Käufer, wenn das mit den Grundstücken herauskäme, als Landesflüchtling und Verbrecher bekannt wäre?«

»Ich hatte nichts mit dieser Geschichte zu tun«, protestierte Nava.

»Hat sich Dajav diesen komplizierten Plan etwa ganz allein ausgedacht?«

»Eitan Kinerti hat ihn da hineingezogen«, sagte Nava und schob ihre rechte Hand unter das Wolltuch auf ihrem Schoß.

»Ja, ja.« Lisi nickte. »Alle sind schuld, nur Dajav nicht. Wenn ich Luba finde, werden Sie sie umbringen. Sie haben alle umgebracht, die etwas von der Beziehung zwischen Dajav und Luba wußten. Sie haben sich eine Zielscheibe mit Kreisen ausgedacht. In den äußeren Kreisen waren Eitan, Oved und Jako. In der Mitte ist Luba. Das Zentrum der Zielscheibe. Ich bin froh, daß ich nicht weiß, wo sie ist.«

»Ich will ihr helfen«, beharrte Nava. »Es hört sich seltsam an, aber es ist die Wahrheit.« Ihr kindlicher, hilfesuchender Blick ließ Lisi nicht los.

Lisi schüttelte den Kopf. »Ich weiß nicht, wo sie ist. Punkt.«

»Aber Sie können es herausfinden.«

»Nein, tut mir leid.«

Nava blickte Lisi lange und nachdenklich an, dann sagte sie ruhig: »Auch Ihre Mutter hat ›tut mir leid‹ gesagt.«

Lisi merkte, wie Panik in ihr aufstieg. Sie erhob sich und wollte zum Telefon gehen. Navas Hand unter dem Wolltuch bewegte sich nicht. Sie hat einen Revolver, dachte Lisi plötzlich.

»Setzen Sie sich.« Die Stimme war ruhig, die Hand blieb unter dem Tuch.

»Ich will meine Mutter anrufen«, sagte Lisi.

»Ihre Mutter ist in Ordnung, sie ist nach Hause gegangen.«

»Ich möchte mich versichern, daß sie gut angekommen ist. Bevor Sie hierherkamen, waren Sie bei ihr?«

Nava nickte. »Ja, das habe ich doch gesagt. Wir sind zusammen hergefahren.«

»Ich möchte sie anrufen«, beharrte Lisi.

»Sie werden sie bloß beunruhigen.«

Lisi ging trotzdem zum Telefon. Bereits nach dem zweiten Klingeln nahm ihre Mutter ab. Lisi bedankte sich für die Schnitzel und sagte, es tue ihr leid, daß sie sich nicht getroffen hätten.

»Ist Nava Faktori noch bei dir, Lisette?« fragte Batscheva.

»Ja.«

»Ich habe nicht gewußt, ob ich sie allein in deiner Wohnung lassen kann oder nicht. Sie hat behauptet, du hättest dich mit ihr verabredet. Beruflich, hat sie gesagt.«

»Ja, ich werde die Schnitzel in der Mikrowelle aufwärmen«, sagte Lisi ins Telefon. »Zwei Minuten hast du gesagt? In Ordnung, bye.«

Sie legte den Hörer auf. Plötzlich war sie wütend. Die Kaltblütigkeit, mit der Nava Faktori ihre Show abzog, erfüllte sie mit Zorn. Ich wünschte, Roni wäre da, schoß es ihr durch den Kopf. Oder Benzi. Oder Ilan. Oder eine Nachbarin würde an der Tür klingeln und um eine Tasse Milch bitten. Hoffentlich dachte ihre Mutter daran, daß sie gar keine Mikrowelle besaß, und verstand, daß etwas nicht in Ordnung war. Sie war mit den Nerven am Ende. Wenn es nötig ist, schlage ich mit dem Gipsarm auf sie ein, dachte sie. Wie viele Revolver haben sie eigentlich? Hat sie jetzt die Neun-Millimeter in der Hand, mit der Jako erschossen wurde? Oder eine Waffe aus dem Tresor der Baumschule?

Lisi zwang sich zur Ruhe. »Was wird mit Lubas Wohnung passieren, wenn sie weggeht?« fragte sie.

»Mit Lubas Wohnung?« sagte Nava überrascht. »Die Wohnung gehört Eitan.«

Lisi schüttelte den Kopf. »Nein, die Wohnung ist Lubas Eigentum.«

»Hat Eitan sie ihr geschenkt?« fragte Nava leicht erstaunt.

»Dajav hat Eitan die Wohnung abgekauft und sie auf Lubas Namen eintragen lassen.«

»Blödsinn«, sagte Nava bestimmt.

»Sie ist im Grundbuchamt auf den Namen Luba Katschak eingetragen. Sie können es nachprüfen.«

»Steht da ausdrücklich drin, daß Dajav Faktori die Wohnung von Eitan Kinerti gekauft hat?«

»Nein.«

Nava zog die Augenbrauen zusammen. »Dann hat sie eben

einen Freier gefunden, der ihr eine Wohnung gekauft hat. Ich weiß, Sie können sich kaum vorstellen, daß es solche Typen gibt. Auch mir fällt es schwer, das zu glauben.«

Lisi wollte etwas anderes wissen. »Dajav und Eitan haben von den Banken Darlehen bekommen, die sich auf eine Million vierhunderttausend Schekel beliefen. Wo ist das Geld?«

»Irgend jemand hat meine Papiere benutzt.«

Lisi nickte wütend. »Ja, Dajav. Er hat sich bei den Banken als Nave Faktori vorgestellt. Nave, nicht Nava. Es wird Ihnen nichts nützen. Bei allen drei Banken haben die Leute Dajav als den Verkäufer der Grundstücke identifiziert, auch der Notar aus Jerusalem hat ihn erkannt.«

»Sie irren sich«, sagte Nava.

»Alle sollen sich irren?« rief Lisi.

Nava nickte. »Ja, natürlich. Wir werden es im Prozeß beweisen.«

»Sie haben gesagt, Dajav sei naiv«, sagte Lisi. »Das glaube ich Ihnen sogar. Dajav hat die Grundstücksverkäufe nicht geplant. Auch Eitan nicht, der war einfach nur ein kleiner Gauner. Sie waren der ›Kopf‹, nur Sie besitzen genug Verstand, um sich einen so komplizierten Plan auszudenken. Und die Kaltblütigkeit, fast zwei Jahre in aller Ruhe abzuwarten, bis die Sache ans Licht kommt. Sie wissen ganz bestimmt, wieviel Geld Dajav und Eitan von den Banken bekommen haben. Rechnen Sie doch nach! Ziehen Sie dreihunderttausend Schekel von der Million vierhunderttausend Schekel ab. Es bleiben eine Million einhundert. Haben Eitan und Dajav das Geld halbe-halbe geteilt? Wieviel Geld hat Dajav denn nach Hause gebracht, nach dem Bankbetrug?«

Navas Blick wurde gläsern, durchsichtig und kalt. Auf einmal sahen ihre Augen wie die einer Toten oder einer Puppe aus. Lisi wußte, daß sie verloren hatte. Sie waren nicht mehr die Freundinnen im Geiste. Von diesem Moment an würde Nava Faktori Lisi Badichi zu ihren Feinden zählen.

»Sie möchten Luba doch nur benutzen, um Druck auf Dajav

auszuüben«, fuhr Lisi fort. »Sie wollen ihn dazu zwingen, daß er alle Morde zugibt, als Gegenleistung für Lubas und Alonas Leben. Sie beweisen ihm, daß die beiden im Ausland sind, an einem sicheren Platz, und er nimmt das dreimal lebenslange Urteil auf sich. Ist das ein Deal?«

»Es gibt keinen Deal.«

»Wollen Sie mich umbringen, Nava?«

Nava schaute sie an. »Sie provozieren mich absichtlich. Sie wollen, daß ich die Beherrschung verliere. Warum?«

»Wenn Sie mich umbringen, weiß jeder sofort, daß Sie die Mörderin sind. Dajav kann nicht der Mörder sein, er sitzt im Gefängnis.«

»Versuchen Sie nicht, ein Spiel mit mir zu treiben«, fauchte Nava. »Ich bin klüger als Sie.«

»Alles, was ich weiß, weiß auch die Polizei.«

»Es gibt keine Beweise«, sagte Nava. »Dajav wird freigelassen werden.«

Lisi nickte. »Stimmt. Weil er niemanden ermordet hat. Das waren Sie.«

»Das haben Sie schon mal gesagt«, meinte Nava.

»Ja. Dajav wird wegen Bankbetrugs im Gefängnis sitzen und Sie wegen Mordes. Was ist dann mit Ihrer Tochter?«

»Geben Sie mir die Adresse der Russin.«

»Ich habe sie doch nicht!« rief Lisi. »Verstehen Sie denn nicht, was man Ihnen sagt?«

»Schreien Sie mich nicht an!« sagte Nava. Ihre Stimme klang kratzend, als führe jemand mit dem Fingernagel über Eis. »Besorgen Sie sich ihre Adresse. Noch heute. Und sagen Sie mir dann Bescheid.«

»Und wenn nicht?« fragte Lisi.

Nava erhob sich. Sie zog die Tasche unter dem Tuch hervor und klappte sie zu. Dann drapierte sie das Tuch um ihre Schultern. Ein Bein ihrer Jeans, das erkannte Lisi jetzt, saß straff um das Knie, das andere fiel lose. Zweifellos hatte sie das eine Knie verbunden.

»Ich weiß, wo Ihre Mutter wohnt, Lisette«, sagte Nava spöttisch. Sie imitierte sogar den Tonfall von Lisis Mutter, als sie den Namen Lisette aussprach. »Ich werde sie wieder besuchen.«

Lisa erwartete fast, Flammen aus Navas Nasenlöchern und Mund schlagen zu sehen. Noch nie war sie dem Bösen in so reiner Form begegnet, mit keiner schweren Krankheit, rasenden Eifersucht oder enttäuschter Liebe wenigstens in etwa zu entschulden. Das pure Böse. Lupenrein wie ein Diamant.

An der Tür drehte sich Nava noch einmal um. »Abgemacht?« fragte sie.

Lisi starrte Nava an. »Was?«

»Sie besorgen mir ihre Adresse.« Wie schon zuvor flog wieder der Hauch eines Lächelns über Navas Gesicht. »Auf mich kann man sich verlassen. Ein Wort ist ein Wort, und wenn ich etwas verspreche, dann halte ich es auch. Ich bin denen treu, die mir treu sind. Und sprechen Sie bitte mit keinem darüber, daß wir uns getroffen haben.«

»Meine Mutter weiß, daß Sie bei mir waren.«

»Sagen Sie ihr, ich hätte Ihnen ein Interview gegeben. Ich möchte nicht, daß sie plaudert, Lisette.«

Nava zog die Tür behutsam hinter sich ins Schloß. Ihre Schritte im Treppenhaus wurden leiser, bis nichts mehr zu hören war. Nur das Wort »Lisette« hing noch im Zimmer, leise und drohend.

Eine ganze Weile saß Lisi da und starrte den leeren Sessel an. Sie hatte einen schlechten Geruch in der Nase, nach verfaultem Obst. Lisi ging zum Fenster, öffnete es und atmete die kühle, scharfe Luft ein. Unten auf der Straße fuhren Autos vorbei. Sie fragte sich, ob Nava in einem von ihnen saß und sie jetzt hier am Fenster stehen sah. Sie hatte das Gefühl, noch immer von diesen kalten, bösen Augen verfolgt zu werden.

Lisi starrte die Schlüssellöcher an, die dunklen Ecken unter den Möbeln. Sie hatte Angst. Sie wagte es nicht, ihre Mutter noch einmal anzurufen. Sie wollte sie nicht beunruhigen, denn dann könnte sie vielleicht etwas tun, was Nava Faktoris Mißtrauen wecken würde. Nava Faktori verkörperte all das, was Batscheva

Badichis Leben zerstört hatte. Der Verlust der Arbeit, Verlust der Selbstachtung. Die Hände ihrer Mutter waren immer mit irgend etwas beschäftigt gewesen, überlegte Lisi, mit Töpfen, mit Pfannen, mit schmutziger Wäsche, und nun hatte sie durch die Pflege des Kindes einer Neueinwanderin, die sie unter ihre Obhut genommen hatte, wieder etwas zu tun gefunden. Ihre eigenen Töchter, Chavazelet, Georgette und Lisi, waren drei erwachsene, starke Frauen, und Batscheva hatte sich eine Ersatztochter gesucht, die ihr Leben und ihre Wohnung mit kindlichem Geplapper füllte und ihr das Gefühl gab, gebraucht zu werden. Und auch das würde ihr die Familie Tarschisch wegnehmen.

Lisi hatte ebenfalls Angst, Benzi, Ilan oder ihre Schwestern anzurufen. Sie wußte nicht, wie das Gehirn dieser Frau arbeitete, das seine eigenen Gesetze hatte.

Sie wollte nicht in der Wohnung bleiben. Sie nahm ihre Handtasche vom Boden, ging hinaus und schloß die Tür hinter sich ab. Das Fenster hatte sie offen gelassen. Bis sie zurückkam, würden die kalte Luft und der Wind hoffentlich den üblen Geruch vertrieben haben, den Nava Faktoris Besuch hinterlassen hatte.

Lisi ging durch die Straßen, setzte automatisch einen großen Fuß vor den anderen, blickte auf die spielenden Kinder in den Höfen, ohne sie wahrzunehmen, die Boten auf ihren *Vespas*, mit den vom Wind geblähten Anoraks, die Backgammonspieler in den Kaffeehäusern, die erleuchteten Geschäfte, den Staub, der von vorbeifahrenden Autos aufgewirbelt wurde, die Frauen in ihren großen Pullovern, die mit Kinderwagen und Einkaufstaschen nach Hause eilten, um das Abendessen vorzubereiten.

Sie war etwa eine halbe Stunde ziellos herumgelaufen, als sie sich am Busbahnhof wiederfand. Sie roch die stinkenden Abgase aus den Auspuffen der Busse, sah die Schlangen wartender Menschen. Plötzlich wußte sie, wohin ihre Beine sie geführt hatten, daß dies von Anfang an ihr Ziel gewesen sein mußte. Sie wollte zu den beiden Menschen, denen sie ohne Einschränkung vertraute, den beiden Menschen, die sie bedingungslos liebten und alles für sie tun würden: Klara und Ja'akov.

Eine dreiköpfige Familie stand im Laden, Vater und Mutter in den Dreißigern und ein etwa sechsjähriger Junge, für den ein Schirm gekauft werden sollte. Ja'akov saß auf seinem erhöhten Stuhl neben der Kasse, und Klara legte eine Reihe bunter Kinderschirme vor den Jungen hin. Die Eltern erkundigten sich nach dem Preis jedes einzelnen Schirms und wunderten sich, als sie endlich begriffen, daß alle das gleiche kosteten.

»Klara wird gleich im Preis runtergehen«, flüsterte Ja'akov Lisi zu. »Sie wird das Kind nicht enttäuschen wollen.«

Lisi setzte sich auf den Stuhl neben Ja'akov und beobachtete geduldig das Feilschen. Wenn es nach ihr gegangen wäre, hätten die Verkaufsgespräche bis in alle Ewigkeiten dauern können. Es war ein beruhigendes und hoffnungsvolles Bild: junge Eltern, die für ihr Kind einen Schirm kaufen, damit es vor Regen geschützt ist.

»Klara ist heute nicht besonders gut gelaunt«, flüsterte Ja'akov Lisi zu.

»Was ist passiert?« fragte sie.

»Wir wollten uns dem Ensemble ›Hakala‹ anschließen, weil wir gehört haben, daß sie eine Oper von Gilbert and Sullivan machen. Es ist ein Theater von Amateuren, alles Lehrer, Angestellte, Kibbuzniks, Neueinwanderer. Wir haben mit dem Produzenten gesprochen, und er hat gesagt, wir sollten zum Vorsingen kommen. Ich wollte gar nicht hingehen, aber Klara sagte, man würde uns ja nicht kennen, und alle Bewerber müßten erst einmal vorsingen, und ich sollte mich nicht aufregen. Wir wären schließlich vom Fach und würden Gilbert and Sullivan kennen, man würde uns ohne Schwierigkeiten nehmen. Als sie mich endlich überredet hatte, kam uns zu Ohren, daß sie gar nicht Gilbert and Sullivan aufführen wollen, sondern ein amerikanisches Musical, irgend etwas von Rogers and Hammerstein, und da wollen wir nun wirklich nicht mitmachen.«

Die Eltern mit dem Jungen verließen samt dem neuen Schirm den Laden, und Klara wandte sich an Lisi. »Was ist passiert, Lisi?«

Lisi wußte nicht, wie sie das, was sie sagen wollte, vorbringen sollte. Sie wußte nicht, ob ihre Angst begründet war oder ob sie sich nur in etwas hineinsteigerte. Und sie hatte keine Ahnung, wovor sie sich in acht nehmen mußte. Sie wollte Klara und Ja'akov keinen Schreck einjagen, und vor allem wollte sie nicht, daß die beiden ihre Mutter erschreckten.

»Ich habe eine Bitte«, sagte sie zögernd.

»Ja?«

»Macht einen Spaziergang zu Georgette und sagt ihr, daß Benzi Mama bewachen lassen muß. Und auch auf Luba sollen sie sehr gut aufpassen. Wenn Georgette nicht zu Hause ist, dann geht zu Chavazelet. Und sie sollen das keinesfalls übers Telefon machen. Ich will nicht, daß das Gespräch über die Telefonzentrale bei der Polizei geht und alle möglichen Dummköpfe vielleicht das Maul aufreißen. Wenn weder Georgette noch Chavazelet zu Hause sind, dann geht bitte zu Tante Malka.«

»Wirst du verfolgt, Lisi?«

Lisi schüttelte den Kopf. »Nein, ich glaube nicht. Aber ich bin mir nicht sicher.«

»Aber vor wem muß man Batscheva schützen? Wissen Benzi und Ilan Bescheid?« fragte Tante Klara.

Lisi nickte. »Ja, ich glaube schon. Sagt auch, daß Nava Faktori mich heute besucht hat.«

»Wir machen uns sofort auf den Weg«, sagte Tante Klara.

»Laßt mich erst wieder verschwinden, danach wartet ihr noch so zehn Minuten. Und ganz normal gehen, hört ihr, nicht rennen. Danke, Tante Klara, danke, Onkel Ja'akov.«

»Sollen wir dich hinterher anrufen, wenn wir es erledigt haben?« fragte Onkel Ja'akov.

»Nein, das ist nicht nötig. Ich verlasse mich auf euch.«

Die beiden betrachteten Lisi. Auf ihren Gesichtern lag Besorgnis, doch zugleich auch eine gewisse Feierlichkeit. Sie waren die Gesandten des Königs, deren wichtiger und gefährlicher Auftrag auch den Helden von Gilbert and Sullivan zur Ehre gereicht hätte. Lisi fühlte sich bereits wohler.

Vor dem geschlossenen Blumenladen stand ein Junge mit zwei Eimern Blumen. Lisi beschloß, irgendwann eine Reportage über die Kinder zu schreiben, die in der Stadt allen möglichen Jobs nachgingen, statt die Schule zu besuchen. Dieses Phänomen war neu und hatte mit der letzten Einwanderungswelle zu tun. Neben dem Jungen stand Boris, unterhielt sich mit ihm, während er gleichzeitig spielte. Lisi tat, als bemerkte sie ihn nicht. Sie war todmüde. Die Haut unter dem Gips juckte. Durch die verkrampfte Haltung des Arms hatte sie Rückenschmerzen. Jetzt tat es ihr leid, daß sie nicht mit dem Auto gefahren war. Einen Moment lang überlegte sie, ob sie ein Taxi nehmen sollte, doch dann fiel ihr der Geruch in ihrer Wohnung ein, und sie entschied, daß sie es überhaupt nicht eilig hatte, nach Hause zu kommen.

Die Beine taten ihr weh, als sie schließlich ihr Haus erreichte. Ich muß mehr zu Fuß gehen, dachte sie. Der Körper degeneriert. Vielleicht sollte sie sich angewöhnen, zur Arbeit zu laufen. Sie sehnte sich richtig nach ihrer normalen Arbeit. Und eigentlich gab es auch keinen Grund, daß sie nicht wieder damit anfing. Morgen wollte sie Cement anrufen und ihm mitteilen, er könne wieder heimfahren.

Als sie die letzten Stufen hochkletterte, blieb sie wie angewurzelt stehen. Ihre Tür war verbarrikadiert. Mindestens fünfzig Konservendosen mit Maiskörnern standen davor, ordentlich aufeinandergeschichtet bis zur Höhe von ungefähr einem Meter. Roni! Roni war zurückgekommen! Lisi schaute sich um, konnte aber keine Menschenseele entdecken. Sie stand da, mit dem Schlüssel in der Hand, und überlegte, was sie tun sollte. Wenn sie die Dose herausnahm, die das Schlüsselloch versperrte, konnte der ganze kunstvoll aufgebaute Turm zusammenbrechen. Wie sollte sie den Nachbarn diesen Haufen Maisdosen erklären? Mit ihrer gesunden Hand machte sie sich daran, die oberste Dosenreihe abzuräumen. Dabei grinste sie albern vor sich hin.

»He, du machst mein Kunstwerk kaputt!« rief plötzlich eine Stimme. Sie schaute hoch. Über dem Geländer des nächsten Stockwerks hing Ronis Kopf.

»Ich will die Tür aufmachen!« rief Lisi.

Er sprang die Stufen hinunter und zog vorsichtig die Dosen heraus, die das Schlüsselloch blockierten. »Du würdigst einfach nichts, was ich extra für dich tue«, sagte er vorwurfsvoll.

»Wo hast du denn die vielen Maisdosen her? Hast du sie alle hergeschleppt?« fragte Lisi.

»Vom Supermarkt. Der Bote hat sie in drei Kartons geliefert.«

Lisi lachte. »Wo hast du gesteckt?«

»Ich war in Frankfurt«, sagte er.

Lisi starrte ihn verblüfft an. »In Deutschland?«

»Ja. Die Verbindungsoffiziere der nationalen Polizeidirektion haben mich mit den Leuten der Interpol in Frankfurt zusammengebracht. Ich habe auch Eitan Kinertis Stiefvater getroffen. Hast du einen Dosenöffner? Ich habe vergessen, einen zu kaufen.«

»Warum hast du mir nicht gesagt, daß du wegfährst?« fragte Lisi.

Er grinste. »Hast du Sehnsucht nach mir gehabt?«

»Idiot!«

Roni nahm ihr den Schlüssel aus der Hand und schloß die Tür auf. Der Dosenturm fiel unter ohrenbetäubendem Getöse in sich zusammen, etliche Dosen gerieten ins Rollen und hüpften von Stufe zu Stufe hinunter. Einige Hausbewohner rissen erschrocken ihre Türen auf. Lisi ließ Roni samt den Konservendosen im Treppenhaus stehen, ging schnell in die Wohnung und zog die Tür hinter sich ins Schloß. Draußen fing Roni an zu schreien, sie sei nicht normal, wieso sie so viele Maisdosen angeschleppt hätte, sie sei komplett verrückt geworden, was sollten sie denn mit soviel Mais anfangen, es stimmte ja, daß er ihr gesagt habe, er esse gern Mais, aber das heiße doch noch lange nicht, daß sie den ganzen Supermarkt für ihn leerkaufen müsse, ihre Liebe zu ihm hätte sie wohl um den Verstand gebracht... Dann fiel ihm offenbar ein, daß er immer noch den Schlüssel in der Hand hielt. Er trat ein und zog Lisi hoch, die lachend und weinend zugleich auf dem Boden saß.

»Die Mikrowelle kommt nicht mehr zurück, Lisi«, flüsterte er und küßte ihr Gesicht.

»Ich weiß«, sagte Lisi. »Wer hat es dir erzählt?«

»Benzi.«

»Wann bist du zurückgekommen?«

»Gestern abend.«

»Hat Benzi jemand zu Mamas Bewachung geschickt?«

»Ja.«

Lisi fing an zu zittern. Roni schlang seine langen Arme um sie und drückte sie fest an sich.

26

Die Interpol in Frankfurt hatte Roni Melzer mit dem Polizeiinspektor zusammengebracht, der die Akte Eitan Kinerti bearbeitet hatte. Die Akte enthielt Klagen von Wettbüros wegen nicht bezahlter Schulden, Anzeigen wegen Ausschreitungen in Casinos und ähnliches. Der deutsche Polizeiinspektor hatte Eitan Kinerti persönlich gekannt und sagte, der Verstorbene sei »ein kleiner Scheißkerl« gewesen. Aus irgendeinem Grund habe das auf deutsch schlimmer geklungen als auf hebräisch, sagte Roni zu Lisi, als er es ihr erzählte. Nach dem Mord hatte die deutsche Polizei Eitans Wohnung durchsucht, jedoch keine Spur von Geld oder Diamanten gefunden. Der deutsche Inspektor rief für Roni Eitans Stiefvater an und fragte ihn, ob er einverstanden sei, den israelischen Detektiv zu empfangen. Der Stiefvater hatte zwar von Eitans schmutzigen Geschäften die Nase voll, war aber bereit, mit Roni zu sprechen.

Eitan hatte in einer Einzimmerwohnung gelebt, die direkt an die Wohnung seines Stiefvaters anschloß, aber einen eigenen Eingang besaß. Paulus Berger, der Stiefvater, hatte zwei Jahre, nachdem Eitan seine Mutter Fejge umgebracht hatte, wieder geheiratet. Aus dieser Ehe stammten zwei Kinder, eine siebzehnjährige Tochter und ein fast zwanzigjähriger Sohn, der in Eitans Einzimmerwohnung gezogen war. Die wenigen Dinge aus Eitans Besitz waren nahezu alle in einem großen Koffer verstaut, den die Polizei bereits durchsucht hatte. Auf dem Bücherschrank stand ein kupferner Chanukkaleuchter, und an der Tür hing noch eine silberne Hand, ein Glücksbringer aus Israel. Unter den Büchern befanden sich eine hebräische Bibel und ein hebräischer Atlas. Auf dem Tisch stand ein Aschenbecher, grün emailliert, mit der Aufschrift »Jerusalem«, in dem mehrere winzige Modelle von Rennautos lagen. Das war das gesamte Erbe, das Eitan Kinerti seiner Nachwelt hinterlassen hatte.

Paulus Berger erzählte Roni, als Eitan seine Strafe abgesessen hatte und nach Deutschland zurückgekehrt war, habe er ihm zum Einstand für ein neues Leben neue Fingerabdrücke geschenkt. Er kannte plastische Chirurgen, die Rennfahrer nach Unfällen behandelten, und er wollte Eitan die Möglichkeit geben, wirklich neu anzufangen, ohne die lastenden Schatten der Vergangenheit. Paulus hing an Eitan. Er hatte den Jungen aufgezogen, seit er vier Jahre alt war, und er war das einzige, was ihm von seinem wilden, aufreibenden Leben mit Fejge-Fegefeuer geblieben war. Er brachte es nicht fertig, ihn aus dem Haus zu werfen, wollte ihn jedoch von seinen beiden Kindern fernhalten. Deshalb hatte er Eitans Wohnung von der übrigen Wohnung abteilen lassen. Das hinderte Eitan nicht daran, ihm Geld zu stehlen und den Schmuck seiner Frau mitgehen zu lassen. Als Eitan schließlich die Sparbüchse des Sohnes aufbrach, ließ Berger ein neues Schloß einbauen und verbot ihm, die Wohnung zu betreten.

Während sie auf dem kleinen Sofa in Eitans ehemaligem Zimmer saßen, waren Bergers zweite Frau und sein Sohn nach Hause gekommen. Roni wußte nicht, ob sie das, was Berger erzählte, zum ersten Mal oder zum tausendsten Mal hörten.

Während des Krieges war Bergers Vater einer der stellvertretenden Machthaber in Wilna gewesen. Er war in Wilna, als die Juden der Stadt in Ponar ermordet wurden. Bei Kriegsende war Paulus Berger sechzehn Jahre alt. Als die Nürnberger Prozesse begannen, verließ er das Elternhaus und fing in einer Autowerkstatt an zu arbeiten. Ein Jahr später ging er aus Deutschland weg, fest entschlossen, nie wieder zurückzukommen. Irgendwann wurde er Rennfahrer, doch nach zwei Unfällen gab er das Fahren auf und begann, selbst Rennen zu organisieren.

Fejge-Fegefeuer hatte er in Be'er Scheva getroffen, als er versuchte, ein Rennen im Negev zu organisieren. Sie war sechs Jahre älter als er. Sie wußte noch, wer sein Vater war, erinnerte sich an seinen Namen. Es war eine Ehe zwischen den Kindern von Henkern und Gehängten, die sich allmählich in einen langsamen gemeinsamen Selbstmord verwandelte. Statt weit weg von Deutschland zu leben, fern von seinem Vater und der Erinnerung an die Ermordeten von Ponar, kehrte er mit einer jüdischen Frau nach Deutschland zurück, die nachts schrie, weil sie nicht vergessen konnte, was beide so gern vergessen wollten.

In dieser Familie gab es für Eitan keine Chance, unversehrt aufzuwachsen. Er war nicht weniger Opfer, als die Erwachsenen es waren. Paulus Berger gab zu, ein Gefühl der Erleichterung empfunden zu haben, als er von Eitans Ermordung erfuhr, und er habe nur gehofft, er sei schnell gestorben und habe nicht viel leiden müssen.

Danach kam auch die Tochter nach Hause. Sie ging noch zur Schule, ins Gymnasium, und hatte drei Ringe im rechten Ohr und einen winzigen Brillanten in einem Nasenflügel. Auf dem Rücken trug sie einen bunten Stoffrucksack, und an ihrem Gürtel hing eine Tasche aus schwarzem Leder.

»Hat dieser Pouch da Eitan gehört?« fragte Roni das junge Mädchen und deutete auf die Tasche.

»Ja.«

»Hat er ihn dir geschenkt?«

»Ja.«

»Weißt du noch, wann das war?« fragte Roni weiter.

»Vielleicht vor einem Jahr«, sagte das Mädchen. »Als Eitan in Israel war, um seinen Vater ins Altersheim zu bringen. Da hat er den Pouch mitgebracht. Aber er hat ihn nie benutzt, er lag nur in seinem Zimmer herum. Deshalb habe ich ihn gefragt, ob ich ihn haben könnte, und er hat ja gesagt.«

»Darf ich mal hineinschauen?« fragte Roni.

Sie nahm den Pouch vom Gürtel und hielt ihn Roni hin. Der Inhalt bestand aus einem Geldbeutel, Papiertaschentüchern,

Ausweispapieren, einem Schlüsselbund und zerknülltem Kaugummipapier. Roni leerte alles aus und prüfte das Futter zwischen den drei Fächern. Dann trennte er den Faden des unteren Futters im mittleren Fach auf. Aus dem Futter fiel eine schmale, schwarze Stoffrolle heraus, und darin befanden sich Jehuda Kornfelds Diamanten.

»Was?« schrie Lisi. »Du hast Jehuda Kornfelds Diamanten gefunden?«

»Ja.« Er lächelte und schob sein großes Kinn noch weiter vor.

»Weiß er es schon?«

Roni nickte. »Ja. Ich habe Cheni Regev noch von Deutschland aus angerufen, und sie ging sofort hin, um ihm die Nachricht zu überbringen. Die deutsche Polizei kümmert sich um die Rückgabe der Diamanten, um die Steuern und den Zoll und was sonst noch dazugehört. Kornfeld hat zu Cheni gesagt, die beiden letzten Jahre seien die beschissensten in seinem ganzen Leben gewesen, und wenn er die Diamanten wiederhätte, würde er nach Amerika zurückgehen und nie mehr einen Fuß auf israelischen Boden setzen. Man habe ihn wie einen Verbrecher behandelt und ihm nicht geglaubt, daß er das Opfer war. So etwas könne nur hier passieren, in Amerika würde man ordentliche Bürger nicht so behandeln wie bei uns.«

»Wieso hat Eitan seiner Schwester den Pouch einfach gegeben?« fragte Lisi.

Roni zuckte mit den Schultern. »Dajav hatte ihn beauftragt, Ausweispapiere zu besorgen, und das hat er getan. Dajav nahm die Papiere heraus, zusammen mit dem Revolver, und gab Eitan den Pouch zurück. Bestimmt mit der Absicht, daß der ihn loswerden solle. Eitan beschloß vermutlich, das Ding zu behalten.« Roni fing an zu lachen. »Du hättest die Gesichter der Bergers sehen sollen, als ihnen klarwurde, daß ihre Tochter jeden Tag mit Diamanten im Wert von vierzigtausend Dollar in die Schule gegangen ist.«

»Was wäre wohl passiert, wenn Eitan Kinerti am Leben geblieben wäre und die Steine selbst entdeckt hätte?« überlegte Lisi laut.

»Er war verloren«, sagte Roni. »Wie auch immer, er hätte schlimm geendet.«

»Das Schicksal hat sich auf seine Kosten amüsiert«, meinte Lisi.

Roni nickte. »Ja, und auch auf Kornfelds Kosten. Da haben sich die zwei Richtigen gefunden.«

Lisi dachte daran, daß Roni, nachdem die Diamanten wiederaufgetaucht waren, jetzt sicher im Detektivbüro von Cheni Regev zu arbeiten aufhören und statt dessen in ihrer Rechtsanwaltskanzlei anfangen würde. Ich war nur eine Episode in seinem Leben, dachte sie, für eine kurze, romantische Zeit, in der er eine *Ducati 916* fuhr, als Privatdetektiv im wilden Süden arbeitete und die Königin der Lokalausgabe der *Zeit*, Lisi Badichi, flachlegte. Er hatte etwas, was er den Kollegen in der Rechtsanwaltskanzlei erzählen konnte, wenn sie abends, nach einem schweren Arbeitstag bei Gericht, zusammen ins Pub gingen. Sie konnte ihn fast sagen hören: Habe ich euch eigentlich schon die Geschichte mit den Maisdosen erzählt?

»Wann fährst du nach Tel Aviv zurück?« fragte Lisi.

»Wenn das hier zu Ende ist.«

»Du gehörst nicht zum Untersuchungsstab.«

»Wer sagt das?«

»Ich«, sagte Lisi.

»Benzi hat darum gebeten, daß ich dableibe«, erklärte Roni. »Die Bezirkspolizei hat eine Genehmigung von der Landespolizei bekommen und die Landespolizei vom obersten Polizeipräsidenten.«

»Und was ist mit dem Minister?« fragte Lisi.

Roni grinste. »Der Minister hat gesagt, ich sei das beste, was der Polizei seit langem untergekommen ist.«

Lisi sah an ihm vorbei aus dem Fenster. »Und was sollst du hier tun?«

Roni nahm ihre Hand. »Dich beschützen.«

Lisi zog mit einer heftigen Bewegung ihre Hand weg. »Ich brauche keinen Schutz.«

»Doch, und ob. Ich werde bei dir schlafen. Das ist ein Befehl.«

»Von wem?«

»Von Benzi, vom Bezirkspräsidenten, vom Landespräsidenten und vom obersten Polizeipräsidenten.«

Lisi war zu stolz, um zuzugeben, welche Angst ihr Nava Faktoris Besuch eingejagt hatte. Und sie war wütend auf die Erleichterung, die sie bei seinen Worten empfand. Er würde hierbleiben und sie beschützen.

Er schaute sie verlegen an, und für einen Moment war er wieder ein halbwüchsiger Junge voller Sehnsucht und Hemmungen. Sie beschloß, es ihm nicht leichtzumachen. Sie war jetzt schon höchst beunruhigt bei dem Gedanken daran, was für Geschichten er später erzählen würde. Dieses Vergnügen wird dich einiges kosten, Süßer, dachte sie, das geht nicht auf Gratispauschale.

»Lisi!« flehte er. Er schob beide Hände unter ihren Pullover und streichelte über ihr schwarzes Seidenunterhemd. Ganz gegen ihre Gewohnheit hatte sie an diesem Morgen keinen Büstenhalter angezogen. Sie hatte sich überlegt, daß sie sowieso Hemd, Pullover, Mantel und Tuch tragen und kein Mensch sehen würde, ob sie unter all diesen Schichten noch einen BH trug. Ihre Brustwarzen unter dem Seidenhemd waren steinhart, sie wünschte sich, daß er die Hände unter den weichen Stoff schob und ihren Körper streichelte. Dieser Mann wird dich verlassen, ermahnte sie sich. Er wird dich verwöhnen, bis du nicht mehr weißt, wie dir geschieht, und dann wird er gehen, und du siehst ihn nie wieder. Sie betrachtete seine Finger, als er seine Gürtelschnalle öffnete, die Hose auszog und sein Glied enthüllte, das bereits in Habachtstellung strammstand. Er war stolz und bescheiden zugleich, wie ein Star bei einer Oscar-Verleihung.

»Übernimmt dich Cheni in ihre Anwaltskanzlei?« fragte Lisi beiläufig.

Er nickte.

»Freut dich das?«

»Weiß ich noch nicht. Ich bin mir unsicher. Ich weiß nicht, ob ich dafür geeignet bin, nur im Büro zu sitzen. Ich erwäge, ob ich nicht beruflich umsteige und Gigolo werde. Was hältst du davon?«

»Dafür fehlt es dir an Talent«, sagte Lisi.

Er grinste. »Aber die Ausstattung ist in Ordnung.«

Er schob ihren Pullover hoch und versteckte seinen Kopf unter ihrem Hemd. Seine saugenden Küsse waren von heißem Atem durchsetzt. Lisi spürte, wie ihre Beine nachgaben, und sie versuchte, sich mit ihrer gesunden Hand die Hose auszuziehen. Als er unter ihrem Hemd herauskam, um ihr zu helfen, fühlte sie sich mit einem Mal verlassen und erschauderte.

Das Handy klingelte in ihrer Tasche. Sie wollte aus dem Bett springen, doch Roni küßte sie und hielt ihren Körper mit Armen und Beinen umklammert. Soll doch passieren, was will, schoß es Lisi durch den Kopf. Dieser Moment hier gehört uns.

Sie saßen in der Küche und tranken Kaffee, als Roni plötzlich sagte: »Los, ziehen wir uns an.«

»Wozu?«

»Dajav Faktori rekonstruiert heute die Tathergänge seiner Morde für die Polizei. Die Ortstermine laufen schon seit zwei Stunden. Ich möchte in Lubas Wohnung sein, wenn er hinkommt.«

»Hat er gestanden?« fragte Lisi.

»Natürlich hat er gestanden. Er hat Eitan und Jako und Oved Hanegbi ermordet.«

»Und du glaubst ihm?« fragte Lisi.

Er warf ihr einen erstaunten Blick zu. »Du nicht?«

Lisi schüttelte den Kopf. »Nein. Er hofft, daß er dadurch Luba rettet. Er nimmt die ganze Schuld auf sich, damit Nava Luba und Alona nicht anrührt. Meinst du, sie lassen uns dabeisein?«

»Wir werden es versuchen«, sagte Roni und schlüpfte schon in seine Kleider. Während Lisi sich anzog, räumte er die Maisdosen im Treppenhaus weg, die den Durchgang fast völlig verstopft hatten.

Lisi zog den Pullover über den Kopf. »Morgen bringst du die Dosen wieder in den Supermarkt zurück«, sagte sie.

»Wieso denn das?« protestierte Roni. »Nachdem ich ihnen dort laut und ausführlich erklärt habe, daß Mais den Blutdruck erhöht?«

»Das hast du gesagt? Zu wem?«

»Zu wem wohl?« sagte Roni. »Jeder hat mich gefragt, wozu ich soviel Mais brauche. Die Kunden, die Putzfrauen, der Filialleiter, die Kassiererin. Und als ich das mit dem Blutdruck erzählt habe, sind andere Kunden ebenfalls auf die Idee gekommen, Mais zu kaufen.«

Lisi lachte. »Gut, dann verteilen wir morgen die Dosen an Kindergärten und Horte und erhöhen damit den Blutdruck der Kinder.«

Roni fuhr zur Präsidentenallee, bog in die Katura ein, fuhr bis zum Ende der Straße und von dort in die Jochanan. Er stellte sein Motorrad ab, nahm Lisi an der Hand und ging mit ihr in die Richtung des erleuchteten Kiosks an der Ecke. Er führte sie in ein Haus, sie stiegen die Stufen zum dritten Stock hinauf, dort öffneten sie eine Tür und betraten die Wohnung. Am Fenster standen zwei Polizisten mit einem Fernrohr, das auf Lubas Wohnung in der Katurastraße 6 gerichtet war. Drei andere Polizisten saßen an einem niedrigen Wohnzimmertisch und spielten Karten.

Roni und Lisi stellten sich ans Fenster und schauten hinaus. Zwei Streifenwagen und zwei Gefangenenwagen parkten vor dem Haus in der Katura 6. Ab und zu sah man in der Wohnung Blitzlichter aufleuchten. Der Schatten einer Frau erschien am Fenster.

»Ist Luba zu Hause?« flüsterte sie Roni zu.

»Was?«

»Ich glaube, ich habe Luba gesehen.«

»Das ist doch ihre Wohnung, oder?«

»Ich dachte, sie sei in einem Versteck.«

»Vielleicht hat man sie für den Lokaltermin hergebracht«, sagte Roni.

Lisi und Roni blieben am Fenster stehen, auch als die ganze Mannschaft, zu der außer dem Verhafteten und den Polizisten auch Fotografen und Leute vom Polizeilabor gehörten, die Wohnung gegenüber verlassen hatte und mit Streifenwagen und Gefangenenwagen abgefahren war. In Lubas Wohnung brannte noch Licht. Die Straße war ruhig und nicht sehr hell. Ein voller, klarer Mond hing feierlich am Himmel. Die nächtliche Kälte der Wüste kroch durch die Wände und ließ Lisi erzittern. Von Zeit zu Zeit huschte ein Schatten an den Fenstern der Wohnung auf der anderen Straßenseite vorbei. Oder kam es ihr nur so vor? Lisi wußte nicht, worauf sie hier warteten, aber sie stellte keine Fragen.

Die drei Polizisten hatten aufgehört zu spielen und standen jetzt ebenfalls am Fenster. Zwei von ihnen hatten Kopfhörer auf. Luba, Alona auf dem Arm, öffnete ein Fenster. Einen Moment lang erstrahlte ihr orangefarbener Kamm auf den platinblonden Stoppeln im Licht. Dann ließ sie die Rolläden herunter, und der Vorhang senkte sich über dem Geschehen in der Wohnung.

Als Lisi wieder auf ihre Uhr schaute, war es bereits elf. Ihre Glieder waren steif vom langen Stehen. Sie beneidete alle Leute, die jetzt mit ihren Familien gemütlich beim Abendessen saßen, alle, die ins Kino, Theater oder Konzert gegangen waren, alle, die in ihren geheizten Autos saßen und in Cafés oder zu Freunden fuhren oder nach Hause zurückkehrten, um sich in ein warmes Bett zu legen, die Augen zuzumachen und zu schlafen. Worauf warten wir? dachte sie. Was soll heute nacht noch geschehen? Von Zeit zu Zeit fielen ihr die Augen zu, doch sofort riß sie sie wieder auf, voller Angst, während ihrer Katzenschlafpausen etwas verpaßt zu haben. Schließlich gab sie den Kampf gegen die Müdigkeit auf, sie konnte nicht mehr. Erschöpft lehnte sie sich an die warme Brust, die sie von hinten stützte.

Durch ihre halbgeschlossenen Lider beobachtete sie den weißen *Subaru* des Ehepaares, das in Lubas Haus wohnte. Die beiden parkten das Auto vor der Haustür, stiegen aus und gingen auf den Eingang zu. Beide trugen Tüten in den Händen. Als sie in den

Hof einbogen, rief Lisi plötzlich: »Es sind drei! Da geht noch jemand.«

Der Polizist mit dem Teleskop sagte in sein Funkgerät: »Sie geht jetzt ins Haus.« Zwei Minuten später leuchteten plötzlich grelle Scheinwerfer auf, Schüsse und Schreie waren zu hören. Gestalten rannten in das Haus in der Katurastraße 6, Autos bremsten quietschend und versperrten den Hauseingang. Lisi war schlagartig hellwach.

»Komm, komm, es ist vorbei«, sagte Roni und zog sie hinter sich her. Die Polizisten, die mit ihnen im Zimmer gewesen waren, folgten ihnen.

Zwei kräftige Polizistinnen, die Lisi nicht kannte, kamen ihnen aus dem Treppenhaus der Katurastraße 6 entgegen. Sie hielten Nava Faktori an den Armen fest. Lisi starrte Nava an, und für einen Moment trafen sich ihre Blicke. Navas Augen waren wieder gläsern und durchsichtig, ein Schauer lief über Lisis Rücken. Die Polizistinnen stießen Nava ohne übertriebene Höflichkeit in einen Streifenwagen, und das Auto fuhr mit Blaulicht und Sirene los.

Eine Polizistin, die tatsächlich auf den ersten Blick wie Luba Katschak aussah, saß auf einem Sessel im Wohnzimmer, blaß wie ein Leintuch, ein Revolver lag auf ihrem Schoß. Ilan beugte sich mit einem Glas Wasser in der Hand zu ihr hinunter und bat sie inständig, etwas zu trinken. »Pasiti, Schätzchen, es ist ja gut, alles ist vorbei. Du warst großartig, Pasitile.« Pasiti-Schätzchen war bestimmt schon fünfunddreißig, dünn wie eine Bohnenstange und schwarzäugig, doch die platinblonden Stoppeln und der orangefarbene Kamm konnten einen leicht täuschen. Auf einem anderen Sessel lag, in eine Decke eingewickelt, eine Puppe.

»Sie hatte einen Schlüssel zur Wohnung«, murmelte Pasitile wieder und wieder. »Sie hatte einen Schlüssel. Ihr habt nicht gesagt, daß sie einen Schlüssel hat. Sie hätte mich umbringen können.«

»Vermutlich hatte sie Dajav Faktoris Schlüssel«, sagte ein Polizist.

»Ihr hättet daran denken müssen«, sagte Pasitile, die sich nicht beruhigen konnte.

»Du warst nicht in Gefahr«, sagte der Polizist. »Du warst vollkommen geschützt.«

»Mit gezogenem Revolver ist sie reingekommen. Sie hätte mich umbringen können. Ihr habt gesagt, daß ich sicher bin. Warum habt ihr so lange gebraucht?«

»Wir sind zusammen mit ihr in die Wohnung gekommen«, sagte Ilan. »Genug, Süße, beruhige dich. Du warst prima. Ganz prima warst du!«

Lisi trat zu Ilan. »Wieso ist Nava ausgerechnet heute abend in die Wohnung gekommen?« fragte sie.

»Malka hat sich verplappert«, antwortete er und wischte sich ein paar Schweißtropfen von der Stirn.

»Was?«

»Heute morgen hat Nava Dajav besucht. Bevor sie das Polizeigebäude verließ, hat sie noch ein bißchen mit Malka geplaudert, und Malka wollte sie beruhigen und hat gesagt, nach den Lokalterminen heute abend wäre Dajav bestimmt bald wieder zu Hause. Niemand sonst kann es ihr gesagt haben. Wir ließen zu, daß sie dem Untersuchungsstab folgte, und taten, als bemerkten wir sie nicht. Dann wollten wir vor ihr in Lubas Wohnung sein, in der eine Polizistin wartete, die aussieht wie Luba. Wir wußten ja, daß sie hinter ihr her war. Navas Besuch bei Batscheva und bei dir hat nur bestätigt, was wir uns ohnehin dachten. Sie hat alle umgebracht, die etwas von Dajavs Verhältnis zu Luba wußten.«

Ilan lächelte und fuhr Pasiti-Schätzchen über den orangefarbenen Kamm. »Wir hatten acht Mikrofone und jede Menge Videoüberwachungsgeräte in der Wohnung verteilt, in den Nachbarwohnungen waren Polizisten, und im Haus gegenüber standen Polizisten mit einem Teleskop auf Posten. Nach der Rekonstruktion sind alle weggefahren, und unsere Luba-Doppelgängerin ist allein zurückgeblieben. Wir gingen davon aus, daß Nava die gesamte Polizeiaktion heute abend beobachten würde, und nahmen an, daß sie der Versuchung nicht widerstehen könnte, in Lubas Wohnung zu gehen.«

»Hat Dajav gewußt, was ihr vorhattet?« fragte Lisi.

Ilan schüttelte den Kopf. »Nein. Wir haben die Wohnung auf den Kopf gestellt, bevor er hier ankam. Als hätte ein Kampf stattgefunden. Als er die Wohnung sah und feststellte, daß Luba nicht da war und Alonas Bett leer war, hat er die Nerven verloren und angefangen zu schreien: ›Sie hat sie umgebracht! Sie hat sie umgebracht!‹ Wir fragten: ›Wer hat wen umgebracht?‹ Dann kam Pasitile, unser Köder, aus dem Badezimmer, er verstand, daß er auf einen Trick reingefallen war, und fing an zu weinen. Als Entschädigung haben wir ihn anschließend zu Luba und Alona gebracht.«

»Sind die beiden denn in Be'er Scheva?« fragte Lisi erstaunt.

»Klar«, antwortete Ilan. »Bei Chavazelet auf der Station, ganz einfach.«

Sie schauten sich an und brachen in Lachen aus. Die Badichis waren wie Tintenfische, die ihre Krakenarme nach allen Seiten ausstrecken konnten.

Lisi lächelte noch immer, als sie sich hinter Roni auf das Motorrad setzte. Sie hakte die Finger ihres eingegipsten Arms in seinen Hosengürtel, mit dem gesunden Arm umklammerte sie seine Hüfte. Der Fahrtwind blies ihr schneidend ins Gesicht. Sie barg ihren Kopf hinter seinem Rücken und ließ sich von der Wärme seines Körpers umfangen.

27

»Dajav hat alles zugegeben«, sagte Benzi.

Roni zog sich einen Plastikstuhl näher und legte seine langen Beine darauf.

»Den Grundstücksdiebstahl, den Betrug an den Banken, die Morde. Alles hat er gemacht. Aber als wir ihn ins Kreuzverhör nahmen, stellte sich schnell heraus, daß sein Geständnis mehr Löcher hatte als ein Schweizer Käse. Die Frage war nur, warum er Dinge gestand, die er gar nicht gemacht hatte. Die einzig logische Erklärung, auf die wir gekommen sind, war, daß er Angst hatte, Nava könne Luba und Alona etwas antun. Vielleicht hatte sie ja gedroht, die beiden umzubringen, wenn er nicht die ganze Schuld auf sich nahm. Als wir Dajav diese Möglichkeit präsentierten, hat er es abgeleugnet! Und wie! Nava sei der reinste Engel, habe nichts getan und von nichts gewußt. Er war es, er, nur er.«

Benzi machte eine Pause, schaute Ilan an und fragte: »Ißt du die Anchovis nicht?«

»Nein«, sagte Ilan.

Benzi packte die Anchovis von Ilans Pizza und dekorierte seine eigene damit.

Benzi, Ilan, Roni und Lisi saßen in der neuen Pizzeria im Emek Sara, auf der hinteren Terrasse, die auf den Minigolfplatz hinausging. An Wochenenden und Feiertagen war es hier brechend voll, wimmelte von Familien mit Kindern, doch jetzt war es ganz ruhig.

Sie waren hergefahren, nachdem Benzi lautstark verkündet hatte, wenn er nur noch eine Minute länger in dem Loch bleiben müsse, das man ihm als Büro zugewiesen habe, würden ihm am ganzen Körper Schimmelpilze wachsen, und außerdem habe er schon wundgesessene Stellen am Hintern. Ilan hatte gelacht und gesagt, Benzi sei doch verrückt nach seinem Büro, er solle sich nicht so anstellen, aber er kenne einen Platz, wo sie etwas zu essen bekämen und sich in Ruhe unterhalten könnten, ohne gestört zu werden.

Endlich war die Sonne herausgekommen, und Lisi fühlte, wie ihre kalten Knochen langsam auftauten. Sie zog den Nachbartisch näher heran, stellte ihr Tonbandgerät darauf und legte Block und Stift bereit. Dabei schoß ihr durch den Kopf, daß sie sich immer an Roni erinnern würde, wenn sie solche Cowboystiefel sähe.

»Am Schluß wird er wegen zweier Delikte angeklagt werden«, fuhr Benzi fort, »nämlich wegen des Diebstahls von Jehuda Kornfelds Tasche und wegen des Bankbetrugs. Dafür bekommt er bestimmt fünf Jahre, schließlich handelt es sich um schweren Betrug. Was den Mord an Eitan betrifft, wird man ihm vorwerfen, daß er ihn nachträglich gedeckt hat, und das bringt ihm vielleicht auch noch mal drei Jahre ein.«

»Wenn man ihn anklagt, die Tat gedeckt zu haben, wird er freigesprochen«, widersprach Roni, der Rechtsanwalt. »Nach dem Gesetz kann man keinen Ehemann anklagen, nur weil er seiner Frau hilft, ein Verbrechen zu vertuschen, das sie begangen hat.«

»Bist du sicher?« fragte Benzi und wischte sich ein Stück Käse ab, das an seinem Kinn hängengeblieben war.

Roni nickte.

»Was ist mit dem Mord an Oved Hanegbi?« fragte Lisi.

»Den hat unser edelmütiger Held ebenfalls auf sich genommen.«

Ilan und Benzi fingen an zu lachen.

Lisi schaute ihre Schwäger verwirrt an. »Was ist?« fragte sie. »Warum lacht ihr?«

»Ilan hatte einen Geistesblitz«, erzählte Benzi. »Er fragte Dajav, warum er, nachdem er den Propheten zusammengeschlagen hatte, die Autobustür offenließ. Und Dajav hat geantwortet: ›Diese Tür ist doch immer offen. Wenn ich sie zugemacht hätte, hätte jeder sofort gemerkt, daß etwas nicht in Ordnung ist.‹«

Jetzt lachte Lisi auch.

»Was ist denn daran so komisch?« fragte Roni.

»Die Tür vom Autobus war zu«, sagte Lisi.

»Auf dem Revolver, mit dem Eitan Kinerti erschossen wurde, waren die Fingerabdrücke von Oved Hanegbi«, fuhr Benzi fort. »Als wir Dajav fragten, woher er den Revolver hatte, gab er an, er stamme aus der Baumschule. Aber der Revolver war in der Inventarliste der Baumschule nicht registriert.«

»Es war der Revolver von Jehuda Kornfeld«, sagte Roni.

»Stimmt genau.«

Roni nickte. »Als Jehuda Kornfeld den Diebstahl der Tasche meldete, gab er auch an, daß ein Revolver darin war, ein registrierter.«

»Ist es möglich, daß Dajav Faktori überhaupt nichts mit den Morden zu tun hat?« fragte Lisi.

»Na ja, so ganz lupenrein ist er wohl nicht«, meinte Ilan. »Übrigens, seine Fingerabdrücke waren auf den Laternenmasten neben dem Autobus, genau wie du gedacht hast, Süße. Auf dem einen in etwa acht Meter Höhe, auf dem zweiten in sechs Meter.«

Roni grinste. »Das beweist, daß er nicht unter Höhenangst leidet.«

»Weiter«, sagte Benzi. »Der Mord an Jako. Wieder hat Dajav gestanden. Er war es, nur er. Er hat Jako umgebracht, weil Jako den Mund nicht halten konnte und von seinem Verhältnis mit Luba erzählt hat. Aber da hat ihm der liebe Gott dazwischengefunkt. Jeden Morgen wird in der Baumschule die Verteilung der Ausrüstung registriert, und Dajav muß unterzeichnen. Zu dem Zeitpunkt, als Jako erschossen wurde, war Dajav mit hundertprozentiger Sicherheit in der Baumschule. Die Gärtner haben unterschrieben, Dajav hat unterschrieben, daran ist nichts zu rütteln. Er konnte Jako zwischen sieben und neun Uhr nicht umgebracht haben, und Jako, daran ist nun mal auch nichts zu rütteln, wurde um Viertel vor acht ermordet.«

Roni breitete die Arme aus und rief: »Wenn eure Sünde auch blutrot ist, soll sie doch schneeweiß werden, und wenn sie rot ist wie Scharlach, soll sie doch wie Wolle werden. Der Mann ist rein.«

Alle drei starrten Roni an. Ilan lächelte. »Was war das?« fragte er.

»Das Lieblingszitat meines Vaters«, erklärte Roni und grinste verlegen.

»Eine Übersetzung aus dem Lateinischen?« fragte Benzi.

»Nein, es ist hebräisch, Jesaja.«

»Im Ernst?«

Roni begriff, daß sie sich über ihn lustig machten, und wurde rot bis unter die Haarwurzeln.

»Nimm's nicht tragisch«, sagte Ilan begütigend und klopfte Roni aufs Knie.

Benzi pickte die letzten Krümel von seinem Teller, lehnte sich gemütlich zurück, atmete ein paarmal tief ein und aus und setzte seine Vorstellung fort. »Wir haben es hier mit zwei Motiven zweier verschiedener Verbrechen zu tun, die von einem einzigen Menschen aus einem einzigen Grund begangen wurden: Eifersucht. Der Plan, die Banken zu betrügen, entstand in Navas Kopf, weil sie eifersüchtig auf ihre Brüder war. Nachdem Dajav die Verbindung zwischen dem Minister und Jigal Tarschisch hergestellt hatte und danach im Prinzip feststand, daß Jigal der israelische Projektmanager werden sollte, machte dieser seinen Sohn Avischaj zu seinem Partner in dem Geschäft ›Free Production‹, und seinem Sohn Eldad gab er die Zustimmung, die Strickwarenfabrik *Sargon* nach Jordanien zu verlegen. An Nava haben sie keinen Gedanken verschwendet. Nava tobte vor Wut und überlegte Tag und Nacht, was sie tun könnte, um bei der ›Free Production‹ doch noch mitzumischen. Ich stelle mir vor, daß sie wochenlang an dem Betrug gefeilt und die ganze Zeit auf Dajav eingeredet hat, er müsse ihr helfen, denn nur durch seine Schuld würden ihre Brüder und ihr Vater sie so übergehen. Der Gedanke, daß ihr Vater der Projektmanager der ›Free Production‹ würde, weil ihr eigener Ehemann den Kontakt mit dem Minister hergestellt hatte und sie selbst keinen Fuß im Geschäft haben sollte, brachte sie fast um den Verstand.«

»Ist das offiziell, daß Jigal Tarschisch der Projektmanager wird?« fragte Lisi.

»Ja«, sagte Benzi. »Zusammen mit irgendeinem Geschäftsmann aus Antwerpen und jemandem aus Philadelphia. Der Bauminister hat es bei einer Pressekonferenz gesagt, die er letzte Woche hier gegeben hat.«

»Wo war ich da?« fragte Lisi überrascht.

»Im Krankenhaus, Süße.«

»Aber ich habe kein Wort davon in der Zeitung gelesen!« rief sie.

»Cement war bei der Pressekonferenz, das weiß ich«, sagte Benzi.

»Bist du ganz sicher?«

Benzi nickte. »Ja, ich habe ihn gesehen.«

»Wieso warst du denn bei dieser Pressekonferenz?« fragte Lisi erstaunt.

»Wir planen den Bau einer neuen Polizeistation, und der Polizeipräsident hat den ›Kommissar‹ gebeten, doch anwesend zu sein, und der ›Kommissar‹ hat mich gebeten, ihn zu begleiten.«

»Wer ist der Kommissar?« fragte Roni.

Benzi, Ilan und Lisi sprangen gleichzeitig von ihren Stühlen auf, standen stramm, pfiffen dreimal kurz und setzten sich wieder.

»Der ›Kommissar‹«, erklärte Ilan, »ist der Leiter unserer Polizeistation, Elischa Karnapol.«

Benzi setzte seinen Bericht fort. Nava hatte von ihrem Vater gehört, daß Eitan Kinerti nach Israel gekommen war. Jigal erzählte seinen Kindern, zwischen Suppe und Hauptgericht, daß einer der drei Musketiere Be'er Scheva verlassen werde, sein Jugendfreund Lejser Kinerti, der mit ihm zusammen vor fünfundvierzig Jahren aus Migdal hergekommen war. Er werde nach Netanja umziehen, in ein Altersheim. Er fügte auch hinzu, daß sein Sohn Eitan, ein dreckiger kleiner Gauner, deshalb extra aus Deutschland gekommen war. Nava beschloß, daß der kleine, dreckige Gauner aus Deutschland bei der Ausführung ihres Planes behilflich sein sollte.

Dajav kannte Lejser Kinerti. Beide arbeiteten sie bei der Stadt, beide waren Mitglieder im Betriebsrat. Deshalb half er, gutmütig, wie es nun mal seine Art war, Kinertis Sohn, den Vater nach Netanja zu bringen. Dort, in einem Steakhouse am Strand, schlug er ihm vor, sich an einem Geschäft zu beteiligen, bei dem man leichtes Geld verdienen konnte. Eitans Aufgabe war es, einen Mann aufzutreiben, der wenig Bekannte und kaum Beziehungen in Israel hatte, vielleicht jemanden mit doppelter Staatsbürgerschaft, der erst vor kurzem nach Israel eingewandert war. Die Idee, es an der Diamantenbörse zu versuchen, stammte von Eitan.

»Dajav hätte sich nie so etwas Kompliziertes wie diesen Bankbetrug ausdenken können«, sagte Lisi. »Das war Navas Kopf. Wann hat sie Eitan getroffen?«

»Am Montag abend in der Baumschule«, sagte Benzi.

»Vorher nie?«

»Nein.« Benzi schwieg, er versuchte offenbar, seine Gedanken zu ordnen. Dann fuhr er fort: »Eitan war ein krankhafter Spieler und hat Schulden gemacht. Am Sonntag war er in Lubas Wohnung aufgetaucht, um Dajav Faktori zu erpressen, weil er Geld brauchte. Dajav bat Nava um Geld und erklärte ihr, daß ihn Eitan wegen der Bankgeschichte erpreßte. Er sagte ihr auch, er habe sich für Montag abend mit ihm in der Baumschule verabredet. Nava holte fünfzigtausend Schekel von der Bank und gab sie Dajav. Bei der Untersuchung stellte sich heraus, daß Nava vor Dajav zur Baumschule gegangen war, um Eitan zu drohen, wovon Dajav nichts wußte. Sie wollte Eitan klarmachen, daß ihm Dajav das Geld geben werde, damit aber dann Schluß sei und er es nicht wagen solle, sie weiter zu stören. Wenn er sein Gesicht noch einmal in Be'er Scheva zeigen werde, bekäme er es mit ihr zu tun. Sie hielt eine Waffe in der Hand, um ihren Worten Nachdruck zu verleihen. Eitan verspottete Nava, die treue Ehefrau, und erzählte ihr von Luba und Alona und von der Wohnung, die Dajav von dem Geld der Banken für sie gekauft hatte. ›Erschieß mich doch‹, sagte er provozierend zu Nava. Sie tat es und verschwand. Als Dajav mit dem Geld zur Baumschule kam, fand er dort den toten Eitan. Verzweifelt rannte er nach Hause, und die liebevolle Nava erklärte sich bereit, ihm zu helfen.«

»Er kann einem leid tun, dieser Eitan«, sagte Roni. »Stellt euch vor, wenn er einfach nach Frankfurt zurückgefahren wäre und die Diamanten im Pouch entdeckt hätte... Dann wäre er jetzt noch am Leben. Vierzigtausend Dollar sind die Klunker wert.«

Alle schwiegen eine Weile, dann sagte Ilan: »Dajav war bereit, dreimal lebenslänglich auf sich zu nehmen und sein Leben für dieses Ungeheuer zu opfern? Es gibt Dinge, die ich nie im Leben verstehen werde.«

»Hör auf, Ilan!« schrie Benzi plötzlich. Seine donnernde Stimme hallte über die Kunstgewerbewerkstätten und die Läden im Emek Sara. »Er wollte sich für Luba und Alona opfern, nicht für Nava Faktori. Wo hast du denn deinen Verstand gelassen?«

Ilan blickte seinen Schwager vorwurfsvoll an. »Das ist mir auch klar. Aber er hätte sie doch einfach verraten können. Er hätte sagen können: Hier habt ihr die Mörderin von Eitan Kinerti, Jako und dem Propheten. Er muß doch tief innen gewußt haben, daß sie es letztlich auf Luba abgesehen hatte.«

»Meiner Meinung nach war er gelähmt vor Angst. Wie ein Kaninchen beim Anblick einer Schlange. Er wollte nicht wissen, was er eigentlich wußte. Solche Dinge gibt es. Erst nachdem wir ihn in Lubas Wohnung gebracht haben und er das Durcheinander sah, fing er an zu singen. Er sang und sang und sang, man hätte ihn direkt zur Oper schicken können.«

Benzi redete sich in Fahrt. »Nach seiner Version kam er also Montagnacht zur Baumschule und fand Eitan Kinerti in einer

Blutlache auf dem Boden liegen. Er erschrak und lief nach Hause. Nava, die gute Frau, sprang aus der Dusche, fuhr zusammen mit ihm zur Baumschule und half ihm, die Leiche in den Lieferwagen zu schaffen, um sie auf dem *Sargon*-Gelände zu vergraben. Sie dachte auch an die Leiter, damit er die Laternenbeleuchtung ausschalten konnte. Und dann sagte sie zu ihm, sie würde Oved Hanegbis Fingerabdrücke auf den Revolver bringen, und ging zum Bus. Er sah und hörte nichts, als sie Oved zusammenschlug, weil er mit Graben beschäftigt war. Am nächsten Tag schickte sie ihn los, damit er im *Blauen Pelikan* ein Theater aufführte, um sich von jedem Verdacht zu reinigen. ›Wenn du offen mit deinem Revolver herumhantierst‹, sagte sie zu ihm, ›dann kommt bestimmt keiner auf die Idee, du könntest mit dem Mord an Eitan Kinerti etwas zu tun haben, falls es rauskommt.‹«

»Meiner Meinung nach beweist der Angriff auf Oved Hanegbi, daß Nava schon mindestens ein Jahr lang von Luba gewußt hat«, sagte Lisi. »Sie verfolgte Dajav, sie entdeckte, daß Luba schwanger war, und erfuhr, daß Oved der Frau geholfen hatte, als sie Wehen bekam. Vergeßt nicht, daß nicht nur Luba bei *Sargon* gearbeitet hat, sondern auch Nava. Es kann gut sein, daß Nava gesehen hat, wie Luba zum Autobus lief, wie Oved Hanegbi zum Telefon an der Hauptstraße ging und nachher der Krankenwagen kam.«

»Sie hat im Saft ihrer Eifersucht geschmort«, sagte Ilan, »bis der Deckel vom Topf geflogen ist.«

»Es hat sie nicht nur gewurmt, daß Dajav sie betrogen hat«, sagte Benzi. »Es war auch das Geld! Das Geld hat sie geärgert. Die Tatsache, daß ihr Dajavi für Luba eine Wohnung gekauft hat. Sie schuftet sich die ganzen Jahre ab, damit ihr Dajavi ein standesgemäßes Leben führen kann, und dann geht er hin und gibt ihr Geld für eine dreckige Hure aus, die er von der Straße aufgelesen hat. Ihr hättet sie hören sollen! Mir sind die Haare zu Berge gestanden beim Verhör. ›Ich hätte sie am liebsten verbrannt‹, hat sie gesagt. ›Ihn und sie und ihr Kind gleich mit.‹ Sie sagte das ganz seelenruhig, wie im Traum beschrieb sie das Feuer, das sie für ihren Mann, seine Geliebte und ihr Kind anzünden wollte, um dann für sich selbst noch Kartoffeln in der Glut zu garen.«

Benzi ließ seinen Blick über den Minigolfplatz schweifen, strich sich die Haare zurück und wandte sich wieder den anderen zu. »Aber dann hat sie ihre Meinung geändert und beschlossen, Dajav ganz langsam zu erledigen. Sie arbeitete einen Plan aus. Im äußeren Ring befanden sich die Leute, die etwas von Luba wußten und Dajav dabei unterstützten, seine Frau mit Luba zu betrügen. Im Zentrum des Kreises stand Luba selbst. Dajav wollte sie am Leben lassen. Er sollte leiden, wie sie gelitten hatte. Der Tod im Feuer war eine zu geringe Strafe für ihn.«

»Sie ist wirklich verrückt«, sagte Ilan.

»Eifersucht«, sagte Roni. »Wie heißt es doch? Bei hundert Tötungen eine aus Eifersucht. Ich sage, bei hundert Tötungen eine ohne Eifersucht.«

»Noch ein Zitat aus dem Lateinischen?« frotzelte Ilan. Er stand auf und streckte sich. »Wollt ihr Minigolf spielen?« fragte er. »Meine eingerosteten Knochen werden schon morsch.«

Lisi nahm ihr Tonbandgerät mit und ging neben den drei Sportlern her. Die grauen Strähnen in Benzis schwarzen Haaren leuchteten in dem hellen Licht. Er war nur zwei Jahre älter als Ilan, doch sie entdeckte an ihm zunehmende Zeichen des Alters. Ilan dagegen sah noch immer sehr jungenhaft aus. Er rieb den Schläger zwischen den Händen und freute sich sichtlich, als er den Ball schlug. Die Luft war kühl und trocken, und obwohl keine Wolken am Himmel waren, blitzten nur manchmal Sonnenstrahlen auf, grell und blutrot. Benzi blickte mit wütendem Gesicht Ilans Ball nach, der in dem Loch neben dem Zwerg landete. Während er sprach, fuchtelte er mit dem Schläger herum.

»Eitan ist im Frühjahr 1995 nach Israel gekommen, um seinen Vater ins Altersheim zu bringen. Eine Woche später ist Jehuda Kornfelds Pouch gestohlen worden. Aus Dajavs Verhör wissen wir, daß Eitan mehrere Male in das Restaurant gegangen ist, um ein passendes Opfer auszusuchen. Eitan Kinerti kaufte für Dajav einen Pouch, der dem Jehuda Kornfelds ähnlich sah. Dajav brauchte also nur in das Restaurant *Schnajder* zu gehen, gehackte Leber zu essen und die beiden Taschen auszutauschen. Diesen Auftrag erledigte er mit Leichtigkeit, aber der Adrenalinstoß war so groß, daß er Luba als Bonus mitnehmen wollte. Jehuda Kornfelds Diebstahlsmeldung bei der Polizei stammt vom selben Datum wie der Kauf von Lubas Ohrringen, wir haben es nachgeprüft.«

»Suche die Frau. Das hat man schon immer gesagt, und es wird immer seine Gültigkeit behalten«, sagte Ilan.

»Weiß man eigentlich, wer Luba bei *Sargon* eingestellt hat?« fragte Lisi.

»Der Personalleiter«, sagte Ilan. »Du bist dran, Roni.«

»Und?« fragte Lisi.

Benzi und Ilan warfen sich vergnügte Blicke zu.

»Und?« wiederholte Lisi aufgebracht.

»Nicht zur Veröffentlichung«, sagte Benzi.

Lisi seufzte. »Gut, nicht zur Veröffentlichung.«

Dajav Faktori hat Luba Katschak empfohlen, und sie wurde am 1. Mai 1995 eingestellt. Dajav sagte zum Leiter der Personalabteilung, sie sei eine Verwandte von ihm, aus Rußland, aber das solle sich bitte nicht herumsprechen. Er wolle nicht, daß die Tarschischs erfuhren, daß er sie protegiert habe. Der Personalleiter stellte Luba also ein und hielt den Mund. Er wollte keine Schwierigkeiten mit Dajav.«

»Sein Glück«, murmelte Roni.

»Was?«

»Wenn Nava jeden in ihren Plan eingetragen hat, der von Luba und Dajav wußte, hätte sie ihn bestimmt auch noch umgebracht.«

Benzis Interesse am Minigolf erlosch, als der Unterschied zwischen seiner Punktzahl und der von Roni und Ilan schändliche Dimensionen annahm. Sie setzten sich wieder auf die Terrasse.

Roni stieß Ilan an. »Hört er immer auf zu spielen, wenn er verliert?« fragte er.

»Immer«, antwortete Ilan ohne jede Ironie. »Wollen wir nicht noch ein Baklawa essen?« Er ging ins Lokal und kam mit einem Tablett voll honigtriefendem, mit Pinienkernen gefülltem Gebäck zurück, das in Rosenwasser schwamm.

»Hast du nicht endlich die Nase voll von dem ganzen Kuchenzeug, das du den ganzen Tag in dich hineinstopfst?« fragte Benzi.

»Das ist mein allererster Kuchen heute«, protestierte Ilan.

»Der dritte«, berichtigte Benzi.

»Wehe, du verrätst mich bei Chavazelet«, sagte Ilan beunruhigt.

Benzi starrte ihn an und verzog das Gesicht vor Abscheu. Dann wandte er sich an Lisi und sagte: »Dajav ist ein Waschlappen.«

»Wie alle Männer«, bemerkte Lisi.

»Dieser Waschlappen hat versucht, Luba und Ilona zu retten«, sagte Roni. »Das war vermutlich sein Deal mit Nava. Er gibt alles zu, und sie rührt Luba nicht an.«

»Besitzgier«, sagte Benzi. »Das ist es, was sie zu Fall gebracht hat. Sie war überzeugt, daß *Sargon* ihr gehört. Und Dajav auch.«

»Wer hat für die fünfzigtausend Schekel unterschrieben, die an jenem Morgen abgehoben worden sind?« fragte Lisi.

»Das war Nava«, antwortete Benzi. »Sie sagte zu der Bankangestellten, sie habe vor, sich einen Perserteppich zu kaufen.«

»Und am Tag darauf brachte sie das Geld zurück und sagte, sie habe es sich anders überlegt?«

Benzi nickte. »Genau.«

»Am Tag des Sandsturms?«

»Ja, am Tag des Sandsturms.«

Ilan hielt Lisis Teller fest, während sie mit dem Löffel die letzten Reste des Baklawa zusammenkratzte. »Wann nimmt man dir den Gips ab, Schätzchen?«

»In einer Woche«, sagte Lisi.

»Es wird auch Zeit. Sag mal, Schätzchen, wirst du Nava wegen des Überfalls auf dich anzeigen? Du kannst Schmerzensgeld verlangen.«

»Aber klar, natürlich«, spottete Lisi. »Ich werde den genialen Rechtsanwalt Roni Melzer damit beauftragen. Und nach sieben

Jahren Hin und Her bei Gericht wird ein Richter sagen, daß er einen begründeten Zweifel an meiner Unschuld hege, und mich dazu verurteilen, daß ich Nava Faktori nicht mehr anrühren darf.«

Roni, Ilan und Benzi lachten. Lisi registrierte, daß Roni nicht widersprach, als sie seine Rückkehr zum Anwaltsberuf andeutete.

»Sitzt Nava schon im Gefängnis?« fragte sie.

»Natürlich«, sagte Benzi. »Stellt euch vor, Kornfeld ist selbst zum Untersuchungsrichter gegangen und hat verlangt, daß sie eingesperrt wird. Er hatte Angst, sie könnte fliehen.«

»Und das ist alles zur Veröffentlichung?« fragte Lisi.

Benzi nickte. »Ja, Süße, zur Veröffentlichung. Was ist, gehen wir?«

Lisi atmete tief ein. Sie war hellwach, völlig gesund, und sie fühlte sich großartig. Sie nahm ihr Handy, ging ein paar Schritte zur Seite, rief in der Redaktion an und bat Schibolet, sie mit dem Insekt zu verbinden.

»Du meinst Cement?« fragte Schibolet. »Ach, Lisi, es tut so gut, deine Stimme zu hören, hat man dir den Gips schon abgenommen? Wann kommst du zurück? Auf deinem Tisch liegt ein ganzer Berg Einladungen.«

Als Cement an den Apparat kam, fragte sie ihn, warum er die Nachricht, daß Jigal Tarschisch der berühmte Projektmanager war, der die »Free Production« errichten sollte, nicht gebracht hatte.

»Ich veröffentliche keinen Tratsch«, sagte Cement.

»Du warst bei der Pressekonferenz, als der Minister selbst verkündet hat, daß Jigal Tarschisch ein voraussichtlicher Kandidat des Projektmanagements würde. Ist das etwa Tratsch?«

»Die Ausschreibung ist noch nicht veröffentlicht worden«, sagte er steif.

»Auch das ist eine Nachricht. Die Verkündung vor der öffentlichen Ausschreibung. Ist das etwa keine Nachricht?« Lisis Stimme wurde immer lauter, sie schaffte es nicht, sich zur Ruhe zu zwingen.

»Ein ungelegtes Ei«, sagte Cement.

»Du bist selbst ein ungelegtes Ei!« schrie Lisi. »Ich bin morgen wieder in der Redaktion, und ich möchte, daß du deinen Hintern von meinem Stuhl hochgekriegt hast, bevor ich auftauche.«

»Du bist verrückt«, sagte Cement.

»Stimmt, Süßer«, sagte Lisi. »Und wenn ich dich morgen noch im Büro erwische, dann werde ich dir ein paar Tätowierungen verpassen, daß dich kein Schwanz mehr erkennt. Habe ich mich klar ausgedrückt?«

»Was sollen diese Drohungen!« rief Cement. »Wer will denn freiwillig in diesem stinkenden Provinznest bleiben, du dicke Kuh?«

»Und wenn du mir noch einmal im Leben eine Rede über neuen Journalismus hältst«, sagte Lisi, »dann spieße ich dich auf. Wie konntest du so eine Nachricht auslassen, du debile Pflaume!«

Kochend vor Zorn beendete Lisi damit das Gespräch. Dann merkte sie, daß Roni neben ihr stand und sich kaum halten konnte vor Lachen.

»Wo sind Benzi und Ilan?« fragte sie.

»Weggefahren. Ich habe gesagt, daß ich dich nach Hause bringe.«

»Haben sie bezahlt?«

»Heute bezahle ich«, sagte Roni.

Ihr kam ein Verdacht. »Du fährst nach Tel Aviv zurück?«

Roni nickte. »Ja. Ich muß morgen früh im Büro erscheinen.«

Lisi schwieg. Sie hatte gewußt, daß dieser Moment kommen würde. Trotzdem schlug eine Welle der Enttäuschung über ihr zusammen, und von dem angenehmen Gefühl von vorhin war nichts mehr geblieben.

»Kommst du am Wochenende zu mir nach Tel Aviv?« fragte Roni.

Sie zuckte mit den Schultern. »Weiß ich noch nicht. Ich fange auch wieder an zu arbeiten.«

»Du arbeitest aber nicht am Wochenende«, sagte er.

»Kommt darauf an, was der dumme Affe mir hinterlassen hat.«

Roni legte die Hand auf ihren Arm. »Dieser andere dumme Affe hier bittet dich zu kommen.«

»Wohnst du bei deinen Eltern?« fragte Lisi.

»Lisi!« rief Roni. »Ich wohne nicht mehr bei meinen Eltern, seit ich achtzehn bin. Aber wenn du meine Eltern kennenlernen willst, gehen wir zu ihnen. Am Schabbatabend ist es tödlich langweilig bei ihnen. Alles dreht sich um die Hühnersuppe. Ich hatte mir eigentlich andere Vergnügungen vorgestellt.«

»Was?« fragte Lisi.

»Etwas, was mit Landwirtschaft zu tun hat.«

»Was?«

»Mais«, sagte Roni.

»Ach so.«

»Und?«

Lisi blickte unbeteiligt über den Minigolfplatz. »Weiß noch nicht. Ich muß die neue Zeitungsausgabe vorbereiten.«

»Wenn du nicht nach Tel Aviv kommen kannst«, lächelte Roni, »sag mir Bescheid, dann komme ich eben nach Be'er Scheva.«

»Gut«, sagte Lisi.

Das Leben war trotzdem schön. Sie betrachtete sein Nußknackerkinn, das beim Lächeln fast bis auf die Brust klappte, und überlegte, ob sie sich nicht vielleicht jetzt schon ein wenig nach ihm sehnte.

Aus Freude am Lesen

Shulamit Lapid

»Shulamit Lapid hat mit der vielbeschäftigten Lokalreporterin Lisi Badichi eine wunderbare Frauenfigur geschaffen.«
Brigitte

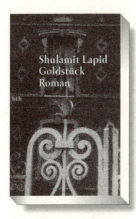

Goldstück
Roman
btb 72699

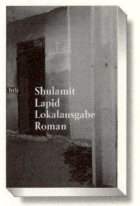

Lokal-
ausgabe
Roman
btb 72036

Er begab
sich in die
Hand des
Herrn
Roman
btb 72205

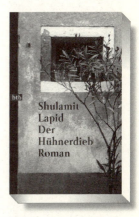

Der
Hühnerdieb
Roman
btb 72412

Ferner bei btb erschienen: Die Strandbar. Roman (72574)